学术的张力——史与论之间的思想操练

Xueshu De Zhangli:Shi Yu Lun Zhijian De Sixiang Caolian

人民出版社

何晓明

著

目　录

一、史学理论篇

二、史事述论篇

一、史学理论篇

文学理论篇

系统论与历史科学

进入 20 世纪以来,科学研究已经远远突破了以往学术所涉及的领域。对自然界和人类社会从各种层次、各个角度进行深入的综合研究,导致了今天可以称为"全科学"的发展趋势。这种趋势使"我们就能够依靠经验自然科学本身所提供的事实,以近乎系统的形式描绘出一幅自然界联系的清晰图画"。① 与此相应的是,新的认识论和方法论武器的应用,也成为必需和必然。系统论就是诸种新武器之一。系统论是现代科学发展的产物,它的出现,又必将大大促进现代科学的新发展。本文拟就系统论与历史科学的关系谈几点粗浅看法。

系统论不仅是从外部施用于历史科学研究的规则或方法的某种集成,而且是历史科学发展内在趋势的必然产物。这是由历史科学的研究对象,人类历史本身固有的性质、特点所决定的。所谓系统,"就是处于一定的相互关系中并与环境发生关系的各组成部分(要素)的总体(集)"②,而人类历史本来就是时间与空间、质与量、人与自然、生产力与生产关系、经济基础与上层建筑等极端错综复杂的矛盾因素相互联系、相互作用的总和,简言之,也是一个"系统"。因此,系统论对于历史科学来说,首先具有哲学认识论的意义。

系统论的一个基本观点是:系统是绝对的。系统性在客观世界的所有领域和每一个层次上都显示出来。系统又是相对的。一堆瓦砾从建筑结构关系的角度看,完全是一堆混乱的东西,不成其为系统,但如果从力学观点来看,这堆瓦砾则是具有一定压力、引力关系的复合系统,这是其一;其二,任何一个层次上的系统,都包含有自己的元素(即子系统),同时,它本身又是高一层次系统的元素(即子系统)。因此,科学研究对象的系统概念是这样建立起来

---

① 《马克思恩格斯选集》第 4 卷,人民出版社 1995 年版,第 300 页。
② 贝塔朗菲:《普通系统论的历史和现状》,见《科学学译文集》,科学出版社 1980 年版,第 315 页。

的：它是在某一认识层次上，把握住认识对象的某一或某些方面和特征，而舍弃了其余的方面和特征。据此，人们制定出许多区分系统的标准：宏观的和微观的、总和的和整体的、有机的和无机的、自然的和人工的、开放的和闭合的……如按物质运动的形式来分，则有机械的、物理的、化学的、生物的、社会的。

根据这一观点，笔者提出一个新的"大历史科学系统"概念。它的中心思想是要求从最广阔的角度、最丰富的层次上来认识历史、研究历史。这种意义上的历史科学的研究对象包括人与自然环境、经济、政治、军事、思想文化等方面的历史形态及其相互联系。这个总的系统从不同的认识意义上，可分为若干组子系统。比如：(1)社会物质生活系统(包括地理要素、人口、生产方式等子系统)和社会精神生活系统(包括政治、法律、教育、科学、艺术、宗教等子系统)；或者(2)社会生产系统(包括生产力、生产关系子系统)和社会形态系统(包括经济基础和上层建筑子系统)；或者(3)生产方式系统、政治法律系统和意识形态系统。如果我们一层一层继续分下去，直到某一王朝、某一典章制度、某一历史事件、某一历史人物，他们仍然既是上一层次的子系统，同时又是下一层次的母系统。这样，"大历史科学系统"就形成了一座"金字塔"。史学工作者从任一层次、任一角度研究"金字塔"的任一部分，都是历史科学工作的有机组成部分。从这种认识出发，国家便可以通盘考虑，统筹安排人力、物力和财力，有步骤、有重点地安排科研计划，避免各地科研机构、大专院校各行其是的局面，加快历史科学的发展。而各研究机构、大专院校以及每个史学工作者在进行自己的科研项目时，也应该自觉地把它作为"金字塔"的一砖一石，注意它在整体中的位置以及与上下左右各方面的相互联系、相互作用，以避免盲目性和片面性。只有这样才能符合当今科学发展一体化的总趋势。

"大历史科学系统"概念还包括这种意义：历史研究不仅指对过去史的研究，也应包括对未来史的研究，马克思就是这样做的。一切科学研究的目的都在于驾驭一定的系统，而驾驭系统就意味着指出系统在未来会出现的某种状态。某一系统的未来，正是在已经存在各种可能的系统结构中进行选择的结果。在任一系统中，"总会在这个现象中发现过去的遗迹、现在的基础和将来的萌芽"①。目前，研究未来史的方法已多达一二百种，但其中

---

① 《列宁选集》第1卷，人民出版社1995年版，第46页。

使用得最多的,仍然是历史的方法:趋势外推法(根据历史发展趋势来推测未来发展情况)和类推法(根据历史情况来预测相似条件下的未来发展情况)①。苏联学者认为,历史学家"不仅能够而且应该分析'已经发生的事',此外还应该分析,'可能发生的事'。这种分析可以更深刻地说明历史发展的内在实质及其真实过程"。② 这确是很有见地的看法。

系统论认为,任一特定的系统,都有自己的整合质。马克思在写作《资本论》的过程中,最先发现了系统质作为系统的整合质的存在,发现了社会现象的质的规定性的特点,即"第二自然界"既有自然质,同时还获得了由人的活动而产生的社会质(包括社会功能质和社会系统质,以下简称功能质和系统质)。系统论认为,自然质、功能质和系统质,同是认识客体的三种基本的质。自然质是物质的构成或结构的质,如自然界的土壤、水、铁,人类社会中的国家、军队等。功能质是自然质的转化形式,它是从人们所认识的对象的功能作用来揭示它的本质的规定性,如土地可以种植庄稼,木头可以做成桌椅供人使用,国家机器可以贯彻统治阶级的意志,等等。系统质在自然质和功能质的基础上形成,但并不等于系统自然质、功能质的总和,也不依赖于个体实物本身,只有当个体实物从属于其系统整体时,系统质才在它身上显现出来。系统质没有具体的物质形态,而只是作为系统状态的某种一般特征或整体的"比例性"而存在于系统之中,它不能直接观察到,只能借助于科学的分析、抽象,才能予以揭示。这时,我们所注目的,已不是认识对象的结构、功能的规定性,而是对象通过总合性、整体性、系统作用等集成的规定性。例如,"国家"作为阶级斗争的工具,它的一般社会功能质是一样的,但其系统质却因不同历史阶段、不同社会类型、代表不同阶级利益而表现出不同的特征。这正是系统论认识论与以往传统的认识论的不同之处,也正是以往历史科学中比较薄弱的环节。历史学的研究正如"分析经济形式,既不能用显微镜,也不能用化学试剂。二者都必须用抽象力来代替"。③ 历史研究中,这种抽象力具体地表现为从历史对象的自然质和功能质中抽象出系统质,并予以科学的说明。

在历史研究中,我们常常碰到系统质与自然质、功能质的矛盾。如中国

---

① 参见《未来预测学译文集》,科学出版社 1979 年版,"前言"。
② 柯瓦尔钦科:《论历史现象和过程的模拟》,《国外社会科学》1981 年第 3 期。
③ 《马克思恩格斯文集》第 5 卷,人民出版社 2009 年版,第 8 页。

古代的四大发明，在科技水平上处于当时的世界领先地位，但是这些伟大的发明并未有力地推动中国封建社会生产力的发展，相反地却在中国以外的土地上发挥了这样的作用。"外国人用火药制造子弹御敌，中国却用它做爆竹敬神，外国用罗盘针航海，中国却用它看风水。"①如果我们仅仅局限于分析这些发明的自然质、功能质，那是找不到答案的。而当我们把它们放到它们产生的"系统"范围内，即封建专制制度中去认识的话，答案便一目了然：在专制、封闭、愚昧的系统环境中，科学只能是宗教和迷信的婢女，而不是改天换地的时代先锋。在这里，系统质成为我们认识的关键。

用系统论的观点来认识历史，与历史科学的根本宗旨——认识历史发展的客观规律并利用它来为人类服务，是完全一致的。第一，规律和本质是同一序列的概念。"规律就是关系。……就是本质的关系或者本质之间的关系。"②对科学规律的把握，就在于揭示这种关系。③ 在历史研究中，历史发展客观规律归根结底只能通过把握历史现象的系统质来加以认识。马克思主义历史观之所以能够正确认识人类历史，就在于它能够科学而又清晰地描述历史系统的超个体发展形式（即不同于个别历史阶段、个别社会形态所特有的形式），从而从宏观的角度，通过对历史系统质的把握，发现历史运动的客观规律性。第二，历史系统是历史规律起作用的舞台和规律生效的界限，不论对历史科学高层次的母系统或低层次的子系统来说，都是如此。把生物进化的规律照搬到人类社会中来的社会达尔文主义之所以荒谬以至反动，就在于他们不了解这一规律是以生物圈这个系统为舞台，因此也只有在这个系统界限内才是正确的。同样，在人类社会的不同社会形态中，各种经济规律、人口规律等，也都有自己的系统舞台，超出这个界限，把这些规律胡乱套用，也会在现实中受到惩罚。

系统论对于历史科学还具有方法论的意义，这主要表现在如下四项原则上。

1. 整体性和结构原则

这是系统方法论的核心。它要求在历史研究中，改变传统的"分析→综合"式的思维方式，而采用"综合→分析→综合"式的思维方式。因为前

---

① 鲁迅：《伪自由书·电的利弊》。
② 《列宁全集》第38卷，人民出版社1959年版，第161页。
③ 参见《马克思恩格斯全集》第23卷，人民出版社1972年版，第362页。

者仅仅对于内部相互作用弱、整体行为与部分行为具有相似形式的对象（如力学、机械系统）比较有效，但在研究内部存在强烈相互作用的系统，特别是人类历史这样高度复杂系统时，就显得无能为力。按照整体性和结构原则，我们把历史现象看做一个综合的整体系统，从了解其结构和各元素间相互关系入手，在综合控制下对元素进行逐一分析，将结果与整体要求进行比较并加以修正，然后再转入综合，根据分析与修正的结果确定历史系统的构成方式和活动方式，得出关于该系统整体的特性、功能以及内部机制的正确解释。

整体性原则要求辩证地处理整体与部分的关系。系统论认为整体与部分有质的差别。部分组成整体以后，就扬弃了部分的质；整体分解为部分之后，也就否定了整体的质。系统论把那种部分与整体在质上完全一样，只有量的差别的简单的集合排斥在自己的研究对象之外。研究历史现象不能像分析一支步枪结构那样，拆成枪机、枪托、枪管几大件，分别了解它们的性能，再把它们组装起来，就懂得了步枪的击发原理。正如历史人物不等于其出身、经济地位、政治态度、哲学思想等相加的和；某一历史阶段的阶级关系，也不仅仅是各阶级的存在及其活动的平行的集合，而是阶级间相互斗争、影响、渗透和转化的立体图景。

系统的整体性来源于它的结构。对整体性原则的运用，关键在于把握系统结构对于系统质、系统功能的决定作用。在系统论看来，"世界是结构的"与"世界是物质的"两个命题具有同等重要的意义。结构范畴着眼于系统各要素之间的关系，功能范畴反映系统与外部环境（或子系统与母系统）的相互作用，系统的内部结构在其与外部的联系上，就表现为功能。石墨和金刚石，由同等数量、同样性质的碳原子组成，仅仅因为碳原子的排列方式即结构的不同，便显示出全然不同的机械物理性能。马克思在《资本论》中关于劳动协作对生产力性质的作用的论述，也是对结构与功能关系的精彩说明。他指出，单个劳动者力量的总和与许多劳动者协作所发挥的社会力量有"本质的差别"，"这里的问题不仅是通过协作提高了个人生产力，而且是创造了一种生产力，这种生产力本身必然是集体力"，"且不说由于许多力量融合为一个总的力量而产生的新的力量。"①

---

① 《马克思恩格斯全集》第 23 卷，人民出版社 1972 年版，第 662 页。

2.相互联系和相互作用原则

"相互作用是事物的真正的终极原因。"①系统论认为一种事物离开了它和周围条件的相互联系和相互作用,就成为不可理解和毫无意义的东西。联系的多样性,决定了系统的多样性,决定了客观世界五彩缤纷的面貌。

历史现象的相互联系是多种多样的,如因果、反馈、控制、顺序、线性、网络等。传统历史研究方法的最大弊病,不在于在一般意义上忽视了历史现象的相互联系,而在于片面强调了因果联系并把它简单化,而忽视了其他类型的联系。例如对历史人物的分析,往往是家庭出身→经济地位→政治立场→哲学态度(唯物、唯心)→世界观(进步、反动)→道德品质……分析历史上的文化繁荣时期何以出现,往往是战乱后政治安定→生产恢复→科技文化出现繁荣时期。这样一些线性因果链条(系统论中叫做开环系统)看起来逻辑性很强,其实是一种形而上学。它说明不了为什么政治上进步的历史人物有时也表现出强烈的唯心主义哲学态度,也说明不了为什么偏偏在政治动乱之时,出现了战国时期百家争鸣的繁荣学术气象、中唐之后蓬勃兴起的诗歌创作高峰。总之,"把因果关系应用到有机生命和精神生活的情况上是不充分的。在这里,被称为原因的东西当然显得自身具有不同于结果的内容,不过其所以如此,却是因为,作用于生命事物的东西是由生命事物独立地决定、改变和转化的,因为生命事物不让原因达到自己的结果,这就是说,生命事物把作为原因的原因扬弃了。"②

系统论认为,只有在十分特殊的场合和十分特殊的方面,才有近似的线性因果序列。客观现实中的一切因果联系,都包含在无穷的相互作用系统里,只有当原因以外的一切因素仅有无限小的影响而被人们忽略不计时,这种线性因果序列才以化学分子链那样的形式被抽象出来。而且即便就因果关系而言,情况也很复杂。第一,某一结果往往不是单一原因所造成,而原因所造成的也往往不仅是单一的结果;第二,因果关系也不会全部是立竿见影的关系,它有自己的时间效应和累积效应;第三,因果关系可以相互转化,"原因和结果这两个观念,只有在应用于个别场合时才有其本来的意义;可是只要我们把这种个别场合放在它和世界整体的总联系中来考察,这两个

---

① 《马克思恩格斯选集》第4卷,人民出版社1995年版,第328页。

② 黑格尔:《逻辑学》第2卷,商务印书馆1976年版,第193页。

观念就汇合在一起,融化在普遍相互作用的观念中,在这种相互作用中,原因和结果经常交换位置;在此时或此地是结果,在彼时或彼地就成了原因,反之亦然。"①

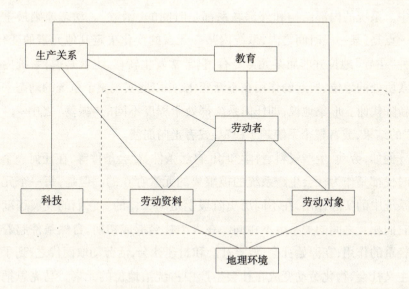

事实上,在绝大多数历史现象系统中,各元素之间的联系并不是线性因果联系,而是复杂的网络联系。例如我们在研究某一历史时期生产力发展水平这一系统对象时,可以画出如下网络联系图(见上图)。图中虚线圈内的是生产力系统的内部元素及其相互联系,虚线圈外的是与生产力系统直接相关的外部环境元素及其相互联系。很显然,这两种联系都是我们在研究时必须予以充分重视的。"要真正地认识事物,就必须把握住、研究清楚它的一切方面、一切联系和'中介'。我们永远也不会完全做到这一点,但是,全面性这一要求可以使我们防止犯错误和防止僵化。"②在图中,我们看到各元素间的联系的类型也是不相同的。有的是单纯因果联系(如教育状况与劳动者的文化程度、劳动能力),有的是互为因果联系(如劳动者的生存与自然环境的变迁),有的是控制与被控制联系(如生产关系对于劳动者的经济、政治地位),还有的是信息反馈联系(如劳动者对劳动资料的利用、对劳动对象的改造)。这些都需要区别对待,具体分析。

① 《马克思恩格斯全集》第 20 卷,人民出版社 1971 年版,第 25 页。
② 《列宁选集》第 4 卷,人民出版社 1995 年版,第 419 页。

3.动态原则

"世界不是既成事物的集合体，而是过程的集合体。"①系统不是简单地表现为有结构、相互联系的元素的静止的结合。系统永远处在运动的状态之中。系统的内部结构和外部联系都是时间的"函数"。动态原则最重要的一点是：某一段时间之内，系统内某一元素的变化决定其他元素的变化，这种"主导"地位并非属某元素专有，它常常发生转移，也就是说，系统内各元素所处的地位、所起的作用在不断变化，并以此实现整个系统的动态平衡和新陈代谢。形象地说，即任何系统都处于程度不同的"振荡"之中②，"振荡"的结果，或者整个系统趋于稳定，或者走向崩溃。

例如，劳动、生产资料、科学知识、自然条件、社会条件等，在任何一个历史时代都是作为社会生产系统的极重要的元素存在的。但是，每一个元素在系统中的实际作用，在不同历史阶段上是不一样的。它们的发展程度以及它们相互之间的关系也不相同。在人类社会形成初期，自然条件起着举足轻重的作用；在原始社会，奴隶社会和封建社会，活劳动取而代之；到了资本主义社会，物化劳动变成在社会生产中占统治地位的元素。马克思把这种变化概括为："在土地所有制处于支配地位的一切社会形式中，自然联系还占优势，在资本处于支配地位的社会形式中，社会、历史所创造的因素占优势。"③到了社会主义—共产主义社会，活的劳动与物化劳动的矛盾作为劳动与资本在利益上的对抗性矛盾已经不复存在，这时，科学知识便成为社会生产中革命变革的基础，成为决定性的元素。这时，社会劳动的最高效益主要来自新的科学成果的发现和推广，而科学成果的经济效益也只有在这种历史阶段才能得到最大限度的发挥。

4.数学分析原则

马克思认为，一种科学只有当它达到了能够运用数学工具进行分析时，才算真正发展了。④ 这是因为，第一，任何事物、过程，必然表现为质与量的统一；第二，当代数学的发展，不仅可以研究事物的数量关系，而且已经能够

---

① 《马克思恩格斯选集》第4卷，人民出版社1995年版，第244页。
② 马克思就曾使用过"系统振荡"的概念，见《资本论》第3卷，人民出版社1966年版，第171页。
③ 《马克思恩格斯选集》第2卷，人民出版社1995年版，第25页。
④ 参见拉法格：《回忆马克思》，人民出版社1954年版。

很好地表达性质。只要我们从算术前进到数学函数,就会走向质与量的统一。过去人们通常只把数学看做一门自然科学,这同只把哲学看做是一门社会科学一样,是一种误解。在任何学科中,只要有数量、关系、运动、结构,就可以成为数学的研究对象。而这一切在历史领域中随处可见。比如说,明清时代资本主义萌芽问题,它的生长程度如何,在当时社会经济形态中占何等地位,由于缺乏数学分析,我们只得用某些近乎文学描绘的词语来表达,这显然是不能令人满意的。又比如,封建社会分期问题,究竟以什么作为分期的标准? 这种标准除了质的规定性之外,在量上有没有衡量的尺度? 如果有,这个尺度应该如何确定? 这都是很有意义而且十分迫切的研究课题。

当然,在浩如烟海的历史资料中,要找出几个最基本的、精确的数据,有时是很困难,甚至是不可能的。这给历史科学运用数学工具带来一定的困难。但是,现代数学的发展,如模糊数学、概率论的出现,正在逐步解决这一难题。其实,所谓运用数学分析原则来研究历史,并不是说要使研究结果是一个直接的数据,而是要求给予历史系统对象以严格的逻辑证明,以改变过去那种近似的描述的定性说明。过去历史研究中的分析、论证,往往不是依据某一严格的标准,而在很大程度上是依据研究者个人的理解水平、研究角度,这就造成了仁者见仁,智者见智的局面。这样的分析论证,使用的是天然语言,所用词汇表达的概念包括广泛的内涵,这赋予人们思想表达以生动性,但是也给历史研究带来严重弊病:同一概念、断语,由于研究者从不同层次、角度(姑且不论认识水平的高低)去把握它的内涵与外延,便产生了种种歧义。解决这一问题的根本途径,是用人工语言(精确语言)代替天然语言,如同自然科学研究那样,而系统方法正为此提供了直接可能性。系统方法本身就是与计算机技术紧紧联系在一起的,计算机的算法语言就是最典型的人工语言,它简单、精确,不会产生歧义。

数学分析的重要方法,是制定数学模型。数学模型的意义在于,它能够把握一些靠直观分析不那么一目了然的事物间的相互联系。根据不同的研究目的,我们可以制定出多种多样的数学模型,如社会形态模型、经济形态模型、民族关系模型、阶级关系模型以及某一阶级内部结构模型等。每一模型,反映系统对象某一方面的性质、特点和数量关系。有人可能会责难我们用某种呆板的模型、框架去硬套活生生的历史,会犯削足适履的错误。我们承认模型作为一种数学抽象，与生动的人类历史当然不是一回事，也不可能在时间和空间方面完全吻合。这不值得大惊小怪。模型是逻辑的，它与社会历史的统一只体现在前者建立在后者的基础之上并给予后者以说明，而并不表现为二者的同步性。历史发展的客观规律，只有在高度理论概括（定性的和定量的）基础上，才能够在科学范畴中被认识和反映。数学模型的建立，正是走向这一目标的重要途径。

近年来，我国史学工作者已经开始用系统论思想来进行历史研究，发表了数量不多的论文，这是一种可喜的新气象。但系统论绝不是历史研究的不二法门，更不能取代历史唯物主义的一般认识论、方法论。但是，如果把它看做历史唯物主义的辅助工具，看做后者与各专门科学之间的"中介"，那么不仅可以加强历史唯物主义对各门科学的理论指导作用，而且也可能深化历史唯物主义自身的规律和范畴的内容。因此，将系统论运用于历史研究是无可非议的。

（原载《江汉论坛》1983 年第 10 期）

唯物史观视野中的历史必然性问题

唯物史观是马克思的两大理论发现之一。历史必然性是唯物史观理论体系所要论证的核心问题之一。一百多年来,唯物史观的反对者在这一问题上一再发难,而唯物史观的信奉者也往往在这一问题上陷入不自觉的误区。因此,在科学的意义上讨论唯物史观视野中的历史必然性问题,具有重要的理论价值和现实意义。20世纪80—90年代,随着思想解放运动的展开,学术界对"五种社会形态说"提出质疑,并由此引出了关于历史必然性、历史决定论、历史选择论的讨论,但是参加者不多,讨论也有欠深入。其后近十年间,从理论形态的层面讨论历史必然性问题的文章愈发少见。笔者通过中国学术期刊网查询的结果是,大多数研究者关心的是具体历史事物、历史事件产生的必然性问题(例如:科举制的出现、辛亥革命的失败、中央红军落脚陕北,等等),而讨论一般性历史规律、社会形态的研究成果,也很难集中笔墨,就历史必然性问题深入辨析。有鉴于此,本文试图立足于本体论、认识论的基本理论层面,对历史必然性问题作一较为全面的讨论,不当之处,敬祈方家指正。

一、历史必然性的本体论原理

人类历史有无必然性可言,是古今历史哲学家们共同瞩目的焦点问题。维科、康德、黑格尔、孔多塞等持肯定的立场,而克罗齐、文德尔班、雅斯贝斯、波普尔、胡克等持否定的立场。唯物史观继承黑格尔等人的思想成就,肯定历史必然性的成立,并将其成立的理由奠基在一个不可动摇的历史事实之上:"我们首先应当确定一切人类生存的第一个前提也就是一切历史的第一个前提,这个前提就是:人们为了能够'创造历史',必须能够生活。

但是为了生活，首先就需要衣、食、住以及其他东西。因此第一个历史活动就是生产满足这些需要的资料，即生产物质生活本身。"马克思和恩格斯特别强调："任何历史观的第一件事情就是必须注意上述基本事实的全部意义和全部范围，并给予应有的重视。"①

黑格尔"是第一个想证明历史中有一种发展、有一种内在联系的人"。②他企图用精致的辩证法来阐明人类历史发展的客观必然性、规律性和因果性。但是，在唯心主义的导引下，黑格尔"不仅把整个物质世界变成了思想世界，而且把整个历史也变成了思想的历史"。③这样一来，他的关于历史必然性的"天才预测"也就永远停留在"彼岸世界"，与人类生活的此岸世界格格不入。马克思、恩格斯揭示出黑格尔"儿子生出母亲"，"结果产生起源"④的本末倒置所在，把被黑格尔颠倒了的物质与精神的关系再颠倒过来，用存在解释意识，用物质存在和物质生产解释精神存在和精神生产，从而为真正科学地论证人类历史的必然性，开辟了缜密的逻辑通道。

历史是人类的创造。这种创造是有意识的，但绝不是随心所欲的。"第一，我们是在十分确定的前提和条件下进行创造的。其中经济的前提和条件归根结底是决定性的。但是政治等的前提和条件，甚至那些存在于人们头脑中的传统，也起着一定的作用，虽然不是决定性的作用。""第二，历史是这样创造的：最终的结果总是从许多单个的意志的相互冲突中产生出来的，而其中每一个意志，又是由于许多特殊的生活条件，才成为它所成为的那样。"⑤这就是说，历史创造的前提（不管是客观前提还是主观前提）都是"十分确定"的，都是必然的，所以，历史创造的过程和结果，也一定具有必然的性质。

唯物史观历史必然性的思想在本体论层面上与其历史发展理论的基本尺度浑然一体。生产力决定生产关系和人道主义是唯物史观历史发展理论的两种基本尺度。这两种尺度在历史本体论的基础上是完全统一的。"全

---

①《马克思恩格斯选集》第1卷，人民出版社1995年版，第79页。
②《马克思恩格斯选集》第2卷，人民出版社1995年版，第42页。
③《马克思恩格斯全集》第3卷，人民出版社1960年版，第16页。
④《马克思恩格斯全集》第3卷，人民出版社1960年版，第214页。
⑤《马克思恩格斯选集》第4卷，人民出版社1995年版，第697页。

面发展的个人,……不是自然的产物,而是历史的产物。"①"个人的全面性不是想象的或设想的全面性,而是他的现实关系和观念关系的全面性。……要达到这点,首先必须使生产力的充分发展成为生产条件,使一定的生产条件不表现为生产力发展的界限。"②"生产力和社会关系——这二者是社会的个人发展的不同方面。"③唯物史观重视生产力在社会历史发展过程中的动力作用,同时又认为,生产力绝不仅仅是纯粹的物的增长,它还是人的潜能、个性的发挥和日益丰富、精致化。"为生产而生产无非就是发展人类的生产力,也就发展人类天性的财富这种目的本身。"④因此,历史是人类进步与社会进步相统一的进程。在这个意义上讲,人类的彻底解放与社会的高度文明是一枚硬币的两面。"无产阶级只有在世界历史意义上才能存在,就像它的事业——共产主义一般只有作为'世界历史性的'存在才有可能实现一样。"⑤"共产主义决不是人所创造的对象世界的即人的采取对象形式的本质力量的消逝、舍弃和丧失,决不是返回到非自然的、不发达的简单状态去的贫困。恰恰相反,它们是人的本质的现实的生成,是人的本质对人说来的真正的实现,是人的本质作为某种现实的东西的实现。"⑥共产主义"作为完成了的自然主义,等于人道主义,而作为完成了的人道主义,等于自然主义,它是人和自然界之间、人和人之间的矛盾的真正解决,是存在和本质、对象化和自我确证、自由和必然、个体和类之间的斗争的真正解决。它是历史之谜的解答,而且知道自己就是这种解答"。⑦ 总之,共产主义社会是以"每个人的全面而自由的发展为基本原则的社会形式"。⑧ 历史是由有意志、有目的的人创造的。不同时代、不同境遇中的个体及群体,意志各异,目的有别,但是,在追求社会的幸福和谐、人性的健康完美方面,又总是大方向一致的。既然历史创造者的努力方向是基本一致的,那么,历史创造的结局的必然性,也就毋庸置疑。

---

① 《马克思恩格斯全集》第 46 卷上,人民出版社 1979 年版,第 108 页。
② 《马克思恩格斯全集》第 46 卷下,人民出版社 1980 年版,第 36 页。
③ 《马克思恩格斯全集》第 46 卷下,人民出版社 1980 年版,第 219 页。
④ 《马克思恩格斯全集》第 26 卷,第 2 册,人民出版社 1973 年版,第 124 页。
⑤ 《马克思恩格斯全集》第 3 卷,人民出版社 1960 年版,第 40 页。
⑥ 马克思:《1844 年经济学哲学手稿》,人民出版社 2000 年版,第 131 页。
⑦ 马克思:《1844 年经济学哲学手稿》,人民出版社 2000 年版,第 90 页。
⑧ 《马克思恩格斯全集》第 23 卷,人民出版社 1972 年版,第 649 页。

  历史的必然性问题，不等于历史的重复性、常规性问题，但是和后者存在密切的关联。在这方面，"唯物主义提供了一个完全客观的标准，它把'生产关系'划为社会结构，并使人有可能把主观主义者认为不能应用到社会学上来的重复性这个一般的科学标准，应用到这些关系上来。当他们还局限于思想的社会关系（即通过人们的意识而形成的社会关系）时，他们不能发现各国社会现象中的重复性和常规性，他们的科学至多不过是记载这些现象，收集素材。一分析物质的社会关系（即不通过人们意识而形成的社会关系：人们在交换产品时彼此发生生产关系，甚至都没有意识到这里存在着社会生产关系），立刻就有可能看出重复性和常规性，就有可能把各国制度概括为一个基本概念，即社会形态。只有这种概括才使我们有可能从记载社会现象（和从理想的观点来估计社会现象）进而极科学地分析社会现象。"①

  承认历史必然性，实际上也就是承认历史决定论。唯物史观的反对者正是在这一点上，攻击最力。唯物史观承认历史决定论，但这种决定论不仅仅是说明线性历史现象的因果决定论，也不仅仅是说明随机历史集合的统计决定论，更是说明宏观社会历史变迁的系统决定论。②"当我们深思熟虑地考察自然界或人类历史或我们自己的精神活动的时候，首先呈现在我们眼前的，是一幅由种种联系和相互作用无穷无尽地交织起来的画面。""原因和结果这两个观念，只有在应用于个别场合时才有其本来的意义；可是只要我们把这种个别场合放在它和世界整体的总联系中来考察，这两个观念就汇合在一起，融化在普遍相互作用的观念中，在这种相互作用中，原因和结果经常交换位置；在此时或此地是结果，在彼时或彼地就成了原因，反之亦然。"③历史是一个大系统，在这个大系统中，"有无数互相交错的力量，有无数个力的平行四边形，而由此就产生出一个总的结果，即历史事变，这个结果又可以看做一个作为整体的、不自觉地和不自主地起着作用的力量的产物。"④我们不能说唯物史观已经完全终结了系统决定论，也不能说系统

---

  ① 《列宁选集》第1卷，人民出版社1995年版，第8页。

  ② 参见李明华：《历史决定论的三种形式》，《中国社会科学》1992年第6期；顾乃忠：《对〈历史决定论的三种形式〉的质疑》，《中国社会科学》1994年第3期。

  ③ 《马克思恩格斯选集》第3卷，人民出版社1995年版，第359页。

  ④ 《马克思恩格斯选集》第4卷，人民出版社1995年版，第478页。

决定论已经终结了历史决定论。但是,唯物史观开放的理论体系中包含有系统决定论的科学因子则是毫无疑问的。

二、历史必然性的认识论依据

对人类历史具有必然性这一客观事实的肯定,并不能替代对人类认识历史必然性的能力的肯定。而后一个问题不解决,前一个问题的解决就失去了其根本意义。

在相当意义上讲,历史唯物主义也就是实践唯物主义。实践、劳动、创造,"是整个现存的感性世界的基础"①。"社会生活在本质上是实践的。凡是把理论导致神秘主义方面去的神秘东西,都能在人的实践中以及对这个实践的理解中得到合理的解决。"②人类迄今为止的全部历史已经证明,通过实践,坚持真理,修正错误,人类不断深化对自然规律的认识,不断深化对生产力与生产关系相互联系的认识,不断深化对经济基础与上层建筑相互关系的认识,不断深化社会发展与人的发展相互关系的认识。这些认识成果的积累,为人类最终接近完全把握历史必然性,提供了无限的可能性。"思维的至上性是在一系列非常不至上地思维着的人们中实现的;拥有无条件的真理权的那种认识是在一系列相对的谬误中实现的;二者都只有通过人类生活的无限延续才能完全实现。"③而人类生活恰恰就是这样一个不断由低级向高级,由不自觉向自觉,由"必然王国"向"自由王国"攀登的"无限延续"的过程。简言之,实践的无限性决定了人类认识的无限性,无论是对于自然界、还是对于人类自身,都是如此。

人类是思考的动物。这种思考从基本形式上讲,是对实践结果的反省。就对历史必然性问题的认识而言,也是如此。"对人类生活形式的思索,从而对它的科学分析,总是采取同实际发展相反的道路。这种思索是从事后开始的,就是说,是从发展过程的完成的结果开始的。"④"历史的全部运动,

---

① 《马克思恩格斯全集》第3卷,人民出版社1960年版,第50页。
② 《马克思恩格斯选集》第2卷,人民出版社1995年版,第77页。
③ 《马克思恩格斯选集》第1卷,人民出版社1995年版,第60页。
④ 《马克思恩格斯全集》第23卷,人民出版社1972年版,第92页。

既是这种共产主义的现实的产生活动即它的经验存在的诞生活动，同时，对它的能思维的意识说来，又是它的被理解到和被认识到的生成运动。"①从人类既往的来路中总结经验，归纳得失，寻求规律，指导未来实践，既是历史必然性问题产生的历史过程，也是这一问题求解的逻辑方向。

社会在人类的实践中发展，人类的认识能力在实践中进步。就这一必然趋势而论，人类对历史必然性的把握，已经经历并将继续经历由知之较少向知之较多前行的永恒进程。恩格斯说："人离开狭义的动物愈远，就愈是有意识地自己创造自己的历史，不能预见的作用，不能控制的力量对这一历史的影响就愈小，历史的结果和预定的目的就愈加符合。"从这个意义上讲，人类对自身历史的必然性的把握，从根本上看，就不仅是一个理论的问题，更是一个实践的问题。"我们看到，主观主义和客观主义，唯灵主义和唯物主义，活动和受动，只是在社会状态中才失去它们彼此间的对立，并从而失去它们作为这样的对立面的存在；我们看到，理论的对立本身的解决，只有通过实践方式，只有借助于人的实践力量，才是可能的；因此，这种对立的解决绝不只是认识的任务，而是一个现实生活的任务。"②那种希望完全在认识论领域内解决历史必然性问题的企图，是不切实际的。

三、历史必然性与人的历史主动性的逻辑关联

唯物史观肯定历史的必然性，同时又主张充分发挥人在推进历史发展中的主动性、创造性。以前者否定后者，是宿命论；以后者否定前者，是唯意志论。唯物史观是这两者的敌人。

唯物史观肯定的历史必然性，说的是历史发展的一般方向、逻辑进程和终极境界是有规律可循、且必须遵循的；说的是人类不可能无视自然、社会和自身思维方面的诸多制约，而随心所欲地"创造"历史。除此之外，唯物史观没有肯定任何东西。

历史是人类的创造。从相当意义上讲，创造就是选择——选择目标、选

---

① 马克思：《1844年经济学哲学手稿》，人民出版社2000年版，第77页。
② 《马克思恩格斯全集》第42卷，人民出版社1979年版，第127页。

择达到目标的途径和方式。选择是历史创造主体的权利。但是,"如果他要进行选择,他也总是必须在他的生活范围里面、在绝不由他的独自性所造成的一定的事物中间去进行选择的。"①就目的而论,人类的思维无论多么发达,他所能提出的目标总是自己的经验"教给"他的;实现目标的手段都只能是建立在经验提供的物质和精神基础之上。而经验本身,恰恰就是受到自然、社会和自身思维方面的诸多制约的。因此,"在这种选择中,他并不永远是自由的",②或者更准确地说,永远是"不自由的"。

唯物史观承认每一个个体的生存权利和选择权利,承认这些权利的实现都对历史的结果发生作用。但是,在历史必然性的意义上讲选择,实际上是在矢量(既有大小,又有方向的量)的意义上讨论历史的进步问题。仅仅承认选择的权利,而否认选择与历史进步在方向上保持一致性的根本意义,不是唯物史观的主张。正是在这一层含义上,唯物史观一方面承认"有无数互相交错的力量,有无数个力的平行四边形,而由此就产生出一个总的结果,即历史事变"。③ 另一方面,唯物史观又十分强调,只有符合历史发展方向的选择,才是真正具有历史意义的选择。就此而论,在历史的不同发展阶段,有能力作出选择的"人"的情形是不一样的。一般说来,在生产力相对不发达的历史阶段,"历史的进步整个说来只是极少数特权者的事。"④在这种情况下,"特权者"个人因素的种种偶然性,必将对历史的进程产生更多的影响。"随着人们的历史创造活动的扩大和深入,作为自觉的历史活动家的人民群众在数量上也必定增多起来。"⑤在这种情况下,个别人物对历史发展所能起的作用,就会向减弱的方向发展,而人类总体的意志、人类总体的选择在决定历史前进的步伐、速率方面的作用就会相应增强。换言之,人类整体的愿望、意志、选择及其实现将会越来越与历史的必然性趋向一致。

唯物史观关于人类选择与历史必然性(即历史规律)之间日趋接近的观点,是与前文论及的唯物史观关于人的自由发展的理论相一致的。马克

① 《马克思恩格斯全集》第 3 卷,人民出版社 1960 年版,第 355—356 页。
② 《马克思恩格斯全集》第 3 卷,人民出版社 1960 年版,第 355—356 页。
③ 《马克思恩格斯选集》第 4 卷,人民出版社 1995 年版,第 697 页。
④ 《马克思恩格斯选集》第 3 卷,人民出版社 1995 年版,第 336 页。
⑤ 《列宁选集》第 1 卷,人民出版社 1995 年版,第 127 页。

思曾认为，人类社会形态大致可分三个阶段：一是前资本主义的社会形态，特征是"人的依赖关系"；二是资本主义社会形态，特征是"以物的依赖性为基础的人的独立性"；三是未来的共产主义社会形态，特征是"建立在个人全面发展和他们共同的社会生产能力成为他们的社会财富这一基础上的自由个性"。① 此前，"人们自己的社会结合一直是作为自然界和历史强加于他们的东西而与他们相对立的，现在则变成他们的自由行动了。一直统治着历史的客观的异己的力量，现在处于人们自己的控制之下了。只是从这时起，人们才完全自觉地自己创造自己的历史；只是从这时起，由人们使之起作用的社会原因才在主要方面和日益增长的程度上达到他们所预期的结果。这是人类从必然王国进入自由王国的飞跃。"②而这正是人类前途的希望所在。

四、历史必然性与历史偶然性的辩证统一

唯物史观肯定历史的必然性，同时也不忽视历史偶然性的存在及其对于历史发展进程的作用、影响和意义。

自然界和人类社会都有历史，因而都有所谓历史必然性问题。与自然界相比，人类历史的必然性问题要复杂得多。这是因为，人类历史"有一点是和自然发展史根本不同的。在自然界中(如果我们把人对自然界的反作用撇开不谈)全是不自觉的、盲目的动力，这些动力彼此发生作用，而一般规律就表现在这些动力的相互作用中。在所发生的任何事情中，无论在外表上看得出的无数表面的偶然性中，或者在可以证实这些偶然性内部的规律性的最终结果中，都没有任何事情是作预期的自觉的目的发生的。反之，在社会历史领域内进行活动的，全是具有意识的、经过思虑或凭激情行动的、追求某种目的的人；任何事情的发生都不是没有自觉的意图，没有预期的目的的。"这就是说，在人类历史中，偶然性发生作用的可能性大大超出自然史。而唯物史观的一个重要任务，正是要说明，人类社会中"在表面上

---

① 《马克思恩格斯全集》第 19 卷，人民出版社 1963 年版，第 247 页。
② 《马克思恩格斯全集》第 19 卷，人民出版社 1963 年版，第 245 页。

看起来是偶然性在起作用的地方,这种偶然性始终是受内部隐蔽着的规律支配的"。①

唯物史观以辩证的观点来看待历史必然性与历史偶然性的关系。"我们所研究的领域越是远离经济领域,越是接近于纯粹抽象的意识形态,我们越能发现它在自己的发展中表现为偶然现象,它的曲线就越是曲折。如果您画出曲线的中轴线,您就会发现,所考察的时期越长,所考察的范围越广,这个轴线就越接近经济发展的轴线,就越是跟后者平行而进。"②

历史的必然性在任何时候都不会以纯粹的、标准的形态表现出来。导致这种"非纯粹"、"非标准"的原因,是无数的历史偶然性因素在人类历史的进程中,无时无刻不在发生作用,有时甚至是非常关键的作用。忽视甚至否认历史偶然性的存在及其重要作用,实际上也就取消了历史科学的存在意义。"必然的东西被说成是唯一在科学上值得注意的东西,而偶然的东西被说成是对科学无足轻重的东西。这就是说,凡是可以纳入规律、因而是我们知道的东西,都是值得注意的;凡是不能纳入规律、因而是我们不知道的东西,都是无足轻重的,都是可以不加理睬的。这样一来,一切科学都完结了,因为科学正是要研究我们不知道的东西。"③

唯物史观重视历史偶然性的作用,但它并不是简单肯定"运气或意外在历史上所占的重要地位"。④ 唯物史观认为历史偶然性不仅是历史必然性的伴生现象,而且是历史必然性通常的表现形式。"在历史的发展中,偶然性发挥着作用,而在辩证的思维中就像在胚胎的发展中一样,这种偶然性融合在必然性中。"⑤一场伟大的社会变革运动是历史进步的必然,但是,这场运动发生的具体时间、直接起因、关键环节、领导人物等要素,又无一不是由许许多多偶然的因素所决定的。没有了这些"偶然",我们就看不到波澜壮阔的历史"必然"的生动展示。换言之,我们在历史上所能直接观察到的、表层的现象,统统是历史的偶然。任何时代,参与历史活动的因素构成

---

① 《马克思恩格斯选集》第4卷,人民出版社1995年版,第247页。
② 《马克思恩格斯选集》第4卷,人民出版社1995年版,第733页。
③ 《自然辩证法》,人民出版社1971年版,第206、196页。
④ 尼尔斯:《历史和教条主义者》,见田汝康等选编:《现代西方史学流派文选》,上海人民出版社1982年版,第282页。
⑤ 《马克思恩格斯选集》第3卷,人民出版社1995年版,第331页。

都是复杂的。历史过程不过是"表现出这一切因素间的交互作用，而在这种交互作用中归根结底是经济运动作为必然的东西通过无穷无尽的偶然事件（即这样一些事物，它们的内部联系是如此疏远或者是如此难于确定，以致我们可以忘掉这种联系，认为这种联系并不存在）向前发展。否则把理论应用于任何历史时期，就会比解一个最简单的一次方程式更容易了"。①

唯物史观认为，历史偶然性的永远存在，是由于现实生活人们的所有活动，哪怕是目的性极强、计划性极周密的活动，都不能保证避免某些不可测、不可控因素的制约。但是，这些不可测、不可控因素可以决定历史活动的具体时空表现方式，但是却无力改变历史活动所体现的社会发展的总趋势、总方向。从这个意义上讲，偶然性表现得越离奇，越具戏剧性，就越是体现出历史必然性的不可抗拒的强大力量之所在。"一种社会活动，一系列社会过程，愈是越出人们的自觉的控制，愈是越出他们支配的范围，愈是显得受纯粹的偶然性的摆布，它所固有的内在规律就愈是以自然的必然性在这种偶然性中为自己开辟道路。"②"这些偶然性本身自然纳入总的发展过程中，并且为其他偶然性所补偿。但是，发展的加速和延缓在很大程度上是取决于这些'偶然性'的。"③

五、历史必然性思想在未来预测中的科学意义

唯物史观关于历史必然性的思想，是人类推动社会进步的强大理论武器。就此而论，如果它不能在预测未来中发挥作用，它的科学价值就要大打折扣，它的真理的光辉，就会黯淡许多。

波普尔反对历史决定论的一个著名论点是："如果我们永远只限于观察一个独一无二的过程，那我们就不能指望对普遍性的假说进行验证，不能指望发现科学所能接受的自然规律。对一个独一无二过程的观察不可能帮助我们预见它的未来发展。对一个正在成长的蝎子进行最仔细的观察也不

① 《马克思恩格斯选集》第4卷，人民出版社1995年版，第696页。
② 《马克思恩格斯文集》第4卷，人民出版社2009年版，第354页。
③ 《马克思恩格斯选集》第10卷，人民出版社1995年版，第175页。

能使我们预见它变成蝴蝶。"①这里的问题是,研究人类社会发展的"普遍性假说"的观察对象,当然不可能只是"一个独一无二的过程"。例如,研究英国、法国、德国、俄国、美国的资本主义萌生、发展过程,大有益于我们理解西方资本主义的发生机理和一般规律;研究中国、日本、印度的资本主义历程,大有益于我们理解握东方国家更为曲折的近代化之旅。综合这些研究的结论,必将大有益于我们把握近代化的精髓,顺应历史潮流,去创造人类更美好的未来。也就是说,对若干正在成长的"个体"蝎子进行的最仔细的观察,可以帮助我们理解"类"蝎子的发育规律,预见"类"蝎子的未来。

唯物史观视野中的历史必然性,是指人的历史活动的规律性。规律是人类历史活动的一般性本质特点的抽象。它既不等于具体的历史细节,也不等于实际的历史过程。就此而论,唯物史观不是算命术。那些以唯物史观肯定历史必然性为由,要求其对未来社会的具体图景作出精确描画的人,不是曲解了唯物史观的本义,就是别有用心。恩格斯说得明白,对未来的设想,"愈是制定得详尽周密,就愈是要陷入纯粹的空想。"马克思在回答荷兰社会民主党人一旦取得政权之后该如何行事的询问时说:"在将来某个特定的时候应该做些什么,应该马上做些什么,这当然完全取决于人们将不得不在其中活动的那个特定的历史环境。但是,现在提出这个问题是虚无缥缈的,因而实际上是一个幻想的问题,对这个问题的唯一的答复应当是对问题本身的批判。如果一个方程式的已知各项没有包含解这个方程式的因素,那我们是不能解这个方程式的。"②

唯物史观的历史必然性理论无疑是我们预测未来时的锐利思想武器。但是它所能预测的,只能是历史发展的实质、趋势、方向和归宿。它对人类未来走向的预测轨迹与实际的人类历史轨迹之间的关系,当然不会严丝合缝般的完全吻合。在这方面,恩格斯与施密特关于经济规律的讨论,可以为我们提供启示。施密特认为,因为规律不可能在任何条件下发生作用,所以马克思揭示的价值规律和利润率学说都是一种"虚构"。对此,恩格斯回答:"您对价值规律的责难涉及从现实观点来看的一切概念。""一个事物的概念和它的现实,就像两条渐近线一样,一齐向前延伸,彼此不断接近,但是

---

① 波普尔:《历史决定论的贫困》,华夏出版社 1987 年版,第 86 页。
② 《马克思恩格斯全集》第 35 卷,人民出版社 1971 年版,第 154 页。

永远不会相交。两者的这种差别正好是这样一种差别，概念并不无条件地直接就是现实，而现实也不直接就是它自己的概念。"①列宁在论述价值规律时也特别强调，"价值（社会的）变为价格（个别的），不是经过简单的直接的途径，而是经过极其复杂的道路，因为很自然，在完全靠市场联系起来的分散的商品生产者的社会中，规律性只能表现为平均的、社会的、普遍的规律性，而不同方向的个别的偏离则相互抵消。"②同样，历史必然性理论对未来的预测，也"只是一种近似值，一种倾向，一种平均数，但不是直接的现实。其所以如此，部分地是由于它们所起的作用和其他规律同时起的作用相互交错在一起，而部分地也由于它们作为概念的特性"。③

如果我们不再重复当年施密特的错误，不再存有当年荷兰社会民主党人的幻想，我们就有充分的理由坚信唯物史观关于历史必然性的思想在未来预测中的科学指导意义。正如普列汉诺夫所说："社会学的预见对象不是个别事件，而是特定时候早已在进行的那一社会过程的一般结果。……社会学的预见，凡是涉及个别事件，那是很少精确性的，而且将来始终如此。然而在那应当确定社会过程的一般性质和方向的地方，社会学的预见早就有相当大的精确性了。"④我们有理由相信，随着开放的、与时俱进的唯物史观不断汲取人类文明的新鲜营养，它在社会预见方面的科学指导意义，将会得到更多的证明和认同。

（原载《史学月刊》2003 年第 8 期）

---

① 《马克思恩格斯选集》第 4 卷，人民出版社 1995 年版，第 744 页。
② 《列宁选集》第 2 卷，人民出版社 1995 年版，第 434 页。
③ 《马克思恩格斯选集》第 4 卷，人民出版社 1995 年版，第 516 页。
④ 王荫庭：《普列汉诺夫哲学新论》，北京出版社 1988 年版，第 251 页。

学术理路与史学生态

历史学的发展,除了需要宽松的政治环境、活跃的文化氛围、富足的经济支撑等外在的条件,更需要和谐、健康的内在学术生态环境。就此而论,学术理路的互容、共存,较之观点的争鸣、学派的对峙,意义更加重大。

——

所谓学术理路,是指治史者遵循的治学逻辑、路径,所认同的治学重心、目标定位、价值标准,所依本的思维方式和操作方式。学术理路既可以是个性化的,也可以是群体共同遵守的。人们常常议论的学术派别,其实就是大致遵守相同学术理路的学者的集合体。就此而论,学术理路是学术派别形成的内在学理依据,学术派别是学术理路的成熟的人格化的群体体现。

学术理路讲究的是治学的逻辑、路径、重心、思维方式、价值标准、目标定位,而学术派别则特别讲究"师法"、"家法"。"师法者,鲁丕所谓说经者传先师之言,非从己出,法异者各令自说师法,博观其义是也。家法者,范晔所谓专相传祖,莫或讹杂,繁其章条,穿求崖穴,以合一家之说是也。或谓前汉多言师法,后汉多言家法。师法家法,名可互施,然学必先有所师,而后能成一家之言。若论其审,则师法者溯其源,家法者衍其流,其间盖微有不同。"①说得更清楚一点,就"学统"的流变而论,学术门派重"统",是"即统而言学",而学术理路重"学",是"即学而言统"。

孔子的《春秋》为中国史学之滥觞。孔子治史的内在理路,一方面重视材料的支撑,有所谓"夏礼,吾能言之,杞不足征也;殷礼,吾能言之,宋不足

---

① 马宗霍:《中国经学史》,上海书店 1984 年版,第 38 页。

征也。文献不足故也。足,则吾能征之矣";①另一方面也强调微言大义的"春秋笔法"。这两者分别由春秋"三传"凸显、光大起来。关于"三传",历来有所谓古文、今文之分。其实,文字方面的区别并不重要,观点的分歧也不是关键,学术理路的差异才是关键所在。朱熹说:"以三传言之,《左氏》是史学,《公》《谷》是经学。史学者记得事却详,于道理上便差;经学者于义理上有功,然记事多误。"②综观两千年不息的古、今文之辨,双方指责对手的毛病,基本未脱朱熹的概括范围。

孔子以后,特别是司马迁以后,中国史学繁荣兴盛,蔚为大观。从历史上看,在所谓今文经学与古文经学、汉学与宋学、"史观派"与"史料派"连绵不绝的学术门派对峙、对抗背后,我们并不难发现一以贯之的学术理路并立局面的延续。大致说来,古文经学、汉学、"史料派"是一路,这一路的最基本特征就是靠材料说话;而今文经学、宋学、"史观派"是另一路,这一路用刘勰的话说,"是立义选言,宜依经以树则,劝戒与夺,必附圣以居宗;然后诠评昭整,苛滥不作矣。"③两路相依相伴,相争相斗,并肩同行直至 21 世纪的今天。正如有研究者所指出,"史料考订派的实证追求最后变成了在科学方法旗帜下乾嘉汉学的复兴,史观派的阐释取向最后也部分演变为科学理论旗帜下晚清今文经学特征的再现。"④

关于学术理路,中国古代的史学理论家早有辨析。刘知几说:史学"其所网罗者密矣,其所商略者远矣"⑤,为此,"为史之道,其流有二,何者?书事记言,出自当时之简,勒成删定,归于后来之笔。"⑥史事之实录与史意之阐发,要旨不同,手法不同,但均为治史之正道,不过流派有别。接续这一思想,章学诚继续推进:"夫智以藏往,神以知来,记注欲往事之不忘,撰述欲来者之兴起,故记注藏往似智,而撰述知来拟神也。藏往欲其赅备无遗,故体有一定,而其德为方;知来欲其决择去取,故例不拘常,而其德为圆。"他以司马迁《史记》和班固《汉书》为例,说明二者的区别:"马则近於圆而神,

---

① 《论语·八佾》。
② 《朱子语类》卷 83。
③ 刘勰:《文心雕龙·史传》。
④ 王学典、孙延杰:《实证追求与阐释取向之间的百年史学》,《文史哲》1997 年第 6 期。
⑤ 刘知几:《史通·自叙》。
⑥ 刘知几:《史通·史官建置》。

班则近於方以智也。"虽然"皆为纪传之祖也",但"迁书体圆用神,多得《尚书》之遗;班氏体方用智,多得官礼之意也。"这里的"记注"和"撰述",表面上看是著作体例的区别,但其实质却是学术理路的区别。此外,章氏还有"著述"与"比类"、"著作之史"与"纂辑之史"的区别,所指大致相同。刘知几、章学诚以学术理路分析史家、史著的思路,具有重要的史学批评方法论的意义,更具有重要的史学理论发展论的意义。

二

笔者认为,长期以来学界津津乐道的今文经学与古文经学、汉学与宋学、"史观派"与"史料派"的关系,既是不同学派的关系,更是不同学术理路的关系。以往学界在关注它们的相互关系时,往往热衷于"学派"层面的研究,而忽略了"学术理路"层面的研究,这样做的后果之一,是夸大了双方的矛盾对立和冲突,给人以两者你死我活、水火不容的印象。其实,即便是在学派的意义上,上述双方的关系也并非始终剑拔弩张。

始于汉代且千年不息的古文与今文之争,实质是学术理路之辨。今文经学与古文经学的公开冲突、辩论,两汉时代一共才四次。第一次是西汉末建平元年(公元前5年),刘歆作《移让太常博士书》,攻击今文学,争立古文博士,但以失败告终。第二次是东汉建武四年(公元28年),韩歆欲为《费氏易》、《左氏春秋》立博士,但范升极力反对,他主张除现有博士外,不论古今,一概不再增立,以绝五经奇异竞立之望。刘秀支持古文派,立《左氏》博士,但不久即废。第三次为章帝在位时,支持古文经学派贾逵对今文经学全面挑战,提出"公羊理短,左氏理长",试图改变太学只讲授今文博士之学的局面。今文一方,反应并不激烈,仅有班固的朋友李育,"以《公羊》义难贾逵"。对此,范晔的评判是"往返皆有理证,最为通儒"[1],双方基本打成平手。第四次发生于桓、灵之际,何休立足今文,"追述李育意"[2],作《公羊墨守》、《左氏膏肓》、《谷梁废疾》,郑玄针锋相对,一一驳难,何休感叹"康成

---

[1] 《后汉书·儒林列传》。
[2] 《后汉书·儒林列传》。

入吾室,操吾戈,以伐我乎!"①概观两汉历史,虽然今文长期占据官学地位,压制古文,但是无论在学理价值或社会影响方面,古文并不输于今文。著名的白虎观会议,各方"考详同异,连月乃罢",未分胜负。章帝"诏高才生受《古文尚书》、《毛诗》、《谷梁》、《左氏春秋》,虽不立于学官,然皆擢高第为讲郎,给事近署,所以网罗遗逸,博存众家"。灵帝时,"诏诸儒正定《五经》,刊于石碑,为古文、篆、隶三体书法以相参检,树之学门,使天下咸取则焉。"②因此,今天看汉代的今古文之争,固然壁垒森严,但并非你死我活,水火不容。其间有利禄之争、门户之争,也有学术道统之争。"除《左氏》外,其他诸经之今古文,皆不闻相攻之例,各自传其学,相安无事。就经学内部的争论而言,今古文之争,还远不如今学内部的争论之甚。"③正如有学者所指出,"究其实,今古文之分的主要之点,在于其学说体系之异,及由此导致的学派门户之见,至于其文字上的今古之异,并不主要。"今古文之争,乃王莽时代古文经学成熟之后出现的经学现象,此前并未发展到尖锐对立的程度。"在朝廷方面,只想利用经学在政治上及学术上有利于自己的影响,却不想自身卷入今古两派儒者之争。""今文博士为攻驳古文经学而做的研究,其结果适导致古文经学对今文经学的渗透。""后来今古文合流通过郑玄兼采今古遍注群经的形式出现,作为原因之一,应与今文博士为攻驳古文而研究古文的做法有关。"④研究者每每注意到汉代今古文融合之功,首推许慎,由郑玄完成,"经过他的这一番改造,今古文的界限不见了,家法、师法的藩篱不见了,而使经学以一种崭新的面貌出现在世人面前,学者称之为'郑学'。"⑤究其实,所谓"今古文融合",只是在具体的学术观点方面互有吸纳,表面上看,学派的对立似乎淡化甚至消失了,但是从根本上看,古文重史事,今文重史意,学派赖以立身的学术理路却毫发未损,依然存在。⑥

学术史上著名的宋代理学朱陆之争,也应视为学术理路的分歧。鹅湖

---

① 《后汉书·郑玄传》。

② 《后汉书·儒林列传》。

③ 杨天宇:《略论汉代今古文经学的斗争与融合》,《郑州大学学报》2001 年第 5 期。

④ 葛志毅:《今古文经学合流原因新探》,《北方论丛》1995 年第 1 期。

⑤ 杨天宇:《略论汉代今古文经学的斗争与融合》,《郑州大学学报》2001 年第 5 期。

⑥ 李学勤先生也认为,汉代今文、古文两派是否真的水火不容,"这是一个很值得重新审查的问题"(李学勤:《走出疑古时代》,长春出版社 2007 年版,第 10 页)。

之辩,陆九龄吟颂"珍重朋友相切琢,须知至乐在于今",明显表达了探讨学问的快乐感觉。陆九渊的和诗"易简功夫终久大,支离事业竟浮沉。欲知自下升高处,真伪先须辨只今",火气稍冲。三年后,朱熹再和一首"旧学商量加邃密,新知培养转深沉。却愁说到无言处,不信人间有古今",反讥陆氏之学不信古今,坠于空虚。朱熹主张从外到内的认识路线,从客观到主观,而陆则相反,从内到外,从主观到客观。朱熹"道问学",把书写符号的典籍和人的行为都看做文本;陆九渊"尊德性",仅仅是把自己作为文本①。朱学主张"凡读书,先须晓得他底言词了,然后看其说于理当否"。② "本之注疏,以通其训诂;参之《释文》,以正其音读,然后会之于诸老先生之说,以发其精微。"③含有鲜明的古文学"言必有据"的底色。而陆氏自述其学"自得,自成,自道,不倚师友载籍"。以意解经,以意篡经,以意代经,结果自觉不自觉间,沿袭了汉代今文经学的老路。④ 周予同称朱学为"归纳派",称陆学为"演绎派"⑤,正是从学术理路方面提纲挈领的把握。"其实,朱熹与陆九渊的争论是理学内部的分歧,而其思路也只是五十步与百步之别,他们都在追问那个宇宙、社会与人生的终极意义和基本原则,都在提倡一种高调的道德理想主义和严厉的文化保守主义,都是站在政治权力的边缘希望通过'道统'来制约'政统'。就连他们最争论和分歧的治学思路,其实也相差并没有那么大。"⑥

学界关于有清一代汉宋之争势同水火的印象,相当程度上源于纪晓岚的《四库提要经部总叙》:"要其归宿,则不过汉学、宋学两家互为胜负。夫汉学具有根柢,讲学者以浅陋轻之,不足服汉儒也;宋学具有精微,读书者以空疏薄之,亦不足服宋儒也。"纪晓岚认为是"私心"蒙蔽了"公理"和"经义"。"消融门户之见,而各取所长,则私心去而公理出,公理出而经义明矣。"其实,清代兴起的"汉学"与"宋学"之争,说到底还是学术理路的不同,并没有正误、高下之分。"从我们现在的观点看,它实际上是对古代文献进

---

① 参见李凯:《"六经注我":宋代理学的阐释学》,《中国哲学史研究》2006 年第 3 期。

② 《朱子语类》卷 11。

③ 《晦庵先生朱文公文集》卷 75。

④ 参见刘爱敏:《论"六经注我,我注六经"》,《滨洲学院学报》2006 年第 1 期。

⑤ 皮锡瑞:《经学历史》序,见《周予同经学史论著选集》,上海人民出版社 1983 年版。

⑥ 葛兆光:《中国思想史》第二卷,复旦大学出版社 2000 年版,第 350 页。

行哲学的解释与进行文字的解释的论争。文字的解释,着重在它相信的文献原有的意思;哲学的解释,着重在它相信的文献应有的意思。"①唯其如此,两者的相互关系,就没有道理水火不容。

皮锡瑞说:"国朝经学凡三变。国初,汉学方萌芽,皆以宋学为根柢,不分门户,各取所长,是为汉宋兼采之学。乾隆以后,许、郑之学大明,治宋学者已鲜。说经皆主实证,不空谈义理,是为专门汉学。嘉、道以后……学者不特知汉、宋之别,且皆知今、古之分。"②在《经学历史·经学复盛时代》中,他又说:"国初诸儒,取汉唐注疏及宋、元、明人说,择善而从。由后人论之,为汉、宋兼采一派,而诸公当日,不过实事求是,非必欲自成一家也。"乾嘉大多数汉学家并不排击宋学。晚清学人朱一新在《无邪堂答问》自叙中论道:学问之道,"理之本诸大同者,无弗同也,而其间道术分歧,蠡午旁出,人自以为许郑,家自以为程朱。许郑、程朱之在圣门,诚未知其能相说以解否也。而世之为许郑、程朱之学者,支别派分,壹若终古不可沟合,则未知许郑、程朱之学之果歧欤? 抑未知其为学者自歧之欤",指明"汉宋之争是在人而不在事,这样的看法是比较切合实际的",③这也表明"人"的意义上的汉宋之争,往往是斗气争胜,其实不关学术理路什么事,自可不必过分看重。"汉、宋之学不仅为两大学术流派,也在一定程度上反映了学术嬗变的内在规定性。偏重考据的汉学和偏重义理的宋学虽为两种学术范式,却非完全对立。任何学术既需'汉学',又里不开'宋学',只是重心不同。……由于学术传承不同,士人治学往往有所偏重,但许多学者事实上不可能完全固守一隅,学术自身具有兼通汉宋的需求。"④这里正是说学术理路自身的价值与意义是超越于学派的门户对立和学人的意气之争之上的。

汉学与宋学,说到底还是学术理路或者说学术门径的区别。"两汉名教得儒经之功,宋明理学得师道之益,皆于周孔之道得其分合,未可偏讥互诮也。"⑤曾国藩于此就很注意。他告诫曾纪泽:"学问之途,自汉至唐,风气

---

① 冯友兰:《中国哲学简史》,北京大学出版社 1985 年版,第 368 页。
② 皮锡瑞:《经学历史》,中华书局 1959 年版,第 341 页。
③ 王树民:《江藩的学术思想及汉学与宋学之争》,《河北师范大学学报》1999 年第 2 期。
④ 罗检秋:《从清代汉宋关系看今文经学的兴起》,《近代史研究》2004 年第 1 期。
⑤ 阮元:《国史儒林传·序》。

略同;自宋至明,风气略同;国朝又自成一种风气。不过顾、阎、戴、江、钱、秦、段、王数人,而风气所扇,群彦云兴。尔有志读书,不必别标汉学之名目,而不可不一窥数君子(指汉学家顾炎武、阎若璩、戴震等人——引注)之门径。"①曾国藩能打破门户之见,学兼汉、宋,与他不是从"派别"的意义上,而是从学术理路或者说学术门径的意义上理解汉、宋两家的价值本质是有直接关系的。

作为源远流长的学术理路,及至近现代,汉学与宋学依然是中国史家依循的基本治学之道。冯友兰说:"胡适的《中国哲学史大纲》和我的《中国哲学史》之间的不同,还有基本的一点。这一点,用中国旧日学术界传统的说法,就是'汉学'与'宋学'的不同。蔡元培说,胡适是汉学专家,这是真的。他的书既有汉学的长处又有汉学的短处。长处是,对于文字的考证、训诂比较详细,短处是,对于文字所表达的义理的了解、体会比较肤浅。宋学正是相反。"解释经典文字和了解、体会经典的文字所表示的义理,"这本来是一件事情发展的两个阶段。可是后来就成为两种治学的方法。前者称为'汉学',后者称为'宋学'。胡适的《中国哲学史大纲》对于资料的真伪,文字的考证,占了很大的篇幅,而对于哲学家们的哲学思想,则讲得不够透,不够细。金岳霖说'哲学名家非真所长'大概也是就这一点说的。我的《中国哲学史》在对于各家的哲学思想的了解和体会这一方面讲得比较多。这就是所谓'汉学'与'宋学'两种方法的不同。②

对于近代以来史学,我们较常见的是所谓"史料派"与"史观派"之对立的批评模式。

有学者回顾,"百年中国史学史,可以说是史料考订派与史观派的对抗史。在这场世纪较量中,两大史学阵营中的学人谁都不拿正眼看对方,谁得势就压对方,出主入奴,是丹非紫。"1949 年前,史观派被边缘化,1949 年后则正相反。20 世纪 90 年代以后,史料派向中心大步复归。两派对"科学"的理解不同,"实证主义这面旗帜却被一把扯成两半,史料考订派与史观派各自挑着半面旗帜互相攻讦。"③这位学者还以 1949 年中华人民共和国成立为界,区分"新旧中国历史学之间的差异","实质上就是唯物史观派与史

---

① 曾国藩:《谕纪泽》,咸丰九年四月二十一日。
② 冯友兰:《三松堂自序》,三联书店 1984 年版,第 223 页。
③ 王学典、孙延杰:《实证追求与阐释取向之间的百年史学》,《文史哲》1997 年第 6 期。

料考订派之间的那种差异"：其一，史观派力倡史学向政治、现实靠拢，史料派则坚持"为真理而真理"；其二，史观派强调理论的先决地位，史料派则强调"拿证据来"；其三，史观派关注社会大变动、历史大环节、时代大转折，史料派主张选题越小越好；其四，史观派注重通史的著述，走"史纂"的路子，史料派则走"史考"的路子。①

以"史观派"与"史料派"的对立来勾勒百年来或者新中国建立之后的史学基本格局，固然可以作成相当漂亮、自成一说的大文章，但是对其的质疑也同样有理有据。姑且不论依其划分，"旧中国"史学中，无疑包含有史观派的重要建树，而"新中国"史学中，史料派依然作出了很好的成绩。更重要的是，如"史料派"是否成"派"，"史观派"是否不重视史料，如何认识一大批既非"史观派"也非"史料派"的史学工作者在新中国史学格局中的地位与作用，等等，②都是不可回避、值得仔细推敲的大问题。

要而言之，将"史观派"与"史料派"截然对立起来的批评模式最大的缺憾就是忽略了隐匿在"派别"身后的学术理路的本质意义及其存在价值。一篇文章，一部著作，一位学者，无论他们是否属于某个学派，都有其自在的、特定的学术理路。这类理路固然有自己的侧重之区，强调之所，但本身绝无非此即彼的简单化、极端化倾向。

在近代史学史上，傅斯年创办的历史语言研究所地位显赫。人们一般不讲"史语所派"，但傅氏的治学理路却十分清晰，而且实际上成为史语所同仁共同遵守的准则。《历史语言研究所工作之旨趣》说，"历史学不是著史"，"著史每多多少少带点古世中世的意味，且每取伦理家的手段，作文章家的本事。"《旨趣》极言史料和工具之于史学的意义："（一）凡能直接研究材料，便进步。凡间接地研究前人所研究或前人所创造之系统，而不繁丰细密地参照所包含的事实，便退步。……（二）凡一种学问能扩张它所研究的材料便进步；不能的便退步。……（三）凡一种学问能扩充它作研究时应用的工具的，则进步；不能的，则退步。"简言之，历史学必须"照着材料出货"，"一分材料出一分货，十分材料出十分货，没有材料便不出货。"傅斯年强调，"历史哲学可以当做很有趣的作品看待，因为没有事实做根据，所以和

---

① 参见王学典：《近五十年的中国历史学》，《历史研究》2004年第1期。

② 参见刘宗汉：《对〈近五十年的中国历史学〉一文的几点看法》，《历史研究》2001年第3期。

史学是不同的。历史的对象是史料,离开史料也许成为很好的哲学和文学,究其实与历史无关。"因此,"本所同仁之治史学,不以空论为学问,亦不以史观为急图,乃纯就史料以探史实也。"①很显然,傅氏关于治史理路的主张要旨明晰:推重史料,讲求工具,拒绝空论,不是完全不理会史观,但绝不以之为"急图"。几十年间史语所众多大家有目共睹的丰厚成果,有力地证明了傅氏治史理路的价值和意义。

顾颉刚往往被认为是典型的史料派,但他特别申明:"他人不知,我自己决不反对唯物史观。我感觉到研究古史年代,人物事迹,书籍真伪,需用于校勘和考证学者的借助之为宜;至于研究古代思想及制度时,则我们不该不取唯物史观为其基本观念。"②他自己也颇不以"家派"为然。"我们辨伪,比从前人有一个好处;从前人必要拿自己放在一个家派里才敢说话,我们则可以把自己的意思尽量发出,别人的长处择善而从,不受家派的节制。譬如《伪经考》,《史记探源》等书,党争是目的,辨伪是手段;我们则只有辨伪一个目的,并没有假借利用之心,所以成绩一定比他们好。"③

陈寅恪也被认为史料派的重镇。但他绝非一心考据、为史学而史学的"单纯"学人。他说:"古今中外,哪里有作学问能完全脱离政治之事?但两者之间,自然有区别,不能混为一谈。"④季羡林评价道:"寅恪先生决不是一个'闭门只读圣贤书'的书呆子。他继承了中国'士'的优良传统:天下兴亡,匹夫有责。从他的著作中也可以看出,他非常关心政治。他研究隋唐史,表面上似乎是满篇考证,骨子里谈的都是成败兴衰的政治问题,可惜难得解人。"⑤

另一方面,被认为是史观派领军人物的郭沫若,其实一点也不忽视史料的价值和意义。"有了正确的历史观点,假使没有丰富的正确的材料,材料的时代性不明确,那也得不出正确的结论。""材料不够固然成大问题,而材料的真伪或时代性如未规定清楚,那比缺乏材料还要更加危险。因为材料缺乏,顶多得不出结论而已,而材料不正确便会得出错误的结论。这样的结

---

① 傅斯年:《史料与史学》发刊词。
② 《古史辨》第四册,上海古籍出版社 1982 年版,"序"。
③ 《古史辨》第一册,上海古籍出版社 1982 年版,第 26 页。
④ 见《纪念陈寅恪教授国际学术讨论会文集》,中山大学出版社 1989 年版,第 52 页。
⑤ 《陈寅恪印象》,学林出版社 1997 年版,第 117 页。

论比没有更要有害。"①为了研究上古历史，"秦汉以前的材料，差不多被我彻底剿翻了。考古学上的，文献学上的，文字学、音韵学、因明学，就我所能涉猎的范围内，我都作了尽我可能的准备和耕耘。"②当然，郭沫若也有所谓"硬伤"，在材料的辨别、运用方面有过明显的失误，但这与他被认为属于"史观派"没有必然的联系。

因此，着眼于派别的对立，不如关注、探讨学术理路并存的因由，更有利于认识史学发展的内在动力，更有利于认识中国史学历千年而不衰的生命机理和学术生态，以为今天的借鉴。

三

从史学生态建设的角度来讨论学术理路问题，应当有辨证的眼光与平和的心态。

学人一生中所认同的学术理路，不见得是绝对单一的。学人在不同时期，不同认识、考虑的基础之上，可在不同的学术理路间游移。两汉之际的今、古文之争，与王莽的所谓"新学"有直接关联。就个人学术倾向而言，王莽是古文经学的最大拥护者，但是从具体政治操作的实践来说，他又是今文经学通经致用精神的最好实践者。③ 东汉的大儒，多有兼习今古的问学经历。有学者考证，陆九渊早年的确不太重视读书，直至朱陆南康之辩后，才意识到自己的问题，提倡读书讲学。④ "其实，陆九渊的内心深处也许并不那么自信，他自己后来也可能已经意识到自己的取向是相当极端的，对朱熹的批评也是相当过分的，他自己可能会由于强调内在心性的涵养而轻视外在知识的研习，但是，为了在对立中凸显和强调自己的立场，他仍然要坚持这一思路。"⑤更明显的例证是，清代嘉道间今文学家大致都经历了一个由汉学而寻求义理，最后归宿于今文经学的过程。其代表人物是龚自珍。龚

---

① 郭沫若:《十批判书·古代社会研究的自我批判》。
② 郭沫若:《十批判书·后记》。
③ 参见王继训:《王莽与汉代今古文经学之辨析》,《齐鲁学刊》1999 年第 5 期。
④ 参见陈来:《朱子哲学研究》,华东师范大学出版社 2000 年版,第 366 页。
⑤ 葛兆光:《中国思想史》第二卷,复旦大学出版社 2000 年版,第 348 页。

自珍 12 岁从外祖父段玉裁学习《说文》。段氏为古文学大家,龚自珍"平生以经说字,以字说经"的汉学功底,便养成于此。但是,28 岁从刘逢禄学公羊学后,他很快决心摒弃"虫鱼"而服膺"高言":"昨日相逢刘礼部,高言大句快无加。从君烧尽虫鱼学,甘作东京卖饼家。"康有为也一样。"有为早年酷好《周礼》,尝贯穴之,著《政学通义》,后见廖平著书,乃尽弃其旧学"①

某人某著内在的学术理路,其自我认识与旁人的评价有时不完全一致,甚至完全不一致。孔子自己标榜"述而不作",但是司马迁看《春秋》,却特别看重它突出义理的一面,亦即"作"的一面。司马迁眼中的《春秋》,"上明三王之道,下辨人事之纪,别嫌疑,明是非,定犹豫,善善恶恶,贤贤贱不肖,存亡国,继绝世,补弊起废,王道之大者也。"显然偏于"义理"一端。司马迁自以为己作之《史记》与《春秋》不同,乃"述"而非"作","余所谓述故事,整齐其世传,非所谓作也,而君比之于《春秋》,谬矣。"②但是,后人看《史记》,往往并不认为它与《春秋》有"述"与"作"的区别,而认定其不仅是"作",而且是今文学派的义理之"作"。朱熹称"太史公书疏爽,班固书密塞"③,章学诚也说,"司马迁本董氏天人性命之说,而为经世之书。"④崔适曾判定《史记》属于经今文学的著作,而《汉书》属于经古文学的著作。《史记》中有与今文说及本书相违,而与古文说及《汉书》相合的,是因为经过了刘歆的窜乱。⑤ 这些评价的学理依据,很值得我们深思。

内在的学术理路的分歧,经由学人的集体运作,有时可表现为不同的地域文化特色。魏晋南北朝分裂,南北经学形成不同风格。《隋书·儒林传》记:"南北所治,章句好尚,互有不同。……大抵南人简约,得其精华,北学深芜,穷其枝叶。"⑥同样的例证还有章学诚《文史通义》所称的:"浙东贵专家,浙西尚博雅,各因其习而习也。"⑦

学术理路分歧的凸显,有时又与时代风气有关。尤其是改朝换代之际,

---

① 《梁启超论清学史之二种》,复旦大学出版社 1985 年版,第 61 页。
② 《史记·太史公自序》。
③ 《朱子语类》卷 134,《历代一》。
④ 章学诚:《文史通义·浙东学术》。
⑤ 参见汤志钧:《近代经学与政治》,中华书局 1989 年版,第 360 页。
⑥ 参见王永平:《从汉学向宋学的转变看隋唐儒学的地位》,《河南师范大学学报》2006
年第 2 期。
⑦ 章学诚:《文史通义·浙东学术》。

学人总结积习教训，图谋振兴学术之时，更是如此。傅斯年说，"清朝一代的学问，只是宋明学问的反动"，"有明末的空洞心学，便有清儒的注重故训；有明朝士流的虚伪浅妄气，便有清儒的实事求是；有明末的束书不读，便有清儒的繁琐学问；有明末的不讲治事，便有清儒的专求实用。宋明学问是主观的，清代学问是客观的；宋明学问是演绎的，清代学问是归纳的；宋明学问是悟的，清代学问是证的；宋明学问是理想的，清代学问是经验的；宋明学问是独断的，清代学问是怀疑的。就这方法上而论，彼此竟是截然不同，所以彼此的主义，竟是完全的相左。"①矫枉过正看起来是剑走偏锋，趋于极端，但其内里却是不同学术理路之间平衡、调适的结果。

理路可辨明，门户不须争。门户之争向来是健康史学生态的大敌。关于门户之争，章学诚分析，"朱陆异同，干戈门户，千古桎梏之府，亦千古荆棘之林也。究其所以纷纶，则唯腾空言而不切于人事也。"他提出根本的解决之路是："知史学之本于《春秋》，知《春秋》之将以经世，则知性命无可空言，而讲学者必有事事，不特无门户可持，亦且无以持门户也。""空言德性，空言问学，则黄茅白苇，极面目雷同，不得不殊门户，以为自见地耳。故唯陋儒则争门户也。"②这就是说，但凡为门户争得面红耳赤、不可开交者，都是因为不懂得史学的本来意义和根本理路。

就发育健康的史学生态而论，与其认门派，不如认理路；既要鼓励观点的争鸣，更要保护不同的学术理路都有自己生存的基本条件和发展空间。

关于学术理路与史学生态的关系，以及如何建设健康的史学生态，先贤的如下文字很值得咀嚼："高明者多独断之学，沉潜者尚考索之功，天下之学术，不能不具此二途。譬犹日昼而月夜，暑夏而寒冬，以之推代而成岁功，则有相需之益；以之自封而立畛域，则有两伤之弊。故马、班史祖，而伏、郑经师，迁乎其地而弗能为良，亦并行其道而不相为背者也。使伏、郑共注一经，必有抵牾之病；使马、班同修一史，必有矛盾之嫌。以此之专门之学，未有不孤行其意，虽使同侪争之而不疑，举世非之而不顾，此史迁之所以必欲传其人，而班固之所以必待马融受业于其女弟，然后其学始显也。"③章学诚在这里强调，不同学术理路的共存共荣，犹如自然界日月寒暑的相互轮

---

① 傅斯年：《中国古代思想与学术十论》，广西师范大学出版社 2006 年版，第 246 页。

② 章学诚：《文史通义·浙东学术》。

③ 章学诚：《文史通义·答客问中》。

回,天经地义,不可替代。不同的学术理路,各有各的特点,各有各的功效,各有各的道理和价值。各自的短长,相比较而存在,且互以对方的存在而彰显自身的价值和意义。

着眼于学术理路而非学术派别的划分,有利于排除来自意识形态方面的过于强烈的干扰,更多地从学术自身的认识规律方面探讨史学多元化的理论方向和关注重心,以推进史学的发展。"史观派"不见得就一定是唯物派,也有唯心派。黑格尔作《历史哲学》,斯宾格勒作《西方的没落》,汤因比作《历史研究》,都可视为典型的"唯心"一路的"史观派",而法国的"年鉴学派",则十分接近"唯物"一路的"史观派"。同样讲"唯物"的"史观派",政治态度、党派立场也大相径庭。共产党人郭沫若、范文澜是"唯物史观派",国民党人胡汉民、廖仲恺、朱执信也是"唯物史观派"。① 从学术理路方面探讨以上学人的致思路径,比单单分析其研究结论的利益指向、党派属性更有利于史学生态理论的开掘与推进。

依循何种学术理路,与其人的政治态度无关。曾国藩由"一宗宋儒",到"余于道光末年,始好高邮王氏父子之说"②,其间政治立场并无改变。康有为以今文经学的路数鼓吹"经世"维新,孙诒让以古文经学的路数同样主张"经世"改革,他代盛宣怀拟条陈《变法条议》,后又将其副稿改题为《周礼政要》,自称"此四十篇以致富强而有余",便是显例。③ 信奉今文的康有为与崇尚古文的章太炎,戊戌时期在学理路数方面斗得不亦乐乎,"论及学派,辄如冰炭","余始终不能与彼合也"④,但时政观点却相当接近。其间的韵味颇值得我们咀嚼。关于此,章太炎本人有一说明:"或曰:'子与工部,学问途径,故有不同,往者平议经术,不异升、元,今何相昵之深也?'余曰:'子不见夫水心、晦庵之事乎?彼其陈说经义,判若冰炭,及人以伪学朋党攻晦庵,时水心在朝,乃痛言小人诬妄,以斥其谬。何者?论学虽殊,而行谊政术自合也。余于工部,亦若是已矣。'"具体说来,"所与工部论辩者,特

---

① 参见陈峰:《1920年井田制辩论:唯物史观派与史料派的初次交锋》,《文史哲》2003年第3期。胡汉民写《中国哲学史之唯物的研究》,明确表示与胡适的做法不同,强调"唯物的历史观""在史学上开一个新纪元"。

② 曾国藩:《谕纪泽》,同治元年正月十四日。

③ 参见汤志钧:《近代经学与政治》,中华书局1989年版,第238页。

④ 《太炎先生自定年谱》,光绪二十二年。

《左传》、《公羊》门户师法之间耳。至于黜周王鲁，改制革命，则亦未尝少异也。""由是观之，学无所谓异同，徒有邪正枉直焉耳。持正如工部，余何暇与论师法之异同乎？"①

由理路而门派，辩论争锋，既是史学的幸事，也是史学的不幸。是否派别、理路之间的"会通"就一定高明？不见得。健康的史学生态需要的是学术理路、学术派别的长期并存，互相砥砺，而不是互相"超越"，更不是互相排斥，互相攻击。学派相互"放逐"，动不动将对方"边缘化"，大不利于史学的发展。这不仅是学派、学人的悲哀，更是学术的悲哀。学派可以被边缘化，甚至可能被强权剿灭，但是学术理路却万古常新。学术派别是历史舞台上的过客，来去匆匆，各领风骚三五年乃至百年、千年，但一定消亡，而学术理路则是千百年来无数前贤先哲治学实践的珍贵结晶，它凌驾于无数的真理与谬误之上，与学术事业一样永存。学术门派与学术理路的关系，也可谓"尔曹身与名俱裂，不废江河万古流。"

学术无禁区，理路也无定规。路是人走出来的。学术理路是学人走出来的。代复一代的学人走出来的治学理路，我们应该拓展，不可轻薄地摒弃。以往人们论及的融合今古，兼采汉宋，多是就具体的研究结论而言，较少涉及学术理路。理路问题，是无所谓"融合""兼采"的。章学诚说得好："高明沉潜之殊致，譬则寒暑昼夜，知其意者，交相为功，不知其意，交相为厉也。宋儒有朱、陆，千古不可合之同异，亦千古不可无之同异也。末流无识，争相诟詈，与夫勉为解纷，调停两可，皆多事也。"②

学术理路的选择，既由学人个性特征、问学经历而定，也与学科特性相关。在个人因素方面，思维特点，师承关系，都有决定性的影响。在学科特征方面，思想史、文化史更接近今文经学、宋学、"史观派"这一路，而经济史、制度史则更接近古文经学、汉学、"史料派"这一路。③ 不同研究领域的学人，尽可以在自己的研究天地里纵横驰骋，而不必指责别人做的不是学

① 《台湾日日新报》1899 年 1 月 13 日，转引自汤志钧：《近代经学与政治》，中华书局 1989 年版，第 269、270 页。
② 章学诚：《文史通义·朱陆》。
③ 关于此，周予同说："我们如果说，因经今文学的产生而后中国的社会哲学、政治哲学以明，因经古文学的产生而后中国的文字学、考古学以立，因宋学的产生而后中国的形而上学、伦理学以成，决不是什么武断或附会的话。"（皮锡瑞：《经学历史》序，见《周予同经学史论著选集》，上海人民出版社 1983 年版）

问,尤其不要在学术理路的层面上轻易指责别人的学问来历可疑,缺乏根基。

本文的结论是:

在"述"与"作",记录与阐释,记注与撰述,考据与义理,事实与价值,客观与主观,微观与宏观,个案与规律,专论与通识,归纳与演绎,分析与综合,收敛与发散,"方以智"与"圆而神"等一系列矛盾关系中,侧重、强调任何一方的治学"理路",都有其相对的合理性、科学性,以及不可避免的缺弊,都有绝对的存在价值和永恒的学术意义。

对于史学的繁荣发展而论,学术理路的共存共荣,比派别的对立、观点的争鸣,意义更加重大。我们必须承认,从材料出发是史学研究的正道,靠理论引导也不是研究史学的旁门;关乎人类社会发展大势的"宏观叙事"是史学强项,关乎一人一事一物的精微考证也是史学胜场;着眼于学术自身的发展是史学的根本,为社会政治服务也是史学的责任。允许不同的学术理路永久并存,才能营造出宽松和谐的史学生态。中国史学需要郭沫若、范文澜、侯外庐,也需要胡适、傅斯年、陈寅恪。特别值得提出的是,20世纪20、30年代,以顾颉刚为代表的"疑古派"怀疑古文献的真实性,由辨古书而辨古史,以"疑古"的精神研究古史,成就斐然。90年代初,李学勤撰文《走出疑古时代》,对此提出质疑。近年来,"疑古"与"释古"之争再起,这既可看做观点之争、学派之争,更应视为学术理路之辨。① 30年代后期,冯友兰分析史学界的"三种趋势",即信古、疑古及释古。他认为,信古不足论,至于疑古与释古的矛盾,"疑古一派的人,所作的工夫即是审查史料。释古一派的人所作的工作,即是将史料融会贯通。就整个的史学说,一个历史的完成,必须经过审查史料及融会贯通两个阶段,而且必须到融会贯通的阶段,历史方能完成。但就一个历史学家的工作说,他尽可作此两阶段中之任何阶段,或任何阶段中之任何部分。任何一种的学问,对于一个人,都是太大了。一个人只能作任何事的一部分。分工合作在任何事都须如此,由此观

① 2006年10月,《文史哲》编辑部、山东大学文史哲研究院、中华书局、《历史研究》编辑部联合举办"上古史重建的新路向暨《古史辨》第一册出版80周年国际学术研讨会",两派正面交锋。(参见《文史哲》2007年第1期所发刘秀俊的会议综述:《"疑古"与"走出疑古"的第一次正面交锋》及《文汇读书周报》2007年7月27日的报道)

点看，无论疑古释古，都是中国史学所需要的，这其间无所谓孰轻孰重。"①
依此思路逻辑进一步推论，疑古与释古，既然是工作的两部分、两阶段，那么
它们的要求不同，目的不同，因而思路、手段、方法也应有所区别。这样看
来，疑古与释古，根本上体现的还是学术理路的不同。② 其实，"疑古"者之
"疑"，本身就是对历史的一种"释"，而"释古"者之"释"，哪一条又不是缘
于对既往古史及其认识成果之"疑"呢？

　　总之，倡导并保护学人在学术理路方面的"和而不同"，比观点、学派间
的"和而不同"意义更深刻。比"我反对你的观点，但誓死捍卫你发表观点
的权利"更加要紧的是，"我反对你的观点，但绝对尊重你的观点所由产生
的学术理路"。从这一点上看，史学生态建设任重而道远。

（原载《学术月刊》2008 年第 5 期）

---

　　① 冯友兰为《古史辨》第 6 册所撰之序。
　　② 有意思的是，傅斯年曾明确反对历史学的"融会贯通"。他在《历史语言研究所工作
之旨趣》中宣布："我们反对疏通"，"两件事实之间，隔着一大段，把他们联络起来的一切涉
想，自然有些也是多多少少可以容许的，但推论是危险的事，以假设可能为当然是不诚信的
事。所以我们存而不补。……果然我们同人中也有些在别处发挥历史哲学或语言返想，这些
都仅可以当做私人的事，不是研究所的工作。"

陈寅恪、郭沫若之于
20 世纪中国史学的意义

研究 20 世纪中国史学的辉煌与暗淡、骄傲与痛楚,都与探讨陈寅恪、郭沫若学术的成败得失、评论其人格的高下清浊直接相关。因为,在 20 世纪中国史学的代表性人物中,两位大师同为不可轻薄对待、值得特别关注的对象。这样说的含义有二:其一,陈、郭二位的学术成就,在一般学术范式和具体研究成果两方面都代表了 20 世纪中国史学的最高水平;其二,陈、郭二位的个人命运,在相当意义上已成为 20 世纪中国史学历史命运的人格化体现。

——

就学术领域论,陈、郭各有专攻,但就学术理路论,两人有鲜明的共同特征,而这些特征正是 20 世中国史学取得辉煌成就的基本经验之所在。

1.深厚的学术素养,宽阔的理论眼光,尤其重视在中西文化交流的大背景下,吸收源自异域的学养精华,并结合民族的优秀文化遗产,作为治史的指导

20 世纪中国史学的最重大变化之一,是具备了前所未有的中外文化交融的学术背景。陈寅恪长期留学异域,12 岁至 36 岁间游学日本、德国、瑞士、法国、美国,断续合计约 18 年。这一经历成就了他宽阔的学术眼界与襟怀。西方近现代学术思想实证与思辨并重的优长,给他以深刻启发。他认识到:"今世治学以世界为范围,重在知彼,绝非闭户造车之比。"①对于异域

---

① 《吾国学术之现状及清华之职责》,见《金明馆丛稿二编》,三联书店 2001 年版,第 361 页。

文化的精华,他主张"避其名而居其实,取其珠而还其椟。"①他说:"窃疑中国自今日以后,即使能忠实输入北美或东欧之思想,其结局当亦等于玄奘唯识之学,在吾国思想史上,既不能居最高之地位,且亦归歇绝者。其真能于思想上自成系统,有所创获者,必须一方面输入外来之学说,一方面不忘本来民族之地位。此两种相反适相成之态度,乃道教之真精神,新儒家之旧途径,而二千年来吾民族与他民族思想接触史之所昭示者也。"②如果说以上说法较为"抽象"的话,那么他关于比较语言学的论述就非常明晰了。"欲详知确证一种语言之特殊现象及其性质如何,非综合分析,互相比较,以研究之,不能为功。""从事比较语言之学,必具一历史观念,而具有历史观念者,必不能认贼作父,自乱其宗统也。""此种比较方法,必须具有历史演变及系统异同之观念。否则古今中外,人天龙鬼,无一不可取以相与比较。荷马可比屈原,孔子可比歌德,穿凿附会,怪诞百出,莫可追诘。"据此,他批评马建忠的《马氏文通》将"属于某种语言之特性者""视为天经地义,金科玉律,按条逐句,一一施诸不同系之汉文,有不合者,即指为不通。呜呼! 文通,文通,何其不通如是耶?"他尖锐批评食洋不化者,生搬硬套西洋方法,结果是弄出一些"非驴非马穿凿附会之混沌怪物",这些人"既昧于世界学术之现状,复不识汉族语文之特性,挟其十九世纪下半叶'格义'之学,以相非难,正可譬诸白发盈颠之上阳宫女,自矜其天宝末年之时世装束,而不知天地间别有元和新样在者。"③话虽说得尖刻,但道理却实实在在。陈寅恪并不否认西方现代语言学较之中国传统"小学"的科学意义,"如以西洋语言科学之法,为中藏文比较之学,则成效当较乾嘉诸老,更上一层。"④但他并不想停步于西洋已经十分发达的比较语言学,而是立志通过语言的工具,致力于历史和佛教的研究。

陈寅恪对自己的治史方法颇为自得,曾对学术助手黄萱说:"我的研究

---

① 吴学昭:《吴宓与陈寅恪》清华大学出版社 1992 年版,第 11 页。
② 《冯友兰中国哲学史下册审查报告》,见《金明馆丛稿二编》,三联书店 2001 年版,第 285 页。
③ 《与刘叔雅论国文试题书》,见《金明馆丛稿二编》,三联书店 2001 年版,第 251—256 页。
④ 陈寅恪:《与妹书》,《学衡》1923 年第 20 期。

方法,你是最熟识的。我死之后,你可为我写篇谈谈我是如何做科学研究的文章。"①黄萱没有写出这篇文章,但是对于陈寅恪的治学方法,另多有专家探求。唐振常归纳陈氏治史方法为二:一是以诗证史,从史论诗;二是由小见大。"陈先生从不说什么研究历史之规律性,但他考证了事实,说明了大问题,我们学习了即感到'在历史中求史识',知道了历史的本来面目。"②刘梦溪认为,陈氏概括的王国维"三证"的治学方法,也适用于他自己。一是地下的实物与纸上的遗文互相释证;二是异族的故书和本国的旧籍互相补证;三是外来的观念和固有的材料互相参证。③ 胡戟认为,陈氏微观研究与宏观研究完善结合的史学方法特点有三,一是考异求真;二是对复杂历史问题做动态把握;三是抓关键大事和转折点。④ 相比之下,还是蒋天枢的说法更简明:"先生治学方法,用思之细密极于毫芒。虽沿袭清人治经途术,实汇中西治学方法而一之。"⑤

与陈寅恪一样,郭沫若充分肯定西方近代文化的科学成就,认为这正是"及早疗治"关于中国社会"一切成见"的良方。就此而论,"外国学者已经替我们把路径开辟了,我们接手过来,正好是事半功倍。"但是,他强调,"清算中国的社会"的任务应当主要由中国人自己来完成。"外国学者对于东方情形不甚明嘹,那是情理中事。""在这时中国人是应该自己起来,写满这半部世界文化史上的白页。"⑥"辩证唯物论给了我精神上的启蒙,我从学习着使用这个钥匙,才认真把人生和学问上的无门关参破了。我才认真明白了做人和做学问的意义。"⑦他立志运用源于西方的唯物史观的理论武器,来重新研究中国古史。他说:"谈'国故'的夫子们哟! 你们除饱读戴东原、王念孙、章学诚之外,也应该知道还有马克思、恩格斯的著作,没有辩证唯物论的观念,连'国故'都不好让你们轻谈。"⑧

郭氏超越"整理国故"的认识水平,不仅要"知其然",而且要"知其所以

---

① 蒋天枢:《陈寅恪先生编年事辑》增订本,上海古籍出版社 1997 年版,第 182 页。
② 《陈寅恪先生治史方法》,《史林》2000 年第 1 期。
③ 刘梦溪:《王国维、陈寅恪与中国现代学术》,《文艺研究》2002 年第 3 期。
④ 胡戟:《陈寅恪与中国中古史研究》,《历史研究》2001 年第 4 期。
⑤ 蒋天枢《陈寅恪先生编年事辑》增订本,上海古籍出版社 1997 年版,第 89 页。
⑥ 郭沫若:《中国古代研究·自序》。
⑦ 郭沫若:《十批判书·后记》。
⑧ 郭沫若:《中国古代研究·自序》。

然"。"我们所要的材料，不是别人已经穿旧的衣裳；我们所要的是飞机，再不仰仗别人所依据的城垒。我们要跳出国学的范围，然后才能认清所谓国学的真相。"①董作宾评论："不用说，大家都知道，唯物史观派是郭沫若的《中国古代社会研究》领导起来的。""他把《诗》、《书》、《易》里面的纸上史料，把甲骨卜辞、周金文里面的地下材料，熔冶于一炉，制造出来一个唯物史观的中国古代文化体系。"②邓小平在郭沫若追悼会上致悼词："他是我国运用马克思主义观点研究中国历史的开拓者。他创造性地把古文学和古代史的研究结合起来，开辟了史学研究的新天地。"这也是学界迄今为止的基本共识。

2.重视发掘新材料，阐释新材料，从中开辟中国史学的新方向，新领域

历史是实证的科学，要靠材料说话。20 世纪中国史学的新潮流、新境界是奠定在一大批前所未有的新材料的基础之上的。1930 年，陈氏给陈垣所编《敦煌劫余录》作序时说："一时代之学术，必有其新材料与新问题。取用此材料，以研求问题，则为此时代学术之新潮流。治学之士，得预于此潮流者，谓之预流（借用佛教初果之名）。其未得预者，谓之未入流。此古今学术史之通义，非彼闭门造车之徒，所能同喻者也。"③据此，他指出："敦煌学者，今日世界学术之新潮流也。""历史的新材料，上古史部分如甲骨、铜器等，中古史部分如石刻、敦煌文书、日本藏器之类。"他的研究，正是充分利用了这些新材料。有研究者将陈氏与傅斯年并称为现代史料学派的两个代表人物，并称陈氏"对新史学的贡献，首推史料的扩充。"④胡适称赞陈为"最能用材料的人"⑤这些评论，绝非溢美之词。

关于材料的"新""旧"，陈氏有非常精当深刻的理解。"所谓新材料，并非从天空中掉下来，乃指新发现，或原藏于他处，或本为旧材料而加以新注意、新解释。（旧材料而予以新解释，很危险。如作史论的专门翻案，往往牵强附会，要戒惕。）""必须对旧材料很熟悉，才能利用新材料。因为新材

---

① 郭沫若：《中国古代社会研究·自序》。

② 《中国古代文化论》，（台湾）大陆杂志社 1960 年版，第 8 页。

③ 《金明馆丛稿二编》，三联书店 2001 年版，第 266 页。

④ 许冠三：《新史学九十年》，香港中文大学出版社 1986 年版，第 205、235 页。

⑤ 《胡适日记》1937 年 2 月 22 日，中华书局 1985 年版。

料是零星发现的,是片断的。旧材料熟,才能把新材料安置于适宜的地位。"在旧材料的新解释方面,他倡导诗文证史,在史料学上独树一帜。陈氏对语言文字工具的高度重视,精通十余种古、今文字,也与他重视材料问题直接相关。他曾说,研究历史文化之本源,"首在通达其言语"①。

陈氏从材料的角度区别史学与经学:"清代之经学与史学,俱为考据之学,故治其学者,亦并号为朴学之徒。所差异者,史学之材料大都完整而较备具,其解释亦有所限制,非可人执一说,无从判决其当否也。经学则不然,其材料往往残阙而又寡少,其解释尤不确定。"②他批评经学或"止于解释文句,而不能讨论问题",或"流于奇诡悠谬,而不可究诘。"他认为不能将史学经学化,而应该将经学史学化。为此他表扬杨树达的《论语疏证》,"先生治经之法,殆与宋贤治史之法冥会,而与天竺诂经之法,形似而实不同也。"③

关于材料的处理,陈氏主张"对于古人之学说,应具了解之同情"。这是 20 世纪学术的一个经典性的提法。④"盖古人著书立说,皆有所为而发。故其所处之环境,所受之背景,非完全明了,则其学说不易评论。……吾人今日可依据之材料,仅为当时所遗存最小之一部,欲藉此残余断片,以窥测其全部结构,必须备艺术家欣赏古代绘画雕刻之眼光及精神,然后古人立说之用意与对象,始可以真了解。所谓真了解者,必神游冥想,与立说之古人,处于同一境界,而对于其持论所以不得不如是之苦心孤诣,表一种之同情,始能批评其学说之是非得失,而无隔阂肤廓之论。"⑤作为切身的体验,陈寅恪身处"绝岛","仓皇逃死之际"读古史,更体会其中的真谛。《建炎以来系年要录》,"其中颇复有不甚可解者",他"乃取当日身历目睹之事,以相印证,即忽豁然心通意会。平生读史凡四十年,从无似此亲切有味之快感,而死亡饥饿之苦,遂亦置诸度量之外矣。"⑥

陈氏驾驭史料功力的另一超人之处是提出有鉴别地使用"伪材料"的

---

① 蒋天枢《陈寅恪先生编年事辑》增订本,上海古籍出版社 1997 年版,第 96 页,第 86 页。
② 《陈垣元西域人华化考序》,见《金明馆丛稿二编》,三联书店 2001 年版,第 269 页。
③ 《杨树达论语疏证序》,见《金明馆丛稿二编》,三联书店 2001 年版,第 262 页。
④ 刘梦溪语,见《王国维、陈寅恪与中国现代学术》,《文艺研究》2002 年第 3 期。
⑤ 《冯友兰中国哲学史上册审查报告》,见《金明馆丛稿二编》,三联书店 2001 年版,第 279 页。
⑥ 《陈述辽史补注序》,见《金明馆丛稿二编》,三联书店 2001 年版,第 264 页。

观点。"以中国今日之考据学，已足辨别古书之真伪。然真伪者，不过相对问题，而最要在能审定伪材料之时代及作者，而利用之。盖伪材料亦有时与真材料同一可贵。如某种伪材料，若径认为其所依托之时代及作者之真产物，固不可也。但能考出其作伪时代及作者，即据以说明此时代及作者之思想，则变为一真材料矣。"①

郭沫若曾被人划为有别于"史料派"的"史观派"。但是，"史观派"的郭氏强调："有了正确的历史观点，假使没有丰富的正确的材料，材料的时代性不明确，那也得不出正确的结论。"②他认为材料的鉴别是任何研究的"最必要的基础阶段"。"材料不够固然成大问题，而材料的真伪或时代性如未规定清楚，那比缺乏材料还要更加危险。因为材料缺乏，顶多得不出结论而已，而材料不正确便会得出错误的结论。这样的结论比没有更要有害。"③他强调，关于中国古代社会研究，"地下发掘出的材料每每是决定问题的关键。"④他给予殷墟发掘成果以极高的评价："靠着殷墟的发现，我们得到一大批研究殷代的第一手资料，是我们现代考古的最幸福的一件事。就这一发现，中国古代的真面目才强半表露了出来。"他批评"新史学家们对于史料的征引，首先便没有经过严密的批判，……对于旧文献的批判根本没有做够，不仅《古史辨》派的阶段没有充分达到，甚至有时比康有为、阎百诗都要落后，这样怎么能够扬弃旧史学呢？"⑤为了研究上古历史，"秦汉以前的材料，差不多被我彻底剿翻了。考古学上的，文献学上的，文字学、音韵学、因明学，就我所能涉猎的范围内，我都作了尽我可能的准备和耕耘。"⑥

工欲善其事，必先利其器。与陈寅恪一样，郭沫若认清掌握精深的甲骨、金文等文字功夫是辨析古史材料的基本要求："余之研究卜辞，志在探讨中国社会之起源，本非拘拘于文字史地之学；然识字乃一切探讨之第一步，故于此不能不有所注意。"⑦"想通过一些已识未识的甲骨文字的阐述，

---

① 《冯友兰中国哲学史上册审查报告》，见《金明馆丛稿二编》，三联书店2001年版，第280页。

② 郭沫若：《中国古代社会研究》，1954年新版引言。

③ 郭沫若：《十批判书》，《古代社会研究的自我批判》。

④ 郭沫若：《中国古代社会研究》，1954年版引言。

⑤ 郭沫若：《十批判书》，《古代研究的自我批判》。

⑥ 郭沫若：《十批判书·后记》。

⑦ 郭沫若：《甲骨文字研究·自序》，科学出版社1962年版。

来了解殷代的生产方式、生产关系和意识形态。"①1928 年在日本,为了通过出土文研究古代社会,他不辞辛劳,每日往返于乡间与东京之间,把东洋文库所藏一切甲骨文、金文著作,全部读了一遍。② 在金文研究方面,郭氏的突出贡献,是依据被考定年代的铭文的内容,揭示中国古代社会的历史真相。他还以金文为"一个可靠的尺度",检验"旧有文献的真伪与时代性"。"例如天地乾坤之对立,仁义道德之并举,八卦五行之建说,九州五服之划分,在西周金文辞中均了无痕迹。由此可以为托古改制说找到确凿的根据,也可为封建思想的体系找到初期的胚胎。"③

3.重视史学的社会功用

从司马迁的"究天人之际,通古今之变,成一家之言",到司马光的"鉴前世之兴衰,考当今之得失,嘉善矜恶,取是舍非",中国史家的"经世"情结源远流长,20 世纪的陈寅恪、郭沫若也不例外。

陈寅恪绝非为史学而史学的"单纯"学人。他说:"古今中外,哪里有作学问能完全脱离政治之事? 但两者之间,自然有区别,不能混为一谈。"④他一向重视史学的社会功能,包括政治功能。他在《吾国学术之现状及清华之职责》中说:"国可亡,而史不可灭。今日国虽幸存,而国史已失其正统,若起先民于地下,其感慨如何?"⑤他对于政治,也非常关心,且有自己的独立思考。"大梦谁先觉,平生我自知。"他的诗歌尤重"家国旧情"与"兴亡遗恨"⑥,便是明证。

陈寅恪认为学术与政治时局关系密切,"救国经世,尤必以精神之学问(谓形而上之学)为根基",⑦"考自古时局之转移,往往起于前人一时学术趋向之细微。迨至后来,遂若惊雷破柱,怒涛振海之不可御遏。"⑧"自昔大

---

① 郭沫若:《甲骨文字研究·重印弁言》,科学出版社 1962 年版。

② 参见王戎笙:《开辟古史研究新天地的郭沫若》,《历史教学》1999 年第 5 期。

③ 郭沫若:《金文丛考·重印弁言》。

④ 《纪念陈寅恪教授国际学术讨论会文集》,中山大学出版社 1989 年版,第 52 页。

⑤ 《金明馆丛稿二编》,三联书店 2001 年版,第 362 页。

⑥ 参见刘梦溪:《陈寅恪的"家国旧情"与"兴亡遗恨"》,见《陈寅恪印象》,学林出版社 1997 年版,第 282—304 页。

⑦ 《雨僧日记》,引自《吴宓与陈寅恪》,清华大学出版社 1992 年版,第 9 页。

⑧ 《陈寅恪史学论文选集》,上海古籍出版社 1992 年版,第 513 页。

师巨子,其关系于民族盛衰学术兴废者,不仅在能承续先哲将坠之业,为其托命之人,而尤在能开拓学术之区宇,补前修所未逮。故其著作可以转移一时之风气,而示来者以轨则也。"①陈氏充分肯定宋代文化,"天水一朝之文化,竟为我民族遗留之瑰宝,孰谓空文于治道学术无裨益耶?"②他高度评价《资治通鉴》为空前杰作,"是为宋朝的治乱兴衰而作的,一定要用真的材料,存真理以为政治服务。"③

　　吴宓认为,陈寅恪不止是一个学富五车的学者,还是一个深悉中西政治社会之内幕的卧龙式人物。俞大维回忆,陈氏常说"在史中求史识","因是中国历代兴亡的原因,中国与边疆民族的关系,历代典章制度的嬗变,社会风俗、国计民生,与一般经济变动的互为因果,及中国的文化能存在这么久远,原因何在? 这些都是他研究的题目。"王永兴评论:"陈寅恪从来不放过小问题的考证解决,但他更看重有关历史上国家盛衰生民休戚大问题的考证解决;既或是研究小问题,也要归到有关民族国家大问题上来。"季羡林说:"寅恪先生决不是一个'闭门只读圣贤书'的书呆子。他继承了中国'士'的优良传统:天下兴亡,匹夫有责。从他的著作中也可以看出,他非常关心政治。他研究隋唐史,表面上似乎是满篇考证,骨子里谈的都是成败兴衰的政治问题,可惜难得解人。"④

　　史学不仅是关于过去的科学,而且是关于未来的科学。在发挥史学的社会功用方面,郭沫若有一句名言:"对于未来社会的待望逼迫着我们不能不生出清算过往社会的要求。古人说:'前事不忘,后事之师。'认清过往的来程也正好决定我们未来的去向。"⑤他一生的史学研究,都是在这一宗旨之下进行的。

　　以历史剧的创作服务于现实生活,是史学家郭沫若的杰出贡献。20世纪40年代,在中华民族内忧外患的危难之际,他创作了《棠棣之花》、《虎符》、《高渐离》、《孔雀胆》、《南冠草》、《屈原》等一批历史剧,极大地鼓舞了中国人民抗击侵略,反对独裁,争取民主自由的斗志。郭沫若精当地分析历

①　《王静安先生遗书序》,见《金明馆丛稿二编》,三联书店2001年版,第247页。
②　陈寅恪:《赠蒋秉南序》。
③　黄萱:《怀念陈寅恪教授》,见《陈寅恪印象》,学林出版社1997年版,第177页。
④　《陈寅恪印象》,学林出版社1997年版,第270页,第168—169页。
⑤　郭沫若:《中国古代社会研究·自序》。

史研究与史剧创作的区别与联系,他说,"历史研究是'实事求是',史剧创作是'失事求似'。史学家是发掘历史的精神,史剧家是发展历史的精神。"①1942 年,他用十天时间写成历史剧《屈原》,四月正式上演,引起轰动。茅盾评论:"皖南事变以后《屈原》的演出,引起热烈的回响,在当时起了显著的政治作用。"②关于此剧的写作,郭氏自称"全出意想之外"。"此数日来头脑特别清明,亦无别种意外之障碍。提笔写去,即不觉妙思泉涌,奔赴笔下。此种现象为历来所未有。"③《屈原》的巨大成功,既是因为郭氏文学艺术方面的超人才华,同时也因为作为史学家的他在三四十年代对于屈原生平、作品、思想和艺术的系统深入研究。因此,《屈原》的成功,既是文学艺术服务于生活的范例,更是历史科学服务于社会的范例。

4.强调个性之学,独断之学

从本质上讲,学术研究是个体的精神活动,其过程及结果也必然具有个性化的特征。而且,越是卓然大家,这种个性化的特征就越鲜明。

陈寅恪自称:"天赋迂儒自圣狂,读书不肯为人忙。"又说:"寅恪平生治学,不甘逐队随人,而为牛后。"④他自称"平生为不古不今之学",在给刘铭恕的信中(1957 年),说《柳如是别传》"固不同于乾嘉考据之旧规,亦更非太史公、冲虚真人之新说"。"士之读书治学,盖将以脱心志于俗谛之桎梏,真理因得以发扬。思想而不自由,毋宁死耳。"⑤这既是他对亡友的赞誉,更是对自己的警策。

独断之学,必然是有所为,有所不为。陈早年治佛道之学,于道教仅取作史学的补证,于佛教只比较原文与诸译本字句之异同,并不刻意于"微言大义之所在"。他后来读到许地三先生所著佛道二教史论文,"心服之余,弥用自愧。遂捐弃故技,不复谈此事也。"⑥

坚持个性之学,独断之学,一要有自信之志,二要有自省之明。关于此,

---

① 郭沫若:《历史史剧现实》,见《沫若文集》第 13 卷第 16 页。

② 茅盾《在反动派压迫下斗争和发展的革命文艺》,见《文艺运动史料选》,第 665 页。

③ 郭沫若 1942 年 1 月 11 日日记。

④ 《〈柳如是别传〉与国学研究》,浙江人民出版社 1995 年版,第 245 页。

⑤ 《清华大学王观堂先生纪念碑铭》,《金明馆丛稿二编》,三联书店 2001 年版,第 246 页。

⑥ 蒋天枢:《陈寅恪先生编年事辑》增订本,上海古籍出版社 1997 年版,第 128 页。

陈寅恪有一名言:"夫考证之业,譬如积薪,后来者居上,自无胶守所见,一成不变之理。寅恪数年来关于此问题先后所见亦有不同,按之前作二文,即已可知。但必发见确实之证据,然后始能改易其主张,不敢固执,亦不敢轻改,惟偏蔽之务去,真理之是从。"①陈氏一生用力最勤的是中古史研究。他所创立的以士族门阀兴衰为背景,认识魏晋南北朝隋唐时代政治社会演变的理论框架,因有系统的士庶研究、集团研究、内外关系研究的支撑,结论坚实可信,影响深远。"特别是'关陇集团'的概念自 20 世纪 40 年代初提出后,半个多世纪以来被中外学者广泛采用,成为解释隋唐历史的首要理论框架。"②他所提出的李唐一代关键在于种族、文化两大问题,"论唐代河北藩镇问题,必于民族及文化二端注意,方能得其真相。"③也是学界一致肯定的不刊之论。

在前几年的"重评"声中,作为中国马克思主义开山的郭沫若的学术贡献似乎也发生了问题。其实,20 世纪 50 年代,郭氏自己就已经坦陈,《中国古代社会研究》等著作,"是'用科学的历史观点研究和解释历史'的草创时期的东西,它在中国古代的社会机构和意识形态的分析和批判上虽然贡献了一些新的见解,但主要由于材料的时代性未能划分清楚,却轻率地提出了好些错误的结论。这些本质上的错误,二十几年来我在逐步地加以清算。"④这种严肃学者的自我批判,正是真正科学精神的最好表现。用学术发展的眼光看,郭氏 1928 年提出中国历史上的三次社会革命,第一次是殷周之际的奴隶制的革命,第二次是周秦之际的封建制的革命,第三次是清代末年的资产制的革命⑤;1952 年又修正为"奴隶制的下限在春秋与战国之交"的"战国封建说"⑥;1945 年提出青铜器分为鼎盛期、颓败期、中兴期、衰落期四期的研究成果以及铜器断代方法,都是学术史上里程碑式的成果。后人可以而且应当超越前人,但是没有理由鄙薄、更不应该抹杀前人的劳作和功绩。

---

① 《三论李唐氏族问题》,《金明馆丛稿二编》,三联书店 2001 年版,第 346 页。
② 胡戟:《陈寅恪与中国中古史研究》,《历史研究》2001 年第 4 期。
③ 蒋天枢:《陈寅恪先生编年事辑》增订本,上海古籍出版社 1997 年版,第 110 页。
④ 郭沫若:《中国古代社会研究》,1954 年新版引言。
⑤ 参见郭沫若:《中国古代社会研究·导论》。
⑥ 郭沫若:《奴隶制时代》。

二

就人格论,近年来扬陈寅恪而抑郭沫若几成风气。但是,从本质上看,陈、郭二位都是中国知识分子的典型代表,传统中国知识分子的优长和缺陷,在他们身上都有鲜明的体现。之所以会出现扬陈抑郭的"风气",其实是对于中国史学与中国政治之关系的分析,陷入了某种片面性,对"学人"与"时势"之关系的分析,也缺乏历史的、辨证的思考。从这个意义上讲,对陈、郭人格方面的评论,不仅关乎两位大师的个人声誉问题,而且对于我们深刻认识 20 世纪中国史学的命运,也具有特殊的个案标本的意义。

陈寅恪、郭沫若都继承了中国知识分子特立独行的品质。都有不畏权势的"硬骨头"的一面。20 世纪 20 年代,郭在一片白色恐怖中写出《请看今日之蒋介石》,50 年代,陈"绝不反对"共产党领导的社会主义政权,但在举国一致的政治氛围中,他公然向最高领导人独提"不宗奉马列主义,并不学习政治"。表面上看,50 年代以后,陈自觉与政治"划清界限",而郭却是历次政治运动中的"积极分子"和"不倒翁",两人似乎区别明显。其实,郭与陈一样,有政治意识、政治觉悟,而并无实际的政治才能和政治野心。50 年代以后的陈寅恪,固然是纯粹的学人,50 年代以后的郭沫若,也并无政治主动性可言,充其量只是为政治所左右、身不由己的"社会活动家"。就精神方面的自由、自主性而论,郭氏还不如陈氏!

陈氏、郭氏都是聪明绝顶之人,且都富于诗人气质。郭氏的大诗人地位自不待言;陈氏"不特为大史学家,旧体诗亦卓然大家。先生诗出入唐宋,寄托遥深。尤其于宋诗致力甚久。"①有人称义宁之学"史有诗心,诗有史笔",绝非溢美。② 聪明的诗人来做"朴学"的历史研究,自然左右逢源,融汇贯通,在见识方面高人一筹;诗人气质的激烈、浪漫、偏执,更是学术方面才气逼人的重要内因。陈氏在学术方面绝对自信,是"自视极高的学人"③;郭氏尤其喜爱作"翻案"文章,都与这种气质直接相关。陈氏之诗中"敏锐

---

① 蒋天枢:《陈寅恪先生编年事辑》增订本,上海古籍出版社 1997 年版,第 189 页。
② 参见《〈柳如是别传〉与国学研究》,浙江人民出版社 1995 年版,第 38 页。
③ 见葛兆光:《最是文人不自由》,《读书》1993 年 5 期。

而深沉的兴亡感"，这恰恰是他"史学天才的表现"①。郭氏史学成就中非常重要的一部分，即历史剧的创作，也是其诗人气质与史家见识完美结合的体现。

20世纪60—70年代发生的"文革"，对于陈寅恪和郭沫若，都造成学术与人格的双重侮辱与损害，只不过表现形式有别。对于陈，是长期以来的"左"的压抑由隐性转变为显性，而对郭来说，则是更为直接的身心迫害。针对本人的诽谤污蔑已不堪承受，两个孩子的死于非命，更是惨痛之至。这样的境遇，不能不对两人的学术研究产生极其严重的影响。

这种"左"的政治影响的明显表现是，两人前期的研究，都重在制度层面的历史变迁，而晚年的注意力，却不约而同地转向人物的"心史"。20世纪50年代以前，陈有《隋唐制度渊源略论稿》、《唐代政治史述论稿》，陈自称："研究制度对当时行动的影响，和当时人行动对于制度的影响。"②他还说，"吾中国文化之定义，具于《白虎通》三纲六纪之说。夫纲纪本理想抽象之物，然不能不有所依托，以为具体表现之用；其所依托以表现者，实为有形之社会制度，而经济制度尤其最要者。"③他自评《隋唐制度渊源略论稿》："本书所论，极为简略，仅稍举例，以阐说隋唐二代制度之全体因革要点与局部发展历程而已。"④而郭则有《中国古代社会研究》、《青铜时代》、《十批判书》。郭自称："把古代社会的机构和它的转变，以及转变过程在意识形态上的反映，可算整理出了一个比较完整的轮廓"⑤。50年代以后，陈有《论再生缘》、《柳如是别传》，郭有《李白与杜甫》。值得思考的是，两人的研究重心不仅都由"制度"转向"人物"，而且都在人物生平的述论中寄寓了深刻的个人遭际的感怀。正如有研究者所论："寅恪先生晚年所著探讨陈端生、孟丽君、柳如是等伟大女性心灵历史的大著，也可以看做体现作者晚年自身心路历程的一部'心史。'"⑥郭的《李白与杜甫》一反过去凡著作均有"后记"一类说明缘起、经过的惯例，"光秃秃"地结束。而陈则在《柳如是

①　刘梦溪：《陈寅恪印象》，学林出版社1997年版，第300页。
②　见蒋天枢：《陈寅恪先生编年事辑》增订本，上海古籍出版社1997年版，第97页。
③　陈寅恪：《王观堂先生挽词》。
④　陈寅恪：《隋唐制度渊源略论稿》，上海古籍出版社1982年版，第158页。
⑤　《十批判书·后记》，见《郭沫若全集》历史编第二卷，第487页。
⑥　《〈柳如是别传〉与国学研究》，浙江人民出版社1995年版，第93页。

别传》最后一反过去著述一般均不作心情表白的惯例,特地申言:"刺刺不休,沾沾自喜。忽庄忽谐,亦文亦史。述事言情,悯生悲死。繁琐冗长,见笑君子。失明膑足,尚未聋哑。得成此书,乃天所假。卧榻沉思,然脂瞑写。痛哭古人,留赠来者。"两人的"反常",正是内心深处痛楚感怀的显露。一般地说,时势对于史家研究的重心转移有必然影响;特殊地说,20 世纪 50年代以后中国政治对于陈、郭一类杰出学人内心世界的冲击,确实是令后者无力抗拒的学术路向"扭曲"的直接动因。

与扬陈抑郭相对应,学界近年来对《柳如是别传》备极赞誉,而对《李白与杜甫》则多作讽贬。其实,两著在许多方面,恰恰同样传递出作者内心的"难言之隐"和"真情表白"。而且,值得注意的是,正因为《柳如是别传》和《李白与杜甫》都寄寓了作者太重的个人感怀,以至影响到它们的科学意义。正如有研究者所指出,《柳如是别传》"立论上是明显有感情偏颇的",作者"在柳如是身上倾注了过多的情感以致于未免拔高古人",因此"不能仅以一部学术论著视之。"①至于《李白与杜甫》的人物评骘问题,尽管郭氏一直是扬李贬杜的,并未因"迎合"某人而改变立场,②但是他在抑杜扬李尺度把握上的失衡是毋庸讳言的。更有研究者认为,该书"基本上不是一部学术研究之作,也不是为了给李白鸣不平,更不是为了投毛泽东之所好,而是一部借历史的亡灵,进行自我解剖、自我总结的文人与政治关系的沉思录;是 20 世纪中国文化的沉痛反思。"③郭氏特别肯定"向来不大为专家们所注意"的《下途归石门旧居》"是李白最好的诗之一"。"这里既解除了迷信,也不是醉中的豪语。人是清醒的,诗也是清醒的。天色'向暮'了,他在向吴筠诀别;生命也'向暮'了,他也在向尘世诀别。"④这哪里是在写李白与迷信的道教诀别,分明是郭氏本人在向政治诀别!

史家观古今之变,不可能对于自己所处的社会环境,没有明确的政治方面的态度。学术与政治可作两个领域的问题,但是史家的政治观点、立场的

---

① 葛兆光:《最是文人不自由》,《读书》1993 年第 5 期。

② 郭沫若很早就说过"唐诗中我喜欢王维、孟浩然,喜欢李白、柳宗元,而不甚喜欢杜甫,更有点痛恨韩退之"。关于此问题,详见谢保成:《论郭沫若的李杜研究》,《郭沫若学刊》2001 年第 2 期。

③ 刘茂林:《如今了然识所在》,《郭沫若学刊》2001 年第 2 期。

④ 郭沫若:《李白与杜甫》,人民文学出版社 1971 年版,第 98 页。

"天然"存在，必然会对于史家的行为产生直接的、有时甚至是决定性的影响。就此而论，郭的情况与陈完全不同。郭在大革命时期就树立的对于共产主义的"信仰"，和陈"在宣统三年就在瑞士读过资本论原文"，其政治方面的意义当然不可同日而语。郭是新国家、新政治的参与缔造者，而陈只是感受者、评判者。就个人交谊而言，郭沫若与毛泽东的交情和陈寅恪与毛泽东的关系，也有本质的区别。因此，无论是由对比《柳如是别传》、《李白与杜甫》，还是由对比陈、郭两人与政治领袖人物的关系来作评判人格的依据，都是需要认真分析的。

1930 年，陈寅恪有《阅报戏作二绝》，诗曰："弦箭文章苦未休，权门奔走喘吴牛。自由共道文人笔，最是文人不自由。"葛兆光说，"自由往往是一种感觉，""越是对自由空间需要强烈的人越会感到自由空间太小。"①陈、郭均属此类人物，但二人的情形又有不同。郭对"自由"的体验绝不比陈迟钝。但是个人在社会生活中的具体位置（郭居"庙堂之高"，而陈处"江湖之远"），决定了郭对此类体验的表达，不可能采取与陈同样的方式，而另有苦衷。所以，毋宁说，在"最是文人不自由"方面，郭更痛苦。简要地说，20 世纪的中国史学因为服务于政治而充分显现了自己的社会功用，同时又因为服务于政治而部分丧失了自己的独立品质；20 世纪的中国史家因为与政治的主动关系而为社会的进步贡献了自己的聪明才智，同时又因为与政治的被动关系而在内心产生个性被压抑、被扭曲、被伤害的深刻的痛楚。在陈寅恪和郭沫若身上，我们最清楚不过地看到了这一切，因此，他们是 20 世纪中国史学最具典型意义的人格化代表。

（原载《史学理论与史学史学刊》2003 年卷，
社会科学文献出版社 2004 年 12 月出版）

---

① 葛兆光：《最是文人不自由》，《读书》1993 年第 5 期。

"疑古"派的学术理路浅析

笔者曾撰有《学术理路与史学生态》一文①,文中说道:"所谓学术理路,是指治史者遵循的治学逻辑、路径,所认同的治学重心、目标定位、价值标准,所依本的思维方式和操作方式。学术理路既可以是个性化的,也可以是群体共同遵守的。人们常常议论的学术派别,其实就是大致遵守相同学术理路的学者的集合体。就此而论,学术理路是学术派别形成的内在学理依据,学术派别是学术理路的成熟的人格化的群体体现。"文中还提到"疑古"派,认为疑古与释古,根本上体现的还是学术理路的不同。其实,"疑古"者之"疑",本身就是对历史的一种"释",而"释古"者之"释",哪一条又不是缘于对既往古史及其认识成果之"疑"呢?

因为文章的主题所限,该文没有详细讨论"疑古"派的学术理路问题。本文拟对此问题略谈浅见,不当之处,敬祈方家指正。

一、"疑古"派学术理路的历史渊源

"疑古"派及其"古史辨"运动都不是天外来客。其学术理路自有长久深厚的历史渊源。

就学术现象而论,"疑古"与"辨伪"在中国史学中有悠久的传统。

1934 年,顾颉刚想做一篇文章,把两三千年间造伪和辨伪两种对抗的势力作一鸟瞰,使人们明白崔述在辨伪史中的地位。这篇文章的一部分以《战国秦汉间人的造伪与辨伪》发表于燕京大学《史学年报》第二卷第二期,后收入《古史辨》第七册。40 多年后的 1980 年,顾颉刚才在学生王煦华的

---

① 发表于《学术月刊》2008 年第 5 期。

协助下，继续这篇文章的写作。但是，直到顾颉刚逝世，文章也没完成。先生逝世后，王煦华根据遗稿，尽量遵照顾氏的原意，联缀补充成文，这就是上海古籍出版社 1998 年出版的顾颉刚撰《秦汉的方士与儒生》一书附录的《中国辨伪史略》。

《中国辨伪史略》认为，古人缺乏历史观念，不爱惜史料，所以写不成一部可靠的历史。"凡是没有史料做基础的历史，当然只得收容许多传说。这种传说有真的，也有假的；会自由流行，也会自由改变。改变的缘故，有无意的，也有有意的。中国的历史，就结集于这样的交互错综的状态之中。"①《论语·子张》记载，子贡怀疑抑扬过甚的传说，"纣之不善，不如是之甚也。是以君子恶居下流，天下之恶皆归焉。"顾颉刚称赞"这实在是一句聪明话，是我们的辨伪史中的第一句话"②。他依次分析了战国以降历代"疑古"与"辨伪"成绩，特别肯定了汉代王充，唐代刘知几、啖助、柳宗元，宋代欧阳修、郑樵、朱熹，清代阎若璩、崔述等人的历史功绩③。顾颉刚强调，"疑古辨伪"本是学术研究的内在的规律所致。他以最善附会的马融、最长于拉扯牵合的郑玄为例，"可见一个学者只要肯把多种材料作比较的研究而不想穿凿附会，他自然会得走上辨伪的一条路。"④

从《中国辨伪史略》里，我们可以看到顾颉刚对"疑古辨伪"的理解以及对这一事业的规划和抱负。

"疑古辨伪"的目标，直指史料："史料很多，大概可以分成三类：一类是实物，一类是记载，再有一类是传说。这三类里，都有可用的和不可用的，也有不可用于此而可用于彼的。"⑤这表明顾颉刚并不否定地下发掘的实物史料的价值。因此，将"疑古辨伪"与"二重证据法"对立起来是明显的误解。

"疑古辨伪"的真正学术价值不在简单的区分真伪，即所谓"外考证"，而是在"外考证"的基础上，指出"伪"有有意和无意的区别。作伪和成伪都有他们的环境的诱惑和压迫，"所以只需认清他们的环境，辨伪的工作便已

---

① 顾颉刚：《秦汉的方士与儒生》，上海古籍出版社 1998 年版，第 137 页。
② 顾颉刚：《秦汉的方士与儒生》，上海古籍出版社 1998 年版，第 142 页。
③ 顾颉刚还指出汉人王肃"造伪以辨伪"，明人杨慎、王世贞既辨伪又造伪。
④ 顾颉刚：《秦汉的方士与儒生》，上海古籍出版社 1998 年版，第 189 页。
⑤ 顾颉刚：《秦汉的方士与儒生》，上海古籍出版社 1998 年版，第 135 页。

做了一半。"①这就是所谓的"内考证"。"内考证"的结论可以确立"伪"史书、"伪"史料的"真"价值。这是"疑古辨伪"学术理路的科学精神、科学意义的更重要的体现。②

"疑古辨伪"高扬批判精神的大旗③,立志"打倒"帝系、王制、道统、经学这四尊"偶像"④。就此而论,"疑古"派更是中国史学"辨伪"传统与五四时代科学精神的完美结合。

关于"古史辨"运动的思想来源,1926 年,顾颉刚在《古史辨》第一册《自序》里的说法是,自己"上古史靠不住的观念"的来源有四:一是从刘知几至崔述的辨伪传统;二是康有为代表的清代今文经学;三是胡适的实验主义史学方法;四是故事传说、民间歌谣的暗示。但是,20 世纪 80 年代初,顾颉刚在《我是怎样编写〈古史辨〉的?》的文章里的说法则是:"崔东壁的书启发我传记不可信,姚际恒的书则启发我不但传记不可信,连经也不可尽信。郑樵的书启发我做学问要融会贯通,并引起我对《诗经》的怀疑。所以我的胆子越来越大了,敢于打倒经和传记中的一切偶像。我的《古史辨》的指导思想,从远的来说就是起源于郑、姚、崔三人的思想,从近的来说则是受了胡适、钱玄同二人的启发和帮助。"⑤这两种说法的不同在于后者删去了今文经学一脉。我们今天没有必要去深究顾颉刚这样修改的动机如何,只需重新肯定今文经学对顾氏的重大影响就可以了。关于今文经学对"古史辨"运动的意义,《古史辨》第七册卷首柳存仁的《纪念钱玄同先生》一文里的一段话很能说明问题。他说,清代汉学极盛,不但分别了汉、宋的不同说法,而且分别了今古文的不同学派。"在为学问而学问的研究态度上,又加了一种迎合时势,注重经世致用的色彩。处在这个时代里的著名的学者,前有庄

---

① 顾颉刚:《秦汉的方士与儒生》,上海古籍出版社 1998 年版,第 135 页。

② 例如顾颉刚的以下论述:"许多伪材料,置之于所伪的时代固不合,但置之于伪作的时代则仍是绝好的史料;我们得了这些史料,便可了解那个时代的思想和学术。例如《易传》,放在孔子的时代自然错误,我们自然称它为伪材料;但放在汉初就可以看出那时人对于《周易》的见解及其对于古史的观念了。"(《古史辨》第四册,上海古籍出版社 1982 年版,自序)

③ 顾颉刚在《我是怎样编写〈古史辨〉的?》的文章里说:读了《文心雕龙》、《史通》和《文史通义》之后,"觉得对于文学、史学都该走批评的路子,于是我要多找批评性的书,结果找到了郑樵的《通志》。"

④ 顾颉刚:《古史辨》第四册,上海古籍出版社 1982 年版,第 5 页,序言。

⑤ 《古史辨》第一册,上海古籍出版社 1982 年版,第 12 页。

存舆,刘逢禄,宋翔凤,后有龚自珍,魏源,到了清末,还有康有为,崔适,廖平诸人。玄同先生的辨伪的主张,有一部分就是承接着这些位学者的精到的研究而来的。"文章也批评了"今文家的末流",在治学方面"往往自立新解,附会经说,甚至于有思想过于奇特,见解日趋神秘,不容易叫人家相信的了。"康有为就有这样的毛病,《孔子改制考》在考据方法上就很难站得住脚。近二十年来,大家渐渐明了科学方法的长处,并以此来纠正今文学派的偏颇。"《古史辨》最初的出版,累层式的古史观念的揭发,都是建筑在这时代精神上的。钱先生却承袭了今文家改革进取的精神,又认识清楚了新的时代,新的治学精神的动向,自然而然的愿意参加古史问题的热烈的辩论,精细的研讨,自然而然的发表出许多石破天惊的伟论了。"①

"疑古"派及其"古史辨"运动发展了中国传统的"疑古"之学。胡适称赞道:"崔述剥古史的皮,仅剥到'经'为止,还不算彻底。顾先生还要进一步,不但剥的更深,并且还要研究那一层一层的皮是怎样堆砌起来的。"他总结顾的方法:

(1)把每一件史事的种种传说,依先后出现的次序排列起来。

(2)研究这件史事在每一个时代有什么样子的传说。

(3)研究这件史事的渐渐演进:由简单变为复杂,由陋野变为雅驯,由地方的(局部的)变为全国的,由神变为人,由神话变为史事,由寓言变为事实。

(4)遇可能时,解释每一次演变的原因。②

"疑古"派及其"古史辨"运动由"五四"新文化运动所催生。五四的批判精神对于中国学术、中国史学现代化的意义,怎样估计也不过分。在这方面,胡适与王国维都有巨大的历史贡献。顾颉刚受胡适的影响,世所公认,顾氏本人也坦然自承。③ 但是另一方面,王国维对他也有积极的启迪与感召。顾颉刚在解释与胡适的思想联系及分歧的同时,还特别称赞了罗振玉和王

---

① 《古史辨》第七册上,上海古籍出版社 1982 年版,第 2 页。

② 参见《古史辨》第一册,上海古籍出版社 1982 年版,第 193 页。

③ 顾受胡的影响是多方面的。例如,从民俗学中感悟到历史的真谛就是一例。对于在民俗里流行的"古史"(例如戏剧里的关公、薛仁贵的故事),"信它是愚,驳它是多余,用自己的理性去作解释必然是勉强罗织理由。所以要处处顺了故事的本有性质去研究,以发现它们在当时传说中的真相。"(刘起釪《顾颉刚先生学述》,中华书局 1986 年版,第 114 页)这一点受到胡适《井田辨》、《水浒传考证》的启发,"使我知道研究古史尽可应用研究故事的方法"(《古史辨》第一册,上海古籍出版社 1982 年版,第 272 页)。

国维:"他们的求真的精神,客观的态度,丰富的材料,博洽的论辩,使我的眼界从此又开阔了许多,知道要建设真实的古史,只有从实物上着手,才是一条大路,我所从事的研究仅在破坏伪古史系统方面用力罢了。"①顾颉刚自称最敬佩的是王国维,"我心仪于王国维,总以为他是最博而又最富于创造性的"。他在日记里多次记载了与王氏在梦中相会的情形。当然,顾氏对王国维也有不满意的地方,"就是他不能大胆辨伪,以致真史中杂有伪史。"例如《殷周制度论》里的尧、舜禅让的话题。"我的成绩不能及他,这是时代动荡所构成,而不是我的能力和所运用的方法不能达到或超过他的水平。"②

在打倒"偶像"的理性指导下,顾颉刚声明:"我们已不把经书当做万世的常道;我们解起经来已知道用考古学和社会学上的材料作比较;我们已无须依靠旧日的家派作读书治学的指导。家派既已范围不住我们,那么今文古文的门户之见和我们再有什么关系!"③他受到清代今文经学的深刻影响,但对于古文经学仍保持一种基本公正的态度。他认为,本来汉代的经学无所谓今古文。刘歆立古文,"我们承认他是一番好意,但他的伪窜是一件确然的事实"。用康有为的办法分析刘歆立古文的伎俩,"王莽要什么刘歆有什么。""王莽的政权虽倒坠,但刘歆的学术却没有跟着他失败。""他这个人的学问事业,方面之广,见解之锐,作事之勇,哪一件不够人佩服? 我们决不像前人一样,因为他帮了王莽篡位就把他看做乱臣贼子;我们诚心称他一声'学术界的大伟人'! 章太炎先生曾说孔子以后的最大人物是刘歆,这句话真不错。但是他的学问的卓越是一件事,他所表章的书的真伪则是又一件事,我们不能因为佩服了他就原恕了他!"④

二、"疑古"派的"破坏"与"建设"

顾颉刚坦承自己的工作"偏于破坏伪史方面"⑤。"疑古"派从登上学

---

① 《古史辨》第一册,上海古籍出版社 1982 年版,第 14 页。
② 《古史辨》第一册,上海古籍出版社 1982 年版,第 15 页。
③ 《古史辨》第五册,上海古籍出版社 1982 年版,"序言"第 3 页。
④ 《古史辨》第五册,上海古籍出版社 1982 年版,"序言"第 3—13 页。
⑤ 《古史辨》第四册,上海古籍出版社 1982 年版,"序言"第 14 页。

坛之日起,就一直受到只破坏而不建设的批评。王国维的学生姚名达在给顾颉刚的信中,曾转述了王国维对顾颉刚的批评,谓疑古史的精神很可佩服,然"与其打倒什么,不如建立什么"。①

对于这一批评,顾颉刚早就有明确的答复。他在《古史辨》第二册序言里,回答对他的四项批评说:

第一,没有结论;——"我要求结论之心"非常迫切,但是不可急于求成。

第二,没有系统;——"系统的完成不是一朝一夕的事。"

第三,只有破坏没有建设;——"丰富的出土器物又足以鼓起学者们向建设的路上走的勇气,我不参加这个工作决不会使这个工作有所损失。"

第四,书本上的材料不足为研究古史之用。——"我们先把书籍上的材料考明,待考古学上的发见,这不是应当有的事情吗?"另外,考古学也无法证明三皇五帝。

对于"求全之毁"之外的"不虞之誉",顾颉刚申明:"我的工作,在消极的方面说,是希望替考古学家做扫除的工作,使得他们的新系统不致受旧系统的纠缠;在积极方面说,是希望替文籍考订学家恢复许多旧产业,替民俗学家辟出许多新园地。"②在这里,破坏中即有建设的意味。其实,"偏于破坏伪史"的顾颉刚,心中亦有建设的心愿。顾氏心目中中国古史的"重建"是慎重的、艰难的浩大工程。1924年3月,他订了一个研究古史的计划,计划长达21年,分为六个学程:第一学程六年,读魏晋以前古书;第二学程三年,作春秋至汉经籍考;第三学程一年,从经籍中按时代地域抽出古史料,寻求一时一地的古代观念及其前后关系;第四学程三年,研究古器物学;第五学程三年,研究民俗学;第六学程五年,整理材料著书。专书的内容分两部分,一是"当时的古史观念"(思想史):包括(1)某时代的古史观念如何,(2)此观念何时何地因何事而来,(3)此观念在当时及后来发生了什么影响;二是"当时的史事",包括(1)这时的史事可考实的有多少,(2)这时的实物遗留至今的有多少,(3)对于这时的民族和文化的大概情形的想象是怎样。③

---

① 顾潮:《顾颉刚年谱》,中国社会科学出版社1993年版,第139页。
② 《古史辨》第二册,上海古籍出版社1982年版,第7页。
③ 《古史辨》第一册,上海古籍出版社1982年版,第216页。

顾颉刚本人并不认为"疑古"派完全没有"建设",只是对"建设"有他自己的理解。他在《古史辨》第三册序言里说道:本册讨论《周易》和《诗三百篇》,本意是打破汉人的经说。以性质属于"破坏"的居前,属于建设的居后。"建设"也不是我们自己的创造,而是"恢复"其本来面目。而"破坏"只等于扫除尘障。"我们所处的时代太好,它给予我们以自由批评的勇气。"解除了道统和学派的束缚。"我们要打破旧说甚易而要建立新的解释则大难。"关于方法,我们先把金针度与人,为的是希望别人绣出更美的鸳鸯。"儒家统一了二千年的教育,连这几部经书也没有研究好,岂但没有研究好,且为它增加了许多葛藤。"批评我的人大都以为我所用的材料不是古史的材料,所用的方法不是研究古史的方法。我以为这未免是一种误解。"我们研究史学的人,应当看一切东西都成史料,不管它是直接的或间接的;只要间接的经过精密的审查,舍伪而存真,何尝不与直接的同其价值。"对于"伪材料","许多伪材料,置之于所伪的时代固不合,但置之于伪作的时代则仍是绝好的史料。"(例如对《易传》、《诗三百篇》和谶纬)"伪史的出现即是真史的反映。我们破坏它,并不是要把它销毁,只是把它的时代移后,使它脱离了所託的时代而与出现的时代相应而已。实在,这样与其说是破坏,不如称为'移置'的适宜。一般人以为伪的材料便可不要,这未免缺乏了历史的观念。"①一种学问的研究方法必不能以一端为限,但一个人的研究方法则不妨以一端为限。我的方法是"历史演进的方法",它可以解决一部分的古史问题。②

"历史演进的方法"固然有"破坏"的效力,但其本质更在于为中国古史重建创造基本条件。顾颉刚在《古史辨》第四册序言里说:"秦汉间的方士常说海上三神山可望而不可即。我们对于古史正有同样的感觉。在许多条件没有比较完备的时候,要找得一个系统也是可望而不可即的。条件是什么? 许多现存材料,应当依着现在的历史观念和分类法去整理一过,此其一。许多缺着的材料要考古学家多多发见,由他们的手里给予我们去补缀,此其二。以前学者提出的问题,哪些是已解决的,哪些是待解决的,哪些是不能解决的,应当审查一下,结一清账,此其三。现在应当提出的新问题是

---

① 《古史辨》第三册,上海古籍出版社 1982 年版,第 8 页。
② 《古史辨》第三册,上海古籍出版社 1982 年版,第 1—9 页。

什么,这些新问题应当怎样去谋解决,应当计画一下,此其四。"所以,古史的新系统的建立决非一人一日之功。"可是系统和结论,我虽不急急地寻求,究竟它们也常在我的心底盘旋酝酿了好几年了。"

为了创造古史重建的基本条件,顾颉刚设想编四个考:帝系考,王制考,道统考,经学考。《五德终始说下的政治和历史》即帝系考的一部分,可惜未完成。

在顾颉刚看来,"疑古""辨伪"决非简单的"破坏",本身也有"建设"的意义。《古史辨》第四册的编者罗根泽认为:"考年代与辨真伪不同:辨真伪,追求伪迹,摈斥不使厕于学术界,义主破坏;考年代,稽考作书时期,以还学术史上之时代价值,义主建设。"但是,顾颉刚却认为,"这二事实没有严密的界限。所谓考年代,也就是辨去其伪託之时代而置之于其真时代中。考年代是目的,辨真伪是手段。所以我们的辨伪决不是秦始皇的焚书。"有人说,"顾颉刚们说这部书伪,那部书伪。照这说法,不知再有什么书可读!""这真是太不了解我们的旨趣,不得不辨一下。""堪笑一般人以为我们用了刘逢禄康有为的话而辨《左传》,就称我们为今文学家。不知我们对于春秋的历史,信《左传》的程度乃远过于信《公羊传》。""我们所以有破坏,正因为求建设。破坏与建设只是一事的两面,不是根本的歧异。"

破坏与建设的关系,从学术史的角度看,还可以看做是学术的继承与发展的关系,用顾颉刚的话说,也是所谓"下学"与"上达"的关系。他说道:"清代的学者辛辛苦苦,积聚了许多材料,听我们用。……然而清代学者大都是信古的,他们哪里想得到传到现在,会给我们取作疑古之用!……他们的校勘训诂是第一级,我们的考证事实是第二级。"此为"下学"与"上达"的关系。"等到我们把古书和古史的真伪弄清楚,这一层的根柢又打好了,将来从事唯物史观的人要搜取材料时就更方便了,不会得错用了。"①这同样是"下学"与"上达"的关系。

正是着眼于学术事业的承前启后,继往开来,顾颉刚澄清关于信古、疑古和释古三派的说法,他认为,"疑古并不能自成一派,因为他们所以有疑,为的是有信;不先有所信,建立了信的标准,凡是不合于这标准的则疑之。

---

① 《古史辨》第四册,上海古籍出版社1982年版,"序言"第22页。

信古派信的是伪古,释古派信的是真古,各有各的标准。释古派所信的真古从何而来的呢? 这只是得之于疑古者之整理抉发。"针对"《古史辨》的时代已过去了"的说法,"我也不以为然。因为《古史辨》本不曾独占一个时代,以考证方式发现新事实,推倒伪史书,自宋到清不断地在工作,因为《古史辨》只是承接其流而已。"①

特别要注意的是顾颉刚在《中国辨伪史略》里说的这一段话:"辨伪的工作,在我国旧有学术里比较富有科学性和民主性的,是我们应当继承的优秀遗产。我们应该吸收其精华而淘汰其糟粕,宋学取其批评精神,去其空谈;清代经学取其考证法,去其墨守汉儒说;今文经学取其较早的材料,去其妖妄与迷信,然后在这个基础上建立起新史料学来。"②——注意,这里的建立"新史料学"! 这是疑古辨伪理路的终极目标! 它所揭示的史料学与历史学的关系,即前文已提到的"下学"与"上达"的关系! 明乎此,我们对于"疑古"派的破坏之力与建设之功,当有一种比较辨证的理解和评判。

三、"疑古"派的"故事眼光"与"民俗视角"

"疑古"派之所以能够超越从刘知几至崔述的辨伪传统,很重要的一个原因就是,刘知几、崔述代表的是精英文化,基本不从民间"草根"文化中汲取营养。而顾颉刚所代表的"疑古"派却直接从丰厚的民俗文化中获得鲜活的资料、分析的逻辑和思维的灵感。

"疑古"派的核心人物顾颉刚深受胡适治学方法的影响。胡的论文"时常给我以研究历史的方法,我都能深挚地了解而承受"。③ 胡适论"井田"的文章和对《水浒》的考证,深刻启发了顾颉刚,"研究古史也尽可以应用研究故事的方法"。"试用这个眼光去读古史,它的来源,格式与转变的痕迹,也觉得非常清楚。例如看了八仙的结合,即可说明《尧典》九官的结合;看了薛仁贵、薛平贵的化名,即可说明伯益、伯翳的化名;看了诸葛亮的足智多

---

① 《古史辨》第一册,上海古籍出版社 1982 年版,第 29 页。
② 《秦汉的方士与儒生》,上海古籍出版社 1998 年版,"附录"第 250 页。
③ 《古史辨》第一册,上海古籍出版社 1982 年版,第 40 页。

谋，即可说明伊尹、周公的足智多谋；看了曹操、秦桧的穷凶极恶，即可说明桀、纣的穷凶极恶。"①联系到看戏时的感受，薛平贵的经历居然与舜的经历一样，孔子被困而解围的办法竟然是诸葛亮"空城计"的先型！"这些事情，我们用了史实的眼光去看，实是无一处不谬；但若用了故事的眼光看时，便无一处不合了。"②当然，顾颉刚与胡适也有区别，"胡以研究历史的眼光和方法去研究故事；顾则反其道而行，以研究故事的眼光和方法去研究历史。"③

故事属于"草根"文化，在民间流传。因此，"疑古"派的"故事眼光"自然与"民俗视角"浑然一体。

民俗的宝藏是启发顾颉刚怀疑古史的直接动因之一。在《我的研究古史的计划》中，顾颉刚表白："老实说，我所以敢大胆怀疑古史，实因从前看了二年戏，聚了一年歌谣，得到一点民俗学的意味的缘故。"④特别是"要解释古代的各种史话的意义，便须用民俗学了。"在丰富多彩的史话（即传说、故事）中，古人善恶分明，能力伟大，境遇奇特。对这一切，信还是不信？态度无非有三：一是信，二是驳，三是用自己的理性去做解释。顾颉刚的看法是："信它的是愚，驳它的是废话，解释它的也无非是锻炼。"⑤这些史话"在事实上是必不确的，但在民众的想象里是确有这回事的"，因此，"原不能勉强它与我们的理性相合，所以用了自己的理性去做解释的总离不掉锻炼。我希望自己做这项工作时，能处处顺了故事的本有性质去研究，发见它们在当时传说中的真相。"⑥

历史本无所谓精英史与草根史的区别。但是史学却存在精英史学（古史）与草根史学（故事）的不同。学者笔下的历史与百姓口口相传的历史，基本是两股道上跑的车。特别是在汉代以后，精英史学完全成熟以后，两者更是难得吻合。关于这种状况的形成，顾颉刚分析道："本来古代人对于真实的史迹反不及神话与传说的注意，所以古史中很多地方夹杂着这些话。

---

① 《古史辨》第一册，上海古籍出版社 1982 年版，第 272 页。

② 《古史辨》第一册，上海古籍出版社 1982 年版，第 41 页。

③ 许冠三：《新史学九十年》，岳麓书社 2003 年版，第 196 页。

④ 《古史辨》第一册，上海古籍出版社 1982 年版，第 214 页。

⑤ 关于"解释它的也无非是锻炼"，刘起釪的解释是"用自己的理性去作解释必然是勉强罗织理由"（《顾颉刚先生学述》，中华书局 1986 年版，第 114 页）。

⑥ 《古史辨》第一册，上海古籍出版社 1982 年版，第 215 页。

后世智识阶级的程度增高了,懂得神话与传说不能算做史迹,他们便把这些话屏出了历史的范围,……而在民众社会中的流行状况原与古代无殊,它们依然保持着它们的发展性与转换性。"所以,"我们在比较上,要了解古代神话与传说的性质,必须先行了解现代的神话与传说的性质;在系统上,要了解现代的神话与传说所由来,必须先行了解古代的神话与传说所由去。"①"疑古"派的学术理路,正是意在跨越两者之间的鸿沟。"汉以后,向来流动的故事因书籍的普及而凝固了",伯夷的人格"才没有因时势的迁流而改变。所以我们对于那时的古史应当和现在的故事同等看待,因为那些东西都是在口耳之间流传的。我们在这上,不但可以理出那时人的古史观念,并且可以用了那时人的古史观念去看出它的背景——那时的社会制度和思想潮流。这样的研究有两种用处,一是推翻伪史,二是帮助明了真史。"②"古人心中原无史实与神话的区别;到汉以后始分了开来。因为历来学者不注意神话,所以史实至今有系统的记载,而神话在记载上就斩然中绝。""我希望做这项工作时,更把汉以后民众心中的古史钩稽出来"③,看出它们继续发展的次序。顾颉刚希望,"从《左传》《楚辞》等书研究起,直到东岳庙、义和团、同善社、悟善社的神位、神坛、神咒、神乩,以及平话家口中的历史,乡下人口中的'山海经',一切搜集,为打通的研究,为系统的叙述。"④

就"疑古"派的"故事眼光"与"民俗视角"而论,它之所"疑",其实直指"学者们编定的古史"。顾颉刚花了极大的气力研究了演变年代久远的孟姜女的故事。研究的过程让他体会到,"一件故事虽小,但一样随顺了文化中心而迁流,承受了各地的时势和风俗而改变,凭借了民众的情感和想象而发展。……它变成的各种不同的面目,有的是单纯地随着说者的意念的,有的是随着说者的解释故事节目的要求的。更就这件故事的意义上看去,又使我明了它的背景和替它立出主张的各种社会。"⑤顾颉刚指出,在士人的著述中,孟姜女故事的民间传说趣味并非完全缺失,

---

① 《古史辨》第一册,上海古籍出版社 1982 年版,第 274 页。
② 《古史辨》第一册,上海古籍出版社 1982 年版,"自序"第 65—66 页。
③ 《古史辨》第一册,上海古籍出版社 1982 年版,第 216 页。
④ 《古史辨》第一册,上海古籍出版社 1982 年版,第 274 页。
⑤ 《古史辨》第一册,上海古籍出版社 1982 年版,"自序"第 66 页。

但是呈现的却是逐渐衰减的趋势。例如清人刘开的《广列女传》关于孟姜女的记载，就把汉人刘向、明人马理等士大夫所承认的部分神话故事也删去了。"若把《广列女传》叙述的看做孟姜女的真事实，把唱本、小说、戏本……中所说的看做怪诞不经之谈，固然是去伪存真的一团好意，但在实际却本末倒置了。"顾颉刚特别强调，"我们若能了解这一个意思，就可历历看出传说中的古史的真相，而不至再为学者们编定的古史所迷误。"①

与"故事眼光"与"民俗视角"密切相关的是，顾颉刚对于社会生活中无处不在的史料的重视。孙福熙说："他的知识的来源，有诸福宝与老虎外婆，有无论哪一事哪一地的歌谣，有无论哪一腔调哪一班子的戏剧，有章太炎先生与康长素先生，……有适之先生与玄同先生，……有圭璋璧瑗与石刀石环，有碧霞元君祠的茶、盐、面、粥、馒头、路灯、拜垫、扫帚、茶瓢、膏药与五虎棍、自行车、杠子、秧歌、音乐、舞狮、戏剧、修路、补碗、缝锭，等等。"②这里涉及的当然不仅仅是知识面或者兴趣广泛与否的问题，而是关乎根本区别于传统史学的现代新史学的建立基础问题。——对照梁启超对于"中国之旧史""四弊""二病"的批评，顾颉刚在史料问题上的宽阔眼界与独到理解，实在是史学理论的一座富矿。其对于今天正热的社会史、渐凉的文化史研究乃至一般的历史学理论建构，都具有深刻的启迪。周予同当年批评他承担了文学、民俗学和比较宗教史专门家的职责，不分"舍己之田而耘人之田"，不分"本根与枝叶"，"骑野马跑荒郊，得不到一个归宿"，希望他"急速回转自己的阵地"③，今天看来，虽不能说是短视或偏见，但未能完全、透彻地理解顾氏的学问宗旨和方法论精华，则是肯定的。而王伯祥称赞顾颉刚"平恕观物"的态度，不拜偶像，不依门户，"不但把古今优劣的障壁打通，而且连那雅俗的鸿沟也填平了。"在顾颉刚眼里，"弓鞋发辫与衮冕舆服等视，俚歌俗语与高文典册齐量，民间的传说与书本的典故同列。这就可以看见他的内籀之法了。"而当他使用"外籀之法"时，"什么都逃不了他多方的比较和严格的审择。""于是这破坏的'辨伪'便成了他改造古史的第一步

---

① 《古史辨》第一册，上海古籍出版社 1982 年版，"自序"第 70 页。
② 《古史辨》第二册，上海古籍出版社 1982 年版，第 346 页。
③ 《古史辨》第二册，上海古籍出版社 1982 年版，第 328 页。

了。"①这才是一语破的的确论。

四、"疑古"派的史料学方法论:"不立一真,惟穷流变"

　　"疑古"派在史料学层面的"辨伪",其价值判断标准并非一味破坏、打倒,而是寓建设于破坏之中,其精髓正在所谓"不立一真,惟穷流变"。许冠三在《新史学九十年》里称,顾颉刚是"始于疑终于信"。顾颉刚的创新——以"伪"史作遗迹,据其演变线索以求其背景并了解社会——绝不容忽视。"最重要的,他那'惟穷流变','看史迹的整理还轻而看传说的经历却重'的手法,其实只是化史事重建与史迹考证为史料整理,或者说化史学为史料学。"②就此而论,"不立一真,惟穷流变"的史料学方法论的意义就与"疑古"派的学术宗旨、学术重心完全吻合了。

　　顾颉刚在《答李玄伯先生》一文中提到"不立一真,惟穷流变"③。这样做,"即使未能密合,而这件故事的整个的体态,我们总可以粗粗地领略一过。"他通过考禹(天神—人王—夏后—作舜的臣子而受禅让),考孟姜女(邵君郊吊—善哭其夫—哭夫崩城—万里寻夫),得出这样的认识:"从前人因为没有这种的眼光,所以一定要在许多传说之中'别黑白而定一尊',或者定最早的一个为真,斥种种后起的为伪;或者定最通行的一个为真,斥种种偶见的为伪;或者定人性最充足的一个为真,斥含有神话意味的为伪。这样做去,徒然弄得左右支吾。结果,这件故事割裂了,而所执定的一个却未必是真。"顾颉刚特别强调,"因为我用了这个方法去看古史,能把向来万想不通的地方想通,处处发见出它们的故事性,所以我敢大胆打破旧有的古史系统。从此以后,我对于古史的主要观点,不在它的真相,而在它的变化。"④在"我对于古史的主要观点,不在它的真相,而在它的变化"字句的下面,顾颉刚特别打上着重号,表示强调。

---

① 《古史辨》第二册,上海古籍出版社 1982 年版,第 362 页。
② 许冠三:《新史学九十年》,岳麓书社 2003 年版,第 207 页。
③ 《古史辨》第一册,上海古籍出版社 1982 年版,第 273 页。
④ 《古史辨》第三册,上海古籍出版社 1982 年版,第 273 页。

让我们以所谓"禹是一条虫"的公案为例,稍作分析。1923年,顾颉刚在《与钱玄同先生论古史书》里提出一条重要的方法论原则："我们要辨明古史,看史迹的整理还轻,而看传说的经历却重。凡是一件史事,应当看它最先是怎样的,以后逐步逐步的变迁是怎样的。我们既没有实物上的证明,单从书籍上入手,只有这样做才可得一确当的整理,才可以尽我们整理的责任。"①关于禹的形象的变迁,就是顾颉刚实践这一认识的经典例证。他引了《说文》解释,"禹"为一象形字,"以虫而有足蹂地,大约是蜥蜴之类"。②禹从何来? 禹与桀何以发生关系? 顾颉刚认为,"都是从九鼎上来的。"禹"或是九鼎上铸的一种动物",是"鼎上动物的最有力者,或者有敷土的样子,所以就算他是开天辟地的人。流传到后来,就成了真的人主了"。顾颉刚还试图了分析当年人们关于禹的观念的形成史:九鼎为夏铸,经过商、周的长期流传,人们对它就有了传统的观念,以为凡是兴国都应取九鼎为信物,有如后来的"传国玺"一般。顺此思路追上去,夏、商、周便"联成一系",商汤与夏桀的关系、文王与殷纣的关系,也因此而建立起来。再往前追溯到禹出于夏鼎,"就以为禹是最古的人,应做夏的始祖了。"③接下来,顾颉刚又分析了尧、舜是如何被编排到禹之前的。

很显然,顾颉刚讨论禹的问题,本意并不在"史迹的整理",即断定它究竟为何物,而是希望厘清关于禹的"传说的经历"。依此而言,无论他当年的结论是否精确,但是其思路则无疑是明晰和有效的。更何况,即便从"史迹的整理"的角度看,鲁迅将顾氏的观点说成"禹是一条虫",显然歪曲了顾氏的本意。"虫"为动物的总名,顾颉刚的观点实质是用图腾来解释氏族的祖先形象,这已是今天上古史研究中的常规路数。也正是在这个意义上,顾颉刚晚年依然坚持"禹为动物"的看法,就不应当受到浅

---

① 《古史辨》第一册,上海古籍出版社1982年版,第59—60页。
② 对此,钱玄同很快指出《说文》的解释不足以代表"禹"字的古义。顾颉刚接受了这一指正,并在回答柳诒徵对此的批评时申明："我自己守着的不变的宗旨,是用史实的眼光去看史实,用传说的眼光去看传说。从前人因为看古书古史莫非史实,古有信而无违。现在我们知道古书古史中尽多传说的分子了,我们便该顺了传说的性质而去搜寻它们的演化的经历。因为要寻出它们的演化的经历,所以不妨施用假设。用了这个态度来看我的文字,便可看出我的文字虽是琐杂浅陋,里边自有一贯的意思,并不成立于某一书上是单词只义。"(《答柳翼谋先生》,见《古史辨》第一册,上海古籍出版社1982年版,第230页。)
③ 《古史辨》第一册,上海古籍出版社1982年版,第63页。

薄的嘲笑。①

"不立一真,惟穷流变"一语,揭示出顾颉刚史料观中极具认识价值的精华。"许多伪材料,置之于所伪的时代固不合,但置之于伪作的时代则仍是绝好的史料。我们得了这些史料,便可了解那个时代的思想与学术。"②不仅如此,他还认为,从思想史与学术史的角度看,作伪者的动机也不可一概打倒。极端的例子是王肃的《孔子家语》。这不但是一部伪书,而且是一部杂凑书。王肃伪造《圣证论》,这是"造伪以辨伪"的手段!是为了批驳郑玄信谶纬的迂怪之谈!"清代的经学家因为尊重郑玄的缘故,把王肃做了攻击的目标。我在这儿,敢平心地说一声:王肃的见解实在远出于郑玄之上。"③这个例子生动地表明,外考证与内考证的意义不同,史料学的判断标准与思想史的判断标准,也完全不是一回事。

有学人已经注意到"不立一真,惟穷流变"的重要方法论意义。如张富祥就认为,古史辨学者的"学术进路"格外注重"传说的经历",而以"史迹的整理"居其次,故有"不立一真,惟穷流变"之说。权且忽略"实在"原生态"历史",而着重探讨"经验"层面上的反向构筑的"历史"。"它突破传统校雠学及辨伪学的窠臼,调动一切旧有的及新兴的考据手段,对现存古典文献作了一次全面而不拘一格的清理和研究,并使之上升到前无古人的理性史学的高度。"④这样的评价,值得我们认真思考。

五、"疑古"派学术理路的评价问题

"疑古派"的学术理路,简要地说,就是以批判为宗旨,打通古今障壁,填平雅俗鸿沟,辨析史料—史书,区分其真伪,勘定其价值,厘清"层累地造成的古史"的来龙去脉,在确定史料—史书的本来面目的基础上,还历代

---

① 关于此问题的最新研究,可见吴锐:《"禹是一条虫"再研究》,《文史哲》2007 年第 6 期。

② 《古史辨》第三册,上海古籍出版社 1982 年版,第 8 页。

③ 《秦汉的方士与儒生》,上海古籍出版社 1998 年版,"附录"第 193 页。

④ 张富祥:《"走出疑古"的困惑》,《文史哲》2006 年第 3 期。

"古史观"的本来面目。① 关于这一学术理路的效用，用顾颉刚本人的话说，就是"即不能知道某一件事真确的状况，但可以知道某一件事在传说中的最早的状况。我们即不能知道东周时的东周史，也至少能知道战国时的东周史；我们即不能知道夏商时的夏商史，也至少能知道东周时的夏商史。"②

关于"疑古"派学术理路的评价，前贤多有论述。

1930年，郭沫若称顾颉刚的"层累地造成的古史""的确是个卓识"③。他自承原本没有认真看待顾氏之学，"不免还加以讥笑"，"到现在自己研究一番过来，觉得他的识见委实是有先见之明，在现在新的史料并未充足之前，他的论辨自然并未能成为定论，不过在旧史料中凡作伪之点大体是被他道破了的。"郭沫若不仅说了老实话，而且也一语道破了"疑古"派学术理路的真正价值之所在。

1937年，冯友兰分析史学界信古、疑古及释古这"三种趋势"。他认为，信古不足论，至于疑古与释古的矛盾，"疑古一派的人，所作的工夫即是审查史料。释古一派的人所作的工作，即是将史料融会贯通。就整个的史学说，一个历史的完成，必须经过审查史料及融会贯通两个阶段，而且必须到融会贯通的阶段，历史方能完成。但就一个历史学家的工作说，他尽可作此两阶段中之任何阶段，或任何阶段中之任何部分。任何一种的学问，对于一个人，都是太大了。一个人只能作任何事的一部分。分工合作在任何事都须如此，由此观点看，无论疑古释古，都是中国史学所需要的，这其间无所谓

---

① 顾颉刚认为，崔述"最根本的误处"恰恰在于混淆了史料学与历史学的界限。崔述打破了传记诸子，但终不敢打破经。他最大的弊病是为古圣贤护善。崔述"最根本的误处，是信古史系统能从古书中建立起来，而不知古书中的材料只能够打破古史系统而不够建立古史系统。这个问题，康有为已经抉摘出来了。"（《秦汉的方士与儒生》，上海古籍出版社1998年版，"附录"第248页）顾颉刚说："我的唯一的宗旨，是要依据了各时代的时势来解释各时代的传说中的古史。"（《古史辨》第一册，上海古籍出版社1982年版，第65页）"我希望大家知道《古史辨》只是一部材料书，是搜集一时代的人们的见解的，它不是一部著作。"（《古史辨》第三册，上海古籍出版社1982年版，第3页）因此，正如谢维扬所指出，"古史辨"的疑古，其直接、正面和首先处理的乃是属于史料学范畴的问题。它的主要目标和内容，是"试图为建立近代意义上的中国古史研究寻求合格的史料学基础"。顾先生的"层累"说，"实际上就是关于各宗古书资料以及各种古代记述系统之间关系的一种假说"（《古书成书和流传情况研究的进展与古史史料学概念》，《文史哲》2007年第2期）。

② 《古史辨》第一册，上海古籍出版社1982年版，第60页。

③ 《古史辨》第七册下，上海古籍出版社1982年版，第363页。

孰轻孰重。"①依此推论,疑古与释古,既然是工作的两部分、两阶段,那么它们的要求不同,目的不同,因而思路、手段、方法也应有所区别,不该扬此抑彼,或者相反。

20 世纪 80 年代中期,李学勤肯定"疑古"或称"辨伪"的思潮,"从根本上改变了人们心目中中国古代的形象,有着深远的影响。这可说是对古书的一次大反思。"②近年来,李学勤更指出,"疑古"之风始于宋代庆历以后,其特征是以义理之学取代汉唐的注疏之学,朱熹是其代表。"疑古"之风第二次流行,是在清初。其特征是先以汉学反对宋学,接着以今文经学反对古文经学。阎若璩、刘逢禄等是其代表。晚清的康有为也是"疑古"的健将,其思想和学术对 20 世纪 20 年代以来的"疑古"思潮也有重要的影响。③ 宋以来的"疑古",首在辨古书之伪,成效昭著,但有扩大化的毛病,所谓"东周以前无史"的观点于是产生。他尖锐批评道:"疑古一派的辨伪,其根本缺点在于以古书论古书,不能跳出书本上学问的圈子。限制在这样的圈子里,无法进行古史的重建。"④

李学勤批评"疑古"派的"以古书论古书"的"缺点",其实辨析古书正是"疑古"派学术理路的特点;"无法进行古史的重建"的论断固然有充足的材料依据,但是"疑古"派的"重建",本来的目标就不在"古史",而在"古史观"!

关于"东周以前无史"的问题,顾颉刚早有说明。战国、秦、汉之时为了证实大一统、阴阳五行而杜撰史事,"我们站在历史的立场上,看出这些说话虽是最不真实的上古史,然而确是最真实的战国、秦、汉史,我们正可以利用了这些材料来捉住战国、秦、汉人的真思想和真要求,就此在战国、秦、汉史上提出几个中心问题。这真是历史境界的开拓!一般人对于我们常起误会,以为我们要把古代什么东西都去推翻,愿他们能平心静气想一想这个道理。"⑤顾颉刚还说,战国是大时代,"创新"的事业掩盖在"复古"的口号下。

---

① 冯友兰为《古史辨》第六册所撰之序,上海古籍出版社 1982 年版,第 1 页。
② 《对古书的反思》,见《中国传统文化的再估计》,上海人民出版社 1987 年版,第 549 页。
③ 参见李学勤:《走出疑古时代》,长春出版社 2007 年版,第 218 页。
④ 李学勤:《走出疑古时代》,长春出版社 2007 年版,第 219 页。
⑤ 顾颉刚:《秦汉的方士与儒生》,上海古籍出版社 1998 年版,第 172 页。

"战国大都是有意的作伪，而汉代则多半是无意的成伪。我们对于他们一概原谅，我们决不说：'这是假的，要不得！'我们只要把战国的伪古史不放在上古史里而放在战国史里，把汉代的伪古史也不放在上古史里而放在汉代史里。这样的结果，便可以使这些材料达到不僭冒和不冤枉的地步而得着适如其分的安插。这便是我们今日所应负的责任。"①——这实际上已经提前问答了李先生的批评。

关于"疑古"派的学术理路的评价，李幼蒸的看法很值得注意。他认为，古史辨学派的学术方向，本质上是一种"古典文本意义分析"的方向。顾颉刚选择"典籍科学考据学"，在特定的研究范围内遵循着一种比较彻底的理性主义原则。我们要学习他的追求文献客观真理的学术伦理态度。"顾先生比其他同时代史学家更能坚持此文本分析中心主义，不是顾先生比别人眼光更狭小，反而是因为比别人眼光更宽广。"史事推测只是他使用的假设工具之一。他的辨伪学中关于有关史事因果的推断，特别是关于古人动机的推断，都可视之为一种工具性假使。"王国维在技术理性层面上部分地进入了现代，而在思想理性层面上仍然不出传统范畴。"顾氏"文本分析的目的不在于通过直接观察来证事之真伪，而在于通过文本分析来间接证明文本指涉关系之或真或伪。"王代表的新史派以"建设"可靠史事为第一目标，顾代表的疑史派以探得史籍话语真伪为第一目标。质而言之，"真伪，不是指对史事的直接验证，而是指对文本和史事对应关系的间接推证。"②

谈到"疑古"派的学术理路的评价问题，当然不可回避张荫麟所批评的，在考辨古史时犯了不顾其适用之限度误用"默证"的"错误"的问题。彭国良对此进行的研究有相当的说服力。③彭国良认为，"疑古"之学并非实证主义所能涵盖。所谓"默证"方法，张的定义是："凡欲证明某时代无某某历史观念，贵能指出其时代中有此历史观念相反之证据。若因某书或今存某时代之书无某史事之称述，遂断定某时代无此观念，此种方法谓之'默证'。"史界多以为"层累"说等多赖"默证"以立。顾本人也未辩解。"在实证主义史学范围内，默证能够成立的大前提就是人们能够把握一切信息，排

———
① 顾颉刚：《秦汉的方士与儒生》，上海古籍出版社1998年版，第194页。
② 李幼蒸：《顾颉刚史学与历史符号学》，《文史哲》2007年第3期。
③ 参见彭国良：《一个流行了八十余年的伪命题》，《文史哲》2007年第1期。

除所有的偶然性,这当然是不可能的,所以默证只能是逻辑谬误,而所谓默证的限度问题,也只能是一个伪命题。"从学术理路的层面上看,"如果脱出实证主义的范畴,不去追求无法实现的历史本体,而是把历史学研究停留在史料层面,像顾颉刚那样'不立一真,惟穷流变',则可以使用默证。"顾颉刚用历史的眼光去看古书和古史,"他的研究对象是史料本身,他从各个时代史料的不同特征,研究这些时代的精神。可以说,史料的缺乏并没有成为他的限制,而是给了他自由的新天地"。与此相反,张荫麟"以有涯随无涯",史料带给他的,不免是限制行动的镣铐。笔者以为,这种评价是基本公允的。

笔者在《学术理路与史学生态》一文中曾说:"学术派别是历史舞台上的过客,来去匆匆,各领风骚三五年乃至百年、千年,但一定消亡,而学术理路则是千百年来无数前贤先哲治学实践的珍贵结晶,它凌驾于无数的真理与谬误之上,与学术事业一样永存。学术门派与学术理路的关系,也可谓'尔曹身与名俱欠,不废江河万古流。'"对于"疑古"派及其学术理路,笔者依然坚持这一观点。

(原载《天津社会科学》2010 年第 2 期)

章学诚"史意"说对文化史研究的启示

章学诚是中国传统史学思想的大家。他曾在家书中申明自己与同居传统史学思想大家地位的刘知几的根本区别："吾于史学,盖有天授,自信发凡起例,多为后世开山,而人乃拟吾于刘知几。不知刘言史法,吾言史意;刘议馆局纂修,吾议一家著述。截然两途,不相入也。"①章氏认为,"文人之文,与著述之文,不可同日语也。著述必有立于文辞之先者,假文辞以达之而已。"这"著述必有立于文辞之先者",即为"意"。他特别强调,但凡著述之文,"得其意"与"无其意"之间,自有天壤之别。②"古人文存法立,未尝有定格也。传人适如其人,述事适如其事,无定之中,有一定焉。知其意者,旦暮遇之。不知其意,袭其形貌,神弗肖也。"③因此,"成一家言,必有命意所在"④。"史家著述之道,岂可不求义意所归乎?"⑤那么,什么是"一家著述"之"史意"呢?章氏的理解是:"固将纲纪天人,推明大道,所以通古今之变,而成一家之言者,必有详人之所略,异人之所同,重人之所轻,而忽人之所谨,绳墨之所不可得而拘,类例之所不可得而泥,而后微茫杪忽之际,有以独断于一心。"⑥章学诚特别声明,凝聚自己理论心血的《文史通义》,正是为高扬"史意"而作:"郑樵有史识而未有史学,曾巩具史学而不具史法,刘知几得史法而不得史意。此予《文史通义》所为作也。"⑦

中国传统史学思想的精华拥有恒久的生命力。笔者以为,章学诚"史

---

① 《家书二》,见《章学诚遗书》,文物出版社 1985 年版,第 92 页。
② 参见章学诚:《文史通义·答问》。
③ 章学诚:《文史通义·古文十弊》。
④ 《章学诚遗书》,文物出版社 1985 年版,第 93 页。
⑤ 章学诚:《文史通义·申郑》。
⑥ 章学诚:《文史通义·答客问上》。
⑦ 《和州志隅自叙》,见《章学诚遗书》,文物出版社 1985 年版,第 552 页。

意"说对当下文化史研究的多方面启示,即为这种生命力的明证。①

一

依据"史意"说,章学诚取《周易》"蓍之德圆而神,卦之德方以智"之义,概览古今之载籍,将其分为两类,"撰述欲其圆而神,记注欲其方以智也。"他解说道:"夫智以藏往,神以知来,记注欲往事之不忘,撰述欲来者之兴起,故记注藏往似智,而撰述知来拟神也。藏往欲其赅备无遗,故体有一定,而其德为方;知来欲其决择去取,故例不拘常,而其德为圆。"章学诚以司马迁《史记》和班固《汉书》为例,说明二者的区别:"马则近於圆而神,班则近於方以智也。"虽然"皆为纪传之祖也",但"迁书体圆用神,多得《尚书》之遗;班氏体方用智,多得官礼之意也。"②

章氏"史意"论旨之下的这一番评论,引发了笔者的思考:就文化史研究的性质与路向而言,"圆而神"抑或"方以智",实在是一个根本性的问题。

近年来,学界对于文化史的界定众声喧哗,较为响亮的当数"专史说"和"范式说"。"专史说"以研究的对象范围为立论依据。实际上,仅仅着眼于研究对象和范围的划分,将"文化史"与政治史、经济史、军事史、思想史、哲学史直至科学史、工艺史等清晰地区分开来,不仅意义不明,而且根本就做不到。在世界范围内,从18世纪伏尔泰以来;在中国范围内,从20世纪初以来,文化史研究的兴起,都不是在历史的传统园地里又新圈出来一块"势力范围",也不是在什么生荒之处突然发现了一块"飞地"。"范式说"源于科学史家库恩。众所周知,库恩所谓"范式"是在科学研究的领域内,以一种模式取代另一种模式,任何一种范式都有被另一种范式取代的可能。

---

① 半个世纪以前,侯外庐就指出,章学诚史学思想的成就主要体现在"文化史学方面",《文史通义》"更近于文化史",他的"史意"一名,"略当文化发展史的理论"。(《中国思想通史》第五卷,人民出版社1956年版,第485、492、493页)可惜长期以来,无论是史学理论界还是文化史研究界,都对这一重要观点注意不够。

② 章学诚:《文史通义·书教下》。

且不说文化史理论是不是一种科学理论①,能否以范式规限之,仅从文化史的发生和发展来看,它并不是作为取代其他史学研究范式的一种所谓范式而出现的,因此也不存在被其他所谓史学研究范式所取代的问题。

当下林林总总的文化史著作,作者无一不是在开篇首先对"文化"作一番界说。其逻辑思路非常清晰:先讲清楚"什么是文化",然后再讲"文化的历史",即"文化史"。实际上,在"专史说"、"范式说"争论的背后,潜藏的是众多文化史研究者对于研究"范围"的大致认同。他们中的大多数都将自己的"文化"观念定位于精神(或曰观念)的层面,有的论者还进一步明确提出"文化史"就是"民族精神史"。这种理解看起来内涵很清晰,但是一进入具体的研究与撰述过程,这种清晰的界限却总是被提出者自己给打破了。到目前为止,还没有哪一部标明"文化史"的著作能够径直更名为"精神史"、"观念史"或者"民族精神史"、"民族观念史"而被认为是名副其实的。不少研究者总是在"与之相适应"、"与之相关联"等名目之下,将显然不属于精神、观念范畴的诸如社会制度、工艺器物、起居方式等内容纳入叙述的范围。

为了从根本上解开以上困惑,笔者以为,所谓文化史,不是客观事实对象意义上的"文化的历史",而是主观理解意义上的研究者"以文化的眼光所看到的历史"。这里的"文化的眼光",即章学诚所谓"著述必有立于文辞之先者"! 在这里,"看"者的选择,无疑是最为决定性的因素。他决定了往那里看,看什么,怎样看,以及如何评价看到的内容。简言之,确定文化史研究"边界"的决定性因素,不是"研究什么",而是"为何研究"和"如何研究"。文化史家在历史中"看"到了"文化",是因为他在"看"之前已经有一个明确的图景预期。决定这一预期的,是他的文化史观,即他对文化史的理解。这种理解不仅决定了他从过去看到什么,而且指导他为人们勾画历史的未来图景。这便是章学诚所谓的"神以知来"。

笔者的这一认识,并非什么"新观点"。100 年前,中国近代"新史学"发端之时,此类说法不仅见诸报刊,而且引领着当时史学革新的潮流。当

---

① 人类学家马林诺斯基曾经试图使人类学为其合法研究对象"文化"贡献一种科学的见解,从而为其他人文研究提供必不可少的服务。参见马林诺斯基:《科学的文化理论》,黄建波等译,中央民族大学出版社 1999 年版,第 30 页。

年,梁启超在《中国历史研究法》中分"今日所须之史"为"专门史"与"普遍史"。法制史、文学史、哲学史、美术史等属专门史,一般之文化史属普遍史。关于二者的关系,梁启超认为"普遍史并非由专门史丛集而成"。而笔者提出的"以文化的眼光所看到的历史",其重要依据之一,就是任公先生所谓的"作普遍史者须别具一种通识,超出各专门事项之外,而贯穴乎其间。夫然后甲部分与乙部分之关系见,而整个的文化,始得而理会也"。①

1923年,胡适在《国学季刊·发刊宣言》中也论及对文化史的理解。他认为:"中国的一切过去的文化历史,都是我们的'国故'。""'国故'包含'国粹',但它又包含'国渣'。""'国故学'的使命是整理中国一切文化历史。"胡适主张在民族史、语言文字史、经济史、政治史、国际交通史、思想学术史、宗教史、文艺史、风俗史、制度史等专史研究的基础上完成中国文化史。② 显然,胡适没有将文化史与政治史、经济史等置于同类地位,这与梁启超区分专门史与普遍史,是相同的思路。

蔡元培也认为,"文明史"是一种"新体之历史":"新体之历史,不偏重政治,而注意于人文进化之轨辙。凡夫风俗之变迁、实业之发展、学术之盛衰,皆分治其条流,而又综论其统系,是谓文明史。"他将哲学史、文学史、科学史、美术史等称为"专门记载",是为"文明史之一部分"。③ 这里的"注意于人文进化之轨辙"特别值得重视,它实际上也是讲的研究者的眼光问题。就研究领域划分,风俗有风俗史,实业有实业史,学术有学术史,但它们又都可以而且应该进入文化史研究者的视野,因为它们都从一定的意义上,反映了"人文进化之轨辙"!

20世纪初年,中国马克思主义史学的开山李大钊,也持相近的观点。在《史学要论》中,他把历史学分为特殊历史学和普通历史学。特殊历史学研究人类的政治、经济、法律、宗教、文学、哲学、美术、教育,而"对于综合这些特殊社会现象,看做一个整个的人文以为考究与记述的人文史或文化史(亦称文明史)",便是普通历史学。普通历史学"即是研究在不断的变革中

---

① 《梁启超史学论著四种》,岳麓书社1985年版,第144页。对照梁启超的这一理解,现行学科分类体系将文化史视为专门史的一种,其实是大可商榷的。

② 参见《胡适文存》二集,黄山书社1996年版,第6、10页。

③ 《蔡元培史学论集》,湖南教育出版社,1987年版,第139页。

的人生及为其产物的文化的学问"。①

　　笔者以为,所谓"文化史",是研究者以文化的眼光来看待历史。② 至于什么是"文化的眼光",这就要回到一般所谓"大文化"观念上去。"大文化"观念认为"文化"就是"自然的人化"③,就是人使自己不断地在更高的水平上区别于动物,区别于自然的全部努力的价值和意义之所在。在"大文化"观念中,文化是"人类智力的符号性产物",是"行为的样式",是"知识和工具的聚集体",是"一套规则,凭借这些规则我们互相联系",是"人们相互交流的手段"④。简言之,"自然使我们具备了某些需要,但文化却告知我们怎样去满足它们"⑤。站在这样的观察点上,观照人类历史,得到的景象,就是"文化史"。过去许多文化史研究者不是不承认"大文化",而是在承认它以后,紧接着就把自己的视野缩到"小文化"(通常说的精神文化,或者观念文化)的域面,这其实是大可不必的作茧自缚。

　　文化史把人类文化的发生发展作为一个总体对象加以研究,从而与作为社会知识系统某一分支发展史的学科如哲学史相区别;文化史研究尤其注意人类创造文化时主体意识的演变,从而与研究客观社会形态的经济史、社会史相区别;文化史不仅要研究文化的"外化过程",即创造物化产品,改造外部世界的历史,而且要研究文化的"内化过程",即人自身在以上实践中不断改造自身的历史,同时还要研究"外化"与"内化"过程如何相互渗透,彼此推引,共同促进文化的进步;文化史研究格外留意于主体色彩鲜明的领域,如人的认知系统、语言文字系统、宗教伦理系统、习俗生活方式系统,同时,对那些主体性较隐蔽的科技器物系统、社会制度系统,也着力剖视

---

　　①　《李大钊史学论集》,河北人民出版社 1984 年版,第 217 页。

　　②　西方学者曾以"the study of culture"来称谓广义的文化研究,以"cultural studies"指狭义的文化研究。笔者以为"the study of culture"类似于专史说的文化研究概念,而"cultural studies"恰可以表达以文化的眼光来研究历史的意思,并且不局限于狭义的文化概念。

　　③　关于"自然的人化",马克思在《1844 年经济学哲学手稿》中说:"从理论领域来说,植物、动物、石头、空气、光等,一方面作为自然科学的对象,另一方面作为艺术的对象,都是人的意识的一部分,是人的精神的无机界,是人必须事先进行加工以便享用和消化的精神食粮;同样,从实践领域说来,这些东西也是认得生活和人的活动的一部分。"(《马克思恩格斯选集》第 1 卷,人民出版社 1995 年版,第 45 页)

　　④　[美]罗伯特·F.墨菲:《文化与社会人类学引论》,商务印书馆 1994 年版,第 33—34 页。

　　⑤　[美]罗伯特·F.墨菲:《文化与社会人类学引论》,商务印书馆 1994 年版,第 42 页。

潜伏其间的主体因素的创造作用。①

如果这一认识可以成立,那么文化史的理论建构大致应当包括以下内容:人类使自己区别于动物,区别于自然界的客观与主观因素是怎样产生的;这些因素发生过怎样的变化;人类是怎样利用和发展这些不断变化的因素的;综合地看,人类的"人化"进程可以划分为几个阶段,划分的基本依据是什么,有什么共同规律;分别地看,各民族(也可是其他不同的群体)的"人化"进程可以划分为几个阶段,划分的依据是什么,有什么特殊规律,等等。实际上,过去几十年间,文化史研究者已经做了不少工作,而他们取得的成果都可以在上面列举的条目中确定自己的位置。现在的问题是,要超越过去比较狭隘的做法,从资料、对象、方法、目标的综合上,考虑"文化史"的定位,并在此基础上,建构符合文化史规律,有利于文化史研究发展的理论体系。

二

文化史研究的性质决定了文化史研究的路向,只能是章学诚所谓的"圆而神"而非"方以智"。那么具体而论,它应该体现在体裁、体例、结构、内容安排服务于作者识见表达的不拘一格、法无定法上。章学诚所阐扬的"成一家之言者,必有详人之所略,异人之所同,重人之所轻,而忽人之所谨,绳墨之所不可得而拘,类例之所不可得而泥,而后微茫杪忽之际,有以独断于一心"②的"史意"说,在这里得到了充分施展的广阔天地。

文化即"自然的人化"。从广义上看,人类迄今为止的所有个体与群体的活动,都是"自然的人化"的体现。因此,仅仅将所谓精神领域里的活动纳入文化史研究的范畴,是不符合我们所论文化史的本来意义的。文化其实就是人们的"生活样法"③,它既表现为群体(如民族)间的差异,也表现为个体间的差异。日常生活中,喝酒有酒文化,喝茶有茶文化,阳春白雪有

---

① 冯天瑜、何晓明、周积明:《中华文化史·导论》,上海人民出版社 1990 年版,第 9—11 页。

② 章学诚:《文史通义·答客问上》。

③ 梁漱溟的说法,见《东西文化及其哲学》。

"沙龙"文化,下里巴人有"草根"文化。凡是能看到"文化"的地方,大到一国家、一民族,小到一村庄、一家庭,都可能是文化史家瞩目的对象。"文化研究可以从任何现象开始。换句话说,这项工作可以从任何文化产物开始,甚至可以从看来很平凡的事物开始,因为一种文化表现在所有各种活动之中。"①一方面,我们肯定在"宏大叙事"的构架下探讨民族精神的发展史一类的文化史研究与撰述,另一方面,我们也不必反对和排斥"非理性、巫术、疯狂、社会反常、性欲与死亡等的表现对新的民众文化史历史学家具有特殊的吸引力"。②

伏尔泰的《路易十四时代》被认为是近代文化史的滥觞,"是阐述人类文明的最初尝试,开世界文化史的先河"③。伏尔泰要描绘"有史以来最开明的时代的人们的精神面貌",为此,他的眼光所及,有极强的选择性,"发生过的事并非全都值得一写。在这部历史中,作者只致力于叙述值得各个时代注意,能描绘人类天才和风尚,能起教育作用,能劝人热爱道德、文化技艺和祖国的事件。"④伏尔泰之所以注目文化史,既是不满意过去的历史著作只关注政治和军事,更是反对基督教神学用《圣经》来解释历史。他在《风俗论》里一再声明,"我研究的只是人类精神的历史","对于这些只应由圣灵去谈论的超自然的事,我们将不去论述,更不妄加解释"⑤。在这里,我们应该注意的是,伏尔泰的文化史不仅是在普遍史的意义上与专门史如政治史、军事史相区别,更是在人文史学的意义上与基督教神学史学相区别。用文化史的眼光看历史,并非不看政治、经济、军事等,而是将政治、经济、军事等也作为"文化"的表现来研究,或者说也看成"文化"。文化史家看战争,"较少关心将军们所筹划的战略战术,较少地关心某战役乃至某战斗的细节。而是较多地关心双方的资源,即有关人和心理的质料,关心这些资源被投入战场的有效性。一场战争可以被看做是一次对两种或更多种生活方式之实力的测验,是一次对于不同文化能够在什么程度上使其遵奉者动员

① [美]G.布莱尔:《关于跨文化分析的几点看法》,见《八十年代的西方史学》,中国社会科学出版社 1990 年版,第 247 页。
② [美]G.伊格尔斯:《欧洲史学新方向》,华夏出版社 1989 年版,第 210 页。
③ [法]伏尔泰:《路易十四时代》,商务印书馆 1982 年版,"中译本序言"第 7 页。
④ [法]伏尔泰:《路易十四时代》,商务印书馆 1982 年版,第 10 页。
⑤ [法]伏尔泰:《风俗论》,商务印书馆,第 87、143 页。

资源,并把他的意志强加于人的测验。甚至这资源本身也主要是文化因素和文化结果。"①《风俗论》用专门的章节来讨论商业、金融、贸易,道理也就在这里。

笔者以为,所谓文化史研究,是以人类以往全部历史为对象范围、以文化眼光为材料取舍和价值判断的标准、不同于因研究对象的划分而决定学科"边界"的一般"专门史"的"普遍史"研究。从性质上看,文化史研究,是以凸显人类文明进化轨迹为主旨的一种普遍的、总体的历史研究。在具体形式上,它可以是文化通史,也可以是断代文化史;可以是立足于大文化观念的一般文明史,也可以是立足于小文化观念的精神文明史;可以取专题式的做法,如酒文化史、茶文化史,也可以取通论式的做法,如行为文化史、制度文化史;甚至在标题上,也没必要千篇一律,例如伏尔泰的《路易十四时代》、本尼迪克特的《菊与刀》,虽然没有标出文化史的旗号,但仍不失为文化史研究的经典之作。

论及文化史编撰中的体裁、体例、结构、内容安排等问题,章学诚所言"马则近于圆而神,班则近于方以智也",尤具启发意义。《史记》和《汉书》虽然"皆为纪传之祖也",但两者却有"史意"上的本质区别。章氏总结《尚书》、《春秋》以下中国史学的发展规律,"有成例者易循,而无定法者难继。"《尚书》一变而为左氏之《春秋》,左氏一变而为史迁之纪传,迁书一变而为班氏之断代,但"迁书通变化,而班氏守绳墨"。"就形貌而言,迁书远异左氏,而班史近同迁书,盖左氏体直,自为编年之祖,而马、班曲备,皆为纪传之祖也。推精微而言,则迁书之去左氏也近,而班史之去迁书也远,盖迁书体圆用神,多得《尚书》之遗;班氏体方用智,多得官礼之意也"。② 中国史学史上赫赫有名的《史记》和《汉书》,同为纪传体,但一为通史,一为断代史。章学诚在这里辨别二者的异同,关注的不是史书的体裁和体例,而是其内在的学术理路。显然,在他眼中,外在的形式远不如内在的神韵更值得史家去琢磨和体会。同样,我们讨论文化史的性质与路向,分析文化史的研究与著述,最关心的不应是其外在的体裁和体例,而应是其内在的学术理路、内在的神韵。其间的道理,值得文化史研究的同仁深思。

---

① [美]菲利普·巴格比:《文化:历史的投影》,上海人民出版社1987年版,第153页。
② 章学诚:《文史通义·书教下》。

三

　　章学诚在史学研究与撰述问题上凸显"史意"的核心地位和首要意义。"立言之士，以意为宗，盖与辞章家流不同科也。"他辨析自有宗旨的立言者，即便"言与人同"，"无伤者三"。相反，对"本无所谓宗旨，引古人言而申明之"的立言者，虽然看起来字字新辞，章氏仍批评为"才弱者之所为"，不足为训。① 他举出郑樵的《通志》作为例证，"若郑氏《通志》，卓识名理，独见别裁，古人不能任其先声，后代不能出其规范。虽事实无殊旧录，而辨名正物，诸子之意寓于史裁，终为不朽之业矣。"②

　　前文说到，文化史研究并非在对象范围上与政治史、经济史、思想史等专史畛域分明。因此，文化史的撰述，必然在内容上与上述诸专史有所重叠，甚至重复。但这并不影响到文化史研究的学术价值，甚至在一定意义上讲，正是这样的重叠、重复，恰恰是体现文化史家独到"史意"的精彩之处。我们看到，中国20世纪前半叶比较有影响的文化史著作，"虽事实无殊旧录"，但"独见别裁"，启人心智。其精彩之处，都不是在确定描述研究对象的"方以智"的"史法"方面，而是在体现研究者眼光的"圆而神"的"史意"方面。以下略作分析：

　　柳诒徵的《中国文化史》，1925年文稿在《学衡》杂志上连载，1932年南京钟山书局正式印行。胡适称之为"中国文化史的开山之作"。柳著没有直接对文化、文化史等概念作界定，而是自觉抓住"民族全体之精神所表现者"作为全书的中心，突出著作的"文化"品格，与以往多见的一般通史划明了界线。柳著依"民族全体之精神所表现者"，划分中国历史为三个阶段：上世——上古至两汉，"为吾国民族本其创造之力，由部落而建国家，构成独立之文化之时期"；中世——东汉至明季，"为印度文化输入吾国，与吾国固有文化由抵牾而融合之时期"；近世——明季至今日，"为中印两种文化均已就衰，而远西之学术、思想、宗教、政法以次输入，相激相荡而卒相合之

---

① 参见章学诚：《文史通义·辨似》。
② 《章学诚遗书》，文物出版社1985年版，第37页。

时期"。中世与近世的交接处,柳诒徵定在明季,而非王朝更替之时,且近世的开篇从"元明时海上之交通"讲起。他的理由是:第一,此时东方文化无特殊进步,而西方文化则已别开一新局面;第二,此前中国文化常屹立于诸国之上,而此后中国文化则以对等之交际,立于世界各国之列;更重要的是第三,"大陆之历史"一变而为"海洋之历史","三者之中,以海洋之交通为最大之关键,故欲知晚明以降西方宗教、学术输入之渐,当先观察元、明时海上之交通焉。"①这一划分,高屋建瓴,体现了作者独到的文化史眼光。

1935 年由世界书局印行的陈登原著《中国文化史》,也是可圈可点之作。陈氏在全书卷首叙意篇专列一章,讨论"治中国文化史者的态度",实则强调研究者的"见解"。他论列了三条:第一,"因果的见解",即注重把握文化史发展的内在规律,"史上之因果,非如培塿之功,显而易见者也。若以韵语表之,则曰绵延不绝,纷赜异常,正负别见,显隐多方。"第二,"进步的见解",即肯定进化史观的科学意义,打破"古胜于昔,昔胜于今"的故训。第三,"影响的见解",即辨明制约文化发展的因素是多元的,如地理、历史、思想、学艺、社会等,而且诸因素间相互作用的方式往往是曲折而复杂的。② 具体论述中,作者对历史的新解洞见处处闪现。如以"宁静与挣扎"概括北宋文化,"宁静者,盖由臣子地位低落而来,武人低头而来,印刷昌明而来,国家文治而来;挣扎者,则由民族地位低落而来,武力不振而来,平民地位低落而来。——由宁静而孕育者,则道学及书院是已,由挣扎而表现者,则荆公变法是已。"③这纵横通透的精彩论说,正是前引梁启超所谓"作普遍史者须别具一种通识,超出各专门事项之外,而贯穿乎其间。夫然后甲部分与乙部分之关系见,而整个的文化,始得而理会也"的绝好标本。

钱穆所著《中国文化史导论》撰于 1941 年,7 年后刊行。这是以识见嘉惠学林的经典之作。钱穆以文化的眼光来看中国历史,虽然只是鸟瞰式的"导论",但拨云见日、剔肤见骨的判语每每激人警醒。例如,"所有中国史上的变动,伤害不到民族和国家的大传统。因此中国历史只有层层团结和步步扩展的一种绵延,很少彻底推翻与重新建立的像近代西方

---

① 柳诒徵:《中国文化史》,中国大百科全书出版社 1988 年版,第 647 页。
② 参见陈登原:《中国文化史》(一),辽宁教育出版社 1998 年版,第 26—38 页。
③ 陈登原:《中国文化史》(二),辽宁教育出版社 1998 年版,第 449 页。

人所谓的革命。"①次如，中国人不相信超世界超社会之外的天国，"因此在西方发展为宗教的，在中国只发展成伦理。""儒家思想完全以'伦理观'来融化了'宇宙观'。"②又如："中国文化里的家族观念，并不是把中国人的心胸狭窄了、闭塞了，乃是把中国人的心胸开放了、宽大了。"③再如：中国古代文化进展，是政治化了宗教，伦理化了政治，艺术化或文学化了伦理，又人生化了艺术或文学，"这许多全要在古人讲的礼上面去寻求。"④此外，还有"中国文化，始终站在自由农村的园地上滋长"⑤；儒家是"平民主义与文化主义的新宗教"⑥；"纯从文化史的立场"看魏晋南北朝，论学术思想之勇猛精进与创辟新天地的精神，"非但较之西汉不见逊色，而且犹有过之"⑦；唐代的禅宗"是中国史上的一段'宗教革命'与'文艺复兴'"⑧；"汉代人对于政治、社会的种种计划，唐代人对于文学、艺术的种种趣味，这实在是中国文化史上之两大骨干。后代的中国，全在这两大骨干上支撑。"⑨凡此种种，当然可以质疑商榷，但它们都是钱氏目光独到的一家之论，则是毫无疑义的。

上列柳、陈、钱三著，同论"文化史"，但着墨有异，精彩不同。其共同点则为：他们都不是刻意在政治、经济、军事等门类之外另立"文化"一类，排列成史。这正应了章学诚的"撰述"主张："既为著作，自命专家，则列传去取必有别识心裁，成其家言。而不能尽类以收，同于排纂，亦其势也。"⑩要而言之，文化史是"撰述"而非"记注"，所以它应当走"圆而神"的路线，或者说追求"圆而神"的境界。它不是因为与政治史、经济史等"专史"在研究领域方面有别而必须承担"记注""文化的历史"的任务，也不是要将政治史、经济史等专史统统"整合"起来做成一个无所不包的

---

① 钱穆：《中国文化史导论》，商务印书馆 1994 年版，第 13 页。
② 钱穆：《中国文化史导论》，商务印书馆 1994 年版，第 19 页。
③ 钱穆：《中国文化史导论》，商务印书馆 1994 年版，第 51 页。
④ 钱穆：《中国文化史导论》，商务印书馆 1994 年版，第 74 页。
⑤ 钱穆：《中国文化史导论》，商务印书馆 1994 年版，第 116 页。
⑥ 钱穆：《中国文化史导论》，商务印书馆 1994 年版，第 129 页。
⑦ 钱穆：《中国文化史导论》，商务印书馆 1994 年版，第 148 页。
⑧ 钱穆：《中国文化史导论》，商务印书馆 1994 年版，第 167 页。
⑨ 钱穆：《中国文化史导论》，商务印书馆 1994 年版，第 173 页。
⑩ 章学诚：《文史通义·亳州志人物表例议上》。

"大拼盘"①。因此,它不应当也不可能以追求"赅备无遗"为目的,不应当也不可能走"体有一定"的"方以智"的学术路线。如前所论,文化史是以文化的眼光来观察、分析、探讨、总结人类文明发展的大形式、大趋向、大智慧、大根本,因此它的"撰述"者必须在无比广阔的视野之内(亦即所有专门史所涵盖的领域之内),"详人之所略,异人之所同,重人之所轻,而忽人之所谨",有选择地、有重点地凸显最具有"文化意义"的事件、人物、过程、规律来加以辨析、申发,在这一过程里,"撰述"者个人的创造性,获得了充分的自由驰骋的天地。

四

章学诚的"史意"说,在很大程度上是针对"馆局纂修"、书成众手的写作方式立论。官方组织,必然为"风气"所左右;众人操作,必然相互掣肘。于是只得立下规矩章程,以为条令格式,便于统一。章氏尖锐指出,"唐后史学绝而著作无专家,后人不知《春秋》之家学,而猥以集众官修之故事,乃与马、班、陈、范诸书并列正史焉。于是史文等于科举之程式,胥吏之文移,而不可稍变通矣。"②

"馆局纂修"与个人纂修,从表面上看,似乎只涉及写作的方式,与研究的宗旨、思想的指导并没有直接的对应关系。但是,学术探索本身就是个性化极强的思维活动。"言学术功力,必兼性情。"③由是观之,史学通于文学。"凡文不足以动人,所以动人者气也;凡文不足以入人,所以入人者情也。

---

① 现已问世的一些名曰"文化史"的著作,在结构上即有明显毛病,以某某时期的文学、艺术、建筑、风俗、科技、教育简单地一一分别列章叙述。这种完全的"拼盘",不仅反映出作者写作构思方面的懒惰,更反映出他们对"文化"的理解似是而非。以这种粗疏、模糊的"文化眼光"来看历史,所能看到的,不是整体的、有机的文化史,充其量只是一些知识的堆积和陈列。葛兆光批评"这样的文化史就好像一个硕大无朋的大网,虽然打捞出了所有海底之鱼,却偏偏漏掉了鱼赖以生存的水,于是鱼全变成死鱼。"(《文化史:在体验与实证之间》,《读书》1993 年第 9 期)
② 章学诚:《文史通义·答客问上》。
③ 章学诚:《文史通义·博约下》。

气积而文昌，情深而文挚，天下之至文也。"①史家个人的性情，也是决定研究成果神韵的极关键因素。用集体劳作的方式来从事个性化极强的思维活动，其逻辑之捍格，文气之阻塞，结果之勉强，是毋庸置疑的。文章变化，自然天成。"夫文章变化侔于鬼神，斗然而来，戛然而止，何尝无此景象？何尝不为奇特？但如山之岩峭，水之波澜，气积势盛，发于自然，必欲作而致之，无是理也。"②"馆局纂修"，众人之笔受一定之规所限，必然处处小心，左右为难，无法挥洒自如；个人研发，无所拘束，方可出神入化，登峰造极。这是因为，"学术文章，有神妙之境焉"，其意"可以意会而不可以言传者也。"③"专家之旨，神而明之，存乎其人，不可以言传也。其可以言传者，则规矩法度。"④指望用统一的规矩章程、条令格式来传达"不可以言传"的神明之旨，无疑是南辕北辙。正因为如此，章学诚对"馆局纂修"的贬抑，才具有更深刻的学术方法论的意义。

联系到文化史研究的实际状况，如上所述，无论中外，经得起历史检验的成功的文化史著述，一般均为个人纂修的"专家"之作。只有"专家"之作，才可能"成一家言"，立"独断"之学。作为反例，坊间并不鲜见的动辄几十人的"编委会"、"顾问委员会"等唬人的旗号下大兵团作战的"大呼隆"之作，除了篇幅大，架势大，可以在书架上装摆设，撑门面之外，并无多少学术价值可言。形式服务于内容，劳动方式决定劳动成果。在学风普遍浮躁的今天，章学诚的"史意"说应该得到继承和发扬。提倡"独断"之学，提倡个性化研究，提倡"板凳坐得十年冷，文章不写一句空"的精神，反对急功近利，反对"假、大、空"，是文化史研究健康发展的方向。在此意义上，章氏所言"故学业者，所以辟风气也。风气未开，学业有以开之。风气既弊，学业有以挽之"⑤，当为文化史界同仁所共勉。

（原载《史学史研究》2007 年第 1 期）

---

① 章学诚：《文史通义·史德》。
② 章学诚：《文史通义·古文十弊》。
③ 章学诚：《文史通义·辨似》。
④ 《为张吉甫司马撰大名县志序》，见《章学诚遗书》，文物出版社 1985 年版，第 129 页。
⑤ 章学诚：《文史通义·天喻》。

文化史研究向何处去

回首 20 世纪,无论是中国还是世界范围内,文化史研究的累累硕果都足以让人欣慰。国内国外包括历史学在内的诸学科对于文化研究的热衷,一方面使文化史研究者更加坚信文化的吸引力,另一方面也使得文化史自身的基本理论与方法问题,显得更加突出。我们不由得要问:为什么随着文化研究的拓展与文化史研究的深入,学者们对于文化史的理解仍然莫衷一是,歧见百出?我们的文化史研究究竟指的是什么,应该往那里去?

一、什么是文化史

长期以来,在何谓文化史这一最基本问题上,学者们见仁见智,众说纷纭。翻开文化史著作,几乎所有的作者都免不了要对其所理解的文化史作一界定之后再进入正题。而对文化史的界说,又绕不开对于"文化"的理解。所谓名不正则言不顺,界定了"文化"之后,再谈文化史才能明确有所指。

对于文化的定义,殷海光先生梳理了美国人类学家克鲁伯(A. L. Kroeber)和克罗孔(Clyde Kluckhohn)在《文化:关于观念和定义的检讨》(*Culture, A Critical Review of Concepts and Definitions*)一书中罗列的从 1871 年到 1951 年 80 年间关于文化的 164 种定义,指出已有的文化定义可以分为六种:记述的、历史的、规范性的、心理的、结构的、发生的。[①] 在接下来的半个世纪当中,有影响的文化定义,其类型虽不出殷先生之前所总结的六种之外,但数字却也增加了 50 余个。如此下去,"文化"范畴的定义数目大约

---

① 殷海光:《中国文化的展望》,三联书店 2002 年版,第 28—37 页。

还要逐渐增加。界定范畴的初衷在于达成共识，从而形成共同的话语空间以便交流，但时下的情形却恰恰相反。接踵而至的问题是，本来在阐述问题之前首先界定自己的言说对象是合理的学术路数，尤其是对于文化这样纷繁复杂的范畴而言，更是无可厚非，但我们大多数时候似乎忘了前提所在：我们的目标在于，在达成共识之前，建立基本的学术交流平台，而不是为了徒然增加文化定义的数目。

与此相应，学者们对于文化史的理解也是各抒己见，最为普遍的当数"专史说"和"范式说"。"专史说"以文化史为相对于政治史、经济史、军事史等对历史进行条块分割中的一块。实际上，仅仅着眼于研究对象和范围的划分上，将"文化史"与政治史、经济史、思想史、哲学史直至科学史、工艺史等清晰地区分开来，不仅意义不大，而且根本就做不到。在世界范围内，从18世纪伏尔泰以来；在中国范围内，从20世纪初以来，文化史研究的兴起，都不是在历史的传统园地里又新圈出来一块"势力范围"，也不是在什么生荒之处突然发现了一块"飞地"。"范式说"以文化史为研究历史的一种范式。众所周知，库恩所谓"范式"是在科学的范围内，以一种模式取代另一种模式，任何一种范式都有被后一种范式取代的可能性存在。且不说文化史理论是不是一种科学理论①，能否以范式规限之，仅从文化史的发生和发展来看，它并不是作为取代其他史学研究范式的所谓一种范式而出现的，也不会被所谓其他史学研究范式所取代。

实际上，在文化与文化史定义的庞大数字后面，隐藏的是文化史研究者对于文化研究范围的大致认同。他们中的大多数都将自己的"文化"观念定位于精神（或曰观念）的层面，有的论者还进一步明确提出"文化史"就是"民族精神史"。这种理解看起来内涵很清晰，但是一进入操作过程，一到论述具体的历史问题之时，这种清晰的界限却总是被提出者自己给打破了。到目前为止，还没有哪一部标明"文化史"的著作能够径直改名为"精神史"、"观念史"或者"民族精神史"、"民族观念史"而被认为是名副其实的。不少研究者总是在"与之相适应"、"与之相关联"等名目之下，将显然不属于精神、观念范畴的诸如社会制度、工艺器物、起居方式等内容纳入叙述的

---

①　人类学家马林诺斯基曾经试图使人类学为其合法研究对象"文化"贡献一种科学的见解，从而为其他人文研究提供必不可少的服务。参见马林诺斯基：《科学的文化理论》，黄建波等译，中央民族大学出版社1999年版，第30页。

范围。

笔者以为,"文化史"是研究者以文化的眼光来看待历史。① 至于什么是"文化的眼光",这就要回到一般所谓"大文化"观念上去。"大文化"观念认为"文化"就是"人化",就是人使自己不断地在更高的水平上区别于动物,区别于自然的全部努力的价值和意义之所在。站在这样的观察点上,观照人类历史,得到的景象,就是"文化史"。过去许多文化史研究者不是不承认"大文化",而是在承认它以后,紧接着就把自己的视野缩到"小文化"(通常说的精神文化,或者观念文化)的域面,其实是大可不必的作茧自缚。

文化史把人类文化的发生发展作为一个总体对象加以研究,从而与作为社会知识系统某一分支发展史的学科如哲学史相区别;文化史研究尤其注意人类创造文化时主体意识的演变,从而与研究客观社会形态的经济史、社会史相区别;文化史不仅要研究文化的"外化过程",即创造物化产品,改造外部世界的历史,而且要研究文化的"内化过程",即人自身在以上实践中不断改造自身的历史,同时还要研究"外化"与"内化"过程如何相互渗透,彼此推引,共同促进文化的进步;文化史研究格外留意于主体色彩鲜明的领域,如人的认知系统、语言文字系统、宗教伦理系统、习俗生活方式系统,同时,对那些主体性较隐蔽的科技器物系统、社会制度系统,也着力剖视潜伏其间的主体因素的创造作用。②

如果这一认识可以成立,那么文化史的理论建构大致应当包括以下内容:人使自己区别于动物,区别于自然界的客观与主观因素是怎样产生的;这些因素发生过怎样的变化;人是怎样利用和发展这些不断变化的因素的;综合地看,人类的"人化"进程可以划分为几个阶段,划分的基本依据是什么,有什么共同规律;分别地看,各民族(也可是其他不同的群体)的"人化"进程可以划分为几个阶段,划分的依据是什么,有什么特殊规律,等等。实际上,过去几十年间,研究者已经做了不少工作,而他们取得的成果都可以在上面列举的条目中确定自己的位置。现在的问题是,要超越过去比较狭

---

① 西方学者曾以"the study of culture"来称谓广义的文化研究,以"cultural studies"指狭义的文化研究。笔者以为"the study of culture"类似于专史说的文化研究概念,而"cultural studies"恰可以表达以文化的眼光来研究历史的意思,并且不局限于狭义的文化概念。

② 参见冯天瑜、何晓明、周积明:《中华文化史·导论》,上海人民出版社 1990 年版,第9—11 页。

隘的做法，从资料、对象、方法、目标的综合上，考虑"文化史"的定位，并在此基础上，建构符合文化史规律，有利于文化史研究发展的理论体系。

在这一点上，来自新文化史的启示有助于我们更好地理解文化史。首先，在研究资料上，文化史研究，大多从官方文书出发研究历史。新文化史即便不是将挖掘新史料、特藏的档案文书、图像资料放在更重要的位置上，也是将其置于与官方文书同等重要的地位。当然，这种新气象并不局限于新文化史范围之内，其他诸如社会史、思想史、法律史等也倾向于利用所谓边缘史料，比如仁井田陞的研究，利用"满铁"中国农村惯行调查资料，探讨中国乡村社会内在的法权关系；戴炎辉对乡村文书的整理；[1]黄宗智对清代及国民党民事法律制度的研究；[2]杜赞奇对华北农村文化的权力网络的考察。[3] 实际上，他们在这样做的时候，包含着融通社会史、法律史、思想史、经济史与文化史的自觉。这与新文化史不但不矛盾，相反有着内在的一致性，一方面，近年来打破学科界限的趋势，促使其他学科致力于实现与文化史视野的链接；另一方面，新文化史本身就是跨学科研究的产物，它无疑是欢迎此类研究成果的；此外，这与人类学对于各学科包括新文化史的渗透密切相关。目前国内的史学研究也已经作出了相当的努力，比如近几年大量地方档案的开放、整理和利用、学界对于《点石斋画报》等图像资料的解读，大量的谱牒、方志、家礼、家训、墓志铭、笔记小说等文献从边缘走向中心。

其次，在研究对象上，新文化史强调对于物质文化史、身体史、表象史、社会记忆史、政治文化史、语言社会史、行为社会史的研究。[4] 换句话说，新文化史关注日常生活，采用的是从"小"入手，寻求"大"的问题或主题的运

---

① 参见仁井田陞：《中国法制史研究：法与惯习、法与道德》，见《中国法制史研究：奴隶农奴法、家族村落法》等，东京大学出版会 1980 年增订版；戴炎辉（又名田井辉雄）：《清代台湾的村庄及村庙》，《台湾文化论丛》第一辑，（台北）清水书店 1943 年版；转引自张佩国：《近代江南乡村地权的历史人类学研究》，上海人民出版社 2002 年版。

② 参见黄宗智：《清代的法律、社会与文化：民法的表达与实践》，上海书店出版社 2001 年版；黄宗智：《法典、习俗与司法实践：清代与民国的比较》，上海书店出版社 2003 年版。

③ 参见杜赞奇：《文化、权力与国家——1900—1942 年的华北农村》，江苏人民出版社 1995 年版。

④ 参见彼得·伯克著，刘华译，李宏图校：《西方新社会文化史》，《历史教学问题》2000 年第 4 期。

思方式。① 这并不意味着新文化史要抛开精英研究,相反它要更全面地描述社会文化生活。也就是说,文化史不仅要考察外在的作为人类文明之精华的大写的文化,也要考察人类用以理解其内隐的生活意义与价值的表达方式即小写的文化。② 葛兆光所提倡的关注一般知识、思想与信仰与此有异曲同工之妙。在新文化史的视野里,所有的文化都是符号,具有同等重要的象征意义。举例言之,传统的政治史一样可以文化史的眼光审视,只是关注的重点从政治事件本身转移到了政治态度、政治情绪等更具主观人性色彩的层面。

再次,在研究方法上,新文化史着眼于叙事的解读。比如美国历史学家纳塔莉·戴维斯(Natalie Zemon Davis)的《档案中的虚构:18 世纪法国的宽恕故事和它们的叙述者》,发掘了 16 世纪法国档案中大量因杀人而向国王请求赦免的信件。既往的研究路数,基本上聚焦于故事的内容,最多在故事的真实性上下一番考证的功夫。纳塔莉·戴维斯也做了这一工作,但其着眼点在于叙述,因此,透过当事人的叙述技巧,作者发现的不仅是故事本身,更重要的是故事背后的人物心态,由此解读出来的 16 世纪法国文化和社会更接近我们所要追求的以人为中心的文化史诉求。

最后,在研究目标上,新文化史致力于从文化的角度,以文化的眼光审视我们周围的世界和人类自身。这一点从新文化史所借重的理论资源——如西方文化马克思主义史学与年鉴学派、后现代主义文化批评和历史叙述主义、文化人类学——中可见一斑。当然,这些理论资源不止为新文化史的诞生作出了贡献,其他很多学科对之都有不同程度的借鉴,新文化史的魅力正在于——它引导史学走向文化转向。③

笔者的本意,并非褒贬新文化史与文化史孰优孰劣,而是想指出重要的一点:新文化史在资料、对象、方法、目标上对于文化史的补充与修正,有助于我们深化对于文化史的理解。它提示我们:单单从资料、对象、方法、目标

---

① 参见李宏图:从现代到后现代:当代西方历史学的新进展——帕特里克·乔伊斯教授访谈录,《史学理论研究》2003 年第 2 期。

② 威廉斯在其《文化与社会》一书中首先明确地区分了大写的文化与小写的文化,也就是说不仅要关注高雅的精英文化,也要关注作为社会整体之一部分的经验形态的文化。

③ 参见周兵:《西方新文化史的兴起与走向》,对于新文化史在兴起过程中的理论与方法的来源有详细的论述,《河北学刊》2004 年第 6 期。

当中的任何一个方面来理解文化史都是不准确的。我们称之为文化史的研究，必须是以文化的眼光，从以上诸方面的综合上进行的研究。否则，我们就无从在跨学科研究的趋势下，将之与政治史、经济史、社会史作出有效的区分。同时，新文化史的开放性也促使我们去思考文化史研究中存在的问题，进一步开拓文化史的研究空间。

二、文化与文化史的定位问题

人文社会科学领域在 20 世纪接连发生了一系列的转向：从语言转向、解释转向、后现代转向到文化转向，每一次转向都为文化史研究带来了新气象。正当新文化史刚刚显出蓬勃的朝气时，敏锐的新文化史学家自己，从中发现了陷阱。1999 年，作为新文化史对于自身在 20 世纪 80 年代和 90 年代研究历程的反思性成果，由林·亨特（Lynn Hunt）与维多利亚·邦奈尔（Victoria E.Bonnell）主编的一部题为《超越文化转向：社会与文化研究的新方向》的论文集出版了，①它率先提出物质转向，承认物质世界和实践的重要性，以期超越文化史的局限性。

无疑，这为文化史的自省与寻找新的发展空间创造了良好的契机。笔者以为，很多问题并不一定就是文化史的局限性，其他诸如政治史、经济史、社会史与文化史分享着同样的问题，这些问题的解决，依赖于包括文化史研究者在内的整个学界的深刻反思。

首先，文化的定位问题。一直以来，文化史在文化的定义上，更多地受人类学家的影响。迄今为止，大部分有影响的文化定义都来自人类学家。如果说，传统的社会史、经济史、政治史更多地以社会、经济、政治为考察的中心，文化只是政治、经济、社会的附属，那么，只有在文化史那里，文化才获得了主体地位。而新文化史则更进一步发现了文化的能动性，在新文化史那里，文化不仅不再依附于政治、经济和社会，甚至与它们不在一个层面上——文化具有绝对的能动性，传统的"经济基础决定文化这一上层建筑"

---

① See Victoria E. Bonnell & Lynn Hunt, ed. *Beyond the Cultural Turn: New Directions in the Study of Society and Culture*. Berkeley, Calif. : University of California Press, 1999.

的观点被颠覆了,相反,政治、社会和经济都要由文化来塑造和生产。受结构主义和后结构主义的影响,文化史将文化概念等同于符号,而政治、经济、社会等因此不再具有自明的意义,它们的意义只有通过语言、仪式、象征物等在文化中被表达、阐释、想象和建构。

然而,当文化的重要性被强调到了极致时,文化的地位反而有了危险。它必须面对的问题是:文化的能动性究竟有多大,文化能否无限地解释一切? 对此,《超越文化转向》一书的论文作者们一致认为:必须将社会视为一个重要范畴加以研究。虽然学界恰恰是因为对既有社会科学解释典范不满而将焦点转向"文化"的,但这并不影响他们对文化转向的不满,他们不但不会放弃社会或因果解释,反而会进一步寻求更有说服力的解释。

我们说,文化无疑是重要的,但必须避免陷入文化决定论的泥淖,同时也要避免文化相对主义的倾向,文化的地位必须在历史的语境中,由人类实践活动的坐标系来确定。

其次,文化史的定位问题。文化转向在给文化史带来新的契机的同时,也使文化史研究陷入两难境地:一方面,新文化史学者以文化取代政治、经济、社会,以语言、符号取代阶级、阶层,作为分析的基本观念,确实展现了一种别样的人类历史图景;另一方面,由于符号的意义并不是固定的,如果说文化史的符号系统在不同的语境中会有不同的阐释,那么文化史对于历史的解释就是随意的,这种随意的主观性呈现很难说就是历史的全部真实。

从这个角度讲,文化史非但没有相对于政治史、经济史、社会史的优越性,相反处于弱势地位。既然如此,它必须回答下列问题:文化史怎样才能承担起比传统的政治史、经济史、社会史等分析模型更有效地(或者起码是同样有效地)解释历史的重任? 文化史尤其在新文化史诞生之后,作为跨学科研究的产物,在跨学科的潮流中一味高扬文化史的旗帜,是否有悖于初衷?

实际上,文化史从诞生之日起,一直处于积极的内省状态中,它丝毫没有对于政治史、经济史、社会史的优越感,更没有排挤或取代后者的企图。文化史面临的挑战,同样是政治史、经济史、社会史所存在的问题,文化史如何定位与后者密切相关。文化史的目标在于检省整个历史学,并希望拓展视野和方法来促进历史学科的繁荣。因此,文化史必须通过自己的积极努力以减少来自政治史、经济史、社会史的隔膜和误解,与后者携手,共同致力于跨学科的研究。

三、新文化史内隐的陷阱

新文化史的成就，目前主要局限于西方史学界，中国的台湾在新文化史的介绍和借鉴方面也相对走在大陆史学界的前面。笔者尽管非常强调新文化史对于我们思考文化史基本理论与方法问题的积极建构意义，但同时也提醒文化史研究者注意新文化史内隐的陷阱。

首先，新文化史与文化史的关系问题。

从名词上来看，新文化史似乎是相对文化史而言在序列上的进化；而新文化史对于文化的强调，也很容易让人误会它是文化史更新后的存在形态。实际上，文化史借重来自新文化史的启示，仅只是因为新文化史的开放性以及它在思考历史尤其是文化问题时的敏锐目光。新文化史目前还处于探索和调试的阶段，我们甚至还不能说新文化史已经确立了一种史学范式或者其他。应当说，新文化史是西方史学发展里程中一个锐意挑战传统史学方法的史学流派，对于它的将来，就连新文化史的开拓者们自己也处于警觉的状态。在本质上，文化史与新文化史并不是一条道上跑的车，除了名词上的模糊血缘关系，它们原本不会发生关联。然而，新文化史的敏锐恰恰点中了文化史的穴道，它刺激了文化史检省自身的紧迫感和危机感。简而言之，新文化史绝不是对于文化史的更新和替代——如名词所误导的那样——它作为西方一种新的史学流派，只是在我们思考文化史的问题时提供若干重要的启示。

其次，新文化史与历史的真实性。

后现代主义与叙事学是新文化史重要的理论资源。在后现代史学那里，历史的真实性(或历史学的求真企图)受到前所未有的质疑甚至颠覆。后现代史学将历史看做一种话语。历史必须文本化，作为此在的历史只能是文本化的历史。由于历史记录对于历史而言不是太多就是太少，在历史学家的历史叙事中包含着不可避免的阐释因素，这就决定了历史学家不可能再现而只能是建构(construction)历史的真实，因此，后现代主义者更倾向于视历史学为小说、文学或发明。

受后现代史学的影响,新文化史强调文化的建构性质。因此,诸如"表象"、"想象"等词汇成了新文化史的关键词。美国历史学家马克·珀斯特(Mark Poster)在其《文化史和后现代主义》一书中写道:"文化史对于历史学家提出的任务,就是让他们去挑战迄今为止依然根深蒂固的认为书写具有再现力量的现实主义的或以理性为中心的假设。更准确地说,是认为文本具有创造力。在这一观念当中,作为既往事件的历史总是以文本为媒介的,而作为一种知识形式而存在的历史学,总是一种话语。"①

后现代本身尚处于争论、探讨的阶段,尤其是当它对历史学的真实性带来认识论的危机时,文化史能够做的就只有跟风吗? 新文化史的叙事风格与言说方式,实际上是以他者的眼光来审视对象,他者的立场与真实性的诉求永远是背道而驰的。因此,文化史必须从它能够在后现代主义——新文化史那里找寻到的认同点中谨慎选择,在"再现"与"建构"、"想象"与"实践"之间找到平衡点,不至于矫枉过正。

最后,新文化史与历史的碎化。

新文化史把个人放到了历史舞台的中央。它对于新史学的反动即在于:不论是第二次世界大战后西方马克思主义历史学家倡导的"自下而上"的社会史风气,还是20世纪60年代以"长时段"为代表的结构史学,强调的主要是经济活动、政治制度等结构性历史因素,对于人的关注则限于群体的、抽象的人。而新文化史不仅发现了人,将人的情绪、直觉、意识、语言、行动、身体等放在历史的百宝箱里,而且使人的态度、日常生活、世界观站到了舞台的中央;个人活动的舞台,也不再必然是作为整体存在的国家、社会,而可以是一个不为人知的小村庄②;对于主体所处时空的选择,不再依据重大的历史事件尤其是政治事件,而是以主体活动的时空范围为范围,表现出与传统的历史书写不同的时空序列;不仅传统的精英人物可以成为历史的主体,一个普通的磨坊主③也可以成为著作中的主角。

---

① Mark Pester. Cultural History and Postmodernism: Disdplinary Readings and Challenges. New York: Columbia University Press, 1997. p.6.

② 参见埃马纽埃尔·勒华拉杜里:《蒙塔尤:1294—1324年奥克西坦尼的一个山村》,商务印书馆1997年版。

③ See Carlo Ginzburg, *The Cheese and the Worms: The Cosmos of a Sixteenth Century Miller*, New York: 1982.

在人类学领域,学者们曾经就所谓代表性、典型性问题进行过激烈的争论,但最终并未达成共识。今天,文化史面临着同样的问题:研究对象诸如村庄、个人是否有代表性,是否具有普遍的意义？尤其是在将他们视为意义的符号加以解读从而象征一种历史模式时,文化史的研究是否导致了历史的碎片化？我们可以肯定地说,文化史所发现的这些个人、村庄与尚未发现的其他个人、村庄一样,对于研究者的意义也许有差异,但就其作为文化实在而言,它们具有同等的价值。此外,文化的纷繁复杂表明,无论我们的选择对象是大还是小,我们都面临着将文化视为同质性实体的危险。那么,文化史应当根据怎样的标准选择研究对象？它能否呈现历史的整体面貌,应该以怎样一种方式来呈现？

时下的区域社会史、历史人类学研究,与文化史出现了相类的趋向,在实现视野整合的同时,文化史与社会史绝不能因为在历史碎化问题上的一致而达成妥协,相反必须共同致力于碎化历史与总体史的制衡。

总之,文化史所面临的问题有其特殊性。比如,政治史、社会史、经济史都不会面临文化与文化史的定位这样一些基本而紧迫的问题。但是,在跨学科整合已成大势所趋的今天,当我们说"文化史是以文化的眼光来看历史"时,如何定位文化史的问题就不单单是作为文化史的问题而存在,而是作为包括政治史、经济史、社会史在内的整个历史学所面临的问题而存在。从这个意义上讲,我们强调来自新文化史的启示(包括正面的,如文中第一部分谈到的新文化史提醒我们思考文化史定义时从资料、对象、方法、目标的综合上考虑;也包括负面的,如文中第三部分提到的新文化史的陷阱),目的就在于借重整个史学界的智慧,进一步厘清文化史理论中的几个基本问题,而这些问题的思考对于诸如政治史、经济史、社会史的理论建构同样不无意义。

(原载《学术月刊》2006年第6期。本文系与博士生王艳勤合作)

走出"历史知识社会化"的认识误区

"历史知识社会化"是一个很好的命题,它体现了史学工作者的社会责任感和使命感。但是,我以为,在如何实现"历史知识社会化"的问题上,我们应该自觉反省,谨防陷入认识的误区。

一、关于"历史知识社会化"的主体

"历史知识社会化"的主体是全社会,而非史学工作者群体。"历史知识社会化"是全社会进行自我教育的结果,而非专业的史学工作者"普及"专业知识与理论的结果。换言之,当历史教育的主客体发生分离时,"历史知识社会化"即成为不可能之事。社会成员的"自我教育",是"历史知识社会化"的基本前提。1931 年 12 月 29 日,卡尔·贝克在美国历史学会上的主席致辞,题目就是"人人都是他自己的历史学家"。过去我们把它看做美国"相对主义历史观"的标本,其实远不足以概括其中的深意。卡尔·贝克说:"每个普通人如果不回忆过去的事件,就不能做他需要或想要去做的事情;如果不把过去的事件在某种微妙的形式上,同他需要或想要做的事情联系起来,他就不会回忆它们。这是历史的自然作用,也是历史被简化到最后一曾意义上、成为所谓说过做过事情的记忆的自然作用。"这些"记忆"与人们"将说将做的事情的预期携手共行,使我们能就每人知识和想象所及,获得智慧,把一瞬即逝的现在一刻的狭隘范围推广,以便我们借镜于我们所已做和希望去做的,来断定我们正在做的事情"。①

人类文明进步的全部"历史",就是人类自身不断向"历史"学习的"历

---

① 田汝康等选编:《现代西方史学流派文选》,上海人民出版社 1982 年版,第 266 页。

史"。这段话听起来像绕口令，但却是"历史"事实。正因为古往今来，人类都以"历史知识"为学习对象，所以马克思和恩格斯才会在《德意志意识形态》中说，"我们仅仅知道一门唯一的科学，即历史科学"；司马迁才会在《史记》中说，"我欲载之空言，不如见之于行事而深切著明也。"

社会大众中，从来就有历史知识、历史意识、历史观念的存在。"三十年河东，三十年河西"，"三个臭皮匠，顶个诸葛亮"，"天下大势，分久必合，合久必分"，"人是三节草，必有一节好"，等等。这些民间谚语所包含的，其实就是大众历史认识的结晶。

"历史知识社会化"最常见、最有效的形式是"讲古"。十口相传为"古"。不管媒体的形式发生多大的变化，这一条都不会变。古往今来，"讲古"者往往都不是专业的史学工作者。从给小孙子讲"故事"的老爷爷老奶奶，到今天在"百家讲坛"大出风头的于丹、易中天，概莫能外。

辨明历史知识社会化的主体，对于解决历史知识社会化的实现路径和评判标准问题，具有根本的意义。它有助于史学专业的从业者打破"精英"意识，以更平和的心态和更切实的行动，来推进历史知识的社会化。

二、关于"历史知识社会化"含义及其的评判标准

因为社会本身是分层次的，所以"历史知识社会化"的含义及其评判标准，也应该区分不同的层次。历史"意义"的多层面呈现与采纳，体现了"历史知识社会化"的社会需求的丰富与多元。

历史知识社会化包括历史知识专业化和历史知识大众化。两者之间存在相辅相成的关系。专业化的拓展有助于提升大众化的推广，而大众化的普及又鼓励了专业化的精进。

"历史知识社会化"不完全等同于"历史知识大众化"或者"历史知识普及化"。不同的社会群体，对于历史知识的需求是不一样的。历史专业的从业者也是"社会"的成员。历史知识对于他们来说，是研究的对象，必须在严格的科学意义上加以界定，如何处理经过严格界定的历史知识，也需要专门的训练。这些内容，对于史学专业工作者来说，就是"历史知识社会化"的责任与义务。另外，非专业的大众需要什么意义上的"历史知识"，与

历史专业工作者有所不同。大众需要从历史中学习善良的品行、聪颖的智慧、坚强的意志、不屈的精神,在这些方面,古色古香的故事可以满足他们的需要,于是他们就相信了,接受了。这种情况下,难道还需要专业的史学家们不厌其烦地去"纠正"其中的史实"错误"吗?从考古学的意义上看,女娲补天、夸父追日、精卫填海、愚公移山的故事,都不是"历史"。但是,从文化史的意义上看,它们都属于中华民族精神史的精彩篇章。人民大众对它们的欣赏、接受并津津乐道,正是"历史知识社会化"的经典例证。

因此,"历史知识社会化"命题中的"历史知识",与严格史学专业领域内的"历史知识",衡量和判断的标准都应有所区别。在史学家眼里"揉不得沙子"的走样的、模糊的甚至是错误的"历史知识",在一般社会大众那里却是可以接受、甚至是更容易理解和传播的。在史学家看来,《三国演义》讲的,基本不是真实的历史,但是,在一般的社会民众心目中,那就是生动活泼的历史。就此而论,在"历史知识社会化"方面,罗贯中比陈寿的贡献要大得多。

"历史知识社会化"的另一个含义是,"历史知识"为非历史的其他专业人士所利用,以至于可以写出"史学"的论文。2002 年,北京大学法学院院长朱苏力教授参加"纪念梁启超《新史学》发表一百周年"讨论会,提交的论文是《历史中的行动者——从梁祝的悲剧说起》。文章认为,梁祝悲剧的意义在于它以艺术的形式展现了制度作为规则与显示世界中特殊问题之间的矛盾。文章完成并提交,作者却"心实在有点放不下":"这是一篇史学论文?"经过认真的"反思",作者提出"辩解":"这是一篇史学论文!"其依据是:"一个历史事件有时只是历史留下的一个痕迹,其本身没有意义,它只有在一个关于世界如何联系的意义网络(理论模型)中才能获得意义,才可能变成一个'事实'。因此,当我们把梁祝故事中留下的传统社会婚姻的一些痕迹放在一个古代社会人类生活的场景中,放在我们基于今天的常识、现代社会科学对古人生活的其他因素的一些了解中,放在我们的想象和一系列当今我们'发现的'关于人与自然、社会的因果律中,我们就发现梁祝的故事变成一种古代的'事实'或可能的事实。"①

---

① 杨念群等主编:《新史学——多学科对话的图景》,中国人民大学出版社 2003 年版,第 569 页。

朱苏力特别强调,这一认识的理路与史学家陈寅恪的"诗史互证"的区别。"我不认为我的分析与对陈寅恪先生史学实践之概括是一致的。""陈先生对文学作品之历史学运用还是基本作为'史料',是发现和印证更为具体的事实,仍然属于传统理解的'人的历史'。而我在本文以及其他有关文学的分析其实更强调了现代社会科学理论对历史材料的重新解读和组合,从而'创造'历史的事实。"[①]

朱苏力是著名学者,他对"历史知识"、"历史事实"、"历史意义"的理解,与一般老百姓的理解,有学理深浅的区别,但在基本逻辑和实际运用的效能方面,却并无二致。他也是"历史知识社会化"的实践者和受益者,与千百万普通老百姓一样。

三、关于当今"历史知识社会化"的形势判断

基于以上分析,我以为,对于当今"历史知识社会化"的形势判断,应当辨证认识,不必过于悲观。

中国文化有悠久的传统,中国史学也有悠久的传统。古往今来,"历史知识社会化",是中国文化连绵不绝的重要血脉传承机制的具体体现,在专业化和大众化方面都有丰硕的成果。专业化方面的成果就不用多说了。在大众化方面,刚刚发蒙的孩童,在《三字经》、《百家姓》、《千字文》等读本中,不仅接受了语言文字方面的能力训练,而且接受了最早的"历史知识社会化"的教育。在知识阶层的成长过程中,经史子集的长期熏染,使他们的知识结构天然地融入了丰满的社会历史方面的内容。而对于一般的社会民众而言,可能对典籍记载的历史知识缺乏接触和了解,但是,活泼的话本小说、民间戏剧,却为他们提供了真切的历史场景、鲜活的历史人物、生动的历史故事,以及朴素的历史发展、进化的观念。"不听老人言,吃亏在眼前","前车之覆,后车之鉴","以铜为鉴,可以正衣冠;以人为鉴,可以明得失;以史为鉴,可以知兴替",这些中国人民妇孺皆知、耳熟能详的谚语,当然是千

---

① 杨念群等主编:《新史学——多学科对话的图景》,中国人民大学出版社 2003 年版,第 570 页。

百年来"历史知识社会化"卓有成效的确证。

改革开放以来,社会经济迅猛发展,思想解放,学术繁荣,知识的门类、数量急剧增长,尤其是传媒方式的革命性变化,使得一般意义上的"知识社会化",获得了前所未有的便捷条件。但是,"历史知识社会化",却似乎反而成为人们忧心忡忡的问题。特别是年轻一代一味"追星",缺乏对于历史知识的基本了解的种种现象,引起教育界人士以及全社会的普遍忧虑。中学生的"文理分科"这一明显谬误的决策居然坚持不改,高考指挥棒的误导严重破坏了年青一代合理知识结构的建立。中小学生对于历史知识的鄙视、隔膜、生疏,在相当程度上影响了我们民族文化的优良传统的传承。更令人不安的是,威力极其强大的电视、网络传媒在"历史知识社会化"方面,往往起到的是负面作用。"戏说"历史成风,更不用说那些以搞怪、搞笑为噱头的穿古装的现代人在那里胡闹了。

但是,我们也要看到,建立在科技高度发展基础上的新传媒的进步,为一般意义上的"知识社会化"以及"历史知识社会化",提供了强大的工具。电视方面,当有识之士批评《还珠格格》一味疯闹的同时,我们还欣喜地看到《成吉思汗》、《努尔哈赤》等历史正剧的质朴真实、大气磅礴。"百家讲坛"的成败得失众说纷纭,但我以为,于丹、易中天的精彩表达虽然技术性漏洞不少,但是他们为一般观众介绍了比教科书里那个深奥古怪的老头更亲切的孔子形象,比《三国演义》更符合历史本来面目的诸葛亮、曹操、刘备等一代雄杰的大智大慧,大奸大恶,在历史知识社会化方面,功不可没。

更加具有典型示范意义的是,1979年出生、学习法律出身的广东顺德海关公务员石悦,以"当年明月"为笔名,在互联网上推出"不是小说,不是史书"的《明朝那些事儿》,迅速蹿红,在天涯、新浪网站的月点击率均超过百万。2006年11月,"当年明月"的新浪博客点击达到830万,超过人气极旺的"超女"李宇春,其"粉丝"团体号称"明矾"。纸质版读本立即跟进,短时间内发行过千万,创造了一个奇迹。石悦自称其写法是"以史料为基础,以年代和具体人物为主线,并加入了小说的笔法和对人物的心理分析,以及对当时政治经济制度的一些评价。"这些说法平淡无奇,似乎没有什么特别高明之处。但是翻开书本,我们确实读到了一段"好看的历史"。生动的人物描画,细致的心理分析,精到的点评,不动声色之间,将历史感、现场感很好地结合起来,贯穿于流畅的、简洁的、口语化的叙事之中。这大概是"当年明月"成功的真正奥秘。

总之，论及当今"历史知识社会化"的基本形势判断，我以为是问题与成绩并存，困难与希望同在。在社会进步、文明昌盛的大趋势下，在"历史知识"总量急剧膨胀、传媒技术手段迅猛更新的今天，"人人都成为他自己的历史学家"的主、客观条件更为优越，因此，我们没有理由对"历史知识社会化"的前景感到悲观。

四、关于史学工作者在"历史知识社会化"中的责任与义务

我们说"历史知识社会化"的主体是全社会，而非史学工作者群体，并不是否认史学工作者在"历史知识社会化"中的特殊责任与义务。

前面说到，"历史知识社会化"的主体是全社会。具体地说，政府有关的决策机关，教育、宣传、文艺、出版等管理部门，乃至孩童的父母，学生的家长，单位的领导，都有承担"历史知识社会化"的责任与义务。如果把话说得更彻底一些，那么，我们应该要求，现代社会的每一个成员，都要对自身提出培养历史兴趣，学习历史知识，感受历史规律的自觉要求。"人人都是自己的历史学家"，是现代文明社会的标志之一。

因为专业分工而具备的知识优势和社会责任，史学工作者对于"历史知识社会化"当然要承担重要的责任和义务。

首先，在本职工作方面，以严肃认真的态度，发表研究论著，为社会提供更加丰富、更加精深的历史知识的储备。历史知识的专业化发展，也是历史知识社会化的重要组成部分和进步的基础。

其次，培养更多的高质量的历史专业人才，为"历史知识社会化"提供重要的人才储备。

再次，努力向社会大众宣传历史之于人类进步、民族兴旺乃至个人发展的深刻意义，将"人人都是他自己的历史学家"以及历史科学是"唯一科学"的道理宣传开去，使之得到日益广泛的社会认同与接受。

最后，以更加积极的态度，直接地主动参与"历史知识社会化"、"历史知识大众化"的工作。在这方面，我们特别要澄清观念，端正认识，不要将

历史研究的专业化要求与历史知识普及的通俗化要求对立起来,不要将准确的历史知识的掌握与通达的历史感的培养对立起来,不要在学术事业与民众生活之间人为地划出鸿沟。

（原载《光明日报》2011 年 1 月 12 日）

降 落 民 间

——21 世纪中国历史学走向管窥

20 世纪初年,梁启超惠眼独具,提出改革旧史学,建设"新史学"的主张。100 年过去了,中国历史学已经基本实现梁启超的理想,完成了由古代学术向近代学术的转变。1998 年,在中国史学会第六次代表大会上,戴逸先生以会长身份作主题发言,概括 20 世纪中国历史学的六条特点和成就:[1]

第一,进化史观是 20 世纪中国历史学的显著标志;第二,唯物史观的运用是 20 世纪中国历史学的伟大进步;第三,理性的觉醒、理性精神的发扬;第四,高扬爱国主义精神;第五,各分支学科开辟、创造,有重大建树,建立了全面、系统的学科体系;第六,远远超过以前任何时代的高质量史料的大批发现。

这一总结在更高的层次上,呼应和提升了梁启超当年的理论预期。但是,正是这些充分的历史事实同时也显现出 20 世纪中国历史学的一种总体趋向:无论是恪守"资治"的古训,还是服从"指导革命斗争"的新时代要求;无论"疑古派""层累地造成中国古史"说,还是马克思主义史学家们关于中国社会形态、历史发展规律的探讨;不同政治、学术倾向的史家都将自己的目光投向理性精神、历史规律、国家兴衰、精英文化等"高层"领域,而对于一般民众的一般社会生活,则较为轻视、忽视甚至漠视。产生这种偏向的原因很多,既有时代条件的制约、社会政治的干预(包括合理的和不合理的),也有历史学界自身理论上的偏差和认识上的片面性(包括自觉的和不自觉的)。笔者无意否认 20 世纪中国历史学在理论和实践两方面所取得辉煌成就,而只是想强调,在新的世纪里,我们有必要、更有责任在前辈辛劳的基

---

[1]　参见《世纪之交中国历史学的回顾和展望》,《历史研究》1998 年第 6 期。

础上,完善对历史学性质、特征、功能的科学认识——历史的本真是生活;历史的基础在民间。只有在生活里,在民众间,我们才能发现历史变化的精微表征,历史生命的原始律动,历史进程的真正本质。21 世纪的中国历史学,应当降落民间。

20 世纪 80 年代以后,中国历史学出现了令人欣慰的新动向。在思想解放的潮流推动下,自我封闭的中国学术格局被打破。体现人类文明新成就的思想、理论、方法被中国的史学工作者所接触、认识、吸纳。外国同行的不同工作范式成为我们学习、借鉴的对象。年鉴学派、心理史学、口述史学、计量史学等过去不了解、或者被错误"批判"的史学流派、思潮、方法的合理成分,逐渐被我们消化、吸收,例如年鉴学派整体的经济社会史观,心理史学的精神分析理论,口述史学对民间史料的重视、发掘和利用,家庭史学对微观社会组织的深入解剖,计量史学对民间数据的精确化、模式化处理,等等。[1] 这些"他山之石",被中国史学家用来"攻玉",用来促成历史学降落民间,是 80 年代以后中国历史学的新迹象,这种新迹象的出现,是中国史学与国际史学相互融通的结果。

从研究重心的转移方面看,历史学降落民间的表征也是显而易见的。20 世纪前半期,中国历史学关注的热点是中国古代的社会形态、中国近代的社会性质、历史与现实政治和军事斗争的相互关系。20 世纪 50—70 年代,中国历史学关注的热点是历史分期问题、封建土地所有制问题、农民战争问题、资本主义萌芽问题、历史主义和阶级观点问题。80 年代以后,这种状况发生重大转变。有研究者以 1956—1965 年和 1984—1989 年为两个对比时段,统计出《历史研究》刊载文章的分类比重。在前一时段,属于"政论性史学"的文章的比重达到 58%,而在后一时段,同类文章的比重骤降为 13%。[2]

与"政论性史学"的萎缩相反相成的是,更贴近民间的文化史、社会史研究的蓬勃兴起。20 世纪 80 年代,文化史研究是史学园地中最为亮丽的风景线。尽管不少文化史研究者还是习惯性地将其目光更多地投向精英层面,但是,为数众多的涉及物质文化、制度文化和行为文化的著述,纷纷把民

---

① 参见于沛:《现代史学分支学科概论》,中国社会科学出版社 1998 年版。

② 参见何平:《20 世纪 80 年代中国史学发展若干趋势》,《史学理论研究》2000 年第 1 期。

众的衣食住行、喜怒哀乐，作为描述和评析的对象。"饮食文化"、"服饰文化"一类语汇流行于世，就是这些研究成果所产生的明显社会效应。90年代以后，在文化史研究继续平稳推进的同时，社会史研究异军突起，成为历史研究领域中最为活跃的分支。在借鉴社会学、文化人类学的理论、方法、手段方面，社会史研究已经初见成效。

历史学降落民间，要求史学工作者改变两千年"宫廷史学"、"文献史学"、"精英史学"的习惯和传统，在学术观念、工作方式、成果评价方面有一个大的转变。可喜的是，20世纪80年代以后，一批中青年史学工作者走向"田野"，走向民间，已经在这方面作了宝贵的尝试，并取得初步的成果。尽管他们的成果从数量上看还不多，但足以证明新一代史学工作者有能力实现历史学降落民间的时代转变。

21世纪的中国历史学降落民间，其意义是重大的。

第一，它表明中国历史学蜕去"政治性"、"政论性'的重负，向学科本性回归。

20世纪的中国历史学取得了丰硕的成果。但是，由于历史观的导向（进化史观和唯物史观）是其主要成就的基础，①所以，政治性、政论性、意识形态性，就是其成果价值的主要体现甚或根本所在。正是由于这一点，20世纪的一些史学名著，其学术价值表现出很强的时限性。我并不认为历史学可以完全摆脱或超越政治性、政论性和意识形态性，也不认为历史观对于史家无足轻重。我的本意是说，这一切都只能在服从于历史学科的根本性质——描述、解释和评价人类历史生活、尤其是占人类绝大多数的普通民众的历史生活的前提下，才有其意义。

第二，它表明史学新生代继往开来的探索勇气和创新精神。

新一代史学工作者不再满足于这样的局面："历史著作无论从研究方法和研究对象，还是从概念体系来说，完全在沿袭着传统。像老牌发达国家的某些工业部门一样，历史学只满足于依靠继承下来的资本，继续使用陈旧的机器。这些机器尽管低于现代最先进的标准，却仍然能够使企业在尽可能少地追加资本的前提下，提供一定数量的拥有现成市场的老牌传统产

---

① 关于此问题，可参见陈其泰：《历史观的进展与二十世纪史学走向》，《山西师大学报》1994年第4期。

品。"①降落民间,意味着历史学家不能再依赖性地躺在过去行之有效的学术范式、惯用的范畴和概念体系、程式化的话语系统所构成的现成象牙塔里,体味"阳春白雪"的高雅。他们基于勇气、更基于学术工作者的良知,走向风雨的"田野",走向艰苦的生活,在与平凡人的情感交流中,在探索和创造中,为历史学的理论和实践,赢得蓬勃生机。

第三,它表明中国历史学适应学科融合的大趋势,横向吸纳社会学、民俗学、文化人类学、社会心理学等兄弟学科的理论、方法、成果,充实自己的理论构成,丰富自己的研究手段,完善自己的成果形式。

20世纪80年代后,中国的社会学、民俗学、文化人类学和社会心理学在恢复自己的学科地位后有了迅速的发展。这些学科不仅在引入世界同行的新理论、新观念方面取得快速进展,而且结合中国实际,运用传统的"田野调查"的基本研究方式,取得了一系列鲜活的研究成果。同是以人类社会活动为研究对象,这些学科的新进展给历史学界如何推进学科研究的精致化、实证化、可操作化,提供了深刻的启发。现在的问题是历史学界应更加积极主动地吸纳社会学、民俗学、文化人类学和社会心理学的成果和经验,适应学科融合的时代趋势,以实现自身的改革,迎接新世纪的挑战。

第四,它表明中国历史学在自身学科建设方面的认识深化。概括地讲,有以下几点。

其一,民间生活是历史知识的增长点。有学者已经提出,"人们最容易忽视的往往是那些他们最为熟悉的事物",从此意义上讲,"乡村的发现"对于历史学进步具有十分重要的意义。"中国社会、中国历史的秘密、密码、内核和本质,深藏在即将成为废墟的乡村之中。"他举例说,如果研究"大跃进"和"三年自然灾害"的历史仅仅依靠当时的报纸和文件,而不顾乡民的感受,"由此产生的历史知识的可信度有多大是可想而知的。"②

其二,民间生活本身是历史研究课题中应有之义。在政治史学、政论史学看来,民众是政治运动的力量、政治斗争的筹码、政治统治的对象,就此而论,民众确实是历史研究的重要对象。其实,就历史学的本质而论,再现

---

① 巴勒克拉夫:《当代史学主要趋势》,上海译文出版社1987年版,第330页。
② 王学典:《发掘乡村:21世纪初叶中国历史知识的增长点》,《山东大学学报》1999年第3期。

(绘画式而非照相式的再现)不同历史时期的民众生活、社会风情,恰恰是历史学不同于其他以人类社会为研究对象的人文—社会科学的学科特性之根本所在。也许我们过去认识历史学的社会功能时过于重视和强调它的理论意义,而忽略了它的知识意义,所以,对于掌握历史规律、借鉴历史经验、继承文化精华、弘扬民族精神等方面总是不厌其烦,而对于如何生动具体地向人们再现已经逝去的生活本身,却过于轻率和吝啬。

其三,民间生活的研究,是剖析人类政治、科学、艺术、宗教等历史现象的基础性工作。对此,我们不需要再讲多么“前卫”的“新”理论,而只须重温恩格斯在马克思墓前的讲话:“人们首先必须吃、喝、住、穿,然后才能从事政治、科学、艺术、宗教,等等;所以,直接的物质的生活资料的生产,从而一个民族或一个时代的一定的经济发展阶段,便构成为基础,人们的国家设施、法的观点、艺术以至宗教观念,就是从这个基础上发展起来的。”①

其四,即便在专门的学术史、思想史研究领域,民间生活也是破译其密码的钥匙所在。“历史理解不仅要认识普通个体的生活过程,而且更重要的是要弄清大众日常生活经历背后的思想动机,尽管这些思想动机被现实生活过程所掩盖,但他们是现实社会的一个重要的组成部分。”②在中国学界,也有人提出研究历史上的知识、思想与信仰问题,离不开对广大民众物质生活状态和精神生活状态的清理和提炼。③ 思想史研究必须从“注意中心”转到“注意边缘”,从“注意经典”转到“注意一般”,从“注意精英思想”转到“注意生活观念”。其理由是,民间有名或无名的碑刻、书画题跋、叙述家常与礼节问候的书信,以及流行的各种通俗读物,避免了意识形态、精英意识、道德原则、历史学叙述“这几重筛子的过滤”,因而更为真实可靠。这些存在民间的具体的、可以直接触摸的资料,将大有利于史家“重新建构一个已经消失的时代氛围和心情。”④可喜的是,出版界也认同了学术界的这一观点,并积极予以配合。最近安徽文艺出版社出版了《民间书信——中国民间思想实录》,内容是1966—1977年间普遍学生、工人、干部、军人、知

---

① 《马克思恩格斯选集》第3卷,人民出版社1995年版,第776页。
② 托什:《追踪历史》,转引自庞王洁《从往事的简单再现到大众历史意识的重建》,《世界历史》1998年第6期。
③ 参见葛兆光:《七世纪前中国的知识、思想与信仰世界》,复旦大学出版社1998年版。
④ 葛兆光:《思想史视野中的考古与文物》,《文物》2000年第1期。

识分子、知青的书信。"文革"期间中国人一般心态,在其中得到真实而生动的反映。

明人边贡有一首不为人们注意的小诗《嫦娥》:

月宫秋冷桂团团,岁岁花开只自攀。

共在人间说天上,不知天上忆人间。

月宫虽美,但孤寂的嫦娥却感受不到仙界的欢乐。平凡的人间世界,才是真正的乐土家园。愿21世纪的中国历史学,不在月宫"自攀"团团的"冷桂",而是降落人间,与黎民百姓同忧共乐。

(原载《史学理论研究》2001年第1期)

二、史事述论篇

中华文化结构论

一

作为一种社会历史现象，"文化"如同任何进入人们视野的研究对象一样，从其内部逻辑关系方面，是可分的。认识这种可分性，是文化研究者必须具备的剖析眼光和操作意识。换言之，对文化结构的解剖，是宏观文化研究的首要程序和根本基础。

20世纪以来，对文化结构的研究，一直是文化学、文化史学科的热门课题。众家异说，大致划分，有物质文化与精神文化两重结构说；物质、制度、精神三层次说；物质、社会关系、精神、艺术、语言符号、风俗习惯六子系统说；等等。这些研究成果言自成理，给我们的深入探讨提供了有益的启示。

研究者对"文化"实质性内蕴的理解，规范着其文化结构观的格局。笔者认为，"文化"的实质性是"人类化"，是人类主体通过社会实践活动适应、利用、改造自然界客体而逐步创造、传播、实现自身价值观念的过程。这一过程的成果体现，既反映在自然面貌、形态、功能的不断改观，更反映在人类个体与群体素质（生理与心理的、工艺与道德的、自律与律人的）的不断提高和完善。立足于这种主体与客体统一、物质与精神统一、技术体系与价值体系统一的文化观，笔者将文化结构剖析为一个由外而内四层次组成的整体心圆图式。

第一层次：由人类加工自然创制的器物，即"物化的知识力量"构成的物态文化层。它是人的物质生产活动方式及其产品的总和，是可触知的、具有物质实体的文化事物，构成整个文化创造的基础。物态文化以满足人类最基本的生存需要——衣、食、住、行——为目标，直接反映人与自然的关系，反映人类对自然界认识、把握、运用、改造的深入程度，反映社会生产力发展水平。

第二层次：由人类在社会实践中建立的各种社会规范构成的制度文化层。仅仅满足自己的生存需要，是一般动物也能达到的智力和组织水平。人类高于动物的一个根本之处，就是他们在创造物质财富的同时，又创造了一个属于他们自己，服务他们自己，同时又约束他们自己的社会环境，创造出一系列的不同于处理人与自然关系的，处理人与人（个体与个体、个体与群体、群体与群体）相互关系的准则，并将它们规范化为社会经济制度、婚姻制度、家族制度、政治法律制度，家族、民族、国家，经济、政治、宗教社团，教育、科技、艺术组织，等等，同样是文化创造的重要部分。这一部分文化成果虽然不直接与自然界发生关系，但它们的特质、发育水平归根结底是由人与自然进行物质交换的特殊方式（生产力）所决定的。

第三层次：由人类在社会实践，尤其是在人际交往中约定俗成的习惯性定势构成的行为文化层。这是一类以礼俗、民俗、风俗形态出现，见之于日常起居动作之中，具有鲜明民族、地域特色的行为模式。民族的、时代的文化既有物质的标识、制度的规范，又有具体社会行为、风尚习俗的鲜活体现。《礼记·王制篇》中说的"五方之民皆有性也，不可推移"，《汉书·王吉传》载"是以百里不同风，千里不同俗"，都是对于人类行为文化的明确指认。而"一方水土养一方人"的俗语，更是对人类不同群体的行为模式、风俗习惯与其所处自然地理环境之间必然存在的密切关系的客观描述。以民风、民俗形态出现的行为文化，"首先是社会的、集体的，它不是个人有意无意地创作。即便有的原来是个人或少数人创立和发起的，但是它们也必须经过集体的同意和反复履行，才能成为民俗。其次，跟集体性密切相关。这种现象的存在，不是个性的，而是类型的或模式的。最后，它们在时间上是传承的，在空间上是播布的。"①

第四层次：由人类社会实践和意识活动长期积淀而成的价值标准、审美观念、思维方式等构成的心态文化层。就其发育的规范程度而论，心态文化又可区分为体现社会民众一般情感、愿望的社会心理和经过文化专门家归纳、整理、升华、抽象而成，关涉信仰、观念、思想、艺术理论体系的社会意识形态两部分。

------

① 钟敬文：《民俗学》，见《白山黑水》创刊号，东北师大中文系民俗学社编印，1984 年。

社会心理是流行的、散乱的、不规范的大众心态,通常以语言、行为方式表现出来,比较直接地受到物质文化水平和社会制度的影响制约。社会意识形态是文化专门家对大众心态进行理性思考和艺术加工的思想结晶,它是高深的、系统的、规范的,通常以著作文本、艺术作品等方式表现出来。

文化结构的层次性,不仅表现于与外在自然界联系的疏密有差,而且还表现于内在新陈代谢、遗传变异速率的快慢有别。一般而言,在我们划分的文化整体同心圆四层次中,越是靠近外缘的部分,其运动、变化、革新的速率越快。这是因为,在社会—文化整体生命活动中,直接体现人与自然关系的生产力是最活跃的因素,它从根本上决定着制度、行为、心态的存在状态。人类文化的总体性进程往往是先发于生产力突飞猛进,带来物态文化的革命性变化,由此引发社会规范、社会制度随之发生相应的进步,人们的行为举止、生活习俗更趋科学、文明,最终导致心态文化向着积极、健康、完美的境界不断演进。相对于物态文化而言,制度文化、行为文化、心态文化均不同程度地具有保守性格,很难与前者保持同步演化,而且越是后者,其"滞后性"越强烈,变革越为艰难。

这种由外而内、由快而慢的趋势,在进入构成文化内核的心态文化层内部后,发生改变。处于更核心部位的社会意识形态,相对于其外缘的社会心理,具有远为活跃的生命脉搏。这是因为经由文化专门家创作加工,注入丰富的个性色彩的种种社会意识形态(如各种哲学、社会科学理论及文学、艺术思潮),是创造性思维的产物,往往具有活跃的变异性,尤其在社会变革时代,可以在短期内屡屡发生新旧更替。与此成反照的是,作为社会意识形态的背景和基础的社会心理,诸如潜藏在大众历史生活中的价值观念、审美情趣、思维方式所构成的"民族性格",因为是一种感性直觉的"潜意识"或"集体无意识",难以被自觉把握和运作,从而具有更为顽强的历史惰性。

二

根据以上关于文化结构的四层次划分,中华文化在各层次上,都有鲜明的个性特征。

1.从物态文化层分析,中国文化是一种农业文化所谓农业文化,并非说构成这种文化的物态成分中没有其他产业的产品,而是说整个文化的物质基础的主导面和支配力量是在自然经济轨道上运行的农业。

黄河、长江哺育的亚洲东部这片肥沃的土地,为中华先民从事精耕细作的农业经济提供了充分优良条件。最新研究表明,中国农业起源于第四纪冰川后期。一万年前左右,农业生产方式便已确立且不再逆转。距今六千年的仰韶文化、河姆渡文化遗址中,均发现稻谷遗迹。三千年前的殷墟甲骨文出现黍、稷、麦、稻等多种农作物名称字样,并有农事活动的丰富记载。秦汉以后,大一统的中央政权更把"上农除末,黔首是富"定为基本国策,列朝帝王大都耕籍田,祀社稷,以"帝亲耕,后亲蚕"之类的仪式鼓励百姓勤于农桑之业。与世界各国相比,中国古代农业显示出毋庸置疑的先进性。当不少地区的农人还在使用木犁时,中国早已推广了牛耕与铁犁。欧洲人18世纪才发明条播机,中国却早在公元前2世纪的汉代便有了这种农具。轮作复种、家禽舍饲、水利工程等技术也大大领先于世界。历史遗留下的三百多种农书,更是古代农业高度发展的文本证明。几千年中,中国人的主体——农民"日出而作,日入而息,凿井而饮",躬耕田畴,世世代代,年复一年地从事简单再生产,成为国家赋役的基本承担者。这就铸定了中国古代文化的农业形态特征。进入近代,随着大机器产业和新的生产方式的诞生,中国社会开始从自给自足的农耕经济形态中解脱出来。但是,直到今天,农业仍然是整个国民经济的基础产业,农民仍占全国人口的大多数。这一事实,正可帮助我们理解中国文化源远流长的农耕传统。

2.从制度文化层分析,中国文化是一种宗法文化

中国古代的社会制度和组织发生过种种变迁,但由氏族社会遗留下来,以父系家长为中心,以嫡长子继承制为基本原则的宗法制度却延续数千年之久,直到近代还保留着明显的痕迹。

宗法制度源于原始社会父系家长制家庭公社成员之间牢固的亲族血缘联系,是这种血缘联系与社会政治等级关系密切渗透、固结的产物。它的确立期在西周。在宗法制度下,君主自命天子,"奉天承运",治理普天之下的土地和臣民。从政治关系看,他是天下的共主,从宗法关系看,他又是天下的大宗。君主之位,由嫡长子继承,世代保持大宗地位;其余王子则封为诸侯,对于嫡长子为小宗,但各自在其封国内又为大宗,其位亦由嫡长子继承,

余子则封卿大夫,卿大夫以下,大、小宗关系依上例。

宗法制度兼备政治权力统治和血亲道德制约的双重功能,这一优长奠定了中国传统制度文化的定势。虽然严格意义上的宗法制度在西周末年已开始瓦解,但它的影响却长期笼罩中国社会,父系单系世系原则的广泛实行,家族制度的长盛不衰,尤其是"家国同构"现象的持久延续,都是其顽强表现。

"家国同构"即家庭、家族与国家在组织制度方面的同一性。这种同一性,从根本上讲是源于氏族社会血缘纽带解体不充分而遗留下来的血亲关系对于人们社会关系制度化的深刻影响。家与国,其组织系统和权力配置都是严格的父家长制。家是小"国",国是大"家"。在家庭、家族内,父系家长地位至尊,权力至大;在国内,君主地位至尊,权力至大。这种至高无上的地位、权力,并不因个人生命的中止而停辍,而是通过血脉遗传,代代相继。"家人有严君焉,父母之谓也"①,"夫君者,民众父母也"②。简言之,父为"家君",君为"国父"。君父同伦,家国同构,宗法关系因之渗透于社会整体,甚至掩盖了阶级关系。中国奴隶—封建社会地缘政治、等级制度等社会结构,也因而始终未能完全独立于血亲—宗法关系而存在。在一定意义上,中国奴隶社会是宗法奴隶制,封建社会是宗法封建制。这是古代中国制度文化区别于印度、欧洲的根本之点。也正由于此,直到 20 世纪新民主主义革命运动兴起,还要将宗法制度及其具体表现——专制政权、族权、神权、夫权一并作为革命的基本目标。

3.从行为文化层分析,中国文化是一种礼仪文化

中国素称"礼仪之邦",礼仪习俗历史悠久,影响极为广泛。在古代中国,"礼"既是"立国经常之大法",又是"揖让周旋之节文"③,具有社会政治规范和行为道德规范两方面的内涵。"礼"的宽广的覆盖面使它得以成为中华民族行为文化的高度浓缩、抽象的概括。

礼,原作"禮",本义指祭神的器物和仪式,早在周代,便已产生"规范"、"礼治"的引申义,"礼,经国家,定社稷,序民人,利后嗣者也。"④春秋时代,

---

① 《易·家人》。
② 《新书·礼三本》。
③ 范文澜:《群经概要》。
④ 《左传·隐公十一年》。

儒家高度推崇礼,以"克己复礼"为思想旗帜,与墨、道等家展开热烈争鸣。汉代以后,统治阶级最终选择儒学作为统治思想的理论指导,在这种背景下,儒学对周礼的推崇由一家一派的学术倾向转变为全社会的文化倾向。汉儒全身心地发掘、整理先贤著作、思想,对"礼"作出更明晰的阐释:"夫礼者,所以定亲疏,决嫌疑,别同异明是非也。"礼,成为判定社会成员一切言行是否适宜的统一尺度,"修身践言,谓之善行,行修言道,礼之质也"①。礼作为全体社会成员都自觉自愿受其制约的行为规范,其可接受性基础在于,礼并非社会强加给人的外在的规章法则,而是切合人的本质、人的本性的内在情感满足方式。"礼者,因人之情而为之节文,以为民坊者也。"②

礼在周代已施行于周王室,在各诸侯国并不普及。春秋战国时期社会动荡,礼崩乐坏。汉儒们承亡继绝,重建礼制,而且将其规范化、普及化、世俗化,编织出一张笼天地、纳人神、齐万物的周密的文化网络。孔子"非礼勿视,非礼勿听,非礼勿言,非礼勿动"的人生信条被具体化为从治国理家、求道问学一直到婚丧嫁娶、衣食住行等日常生活方方面面的精细守则。周代施行于贵族王室的礼仪,一变而为社会各阶层共同遵循的行为规范。汉儒将这些规范归纳为六礼、七教、八政:

> 六礼,冠、昏、丧、祭、乡、相见。七教,父子、兄弟、夫妇、君臣、长幼、朋友、宾客。八政,饮食、衣服、事为、异别、度、量、数、制。③

汉代以后,这些无微不至、甚至流于烦琐的人生守则,大大约束了社会成员的欲望追求、情感宣泄、意志表达的快捷方式,从行为特征上,铸造了中华民族温、良、恭、俭、让的整体风貌。

4.从心态文化层分析,中国文化是一种伦理文化

宗法式的伦理道德,强烈而持久地左右着社会心理,以维系社会成员血缘纽带为职志的伦理观念及其理论形态,构成中国文化意识形态系统的核心。

在社会心理方面,中国人向来表现出对血缘亲疏关系格外注重,其语言体现是亲属称谓系统的庞杂精细。这一系统在父母系、嫡庶出、长幼序等方面有极严格规定。英语中 uncle 和 aunt 的汉语对应词,竟有伯父母、叔父

---

① 《礼记·曲礼》。
② 《礼记·坊记》。
③ 《礼记·王制》。

母、姑父母、舅父母、姨父母五种之多。与此相联系,中国人往往怀有浓烈的"孝亲"情感,这种情感不仅表现为对先祖的隆重祭奠,更表现为对长辈的绝对顺从、孝敬。所谓"百善孝为先","尊亲"成为中华民族古已有之的道德本位。在中国文化系统内,孝道被视为一切道德规范的核心和母体,忠君、敬长、尊上等,都是孝道的延伸。"夫孝,始于事亲,中于事君,终于立身。"①中国人虽然也崇拜天神,但无希伯莱人、印度人、欧洲人、阿拉伯人那样的虔诚和狂热。耶稣受难曾激发起欧洲人无以名状的心灵震撼,而中华民族却以"如丧考妣"来形容悲伤至极的情感。正是由于"孝亲"意识笼罩社会,才使得绝大多数炎黄子孙不致成为"六亲不认"、"无父无子"的宗教狂徒。从这个意义上说,纲常伦理观念如同一具庞大严密的"思想滤清器",阻挡、淡化了宗教精神对国民意识的渗透。与基督教、伊斯兰教、印度佛教相比,中国宗教在禁欲、绝亲等关系世俗人伦方面,总是留有充分的余地。佛教传入中国以后,正是由于在尽孝、尽忠这伦理的两大端上有所修正,汉译佛典甚至伪造《父母恩重经》,阐发孝道,宣扬忠君,这才获得民众的理解,得以顺利发展。

作为社会心理状况的理论升华、伦理道德学当仁不让地成为中华学术的首要重心,影响之大,导致道德论与本体论、认识论、知识论互摄互涵,畛域不清。在古希腊、罗马,人们首先关注的不是人际伦常关系,而是大自然和人类思维的奥秘,主体与客体两分,心灵与物质对立的观念应运而起,宇宙理论、形而上学得以发展。以柏拉图为代表的古希腊哲学体系三分为思辨哲学、自然哲学和精神哲学,此后直到近代,西方以"求真"为目标的学术范式一脉相承,宇宙论、认识论与道德论各自独立发展,虽然有联系,但从未混同。

中国则不同,人伦效法自然,"人法地,地法天,天法道,道法自然"②,自然亦被人伦化,天人之间攀上血亲关系,君主即"天子",从而形成天人合一,主客混同的局面。中国古代的知识论从未与伦理道德论区分明晰,求学的主要目标不是在"真"——探索自然奥秘,而是在"善"——追求德行觉悟。外在的自然界既未被当做独立的认识对象与人伦相分离,以外物为研

①《孝经·开宗明义》。
②《老子·二十五章》。

究对象的科学便遭到冷遇和压抑，自然科学、思辨哲学因此都难以获得充分发展，伦理学却滋生扩张，甚至成为众多学科门类的出发点和归结点。政治学成为道德评判，政事被归结为善恶之别、正邪之争、君子小人之辨；文学强调教化功能，成为"载道"的工具；史学往往不以存史为基本任务，而以"寓褒贬，别善恶"为宗旨；教育更以德育居首，所谓"首孝悌，次见闻"①，"行有余力则以学文"②，知识的吸取倒退居其次。

从心态文化层次上比较，如果说西方文化是"智性文化"，那么中国文化便可称为"德性文化"。德性文化鼓舞人们注重品行修养，自觉维护正义，忠于国家民族，保持高风亮节，自有其积极的一面。但同时它又具有将伦理关系凝固化、绝对化的弊端，以致在某种情况下成为人身压迫和精神虐杀的理论之源。

三

中华文化结构层次方面的分析，对于中华民族审视历史，解剖自身，创造未来，具有积极的现实意义。在物态文化方面，尽快完成从自然经济型农业文化向商品经济型综合产业文化过度；在制度文化方面，清除宗法关系的遗存，打破"家国同构"定势，建立起以理性意志为基础，民主、公正、和谐的人际关系、社会规范；在行为文化方面，继承"礼仪之邦"的文明遗产，同时革除其烦琐、僵化的历史积垢，重塑中华民族文明、礼貌、活泼、雄健的精神风貌；在心态文化方面，发扬伦理文化注重道德修养、调节人伦关系妁优长，以避免西方近代化过程中普遍发生的科技进步与道德沦丧二律背反的历史悖论，同时高扬科学意识，倡导理性思辨，将立德、立功、立言的传统训诫与求真、求善、求美的时代观念结合起来，在推进科技进步与社会发展的过程中，完成民族价值标准、思维方式、文化心理的现代转换。当前，我们应该特别注意制度文化、行为文化和心态文化变革相对于物态文化演进的"滞后性"特点，在加速生产力发展和科学技术革命的同时，积极稳妥地进行社会

---

① 《三字经》。
② 《论语·学而》。

体制改革,协调人际关系,加强精神文明建设,开拓眼界,更新观念,以理性精神和求实态度继承传统,变革传统,从而创造无愧于人类,无愧于 21 世纪的中华民族新文化。

(原载《中州学刊》1994 年第 1 期)

中华文化的"轴心时代"

——春秋战国文化论纲

德国文化史家斯宾格勒认为,创造力活跃的文化时期是社会的春、夏、秋,而趋于成熟、精致的文明时代,不过是社会的冬日而已。但是对大多数民族而言,这个"冬日"将会持续数百年甚至数千年——中国即是典型。①

如果说斯宾格勒还只是从文化哲学的高度抽象把握世界文化发展的一般规律的话,那么稍晚于他的卡尔·雅斯贝尔斯则将这种把握落实到对世界各民族文化历程的具体阶段性划分,尤其是"文化轴心时代"的确认上。他说:

> 以公元前500年为中心——从公元前800年到公元前200年——人类的精神基础同时地或独立地在中国、印度、波斯、巴勒斯坦和希腊开始奠定。而且直到今天人类仍然附着在这种基础上……

> 在公元前800年到公元前200年间所发生的精神过程,似乎建立了这样一个轴心。在这时候,我们今日生活中的人开始出现。让我们把这个时期称为"轴心的时代"。在这一时期充满了不平常的事件。在中国诞生了孔子和老子,中国哲学的各种派别的兴起,这是墨子、庄子以及无数其他人的时代。……这个时代产生了所有我们今天依然在思考的基本范畴,创造了人们今天仍然信仰的世界性宗教……②

无疑,斯宾格勒和雅斯贝尔斯的说法是有道理的,可惜他们都语焉不详。笔者在这里试图结合春秋战国时代的文化史实,从主题精神的确定、思维方式的建构、价值标准的树立、精英集团的集结和包容机制的形成五个方面具体地论证这一时期对于中华文化总体发展过程的"轴心"意义,敬祈方

---

① 参见斯宾格勒:《西方的没落》,商务印书馆1963年版。

② 田汝康、金重远:《现代西方史学流派文选》,上海人民出版社1982年版,第38—40页。

家指正。

一

中华文化具有鲜明的人文主义精神。春秋战国时代是这一文化精神的确定期。

人文主义一般被认为是欧洲文艺复兴的旗帜。但是笔者以为,人文主义无非是一种认为人和人的价值具有首要意义的思想态度。从这一本质意义上来理解,我们有理由运用它来界定符合其本义的其他认识对象。春秋战国时代确立并制约了中华文化长久发展历程的文化主题精神,显然也符合人文主义的基本内涵。这一时期,殷商西周时代对神的诚惶诚恐、顶礼膜拜已经被对人的生活、人的意志、人的力量的热情礼赞所取代。《易传》破天荒以理性态度解答人的诞生,"男女构精,万物化生"①,讴歌人的进化,"天地盈虚,与时消息,而况于人乎",明确指出"人文"相对于"天文"的独立存在以及讲求"人文"的现实意义:"观乎天文,以察时变,观乎人文,以化成天下",鼓舞人们以"天行健,君子以自强不息"的积极人生态度去体察自然,拥抱生活。《老子》将人置于与道、天、地并尊的地位,"域中有四大,而人居其一焉"。《中庸》认为人只要充分发挥自己的潜能,完全有能力"赞天地之化育","与天地参矣"。《荀子》更提出人"最为天下贵"的辉煌命题,"水火有气而无生,草木有生而无知,禽兽有知而无义,人有气、有生、有知且有义,故最为天下贵也"。

春秋战国时代确立的中华文化的人文主义精神,与西方文化的人文主义相比较,又有自己的特异之处。同是注重人及人的价值,西方更强调个体的人的自由、平等、尊严、权利,而中国却更强调个体的人的自律、宽容、义务、贡献,强调在个体道德修养的基础之上建立一种和谐的群体关系,并将此诉诸广泛的、全社会意义上的"教化"的推行。有意思的是,这种理解正与人文主义的真正语源——拉丁文 paideia 的意义十分吻合,pajdeia 的本义就是开化、教育、教化,古希腊、罗马人常常用这个词来标识"文明人"与"野

①《易传·系辞下》。

蛮人"的区别。

中华文化人文主义精神的这一特点，是与它诞生于春秋战国时代这一特定的社会历史条件直接相关的。春秋战国时代，周王室衰败，诸侯争战，卿大夫夺权，"社稷无常奉，君臣无常位"。人间的社会等级秩序——那神圣不可动摇的"天道"紊乱了。"天文"不再规范"人文"，人事不再遵从天道，逼迫着人们重新认识人的地位、人的价值。子产说："天道远，人道迩，非所及也，何以知之？"①将人从天、神的控制之下解脱出来。殷商西周时代神重于人的观念开始向人重于神的方向转换，"民，神之主也"，"民之所欲，天必从之"。人们对传统道德规范的最高体现"礼"，不再局限于从天对人的制约角度予以理解，"礼以顺天，天之道也"，而将它还原于人际关系："君令、臣共、父慈、子孝、兄爱、弟敬、夫和、妻柔、姑慈、妇听，礼也。"②这就是说，当春秋战国时代的思想家们将他们的目光从渺茫的天界神殿转向人间社会的起始，他们所注目的焦点就不是人的个体，而是人的关系。他们普遍认为，要改变礼崩乐坏的时局，只有从调节人的关系入手，做到这一点，重要的不是去启发人的自由、平等、尊严、权利的自我意识，而是要鼓励人的自律、宽容、义务、贡献的牺牲精神，在对个体的人进行严格的道德、伦理修养的基础之上，实现群体的和谐，从而恢复人类的安宁和发展。在这样一种总的社会目标的召唤下，各家学派纷纷拿出自己的济世方略。儒家"仁者爱人"的核心，把外在的等级制度、历史传统转化为内在的道德伦理的自觉意识，从整顿人的社会性中最基本、最一般、最亲爱的家庭关系入手，并以家国同构精神推而广之，倡导"父子有亲，君臣有义，夫妇有别，长幼有叙，朋友有信"③，并使之制度化、法律化，作为无所不包的"礼"的网络，从各个侧面、各个层次、各个角度细致入微地规定每个社会成员（个体的人）的地位、责任、义务。它承认个体的基本生存权利，同时规定个体在获得一份生活资料的同时，必须承担一定的社会责任。与儒家同居显学地位的墨家，虽然不遗余力地攻击儒家"仁学"的虚伪，但其兼爱、非攻（谴责强暴掠夺）、节用、节葬、非乐（向往温饱生活、反对穷奢极欲）的诸多主张在谋求社会和谐的旨归上，与儒家并无二致，分歧只在实现目标的手段、方式上。以严刑峻法

---

① 《左传·昭公十八年》。
② 《左传·昭公二十六年》。
③ 《孟子·滕文公上》。

为特征的法家,固然与温情脉脉的儒家面目迥异,但是只要懂得春秋战国时代人文精神的核心在人际关系的有序而非平等,那么就不得不承认将法、术、势三者有机结合的法家学说无疑具有最切实际的功效。至于道家,其浓厚反"异化"色彩的个体价值观倒是比较接近于西方人对于"人文"的理解,但从实际推行的效果看,也毋宁说是以一种超世、顺世、游世的消极方式达到人际关系的和谐,从而与积极进取的儒、墨、法诸家学说共同构成逻辑完满的互补结构。

春秋战国时代形成的人文主义精神,在以后的岁月中成为中华文化的主旋律。汉唐时人在肯定"天地之精,所以生物者,莫贵于人"①的同时,却创造性地将纲常伦理推向极端神圣化,宋元时人一方面宣称"不识一个字,亦须还我堂堂地做个人"②,另一方面却重申"父子君臣,天下之定理,无所逃乎天地之间"③,明清时人盛赞"人之材,得天地之全能,通天地之全德"④,同时又坚持传统纲常"三代虽有损益,百世不可变更"⑤。如何评价这种尊重人又压抑人、保护人又伤害人的中国特色的人文主义,也许还需要深入细致的研究,但它形成于春秋战国之时这个史实,笔者以为是确凿无疑的。

二

思维方式是民族文化心理结构的重要内核。概括地讲,中华文化的思维方式以注重对认识对象的直觉体悟和整体把握为显要特征。这种特殊思维方式的建构,也在春秋战国时代。

这个时代的大思想家老聃、孔丘、墨翟、庄周、孟轲、荀况、韩非等人所面临的是"天下大乱"的时局,他们所思考的,是改造社会这样一个庞大的"系统工程"。为此,他们不得不以"通才"的气度纵横驰骋于政治学、社会学、

---

① 董仲舒:《春秋繁露·人副天数》。
② 陆九渊:《象山语录》卷四。
③ 程颢、程颐:《遗书》卷五。
④ 戴震:《原善》。
⑤ 叶德辉:《读〈西学书法〉书后》。

伦理学、历史学、法学、哲学诸多学科领域。这固然有古代学术本身发展不完善、学科独立形态尚未形成等历史原因，但这种学术综合化的时代特点，不能不在思想家们的运思过程中打下深深烙印，促成他们不拘细节、纵横捭阖的总体视角和直觉体悟的感受能力。

思维方式的建构，还受到时代哲学主潮的制约。先秦诸子的自然—社会—人生学说异彩纷呈，但统而观之，其哲学基础却不约而同地立足于"道一元论"。老子说"道生一，一生二，二生三，三生万物"，孔子说"吾道一以贯之"；庄子说"道通为一"，管子说"道在天地之间也，其大无外，其小无内"，韩非说"道无双，故曰一"，"道者，万物之所然也，万理之所稽也"。作为世界观，"道一元论"具有笼天地万物于一端，纳宇宙人生为一体的宏阔气质；作为方法论，"道一元论"又超越了事物的局部构造、孤立存在和相对静止，注重从总体规模、相互联系和运动变化方面去认识、操作。为此，先秦思想家独出心裁地创造出无所不包的"阴阳"模式，并运用它得心应手地将所有认识对象纳入一种直观把握之中。大千世界，林林总总，要而言之，又无非是有与无、动与静、上与下、强与弱、进与退、内与外……的对立统一。对于这样几乎可以无止境地一直列举下去的宇宙间不同领域、不同范畴内永远存在的种种矛盾势力或属性，春秋战国思想家借用日照的向背这一最易感受的现象的称谓"阴阳"来加以最高层次的抽象。这种抽象不需要精确的数量、结构分析，也不需要严密的逻辑推导、演绎，而主要诉诸直觉体悟。阴阳学派的领袖人物邹衍，将这种抽象功夫修炼到极致，达到当时代的最高水平。经过他及其弟子的整理、阐发，形成系统化的阴阳五行说，将天、地、人编排进整齐划一的宇宙图式，从方法论的意义上，直接地孕育了具有鲜明直觉体悟特点的絪缊化生宇宙生成理论、天人感应神学政治理论和阴阳经络中医中药理论，铺垫了中国传统学术的形上根基。

春秋战国时代建构的直觉体悟、整体把握思维方式的具体表现形式有二：一是以立足于经验事实的"设象喻理"取代严密的概念分析和逻辑论证；二是依赖内心的冥证，完全通过"自省"方式达到理知的完善和认识的自由。关于前者，有关"道"的内涵的诠释是最好的例证。"道"的本义是路。思想家们借助这个人们再熟悉不过的经验对象，赋予它有关目标、方向、路线、规律、原理、准则等释义，这是"一象数理"。另一方面，又有"一理数象"，天道、人道、君道、臣道，内容有别，但在合于准则、原理、规律的意义上，又完全一致。设象喻理生动、直观，但内涵往往过于宽泛，歧义丛生。春秋战国思想家创造了一整套内涵丰富、外延宽广的"模糊"概念系统，以之灵巧地编织出认识之网。不仅"道"是如此，"天"、"人"、"气"、"义"、"理"……无一不是涵盖范围可宽可窄、意旨重心亦此亦彼的灵活变通的思维建构材料。"道可道，非常道；名可名，非常名"，文化大师们的许多精彩论断，被包裹在闪烁不定的言辞与飘忽无际的意象之中，给主观随意的诠释以方便之门。中国传统学术围绕"微言大义"打不完的官司，显然与此大有干系。

关于后者，各家各派均有论述，而尤以儒家经典之一的《大学》叙述最为系统、完整："古之欲明明德于天下者，先治其国；欲治其国者，先齐其家；欲齐其家者，先修其身；欲修其身者，先正其心；欲正其心者，先诚其意；欲诚其意者，先致其知；致知在格物。"修身、齐家、治国、平天下的全套本领，统统源于格物致知的"内省"功夫。真理的获取不在实践的千锤百炼之后，而在灵犀一点的"顿悟"之中。把握自身、自心，是把握人生、社会、宇宙的成功的前提和出发点，于是，心性之学而非工艺之学长久不衰地占据中华学术的正宗地位，并日益走向自我封闭的"象牙之塔"。

总之，春秋战国时代所建构的直觉体悟、整体把握思维方式，从民族文化的深层心理结构方面引导中华文化日后走上一条独特的发展之路。宇宙观协调天人关系，追求万物和谐；人文科学中文史哲浑然一家；自然科学中应用技术发达而实证理论薄弱；文学作品注重结构、情节的完整连贯，人物描写突出外在形体、动作的描划；绘画、书法、雕塑等艺术门类以象征表意为基本宗旨，意在笔先，神重于形；……这一切无不表明，在中华文化传统中，整体的综合观占有突出主导地位，而这种思维方式正是在春秋战国时代初现其规模的。

三

价值标准是民族文化共同体全体成员的行为依据。它的建立，是民族文化精神的具体化展开和思维方式实现的前提。春秋战国时代，中华文化所特有的价值标准系统在空前热烈的思想争鸣和剧烈动荡的世事浮沉中渐显轮廓，日趋定型。

春秋战国时代的社会大动荡和人际关系大改组，逼迫每个社会成员在人生理想、生活态度、行动规范诸方面进行新的抉择。围绕这个时代大课题，各家学派纷纷提出自己的人生哲学。儒家以礼为行为规范，以义为价值准绳。"非礼勿视，非礼勿听，非礼勿言，非言勿动。"①如何确定人们的视听言动符合礼否，又必须以义为最核心的绝对准则。"君子义以为上"②，"义，人之正路也"③，哪怕是"舍生而取义"也在所不辞。墨家不像儒家那样强调抽象的"仁"、"义"，而是鼓吹实际的生产劳作，人"赖其力者生，不赖其力者不生"④，故"凡天下群百工，轮车、鞼鞄、陶、冶、梓匠，使各从事其所能"⑤，注意培养弟子"日夜不休，以自苦为极"的坚韧精神和"摩顶放踵，利天下为之"的高尚情操。道家力主以超然态度对待尘世纷争，摆脱肌体之累、声色之乐、利禄之欲、死亡之惧的种种羁绊，复归人的本性，"为善无近名，为恶无近刑，缘督以为经，可以保身，可以全生，可以养亲，可以尽年"⑥。法家"以法为教"，"以吏为师"，"禁游宦之民而显耕战之士"⑦，要求弟子绝对忠于君主，"北面委质，无有二心"，"能去私曲，就公法"，且具备"强毅而劲直"的品质。我们不难看出，在以上纷繁歧异的具体主张背后，显现了各家共同遵循的价值判断准则——重伦理道德、重个人修养、重实用理性。而儒家学说正是由于在这三方面论述最深刻、贯彻最彻底，超乎各家之上，成为日后中华文化的主导性思想之源。

春秋战国时代，曾经盛行于世的血缘宗法社会风习并没有随着周王室的衰败而销声匿迹，而是经由儒家的整理改造，融合进社会礼仪系统之中，得到大力阐扬。家庭亲子关系被视为一切社会关系的范本，社会关系成为家庭关系的延伸和放大，血亲人伦成为道德规范的首要内容和基本模式。社会理想境界的实现，被完全诉诸甚至等同于人与人之间、社会集团与集团之间和谐关系的建立和牢不可破；而达到这一目标的逻辑起点，又在于个体

---

① 《论语·颜渊》。
② 《论语·阳货》。
③ 《孟子·离娄上》。
④ 《墨子·非乐上》。
⑤ 《墨子·节用中》。
⑥ 《庄子·养生主》。
⑦ 《韩非子·和氏》。

的"克己复礼"的道德修养和"明心见性"的封闭式"自省"。合于此,自然世风淳然,海晏河清;悖于此,难免人心浇漓,天下争乱。显然,在这样一种价值标准系统中,核心的圭臬是伦理意义的"善恶",而非科学意义的"真伪"和艺术意义的"美丑"。正因为如此,儒学经典《大学》称"止于至善"为"大学之道"的标帜,以之作为伦理观循环圈"知止→有定→能静→能安→能虑→能得"的起点和终点。有的论者将中国传统文化归纳为以"求善"为终极目标的"伦理型"文化,以区别于以"求真"为终极目标的"科学型"文化,确有其价值判断准绳方面的确实依凭。

春秋战国时代树立起的价值标准系统强调"求善",还有一种认识论方面的原因促成,这就是认为在"真"与"善"、知识与道德之间存在着同一性及相互转化关系。求"真"、求知是手段,求"善"、道德才是目的。"离开求善而专求真,结果只能得妄,不能得真。……致知和修养乃不可分;宇宙真际的探求,与人生至善之达到,是一事之两面。"①西哲亚里士多德说,"人们追求智慧是为了求知,并不是为了实用,"②春秋战国时代的思想家的看法却正好相反,追求智慧是为了实用,而不是为了求知。"一切都放在实用的理性天平上加以衡量和处理。"③从完善人生这个最根本的目标着眼,最最实用的还是立足现世的道德修养术。在这种实用理性之光的照耀之下,实证的科学工艺与虚妄的神学宗教一概黯然失色,而尚德、尚齿、尚爵的荣誉观、重传统轻变革的历史观、重群体轻个人的社会观、重精神轻物质的人生观,却日复一日地熏陶民族心理,积淀在人心深处,成为中华文化价值标准系统的基本尺度被长久地崇奉。

四

知识分子是任何一个民族文化共同体中的精英集团。春秋战国时代的知识分子被称作"士"。士原本属于统治阶级的营垒,位于奴隶主贵族的最低层,终身依附于卿大夫,不得有丝毫僭越之举。春秋时代的社会动乱瓦解

---

① 张岱年:《中国哲学大纲》,中国社会科学出版社 1982 年版,第 7 页。
② 北京大学哲学系编译:《西方哲学原著选读》上卷,商务印书馆 1981 年版,第 119 页。
③ 李泽厚:《中国古代思想史论》,人民出版社 1985 年版,第 30 页。

了宗族"礼法"，政出家门，国人暴动，奴隶起义，这一切猛烈冲击了士的安稳、平静生活，从而改变了他们的社会地位。士失去了生活保障，除了"六艺"知识，已经一无所有，另一方面，在丢掉铁饭碗的同时，也摆脱了宗法制度的枷锁，获得了较大的人身自由。他们成为独立的知识分子集群的最基本成员。动乱时世也改变了大批王公贵族子弟的命运，他们丧失了往日的尊贵荣华，不得不与士为伍，依靠自己的心智与口舌谋生立命。这批人有相当数量，构成知识分子集群的重要组成部分。此外，庶人中的佼佼者，也是士阶层的来源之一。这些人就是管仲所称的"其秀民之能为士者，必足赖也"①。社会剧变松动了宗法制度的僵硬地表，也就为庶人中知识人才的破土而出提供了条件。从政治上看，那些宏图大略、谋取霸权的国君侯王千方百计招揽人才，士正是他们争夺的首要对象。"朝为布衣，夕为卿相"的戏剧性身份变化，出入车马、锦衣玉食的优厚待遇，尤其是出将入相、位极人臣的显赫地位，更大大刺激了士阶层的膨胀。

独立社会身份的确立，使士阶层拥有的社会文化潜能充分发挥出来。他们作为政治智囊、军事参议、外交使节、思想精英、文教师长，活跃于天地翻覆的历史舞台，在推动社会蓬勃前进的同时，也表现出强烈的自主意识，形成鲜明的群体品格。这种品格包括若干层面：其一，博大胸怀与开放心态。他们不再受宗法制度下固定职事和局促生活圈的束缚，超越个人经济地位和政治背景的狭隘限定，而将整个社会文化秩序作为自己思考的对象和一试身手的场所，从社会进步、国家兴旺、民众富足的宏观目标上思考人生。其二，强烈的政治参与意识。儒家公然树起"学而优则仕"的旗帜，墨家弟子直接参加宋国的防卫战争，法家更是以行使政治权术、建立政治专制为全部活动宗旨，即便是"其学以自隐无名为务"②的老子，也并非真心与政治无涉，他的归隐，只是在实现自己"复古"政治理想无望的时局下，强烈参与意识的扭曲表现。其三，以先知觉后知，以先觉觉后觉的社会责任感。孟子自曰："予，天民之先觉者也。予将以斯道觉斯民也。非予觉之，而谁也？"③虽然士子们对于"斯道"的理解不尽相同，但他们无一不以"先知"自居，无一不把"后知"、"后觉"作为自己启发教育的对象。从这一点看，士既

---

① 《国语·齐语》。
② 《史记·老子韩非列传》。
③ 《孟子·万章上》。

是民族的文化精英,同时又是民族的精英文化与世俗文化相互交流的媒介和桥梁。南郭惠子曾问子贡:"夫子之门,何其杂也?"①其实并非"夫子之门"一家如此,各家士人招徒授学,谁也没有对下层民众关闭大门。其四,注重道德修养。士阶层具有强烈的卓立不群的"清高"意识,"世混浊而莫余知兮,吾方高驰而不顾"②,十分强调超越物质欲望的精神追求,所谓"君子谋道不谋食",甚而至于"朝闻道,夕死可也"。倡导以"自省"修养方式"养吾浩然之气"③。

在漫长的中国历史上,知识分子继承了春秋战国时代士阶层在社会系统中的独特地位与作用,发扬光大了士的品质和作风,关心天下忧乐,提倡经世致用,注重修身养性,讲究道德文章,同时也因袭了其素质中的劣根因子,如轻视劳动群众,鄙薄工艺技术,脱离生产实际,易于唯心玄想,等等。在一定意义上说,一部知识分子的形成发展史,也就是中国文化史的缩编,而前者正是从春秋战国时代揭开其篇章的。

五

中华文化以其历史悠久、内容博大著称于世,这直接源于中华文化自身具备的宽广胸怀和包容机制。这一机制的形成,始于春秋战国时代"百家争鸣"之中产生并发挥卓越社会效能的"和而不同"的文化观念和文化实践。

"和"、"同"作为一对对立的范畴,西周末年即已出现。孔子继承和发展了前人对和同关系的认识,进而提出"和而不同"的文化观:"君子和而不同,小人同而不和。"④荀子从认识论角度论证了"和而不同"。他说:"凡人之患,蔽于一曲,而暗于大理",学术争鸣最忌"私其所积,唯恐闻其恶也,倚其所私以观异术,唯恐闻其美也","观于道之一隅而未之能识也"。他提出

---

① 《荀子·法行》。
② 《楚辞·涉江》。
③ 《孟子·公孙丑上》。
④ 《论语·子路》。

应"目视备色，耳听备声"，"兼陈万物而中县衡焉"①，全面把握"和"的文化精神内核。

"和而不同"的文化精神在春秋战国时代各家学说的发展过程中，呈现渐次加强的趋势。学派之间相互辩驳但又非全盘否定，相互吸收但又非生硬拼接。阳儒阴法、援道入墨、兼儒墨、合名法等学术杂交现象比比皆是。早期儒家鼓吹仁政，其后学荀子却主张礼、法兼治，王、霸并用。早期法家分别强调法、术、势的作用，韩非集其大成，同时吸取荀子思想，改造老子学说，主张"必缘理，不径绝"，反对"无缘而妄意度"。在道家，庄子的"无为"也对老子的"无为"有所发展，"上必无为而用天下，下必有为为天下用，此不易之道也"②，这就非常接近于法家。庄子认为君主"用天下"的秩序大致分明天、道德、仁义、分守、形名、因任、原省、是非、赏罚，其道德、仁义接近儒家，而分守、形色以下，又与法家主张吻合。

"和而不同"极大地促进了春秋战国时代思想文化领域的蓬勃兴旺。它作为思想家们的宝贵实践经验和卓越理论贡献，为后世所继承。更重要的是，它促成中华文化形成了一种"有容乃大"的生成机制。春秋战国之后的两千年中，在"和而不同"之风的熏陶之下，中华文化面向广阔的外部世界呼吸吞吐，对于异质文化（如佛教），有选择地吸收，有目的地改造，使之成为中华文化的有机组成部分（如禅宗），不仅化解了异质文化相冲突、摩擦可能造成的两败俱伤，而且给自身肌体注入了新鲜血液，带来了蓬勃生机。

（原载《学术月刊》1990 年第 5 期）

---

① 《荀子·解蔽》。
② 《庄子·天道》。

中国文化与欧洲启蒙运动

——兼论东西方文化交流的若干通则

18 世纪初,启蒙运动在欧洲兴起。启蒙思想家在继承古希腊、罗马以来西方理性主义精神遗产,尤其是近代实证论、经验论的同时,又把目光投向欧洲以外的广阔天地。他们惊喜地在东方发现了一片理性之光照耀的国土——中国,发现了在 2000 年以前就以无比清晰的语言说出他们想说的话的伟大哲人——老子、孔子。莱布尼茨兴奋地宣布:"全人类最伟大的文化和文明,即大陆两极端的二国,欧洲及远东海岸的中国,现在是集合在一起了。我相信这是有命运在安排。"①

这是西方文化向东方、向中国的第一次深入采掘与熔铸。它的意义,不仅在于使中国文化精神的若干要义在欧洲知识阶层中得到广泛传播和热烈响应,推动了启蒙运动的蓬勃声势,磨砺了思想解放的锐利锋芒,而且在于东西方文化交流的若干通则就此得到相当典型的凸显。本文拟就这些内容进行初步探讨,敬祈方家指正。

一、耶稣会士的媒介作用

启蒙思想家是思接千载、视通万里的文化巨匠,但他们中间却很少人有幸亲临中国,也无人掌握迥异于西方拼音文字的方块文字,以直接研读中国经典。他们对中国文化的观察理解,均通过来华耶稣会士及其编译的有关著作。

15 世纪开始,欧洲人不断开辟出通往世界各大洲的新航路。1553 年,

---

① 转引自朱谦之:《中国哲学对于欧洲的影响》,福建人民出版社 1983 年版,第 225 页。

葡萄牙人登上澳门。随之,探险者、商人、耶稣会士纷纷踏上中国这块神秘的土地。探险者猎奇,商人赚钱,唯有耶稣会士文化意识最强且自觉身负神圣使命。他们来华,本意十分明确,即布道海外,重振天主教声威,反对进行改革的新教势力。经与中国民众、尤其是士大夫阶层的接触,耶稣会士发现,中国古代圣贤的诸多思想,似可与天主教宗旨相互发明。"我们不是从这些古代的花朵中寻找毒液,而是吸取其蜜汁。"①于是,他们以极大的热情翻译、介绍中国典籍,传回国内,在传播西教于中土的同时,又将中国文化反馈到欧洲。1685 年,法王路易十四派白晋、李明、张诚、刘应(均为耶稣会士的汉文名字)等人出访中国。他们归国后,向路易十四呈递康熙皇帝赠送的中国典籍 41 部;同时,经他们操办运往法国的中国古籍则多达 4000 余种。

耶稣会士对于自己了解中国及其文化的深入程度充满自信。利玛窦自述:"我们在中国已经生活了差不多三十年,并曾游历过它最重要的一些省份。而且我们和这个国家的贵族、高官以及最杰出的学者们友好交往。我们会说这个国家本土的语言,亲身从事研究过他们的习俗和法律,并且最后而又最为重要的是,我们还专心致意日以继夜地攻读过他们的文献。"②据此,他们批评以往西方关于中国的著述,或者道听途说,或者想象太多,"因此唯一合情合理的就是相信我们最近的这部叙述将取代在它以前出现的那些撰述,它所记录的事应该被当做是真实的,当然也要适当地容许人为的差误。"③16—17 世纪,耶稣会士翻译的四书五经等中国典籍的西文版先后问世。此外,介绍中国历史、文化的《中华全志》、《中国通史》、《孔子道德论》、《大禹与孔子》、《中国人的政府和道德观念》、《自然法典——孔子之诗》、《中国的哲学》等著作也纷纷出版。

耶稣会士将中国文化介绍给欧洲的业绩,受到启蒙思想家的充分肯定。狄德罗在阅读了《耶稣会士书简集》后承认,"看来耶稣会士对中国进行了认真的观察",魁奈也认为,研究中国,"除了依据传教士的回忆录以外,更无其他方法"④。

---

① 转引自朱雁冰:《〈中国哲人孔子〉中的孔子形象》,《复旦学报》1990 年第 3 期。
② 《利玛窦中国札记》,中华书局 1983 年版,第 3 页。
③ 《利玛窦中国札记》,中华书局 1983 年版,第 41 页。
④ 朱谦之:《中国哲学对于欧洲的影响》,福建人民出版社 1985 年版,第 74 页。

耶稣会士的媒介作用不仅表现在为启蒙思想家认识中国文化提供了典籍、思想、习俗、制度等多方面的依据;除此之外,他们力主儒学与基督教宗旨一致的文化会通观、不自觉地以中国理性改造宗教神秘主义的文化变易观,都给了启蒙思想家重要启迪。李明在《中国状态新志》中提出"孔子哲学里,理性遍及一切时间和地点",又说"顺世随俗而不失其庄重和美的孔子态度,其严格的禁欲生活,轻视人世的富贵,尤其是在古圣贤中所罕见的特质,即孔子的礼让和谦卑,认为理性训练所成之纯粹学者,不如谓为领会神旨以改造新大陆的一人"。在这里,对孔子和中国文化的礼赞,恰可视为启蒙思想家中国观的前驱先导。

有心栽花花不发,无意插柳柳成荫。耶稣会士传基督教于中国的意愿、以中国文化论证基督教教旨的意愿,一个也没有实现;倒是他们的辛勤译述,率先传播中国文化于欧洲,功不可没。更具讽刺意味的是,正是他们的这些译述,为启蒙思想家猛烈批判他们自己一心捍卫的基督教神学,提供了来自万里之外的火力支援。这显然为利玛窦们始料未及。

二、东方古国的文化魅力

耶稣会士的传介,在16—18世纪的欧洲引起了空前的中国文化热。东方古国的文化魅力倾倒了欧洲各阶层人士。启蒙思想家正是在这样一种热烈的氛围中,援引中国,赞美中国;而广大民众也正是在这样的氛围中,认同了启蒙思想家的援引和赞美。

中国悠久的历史和发达的文明令欧洲人欣羡不已。伏尔泰惊叹:"早在四千年前,我们还不知读书识字的时候,他们(中国人)就已经知道我们今日拿来自己夸口的那些非常有用的事物了。"[1]英国爵士坦普尔也称赞"中国好比是一个伟大的蓄水池或湖泊,是知识的总汇"[2]。

中国文化的人格化代表孔子,受到欧洲人的高度推崇。1687年,郭纳爵在巴黎出版《中国哲学家孔子》,称赞孔子为"道德及政治哲学上的最博

---

① 伏尔泰:《哲学辞典》,商务印书馆1991年版,第331页。
② 范存忠:《中国文化在启蒙时期的英国》,上海外语教育出版社1991年版,第15页。

学的大师和先知"。重农学派的首领魁奈认为，《论语》"讨论善政、道德及美事，此集满载原理及德行之言，胜过于希腊七贤之语"①。在法国，甚至有人将天主教徒祈祷的口头禅"圣母玛利亚，为我们祈祷吧！"改为"神圣的孔子，为我们祈祷吧！"②

　　欧洲人沉浸在对东方文明古国心驰神往的迷恋之中。"在西方对于中国文献没有正确知识之时，中国史是一幅宏伟美丽的图像，但内容如何断然是极暧昧不明的。"③弥尔顿的《失乐园》吟诵"中国人用风帆驾驶藤的轻车"，"在精致的瓷器那微妙的色调里，在颤动的中国丝绸那飞扬的光泽里，18世纪优雅的欧洲社会见到一种幸福生活的梦境，正如他们自己的乐观精神早已梦想过的一样。"④波维尔更发出呼唤："到北京去！"⑤

　　到北京去，对于绝大多数欧洲人来说，当然只能是一种幻想，但是，在欧洲的家园模仿中国人的生活，却是可以尝试的。18世纪第一个元旦，法国宫廷举行中国式庆典，气氛欢快，通宵达旦。1755年，巴黎歌剧院演出歌舞《中国的节日》，排演时万人空巷。后应邀到伦敦演出，观众手舞足蹈，欢呼"太好了！"⑥

　　当王族和平民热衷于中国式欢娱之时，思想家们却开始思索西方与东方、欧洲与中国之间文化的深层次交流。1703—1708年，法人马勒伯朗士写作《一个基督教哲学家和一个中国哲学家的对话——论上帝的存在与本性》。与此同时，方隆也推出《死者会谈录》，采用孔子与苏格拉底辩论的形式，讨论时人对于中国文化的褒贬。这不约而同的"对话"，恰是一个重要象征。中国文化深刻影响欧洲的年代，已经来临。

三、道、自然法与自然神论

　　道，是中国哲学的核心范畴之一。老子首倡"道"论："有物混成，先天

---

① 　［德］利奇温：《十八世纪中国与欧洲文化的接触》，商务印书馆1991年版，第94页。
② 　艾丹妮、何兆武：《旧制度时期的法国与中国文化》，《世界历史》1992年第2期。
③ 　［德］利奇温：《十八世纪中国与欧洲文化的接触》，商务印书馆1991年版，第88页。
④ 　［德］赖希文：《中国与欧洲》Powell英译本，伦敦1925年版，第26页。
⑤ 　［德］利奇温：《十八世纪中国与欧洲文化的接触》，商务印书馆1991年版，第83页。
⑥ 　《外事报刊》，1755年12月号，第223页。

地生。寂兮寥兮,独立而不改,周行而不殆,可以为天下母。吾不知其名,字之曰道。"①庄子继而申述:"夫道有情有信,无为无形;可传而不可受,可得而不可见;自本自根,未有天地,自古以固存;神鬼神帝,生天生地;在太极之先而不为高,在六极之下而不为深,先天地生而不为久,长于上古而不为老。"②

在启蒙思想家看来,中国人推崇这无形无象、无始无终,但又自本自根,确确实实"为天下母"的"道",所以他们有宗教却无迷信,承认天、神的公道,却不揣摩它的裁决。这恰好可以援引作为以知识对抗信仰、以理性对抗天启、以世俗的自然主义对抗教会的超自然主义的有力武器。老子的"道法自然",更直接启发了启蒙思想家赋予"道"以鲜明近代色彩的自然法灵光。

还在耶稣会士的书简中,便有"中国经典含有自然法则的原理"的字句。启蒙思想家发展了这一认识,并着力凸显其中的理性成分和现实社会政治意义。重农学派的《历报》主编鲍杜在《经济哲学·导论》中写道:"我们知道,只有中国人,他们的哲学家,从远古便被最高深的真理所贯彻,他们称之为法则或'天道'。他们的一切措施,都根据于这一原则:顺乎天意。"③沃尔弗则在他那著名的1721年哈勒大学演讲中论道:"中国人并不强迫人有所为。他们认为:对于培养道德风尚,至关重要的因素是与人的理性相吻合,他们所做的每一件事情,其根据都在人的自然性中。因此我们就不必感到惊奇,为什么他们做点什么总是一帆风顺。"启蒙思想家公认,中国人自古以来、行之久远的循道而动、因时而行的人生态度,是自觉的、高度理性的体现。

启蒙思想家认为,根据中国人的理论和经验,"研究及遵守自然法则,可以引导到道德,是政治家最高的职责";而"补充这个职责的第二个职责,即把这种自然法则教导人民"。④ 中国人正是依据这一点,建立起令世人赞叹不已的公私教育制度。这种制度立足于人类扬善弃恶的自然性,教导人们甄别善恶的理性能力,并消除感觉给理性带来的浑浊。"中国人善于正

① 《老子·二十五章》。
② 《庄子·大宗师》。
③ [法]戴尔:《重农学派》,巴黎1846年版,第798页。
④ [德]利奇温:《十八世纪中国与欧洲文化的接触》,商务印书馆1991年版,第95页。

确运用自然的力量,因此,在道德才智方面享有崇高的名誉,他们以自身的例子表明,运用这种力量不会徒劳无功。"①

在启蒙思想家眼中,自然法不仅是中国伦理道德的基础,而且还是政治与社会运作的规则。中国帝王以"天子"自命,须受天的规则——自然法的约束。因此,中国"合法的专制政治"之"法",便是自然法。百科全书派成员巴夫尔是极个别亲身到过中国的启蒙思想家之一。他在《一个哲学家的旅行》中写道;"中国农业的繁荣胜过世界各国,这不是由于进行各种特殊的勤劳,也不是由于耕作的方式或播种的方法,这是快乐国家必须会这样的。这成为特质,最重要的应推源于政府的做法,那不变的基础根深蒂固地只放在理性一边。在同时代的人类之中,差不多历史一开始,中国就第一个按着各种法则在自然的指导之下,且不可侵犯的维持着从一代传到一代。"②中国法制将宗教、道德、民俗融合为一,恰是实证法完全基于自然法的绝好例证。

从莱布尼茨开始的启蒙思想家,大多是自然神论者。"根据自然神论,人们在信仰上获得了很大的选择余地,他们可以不信任何一种宗教,同时仍可保持对上帝的虔诚信仰,仍然相信上帝支配着人的命运。可见,自然神论并非无神论,因为它并未否定上帝的存在。自然神论者认为中国人有一种关于宗教生活和伦理准则的自然感受,而这些正是西方人所应效法的。"③休谟认定,"孔子的门徒,是天地间最纯正的自然神论的信徒。"④莱布尼茨则提出,"有必要请中国遣派人员来教导我们关于自然神学的目的及实践,正如我们派遣教士到中国去传授上帝启示的神学一样。"⑤

"自然神论——至少对唯物主义者来说——不过是摆脱宗教的一种简便易行的方法罢了。"⑥它有力地反对流行欧洲近十个世纪的宗教狂热与教派纷争,是由迷信走向科学的中间环节。启蒙思想家在完成这重要一步的过程中,充分吸纳了中国文化的优长,这是欧罗巴人的睿智,更是中华民族

---

① 《世界名人论中国文化》,湖北人民出版社 1991 年版,第 159 页。
② 朱谦之:《中国哲学对于欧洲的影响》,福建人民出版社 1985 年版,第 308—309 页。
③ [美]史景迁:《文化类同与文化利用》,北京大学出版社 1990 年版,第 46 页。
④ 休谟:《论文与随笔》第一卷,第 131 页
⑤ 莱布尼茨:《中国新论·导论》。
⑥ 《马克思恩格斯全集》第 2 卷,人民出版社 1957 年版,第 165 页。

的光荣。

四、道德化的实用理性

实用理性,是以儒家人生哲学为基础、贯穿千年的中华民族性格一思维模式。在它的光芒照耀下,"中国民族获得和承续着一种清醒冷静而又温情脉脉的中庸心理:不狂暴,不玄想,贵领悟,轻逻辑,重经验,好历史,以服务于现实生活,保持现有的有机系统的和谐稳定为目标,珍视人际,讲求关系,反对冒险,轻视创新……"①启蒙思想家敏锐地把握住中国文化的这一基本精神,并以之作为 18 世纪的欧洲应当仿效的榜样。曾对中国专制政治以严厉抨击的孟德斯鸠,也以赞扬的口吻谈到:"中国的立法者是比较明智的;他们不是从人类将来可能享受的和平状态去考虑人类,而是从适宜于履行生活义务的行动去考虑人类,所以他们使他们的宗教、哲学和法律全都合乎实际。"②

启蒙思想家比较中西学术及其价值系统的异同,认为"西方理论及思辨之学(数学、天文学、逻辑、玄学)当然超过东方;但中国的实用哲学及政治道德,无疑要较我们为优越"③。他们发现,中国人重现实、重经验、重内省,这些特点正可用作基督教价值系统的对立参照物。伏尔泰指出:"中国人不愿对他们所不知道的东西下断语。在这方面,他们和世界上的其他一些文明国家存在很大的差别。地狱的学说是有用的,但中国政府从来不承认这种学说。他们认为,一种正确政策的长期被实施,比一些可能会被否定的见解更有实效。"④沃尔弗也认为"中国人既没有自然的敬神,也没有受到神灵启示的敬神,他们从不注重外在的根据。这样,那些经过丰富的经验证实了的东西还有什么可值得怀疑的呢? 在他们身上起作用的动机都是内在的,受到人的行为的性质决定的"⑤。

---

① 李泽厚:《中国古代思想史论》,人民出版社 1985 年版,第 306 页。
② 《论法的精神》,商务印书馆 1961 年版,第 232 页。
③ 莱布尼茨:《中国新论·导论》。
④ 伏尔泰:《历史哲学》,第 88 页。
⑤ 《哲学短文全集》,第 6 卷。

对于以儒学为主干的中国哲学，启蒙思想家几乎众口一词地将其归于实践哲学范畴。狄德罗赞扬孔子学说简洁易行，不谈奇迹，不言灵感，只需以"理性"或"真理"便可治国平天下。因此，"孔子谓为自然及其原因之研究者，不如谓其努力于人世及其习俗的研究"①。1721 年的一天，沃尔弗在哈勒大学发表题为"中国的实践哲学"的演讲，吸引了来自欧洲各国的一千名听众。与此形成强烈反差的是，当时另一位神学教授兰格的演讲却几乎无人问津。他孤零零地站在大厅里，"冻得要死，陷入了绝望之中"②。

启蒙思想家之所以对中国哲学的实用理性发生如此浓厚兴趣，其内在动因在于他们对基督教来世学说神秘主义的极度憎恶。卢梭就拒绝回答诸如"世界究竟是永恒的还是创造出来的"之类问题，因为这是"超出我的理性的无聊问题"③。百科全书派更庄严宣告：人类的事业不是安排彼岸的、来世的生命，而是依靠知识和理性，以科学的征服和人类无限进步的信念，在这块土地上建立人类的普遍幸福。④

启蒙思想家猛烈抨击基督教会以苦行主义麻痹民众、以虚幻的天国来欺骗民众安于今世的苦难，是违反人性、自然性的不道德行为。为此，他们给予中国实用理性的鲜明道德化倾向以热烈的赞美与认同。

启蒙思想家自认为在中国发现了一个全新的道德世界。狄德罗生动地论道，中国人"比我们更懂得善意与道德的科学。如果有一天发见这种科学是居一切科学的第一位，那么他们将可以确定的说，他们有两只眼，我们只有一只眼，而全世界其余的人都是盲者了"⑤。伏尔泰煞费苦心地将中国传统剧目"赵氏孤儿"大改大动成面目全非的"中国孤儿"，根本动因就是激发观众的崇高道德感。他借剧中人物成吉思汗因受中国道德感召而改变了自以为蛮力可以征服一切的愚昧这一剧情，来表达自己的思想：道德的力量可以征服征服者。他甚至干脆直截了当地将"中国孤儿"又称作"儒家道德的五幕剧"。莱布尼茨更坚信："如果任用哲人担任裁判，不是裁判女神的

---

① 《狄售罗全集》第 14 册，第 126 页。
② 《世界名人论中国文化》，湖北人民出版社 1991 年版，第 67 页。
③ 《十八世纪法国哲学》，商务印书馆 1963 年版，第 183 页。
④ 参见索布尔编：《百科全书选集》，"幸福"条。
⑤ 摩利尔：(狄德罗与百科全书派》，第一卷，第 274 页所引 Chinese Superiority。

美,而是裁判人民的善,他一定会把金苹果奖与中国人。"①

启蒙思想家大多是自然神论者。自然神论不是无神论。正因为如此,伏尔泰在不遗余力地反对基督教神学的同时,又有"即使上帝是没有的,也必须捏造一个"的名言。这捏造出来的上帝,其实不过是人类理性在上天的投影;而道德,则是人性对神性的塑造。伏尔泰认为,道德化的理性宗教"到处是一律的",它跨越时空,属人类共有。中国的儒教,正是其典型。"在欧洲陷于迷信腐败的时候,中国人已经实行最有道德的纯粹宗教了。"②所以,我们需要的不是将基督教传播到中国,而是让儒教泽被欧洲。

五、开明专制及其社会运作

直至 18 世纪中叶,欧洲大部分地区还处在政教合一式的黑暗统治之下,政治气氛窒息,社会运作僵滞。唯有英伦三岛资产阶级的民主政治晨光初露。启蒙思想家在热切注目这欧洲"唯一实行自由的国家"的同时,也试图在更广阔的时空,寻找社会批判与社会重建的标杆。在这方面,中国文化同样为他们提供了历史借鉴。

在启蒙思想家看来,政权建立在教权基础上,还是建立在父权基础上,具有本质的区别。父权——人,教权——神;这一分野足以使国家、社会走上迥异的道路。不是神的专横,而是人的理智决定了社会组织的有序运转。因此,中国的君主政治充满世俗的、家庭的温情和谐,开明而非暴虐。他们认为,"在中国,理性对于君主的权力,发生了不可思议的效果"③,其表现是将"礼"作为治国的准则。孟德斯鸠论道:

中国的立法者们主要的目标,是要使他们的人民能够平静地过生活。他们要人人互相尊重,要每个人时时刻刻都感到对他人负有许多义务;要每个公民在某个方面都依赖其他公民。因此,他们制定了最广泛的"礼"的规则。……这是养成宽仁温厚,维持人民内部和平和良好

---

① 莱布尼茨:《中国新论·导论》。
② 朱谦之:《中国哲学对于欧洲的影响》,福建人民出版社 1985 年版,第 291、287 页。
③ 霍尔巴赫:《社会的体系》。

秩序，以及消灭由暴戾性情所产生的一切邪恶的极其适当的方法。①

用"礼"来教化民众，是为礼教。孟德斯鸠接着说："中国统治者就是因为严格遵守这种礼教而获得了成功。中国人把整个青年时代用在学习这种礼教上，并把整个一生用在实践这种礼教上。文人用之以施教，官吏用之以宣传；生活上的一切细微的行动都包罗在这些礼教之内，所以当人们找到使它们获得严格遵守的方法的时候，中国便治理得很好了。"②基于这一分析，启蒙思想家认为，"虽然中国政府是纯粹君主制的，但确切地说，它不是绝对专制的。……人民手中总是握有武器，它是一种足以限制君权的力量，能迫使君主命令他的官吏们或统治者必须按照一般法律准则行事，防止起义的发生。"③

中国历史上特有的谏议制度，令启蒙思想家大感兴趣，认为是开明专制千年延续的重要保证。魁奈不无理想化地写道：

> 中国的法律无论什么时候对劝谏皇帝的惯例都给予鼓励，法官们和大官们可以自由地、无所畏惧地劝谏。皇帝受到真诚而大胆的规劝，是加强而不是取消他的权力。……如果皇帝不考虑这些劝谏，并把自己的不满施加于有勇气抓住社会问题的官员身上，他将会受到轻视，而这些官员却要得到最高奖赏；他们的名字将要以各种形式的荣誉和表扬，永远受到人们的纪念和歌颂。④

卓有成效的监察制度，是中国政治的另一优长。"皇帝还不时地派遣监察官到各省去，这些监察官从人民中得到情报，然后把它送给正在开庭议论政事的大臣那里。如果某个监察官发现官员有任何不正当的行为时，他立即会出示他的证件，由于他的权力是绝对的，他可以依据法律，马上强有力地惩治罪犯；但如果罪行并不那么严重，他就把他的材料送交朝廷，然后由朝廷来决定对于这件事应采取什么办法来处置。"⑤透过这些略显溢美的言辞，我们可以体察到启蒙思想家亟思变革蛮横神权政治的热望。

启蒙思想家特别注意到，中国知识阶层从春秋时代以后，便以入仕方式

---

① 《论法的精神》，商务印书馆 1961 年版，第 312 页。
② 《论法的精神》，商务印书馆 1961 年版，第 313 页。
③ 《休谟散文集》，上海三联书店 1988 年版，第 47 页。
④ 《世界名人论中国文化》，湖北人民出版社 1991 年版，第 57—58 页。
⑤ 《世界名人论中国文化》，湖北人民出版社 1991 年版，第 63—64 页。

多方位地介入社会政治生活,并在某种意义上实际控驭政权。这与中世纪的欧洲政治由僧侣集团把持,形成鲜明对照。在中国,对民众施行教化也好,对君主进行劝谏也好,担任从中央到地方的各级行政官员也好,均由知识阶层——儒生——充任主角。而且,这类角色的更换、替补、升迁、贬黜,又得到严密而公正的、教育与选拔相结合的科举制度的坚强支撑,这就更令启蒙思想家们大为叹服。德国学者维兰德认为,"才能、熟练的技巧和个人的价值应当为每个人(不论出身、家族和其他偶然情况)在任何对国家最有益的岗位上广开门路,就好像他是尼布甲尼撒和孔夫子的嫡系子孙一样。"[①]沃尔弗赞赏中国的科举教育对学生教以自治和治人的方法,不仅本于人类精神的自然规律,而且十分有利于政治的治理和社会的有效运作。

六、重农主义

重农学派的领袖人物魁奈,享有"欧洲的孔子"的声誉。他早年习医,从人体的生命运转中,得到"自然有机体"的实证,并循此思路进入社会经济研究领域。他通过耶稣会士的媒介,了解中国农本主义的自然经济特征,并以中国作为证实"自然秩序"的最好例证。尽管他本人有时宣称自己著作的理论渊源在古希腊,但其同时代人却一针见血地指出:"你所宣传的学说,即以农业为唯一富源,本来是苏格拉底、伏羲、尧舜和孔子早已创立的学说。"[②]他的学生弥拉波,更在其师的葬礼致词中,将魁奈与孔子学说直接联系起来:

> 孔子的整个教义,在于恢复人受之于天、而为无知和私欲所掩蔽的本性的光辉和美丽。……对这种宗教道德的伟大教言,似乎不可能再有所增补;但最主要的部分还未做到,即行之于大地;这就是我们老师的工作,他以特别聪睿的耳朵,亲从我们共同的大自然母亲的口中,听到了"纯产品"的秘理。[③]

重农学派主张,依循"自然法则",农业是最基本的产业,只有农业的

---

① 《德国启蒙运动时期的文化》,商务印书馆 1990 年版,第 103 页。
② [德]利奇温:《十八世纪中国与欧洲文化的接触》,商务印书馆 1991 年版,第 95 页。
③ 《魁奈经济学及哲学论文集》,法兰克福—巴黎 1888 年版,第 9 页。

"纯产品"才能使人复归于自然本真状态。所以，土地是财富的唯一源泉。魁奈认为，中国是这种理论的活生生实例。他指出，中国的富庶是基于农业的发达，这一条足以成为各国的规范。

重农学派是启蒙运动中的重要一支。狄德罗等人都给予它积极的支持，伏尔泰也曾宣称"我们更需要的是犁而不是钟表"。魁奈的早期代表性论文《农民论》、《谷物论》，就是发表在《百科全书》第二卷上。伴随着启蒙运动的高涨，重农学派在当时法国经济生活中产生了重要影响。其代表杜尔哥先后担任利摩日省省长和财政总监，实行经济改革，推行重农主义政策。魁奈更利用自己的御医身份，鼓动法王路易十五于 1756 年春天，模仿中国帝王举行亲耕籍田的仪式，以示重农主义的国策。

七、理性的批判

启蒙思想家不承认任何权威，将一切都提交理性法庭予以审判。同样，对于中国文化，他们在充分阐扬其认同的积极层面的同时，也对其中的负面因子予以率直尖锐的批判。

在整体文化品格上，孟德斯鸠一针见血地指出，中国文化自足而不事外求，因而保守、因循，成为民族精神的顽症。赫尔德则以更为形象的语言描述道：中华帝国实际上是"一个裹以丝绸、画以象形文字和涂以防腐香料的木乃伊；它的体内循环就是一只冬眠鼠的体内循环"[①]。狄德罗毫不怀疑中国人的智慧，但认为这种智慧未能结出应有的丰硕果实。究其原因，主要在"东方精神"的束缚，这种精神趋于安宁，认定成俗之后不敢逾越，对于新事物缺乏热烈的渴求，而这正与科学与艺术发展的要求相悖。所以，"虽然中国人的历史最悠久，可我们却远远走在了他们的前面"。

对于中国道德伦理系统中空疏、虚伪的流弊，启蒙思想家也给予尖锐批评。卢梭反诘道，如果大臣们的见识、法律所号称的睿智以及广大帝国的众多居民，"都不能保障他们免于愚昧而又粗野的鞑靼人的羁轭的话，那么他们的那些文人学士又有什么用处呢？他们所满载的那些荣誉又能得到什么

---

① 《世界的中国观》，学林出版社 1991 年版，第 185 页。

结果呢?"①孟德斯鸠称,在中国,"一切用暴行获得的东西都是禁止的;一切用术数或狡诈取得的东西都是许可的"②。法国作家格利姆也断言,中国人的道德学说,只适合于"心怀震恐的群奴",并不像传教士笔下描绘的那样美好。③

辩证地看,中国君主专制既有开明的一面,又有黑暗的一面。对于前者,启蒙思想家给予高度肯定;而对于后者,则毫不容情地批评。孟德斯鸠总结中国王朝的兴衰演变,"开国的皇帝是在战争的艰苦中成长起来的,他们推翻了耽于逸乐的皇室,当然是尊崇品德,害怕淫佚";"但是在开国初的三四个君主之后,后继的君主便成为腐化、奢侈、懒惰、逸乐的俘虏",开明政治于是转为黑暗。"只有用棍棒才能让人民做些事情,还能有什么荣誉可说呢。"所以孟德斯鸠既承认"中国的立法者是比较明智的",又指责"中国是一个专制的国家,它的原则是恐怖"④。

启蒙思想家注意到,中国文化在各个门类方面的发育程度是不平衡的。魁奈指出,中国人只尊重直接与人类生活、社会幸福有关的学问,其结果是人文科学畸形发达,而自然科学则呈停滞状态,正与欧洲相反。⑤ 休谟在回答"为什么在那个非凡的帝国,科学只取得了如此缓慢的进展"的问题时,也将其归结为孔子学说的权威太盛,致使后世儒生没有足够的勇气离经叛道,故而造成科学的萎缩。⑥

八、文化交流的若干通则

18 世纪欧洲启蒙思想家对中国文化的称引、认同及批判,是东西方文化交流史上的重要篇章。它的意义主要并不在于启蒙思想家在如何精确的

---

① 《论科学与艺术》,商务印书馆 1963 年版,第 14 页。

② 《论法的精神》,商务印书馆 1961 年版,第 316、103 页。

③ 参见[德]利奇温:《十八世纪中国与欧洲文化的接触》,商务印书馆 1991 年版,第 87 页。

④ 《论法的精神》,商务印书馆 1961 年版,第 316 页,第 129 页。

⑤ 参见朱谦之:《中国哲学对于欧洲的影响》,福建人民出版社 1985 年版,第 315 页。

⑥ 参见《世界的中国观》,学林出版社 1991 年版,第 162 页。

程度上把握了中国文化的真髓，也不在中国文化在如何深刻的程度上左右了启蒙运动的进程。就前一方面而言，由于语言隔阂、接触渠道有限及传媒过程中必然发生的误差，启蒙思想家对中国文化的把握，虽不乏精彩之见，但从总体上看，还相当粗疏、肤浅乃至错误迭出；就后一方面而言，启蒙运动的思想渊源复杂多端，中国文化不过是其中之一，而且还处于"偏师"的地位。笔者以为，重要的是，启蒙思想家对中国文化的称引、认同及批判，相当典型地昭示了东西方文化交流的若干通则；这些通则直到今天，仍然未曾失效。

1. 文化比较：自我与非我

在人类文明史上，综合性、反省式专门学科——比较文化学的出现，要大大晚于内容相对单一的文、史、政、经、哲等学科。"地理大发现"打破了文化联系的空间壁垒，开始了各地区、国家、民族间经常、持久的文化交流。不同肤色、种族、文明发达程度的人群一旦接触，立即发现各自的风俗习惯、语言文字、价值准则、思维方式大相异趣；而这一相异本身，很难绝对判定孰是孰非。这一显见的事实，教促思想家们从比较的角度去对人类文化的表象与本质、统一性与多样性等问题进行深入观照。18 世纪的欧洲启蒙思想家，是从事这一工作的先驱。

比较的文化观照，是在"自我"与"非我"之间进行。面对非我这面镜子，显现出来的却是自我的形象。正如一位当代美国学者所说："如果考察我们心目中的中国人和印度人的形象，我们固然可以对中国人和印度人有不少了解，可是主要还是了解我们自己。"①启蒙思想家正是在这个意义上，从中国的道与自然法，看出欧洲基督教启示神学的荒诞与专横；从中国的农本主义，看出欧洲传统重商主义的偏狭与舛误；从中国世俗伦理的道德境界，看出欧洲中世纪宗教迷狂对人性的扭曲和戕害；从中国儒生—官僚体制的有效运作，看出欧洲政教合一社会的阻滞与僵化。勿须讳言，这种透过非我看自我的文化观照，对于非我的一方，总是在相当程度上带有想象、臆测的成分。从这一层意义上看，非我对于自我，往往是一种神话。一位法国学者断言："欧洲读者不但是耶稣会士笔下中国神话的受害者，而且进而用它

---

① 史景迁：《文化类同与文化利用》，北京大学出版社 1990 年版，第 166、170 页。

去建造自己的中国神话。"①有的中国学者也认为,"启蒙思想家在法国、欧洲创造的中国神话","不是真实的中国。"②如果从细节上苛求,启蒙思想家对中国的认识,确有许多经不起事实检验之处,但这并不能构成完全否定其认识价值的依据。神话的虚幻之下,往往掩藏着认识本原的真实。

启蒙思想家从非我与自我的比较中,对中国文化本质的透视,所凭借的与其说是历史知识,不如说是逻辑能力;与其说是感性归纳,不如说是理性推断。一般而言,在时、空距离均十分遥远的文化群体间进行自我与非我的对话时,这种情况无可避免。就中国方面而论,"五四"时代激进知识分子援引西方来抨击中国传统时,这一场面不是生动地重演了么?

罗素论道:"不同文明之间的接触在过去常被证明是人类进步的里程碑。""其实,我们要向中国人学习的东西和他们要向我们学习的东西一样多。""考虑到中国同欧洲之间的极度隔离,但中国人与欧洲人之间的相互理解并不因此更加困难,这是令人惊奇的。"③自我与非我相比较的文化观照,是东西方人理解自身并相互理解对方的认识桥梁。随着交往的加深,"神话虽然消失了,美却依然存在,因为东西方真正的差别会得到充分认识,显得我们的世界更为绚烂多彩"④。

2.文化阐释:主观与客观

启蒙思想家以理性来审判一切,并非想证明某一条亘古不灭的宇宙真理,而是要建立一座现实的人的理想家园。目的的实践性,决定了他们思维运作的实用性。以这种态度来阐释中国文化,强烈的主观意象往往将客观真实笼罩在自己的巨大阴影之下,主、客观之间,因而出现不相重合的叠影;不同思想家笔下的中国,更是人言言殊。"启蒙时代的中国不是一个,而是好几个。至少有两个中国,一个是肯定的,另一个是否定的。"⑤

从本文前述部分可以看出,启蒙思想家对于中国文化的赞扬与贬抑同样鲜明,甚至在同一个人笔下,也是如此。据此,笔者不赞成将他们简单地

---

① 转引自许明龙:《并非神话》,《世界历史》1992 年第 3 期。
② 丁一凡:《18 世纪流行于法国的中国神话》,《国外文学》1991 年第 2 期。
③ 《中国问题》,伦敦 1960 年版,第 1 章。
④ 史景迁:《文化类同与文化利用》,北京大学出版社 1990 年版,第 173 页。
⑤ [法]科洛甘:《启蒙时代的中国》,载巴黎《中国研究》1984 年第 3 期。

划分为"颂华派"与"贬华派"①。在这里,具体的断语本身并不重要,我们更关心的是作出断语时的心态。高度赞美中国文化的沃尔夫这样说道:

> 有一点可以肯定:中国人也没有达到至高无上的完善。正因为如此,才绝不会有人认为,我们往下走的路不应超过中国人已走过的路。我们现在面临的是当今的事业,我们不应去过问我们应当走多远,而要看看能走多远。②

"我们现在面临的是当今的事业",这才是启蒙思想家的理论聚焦所在。制约着他们心目中的中国形象的,不是中国的客观实际,而是 18 世纪欧洲自身迫切需要解决的问题。利奇温在评价《道德经》的不同德文译本时说:"这些译本当然不都是完全由原文译出的,他们的重要不在于作为文字上的杰作,而是在于它用'东方老人'的名义,表述了当代的信仰。"③

在这种主观意图的强烈冲动下,启蒙思想家经常为自己的观点找到了古老中国文化中的生动例证而兴奋不已;而当这类例证不足或不确时,他们又往往"用各种幻想、哲学的推断和乌托邦式的理想来填充这个异国的陌生轮廓",他们"不是学究式的考证或实际利益的盘算,而更多带着人文精神的兴趣"④。例如魁奈说道,中国官吏每月两次召所属人民讲学,"在中国,包括国家的根本典章的书,是人手一卷的"⑤,便属此类。这时,主观与客观便相距不可以道里计了。

主观与客观的差距,是认识过程的空间体现,同时义是检验认识成果真理性的尺度。18 世纪欧洲启蒙思想家身处社会大动荡之中,亟思变革的浮躁心态与急功近利的理论建构趋向,更加上认识材料方面的欠缺,都决定了他们不可能对于中国文化,达到主、客观一致的完全科学意义上的认识。我们在充分肯定他们历史功绩的同时,也应对此作出实事求是的批评,并引以为鉴。

3.文化整合:涵化与扬弃

文化整合是渊源与特质均不相同的文化间相互吸纳、重新组合的过程。

---

① 见许明龙:《并非神话》,《世界历史》1992 年第 3 期。
② 《世界名人论中国文化》,湖北人民出版社 1991 年版,第 160 页。
③ [德]利奇温:《十八世纪中国与欧洲文化的接触》,商务印书馆 1991 年版,第 5 页。
④ 史景迁:《文化类同与文化利用》,北京大学出版社 1990 年版,第 160 页。
⑤ [德]利奇温:《十八世纪中国与欧洲文化的接触》,商务印书馆 1991 年版,第 96 页。

18世纪启蒙思想家对中国文化的关注和称引,正是东西方文化整合的一次重要演出。

不同文化间的接触,其形式与后果是多样的。R.L.比尔斯等将其区分为"文化抗拒"、"文化同化"和"文化涵化"。相对于抗拒、同化的极端倾向,文化涵化更具有积极的社会—历史意义。它既不像抗拒那样导致不同文化的尖锐对立,相互封闭,又不像同化那样导致一方文化被另一方完全消融。18世纪的欧洲,现代产业已相当发达,中世纪的黑暗已成可咒的梦魇,人文主义、理性主义的旗帜在启蒙思想家心头高高飘扬。自觉的文化变革,是他们的神圣追求。伏尔泰认为,这一场文化变革,"应该成为我们祖国真正光荣的永恒标志"①。在这样一种社会—文化—心理背景之下,启蒙思想家代表的生气勃勃的欧洲文化与有数千年历史传承的中国文化相接触,其结局显然不会是抗拒,更不会是同化,而只能是典型的涵化。对照与此同时发生在世界其他地方的不同情形,我们就会更清楚地看到这一点。

18世纪中叶,当启蒙思想家以高涨的热情援引中国文化之时,在地球的另一边,大清帝国的乾隆皇帝却在1757年正式下令闭关锁国,驱逐"异教",文化对立达于极端。同一世纪,当西方殖民者不断征服非洲、南美及太平洋诸岛的落后民族时,当地土著文化迅速消亡,文化同化现象显示出它残酷的一面。究其原因,前者是由于老大自尊的古老文化因其自身的惯性与惰性,天然排斥异域文化的传入;而后者则是由于政治上被征服的一方在文化上也同样远远落后于征服者,其文化迅即失去生存的基本条件。唯有欧洲,启蒙文化方兴未艾,雄健的活力,开放的心态,都决定了它有条件对于强大的异域文化,采取一种理性的态度,欧洲与中国之间的文化涵化,便成为历史的必然。

"在文化涵化过程中,我们要注意一个重要的现象,即接受了外来文化系统中的某一特质的社会,首先是以与自身的文化传统相和谐的方式来加以诠释、消化、吸收的。在文化接触和转换过程中,很多翻译都不一定是准确的(渗入了自身的理解),但恰恰是这些不准确的'译本'适应了社会需要,又适应了本土文化习惯,便很快传播开来。人们的文化传统的熏陶不至于阻隔对外来文化的感通,相反,一经获得某种启示便借题发挥、各取所需,

---

① 伏尔泰:《路易十四时代》,商务印书馆1982年版,第491页。

并很快取得效应。"①启蒙运动对中国文化的涵化，在这一点上表现得淋漓尽致。启蒙思想家正是在耶稣会士提供的不准确"译本"的基础上，对中国文化的特质（包括优长与缺弊）作出启示性解读，从中"借题发挥、各取所需，并很快取得效应"。

　　文化涵化的过程，同时必然是文化扬弃的过程。参与涵化的各方，都将从这种扬弃中获取成长发育的勃勃生机。启蒙思想家对于中国文化，既有推崇，又有贬抑。就群体而论，魁奈与孟德斯鸠之间，伏尔泰与卢梭之间，都曾多次发生针锋相对的辩论。就个体而论，在狄德罗、沃尔弗等人的著作中，对中国文化的正、负面分析，并行不悖，我们今天已没有必要对这类两方面依据都相当脆弱的争论和分析作出是非评判，但有一点可以肯定：赞美与批评，吸纳与摒弃共同形成的文化扬弃，是启蒙运动取得成功的理论前提。而启蒙思想家对于中国文化所作的这一番扬弃功夫，又极大地影响了一个多世纪以后的中国学人——从康有为、严复一直到孙中山、陈独秀、鲁迅，都从欧洲人的反光镜中看出自身文化形不似而神似的基本形象，并且反过来以之作为中国文化改造的宝贵启示。

（原载《社会科学战线》1997 年第 3 期）

---

① 　郭齐勇：《文化学概论》，湖北人民出版社 1990 年版，第 275 页。

近代中国社会系统分析初探

目前,中国近代史的宏观研究有两点缺憾:其一,虽然"近代"的下限应断在 1949 年几乎已成史界公论,但绝大多数论者依然以 1919 年为界将中国近代史"腰斩";其二,在腰斩了的半截子近代史的研究中,又津津于到底由哪几个政治事件连成"链条"来概括近代中国历史的争论,而忽视了全景的、宏观的把握。种种"链条"说的通病,就在于它们过分偏重于政治史的研究,而将经济史作为政治史的背景条件当成陪衬,将思想文化史作为政治史的观念表现置于附庸。宏观的研究对象,迫切要求中国近代史的研究在方法论方面有新的尝试、新的突破。本文试图运用系统观点和方法,将1840—1949 年的近代中国历史作为从封建社会到新民主主义社会的过渡形态的整体系统来研究,注重分析近代中国社会系统内部及其与环境的相互联系。

一

现代系统论的创始人贝塔朗菲认为:"系统是处于一定的相互关系中并与环境发生关系的各组成部分(要素)的总体(集)。"[1]"严格说来,在系统研究中我们不是就系统本身进行分析的,而始终是既研究系统,同时也研究与系统有关的环境。"[2]

对于近代中国社会系统来讲,有两种意义上的系统环境。其一,地理位置意义上的自然环境;其二,与其他民族交往意义上的社会环境。"相同的

---

[1] 《科学学译文集》,科学出版社 1980 年版,第 315 页。

[2] [苏]萨多夫斯基:《一般系统论原理》,人民出版社 1984 年版,第 233 页。

经济基础——按主要条件来说相同——可以由于无数不同的经验的事实，自然条件，种族关系，各种从外部发生作用的历史影响等，而在现象上显示出无穷无尽的变异和程度差别。"①与自然环境相比，社会环境对一个社会系统的发展意义更为重要。在这方面，有人把古代中国社会视为与近代中国社会"开放系统"不同的"封闭系统"，我以为这种看法不妥。不论古代、近代，中外民族交往一直存在，只不过频繁程度和交往方式不同——在系统论看来，是社会系统的行为变量（包括系统施加于环境的输出量和环境施加于系统的输入量②）不同罢了。某个社会系统与环境之间文化位差（类似于物理学中的电位差——电流从高电位向低电位自然流动）的存在，决定了系统行为变量的输出和输入量相等的情况十分罕见。社会系统的文化位高于环境，则输出量大于输入量，系统行为呈扩散型；社会系统的文化位低于环境，则输入量大于输出量，系统行为呈吸收型。古代与近代中国社会系统的区别，就在于此。16世纪以前，中国社会以高度发达的古代文明领先于世界。中国帝王大都是积极的开国论者，"怀柔远人，厚往薄来"，丝毫不用担心"用夷变夏"的情况发生。相反地中华民族倒是凭借高文化位优势，"用夏变夷"，为世界各地区、各民族的发展和进步，作出了积极的贡献。

16世纪以后兴起的资产阶级革命和工业革命，推动欧洲迅速赶上先进的东方。这就从根本上改变了中国社会系统的外部环境。在交往过程中，中西文化位差发生了逆转，中国社会系统的输入量开始向大于输出量方向转化。社会系统行为自然而然地要由扩散型变为吸收型了。1581年，意大利人利玛窦来到中国，给古老淳化的中华民族送来一丝西方文明的清新气息，这本是中国和西方并肩走向新时代的大好契机，遗憾的是，"用夷变夏"的心理恐惧与"天朝物产丰盈，无所不有"的资源凭借相结合，促使清政府于1757年正式下令闭关、禁教。中华帝国的大门在新时代潮流面前关闭了。

一个社会系统与环境的联系，当然不可能被朝廷的一纸圣谕长久地割断，特别是在世界资本主义潮流已经涌动起来之时。80年后，西方文明与鸦片一道，通过炮舰轰了进来。人们发现，中西文化位差不仅没有缩小，反

---

① 《马克思恩格斯全集》第25卷，人民出版社1974年版，第892页。
② 输入、输出量，在这里不是指绝对意义上的物理量，而是指输入、输出物质、信息所蕴涵的相对意义上的文明价值量。

而更加扩大。历史无情地证明了:一个民族把自己与世界隔绝开来的愚蠢做法,对于避免落后(对当时中国许多人来说也可能是保持一种虚幻的"先进"),分明是南辕北辙;证明了"一个系统是开放的,其意义是说,它不仅与环境进行交换,而且这种交换还是使本系统能够生活、繁殖、存续以及变化的一个基本因素"①;证明了在时代大趋势下,中国社会系统接受外来信息,适应环境变化,由古代进入近代,已经是势所必然。

现代系统论认为,社会系统联系外部环境的行为方式与系统的内部结构密切相关。准确地讲,是前者影响后者,后者决定前者。环境变化要求系统改变自己的行为方式是一回事,系统因自身内部结构特点能否顺应这种改变是另一回事。在经济方面,由于封建生产力的高度发达,特别是农业与家庭手工业的牢固结合,"手工劳动不再能满足市场需求的时候,人们就感到需要机器"②的资本主义历史必要性还没有出现。在可能性方面,资本主义也缺乏前提条件,劳动力的绝大多数被束缚于土地之上,由于土地兼并等种种原因而失去土地的人口很难被制造业吸收。社会虽有一定数量的货币资本,但往往在地产、高利贷和商业之间流转,且最终大半与地产结合。在政治方面,高度完善的封建秩序和精密的国家机器立足于分散的小农经济要求统一政权保护的社会需要的基础之上,又得到深入人心的儒家大一统思想的坚强支撑,很难有资产阶级民主政治插足的缝隙。在思想文化方面,经过两千多年的不断修改、补充、丰富,儒家为主、儒道糅合的传统意识形态既服务于封建皇权,又服务于小农经济,在形态上已臻于烂熟,容不得任何一点新思想的萌生。更关键的是,以上三方面相互依存,形成了一种稳固的脆性结构,一损俱损,一荣俱荣。整个社会系统要么是原封不动,要么是彻底解体。它已经不可能在不改变自身结构的前提下,将先进的资本主义因素纳于自己的运动轨道,为人为的调节开辟广阔的回旋余地。

现代系统论认为,"任何稳定的系统都必须具备这样的条件:它内部相互联系的结合能大于其组成单元的总动能及与外部结合能之和。否则,这个系统就会在内力或外力的影响下发生分裂或瓦解。"③19 世纪中叶,中国

---

① 伯克莱语,转见《马克思和现代系统论》,《国外社会科学》1979 年第 6 期。

② 《马克思恩格斯全集》第 4 卷,人民出版社 1960 年版,第 169 页。

③ 周怀珍:《系统与信息》,见《系统理论中的科学方法与哲学问题》,清华大学出版社1984 年版,第 142 页。

社会系统的内部情况没有发生突变，即它的内部相互联系的结合能和组成单元的总动能均未改变，但是由于它不由自主地被卷入强大的资本主义世界潮流，与外部的结合能膨胀起来。$A>B+C$ 的不等式，由于 C 的增大，变成了 $A<B+C$。于是，整个系统便不是在内力改变而是在外力改变的影响之下瓦解了，系统由稳态变为不稳态，陷入猛烈的振荡之中，而且这种振荡已经不再具备"周期性"，而是"一次性"、"毁灭性"。

　　社会系统由不稳态恢复到稳态，一般有三种途径：一是消除干扰源，而近代资本主义的世界环境已经证明清政府 1757 年的做法不但无效而且有害；二是依靠原有结构的强大弹性消化干扰，但成熟而僵化的封建系统结构特点排除了这种可能性；三是改变系统的内部结构，适应新的环境，实现系统内部及系统与环境之间的新的平衡，这正是近代中国社会系统的自然历史行程。

二

　　具体分析近代中国社会系统在外部环境影响下发生的结构改变，要求我们深入到社会子系统层次进行研究。

　　马克思在那段著名的历史唯物主义经典性论述中，提出关于社会系统结构基本因素的两个序列：①

　　第一，生产力——生产关系——政治上层建筑——社会意识形态；

　　第二，生产方式——社会生活过程——政治生活过程——精神生活过程。

　　参照两个序列的大致对应关系，我们可以将它们归纳成社会系统的三个要素，即：一个深层子系统——经济生活子系统和两个表层子系统——政治生活子系统和思想文化生活子系统。据此，对近代中国社会系统，可作如下划分：

　　（1）封建的、自给自足的自然经济成分占压倒优势，同时也存在着弱小的民族资本主义成分和蛮横的外国资本主义成份的经济生活子系统；

---

　　①　参见《马克思恩格斯选集》第 2 卷，人民出版社 1995 年版，第 261 页。

（2）帝国主义和中国封建主义相互勾结，企图变中国为半殖民地和殖民地，而中国人民经过顽强奋斗成功地挫败这一企图，争得民族独立、人民自由的政治生活子系统；

（3）顽固的封建地主阶级意识形态、形形色色的资产阶级、小资产阶级意识形态与马克思主义指导下的无产阶级意识形态反复较量而后者终于取得决定性胜利的思想文化生活子系统。

如果说古代中国社会系统长期稳定的内部机制在于发达的封建经济与大一统的地主官僚政治、成熟的儒家正统思想文化的高度和谐，在于系统内部子系统间结合能的强大，那么近代中国社会系统激烈动荡的内部机制，就在于由于世界资本主义浪潮的冲击，中国社会系统内三个子系统的和谐关系被破坏，子系统结合能相对萎缩。本来应该为政治生活子系统和思想文化生活子系统的发展提供物质前提条件的经济生活子系统，由于自身的巨大历史惰性，难以在短短一个世纪之内产生质的飞跃而大大限制了政治、思想文化子系统的发展变化。另外，由于资本主义生产关系、意识形态的输入，政治、思想文化子系统在某种意义上不得不主要地借助于外来基础实现自己的跳跃式前进。社会表层子系统以自己的"超前"变化来带动社会深层子系统以至整个社会系统的更新。这就是近代中国社会系统内部结构的根本特点。

19世纪，资本主义浪潮由西向东席卷全球之际，中华民族尚未走到封建社会天然的尽头。明清以降的资本主义萌芽依然是萌芽，远不足以对农业与家庭手工业结合的封建经济结构构成实际的威胁。"资本主义社会的经济结构是从封建社会的经济结构中产生的。后者的解体使前者的要素得到解放。"①在近代中国，"后者的解体"的趋势不可否认，但促成这一解体的主要物质力量并非中国社会内部随着生产力的自然发展而出现的"机器和货币"，而是外部世界强力推入的商品和资本。这种异己的力量主观上不仅不是"前者的要素"即中国资本主义萌芽的解放者，恰恰相反，是它的扼杀者，这就反过来决定了外国商品、资本对于封建经济结构的冲击必然显得单薄、乏力。封建社会肌体对于用外科手术方式强行植入体内的资本主义生产关系这个"移植器官"产生了极为强烈的"排斥效应"，这方面具有强

---

① 《马克思恩格斯全集》第23卷，人民出版社1972年版，第783页。

烈讽刺意味的例证是，直到 20 世纪 30 年代，在旧中国最大的资本主义的堡垒的堡垒——上海公共租界里，还有手织机近一万架！①

历来人们讲中国资本主义生产关系的发展，总是讲近代工厂有若干，产值有若干。这当然无可非议。问题在于，在对整个近代中国经济生活子系统进行质的分析的时候，片面突出以上内容，忽略了量的比例关系，就有以偏概全之弊。离开了量的质，什么问题也说明不了，包括质的本身。中国是传统的农业社会，农业在整个产业结构中占压倒优势地位。直到 1949 年，农业产值仍占工农业总产值的 69.9%。② 判断中国近代经济生活中资本主义发展程度，关键是看农业中资本主义成份所占比重。据有的同志测算，解放前夕，全国耕地面积总数中，地主、富农经营的占 17%，农垦公司经营的占 1%，合计约 18%，但这几种经营都不是完全的资本主义性质，扣除其中不同程度的封建、半封建成分，实际的资本主义成分的产值仅占农业总产值的 8.5%。③ 至于工业方面，1949 年现代工业总产值占全部工业总产值的 56.4%。④ 这就是说，一直到近代中国历史结束之时，资本主义经济成分仅占工农业总产值的五分之一强。⑤ 甚至在 1952 年，个体经济仍占国民收入各经济类型比重的 71.8%。⑥ "这是落后的，这是和古代没有多大区别的，我们还有 90% 左右的经济生活停留在古代"⑦，经济生活子系统呈现出典型的"死的拖住活的"的特征，与政治、思想文化子系统比较，变化相对停滞。

系统环境对于近代中国社会政治生活子系统的影响，后果要严重得多。其表现如下。

第一，政治力量多元化。在西方，进入近代以后，封建地主、农民两大阶级很快消失。可是在中国，典型的与封建关系相联系的地主、农民阶级却与近代历史共始终。外资侵入造成的多种经济成分的并存，致使古代中国农民、地主两大阶级对峙的政治格局被农民、工人、地主、资产阶级四大阶级力

---

① 参见严中平：《中国棉纺织史稿》，科学出版社 1955 年版，第 76 页。

② 参见《伟大的十年》，人民出版社 1959 年版，第 15 页。

③ 参见丁长清：《浅论中国近代农业中资本主义的发展水平》，《南开学报》1984 年第 6 期。

④ 参见《伟大的十年》，人民出版社 1959 年版，第 80 页。

⑤ $0.085 \times 69.9\% + 0.564 \times 30.1\% = 0.22$。

⑥ 参见《伟大的十年》，人民出版社 1959 年版，图表页。

⑦ 《毛泽东选集》第四卷，人民出版社 1991 年版，第 1430 页。

量的并立局面所取代,阶级关系错综复杂。从剥削与被剥削阶级营垒划分,是地主、资产阶级与农民、工人阶级相对立;从新旧生产关系划分,又是工人、资产阶级与农民、地主阶级相对立。

第二,政治斗争复杂化。在民族斗争方面,古代中国内部的民族冲突被一致反抗外来侵略的对外民族战争所替代。在世界近代史上,找不出第二个民族像中华民族这样同几乎所有的帝国主义国家进行过直接的武装斗争。在阶级斗争方面,短短一个世纪之内,农民阶级、资产阶级、无产阶级相继作为革命领导力量对代表落后生产关系的反动政权英勇冲击。各阶级、阶层之间,多次结成范围不同、牢固程度不同的政治性联盟。阶级斗争、民族斗争相互交织,敌、我、友关系变幻不定。政治斗争之尖锐复杂,在世界近代史上也堪称首屈一指。

第三,政治结构分裂化。由于资本主义、帝国主义的侵略和相互勾结、相互争夺,封建大一统的政治结构被彻底瓦解。以清末统治集团内帝党、后党的争权开端,到北洋军阀时期直、皖、奉系的撕咬,再到国民党统治时期的军阀割据混战,近代中国一天也没有真正"统一"过。这一方面严重阻碍了经济发展,给人民带来深重的灾难,另一方面又为人民革命政权提供了生存的缝隙,为新的社会系统的潜在稳态提供了存在条件。

在近代中国社会三个子系统中,思想文化生活子系统变化最为迅捷。地主阶级改革派痛心疾首的"变法"呼喊余音未了,农民阶级已超水平地提出带有明显近代民主气息的"资政新篇";资产阶级改良派刚刚踏上"君民共主"的维新之略,革命派已揭橥"驱除鞑虏,恢复中华,创立合众政府"的大旗;旧三民主义尚未山穷水尽,"北方吹来十月的风"。"在短短几十年内,从封建主义到社会主义,像雷奔电驰似的,越过了欧洲思想发生成熟的数百年行程。"[1]引人注目的是,这些令人耳目为之一新,身心为之一振的新的意识形态,从渊源上都是来自中国社会系统以外的西方世界。在近代中国,所谓新学与旧学之争,其实就是西学与中学之争。这种奇特历史现象的社会根源,就在于落后、停滞的经济生活的矿藏,已经没有可能冶炼出先进的思想之剑,而紧迫的政治危机,又迫切需要这样的剑。因此,觉醒的中国人不得不向外部世界去追寻、去探索。"西学东渐"正是在这种时代背景下

---

[1] 李泽厚:《近代中国思想史论》,人民出版社 1979 年版,第 475 页。

大规模地进行。

中华民族有自己雄厚的传统文化背景，这是接受"西学"的基础。弃旧图新绝非像扔掉一双破鞋子那样轻松。况且对于传统文化本身，还有一个区分糟粕、精华的严重问题。另一方面，这不得不接受的"西学"恰恰来自那些杀人越货的殖民强盗的故乡，这更大大增加了中国人接受"西学"时本能的民族自尊、自卫的心理障碍。顽固的中国人固然"恶西学如仇"①，而开明的和先进的中国人也长久地困惑于究竟用什么方式、在怎样的程度上放弃旧文化，接受新文化，才能使中华民族光荣地屹立于近代世界民族之林。张之洞"旧学为体，新学为用"的诡辩，表现出封建阶级不甘沉沦的绝望的机智；严复"有牛之体则有负重之用，有马之体则有致远之用，未闻以牛为体，以马为用者也"②的引证，反映了资产阶级对西学之"体"、"用"科学本质的清醒的认识；陈独秀"要拥护那德先生，便不得不反对孔教、礼法、贞节、旧伦理、旧政治；要拥护那赛先生，便不得不反对旧艺术、旧宗教"③的答辩，证明了初具共产主义思想的知识分子对于新文化运动中民主和科学这两个核心问题的准确把握；而以毛泽东为代表的成熟的中国共产党人，终于发出将马克思主义的普遍真理与中国革命的具体实践相结合的伟大呼唤，才最终科学地回答了贯穿近代中国思想文化子系统发展全过程的广义的"体用关系"问题。

如果说落后的经济生活子系统状况决定了近代中国思想文化的进步必须依靠引进"西学"，因而"体用关系"问题成为意识形态领域内的一大纽结，那么尖锐复杂的政治生活子系统的状况，就决定了社会政治思想成为这一领域内的一大重心。脱离政治斗争的纯粹的哲学家、思想家在风雷激荡的近代中国没有自己的摇篮。思想界的巨子无一不是一身而二任的政治家兼社会活动家。政治思想和政治实践的紧密结合、相互促进是近代中国历史的鲜明特点。与此相应的弊病则是政治思想以外的意识形态的其他部分相对贫乏。近代中国产生不出黑格尔、费尔巴哈式的伟大职业哲学家，产生不出德国古典哲学式的宏大思辨哲学体系，原因就在这里。当然，这并不意味着在近代中国思想文化子系统内完全没有哲学的地位，或者说这个子系

①　《清史稿》卷 471《徐桐传》。
②　严复：《与外交报主人论教育书》。
③　陈独秀：《本志罪案之答辩书》。

统没有自己的哲学特点。其实,就以近代中国政治思想的发展轨迹来看,我们便可看出两点:一是辩证观点鲜明。进步思想家,不管他属于哪个阶级营垒,都将事物发展变化的"变易"思想作为政治改革的理论支柱。相比之下,形而上学的机械论显然由于不合时宜而遭到思想家们的冷落。二是唯心色彩浓厚。先进思想依赖"进口",这一方面省略了创造的痛苦,似乎是思想界的"幸运",但这种"幸运"中隐藏的苦果,却留给人们在长久的岁月里回味。由于自身没有经历一个从现实物质生活中提炼思想结晶的过程,近代思想家往往忽视思想力量的物质基础,进而产生对于思想的超物质意义的神秘力量的崇拜和迷信。以上两点的结合,便形成近代中国社会思想文化生活子系统中唯心主义辩证法影响深远的特点(当然,马克思主义传入的后三十年,情况出现了重要变化)。这显然是有它政治、经济方面的深刻原因的,正如以上所分析的那样。

三

在任何一个多自由度的复杂系统中,如果其中有一个或几个不稳定的自由度存在,那么它们就可以把稳定的自由度拖着走,一直拖到空间的某一点,这个点就是该系统的一个稳定状态[1]。这是现代系统论的一个十分重要的思想。在近代中国社会系统中,正是不稳定的自由度——政治生活子系统和思想文化生活子系统拖着相对稳定的自由度——经济生活子系统向前走,走向该系统的重新稳定点,即三个子系统之间相互协调的新结构的建立。在这个过程中,系统的各种潜在稳态模式相互竞争,最后,由系统的内外条件和性质所决定的最佳模式征服了各子系统,使之纳入自己的轨道,由存活下来的某一最佳模式形成整个系统的新的稳态结构。

在近代中国,太平天国农民英雄们描绘了基于平均主义的农业社会主义蓝图,康有为设想了有浓郁改良色彩的"天下为公"乌托邦,孙中山提出了民生主义为核心的空想社会主义宏伟构思。"无可奈何花落去",种种美妙的幻想都被严酷的历史无情地否定、淘汰,社会系统依然动荡不安;"似

---

① 参见魏宏森:《辩证唯物主义系统观初探》,《中国社会科学》1984 年第 1 期。

曾相识燕归来",中华民族终于从中国共产党的理论和实践中看到了自己的希望,找到了近代中国社会系统重归稳定的最佳模式——新民主主义社会系统结构。

毛泽东同志这样表述这一系统结构的子系统构成:

第一,大银行、大工业、大商业归国家所有,耕者有其田,国营经济与合作经济相结合的经济生活子系统;

第二,民主集中制指导下的各革命阶级联合专政的政治生活子系统;

第三,民族的、科学的、大众的思想文化生活子系统。

"从具体历史观点来看,受到外部因素作用并把这种作用的结果体现在自己的质和属性(即它的特殊性上)的所有事物,本身已经是一种特定历史的产物,它是以前条件的作用与它所固有的一定的内在联系类型和发展阶段的某种统一。因此,它接受外部条件对它的影响也是以特殊的方式,即以适应了它原已获得的个性——质的方式进行的。"[1]新民主主义社会系统结构正是如此。它是近代中国特殊历史条件的必然产物。在其经济生活子系统内,封建生产关系被消灭,大工业为基础的现代生产关系逐步发展、壮大,产业结构中工业所占比重赶上并超过农业,民族经济健康成长,与世界市场的联系不断扩大,人民生活水平不断提高;在其政治生活子系统内,广泛民主而又高度集中的政治制度建立并逐步完善,阶级对立趋向缓和,剥削阶级逐步消灭。民族完全独立,在平等和相互尊重的前提下与世界各民族的友好交往不断扩大。在其思想文化生活子系统内,一切剥削阶级的意识形态受到清理、批判,全人类的精神财富得到继承、发扬,社会主义、共产主义意识形态不断扩大阵地,日益深入人心。整个系统从纵的方面看,是中国历史的合乎逻辑的发展,从横的方面看,又适应了世界环境的不可抗拒的潮流。它的三个子系统的相互关系从近代中国的极度不协调状态中解脱出来,整个系统的行为方式,也完成了从扩散型到吸收型的伟大转变。很显然,这样一个对内、对外都处于高度协调状态的社会系统,必然是一个稳定、繁荣的最佳模式。

这种全新社会系统结构的建立,从时间和空间两个方面都不是一蹴而

---

① 王炳文等:《苏联对系统理论的研究》,见《外国哲学》(1),商务印书馆1981年版,第336—337页。

就的。从时间上看,中国人民首先是在思想上赢得了解放,挣脱封建主义枷锁,摒弃资产阶级说教,掌握马克思主义的科学真理;然后赢得政治上的解放,从三座大山的压迫下站立起来,争得民族独立和人民自由;最后才是经济上的解放,从某种意义上说,经济解放直到今天仍未完成。这种先后差别,正与近代中国社会各子系统运动特征相吻合:思想文化子系统演进最迅速,经济子系统变化最缓慢,政治子系统则介于二者之间。

从空间上看,这种全新的社会结构首先是以潜在稳态的萌芽形式在旧结构内部,即在中国共产党领导下的民主革命根据地出现,然后才推向全国。这完全符合社会系统变化的一般规律。西欧封建社会的最终瓦解,正是起步于新的资本主义社会结构三个子系统(资本主义经济关系、政权组织和人文主义思潮)在旧结构内部的城邦国家内的首先结合。西方资产阶级民主革命从城市走向乡村,而中国新民主主义革命从乡村走向城市。中西变革封建社会道路的逆向矛盾,在社会系统论的结构演变规律中完全合乎逻辑地统一起来。

四

现代系统论认为,旧系统的瓦解,新结构的建立,主要是指各子系统之间的联系方式发生改变,而并非各子系统的全部、彻底更新。旧系统瓦解以后,它的某些特点仍在新结构中产生或多或少的影响。对近代中国社会系统也应作如是观。

在经济方面,我们用七年时间结束了新民主主义社会,又搞了近三十年社会主义,在变革生产关系方面做了重大努力,但生产力发展水平依然不高,除了主观方面的失误,近代中国留给我们的过于薄弱的经济基础,尤其是落后的农业为主的产业结构,毕竟是一个重要原因。

在政治方面,近代中国空前尖锐复杂的阶级斗争,长期的几乎不间断的战争环境,使人们极易产生阶级斗争等于政治生活全部内容的误解,阶级斗争被扩大化、绝对化,因而政治生活的正常秩序不能长久稳定。

在思想文化方面,近代中国时间不长,但思想史层次十分丰富,内容非常驳杂。几乎近代西方所有的思想文化派别、体系,都曾在中国舞台上作过程度不同的表演。许多思想尚未充分展开就已落后于实践而被弃置一旁。紧迫的民族危机和激烈的阶级斗争,人们最迫切讲求的是武器的批判,而对批判的武器多多少少抱有某种程度上的实用主义态度。对封建主义的批判、对资本主义的剖析、对社会主义的理解,都有囫囵吞枣的弊病。遗害至今,往往在"左"的路线指引下,把封建主义当成社会主义来颂扬(如经济上的平均主义,政治上的一言堂),把社会主义当成资本主义来讨伐(如经济上的按劳分配,政治上的民主制度)。

　　问题还不仅如此。近代中国社会经济生活子系统的相对停滞造成的三个子系统协调关系的断裂,决定了政治、思想文化子系统的"超前"变化是社会系统延续和发展的唯一途径。中华民族不首先从思想和政治上赢得解放,不仅经济之落后将永远继续,而且民族将沦亡,整个社会系统将陷入万劫不复的深渊。反过来说,一旦情况发生变化,社会三个子系统之间的协调关系重新恢复,那么政治、思想文化子系统用自己的"超前"变化来带动整个社会系统发展的运动方式就不再是正确的了,必须改变。具体地说,新民主主义社会系统结构一旦建立,三个子系统的演进速度的次序就应该来一个颠倒。迅速扭转经济停滞局面,用经济生活子系统的快速变化来促进政治、思想文化生活子系统的健康发展,这才是新的历史阶段社会系统的唯一正确的运动方式。

(原载《学术月刊》1986 年第 4 期)

唐 才 常 论

唐才常（1867—1900）是资产阶级维新激进派领袖人物之一。以往对他的研究，多限于戊戌以后与自立军事件有关的活动。本文则试图对唐才常的生平、思想及历史地位作一比较全面的评述，以求教于大家。

一、生平——未完成的三部曲

唐才常的一生，可分为三个阶段。1895 年以前，他走的是典型旧式封建文人的道路。1895 年《马关条约》签订到 1898 年戊戌变法失败，他作为叱咤风云的维新派左翼中坚，活跃在变法政治舞台上。1898 年到 1900 年，他走上了由资产阶级维新派——温和的自由主义向资产阶级革命派——激进的民主主义转变的道路。但是，这一转变过程被张之洞的屠刀腰斩。纵观唐才常的生平，恰似一部未完成的三部曲。

唐才常出生于湖南浏阳一个家境拮据的乡村知识分子家庭。"未冠以前，低首攒眉，钻研故纸"①的生活，铺垫了他牢固的中国传统文化的功底，决定了他早年的理想价值观，只可能是修齐治平那一套陈腐货色。

唐才常早年经历中，有三件事对他后来的发展产生了重要影响。其一，结识谭嗣同。1877 年 8 月，谭嗣同回浏阳为其母修墓，与唐才常相识。莘莘学子，意气相投，从此结为生死不渝的"刎颈交"。其二，从师欧阳中鹄。欧阳是浏阳近代著名学者，非常推崇王夫之的学术和气节，长于经史，也从事自然科学方面的探讨。唐才常政治上强烈的民族主义、爱国主义精神，哲学上明显的唯物主义因素，正是通过他，从王夫之那里获得了丰富的营养。

---

① 《唐才常集》，中华书局 1980 年版，第 160 页。以下凡引自该集者，均只标页码。

同时,他的自然科学知识,也给了唐有益的启蒙。其三,出行四川。1891年冬,由欧阳中鹄推荐,唐才常应聘赴川,在成都学署阅卷兼教读。唐才常从浏阳狭小的天地里走出来,"游历山川,熟察人情"(第217页),大大丰富了对社会、对人生的感性认识。当时川蜀瘟疫流行,死者"数十万计","棺木为空"(第214页)。19世纪90年代中国积贫积弱的现状,在他脑海里留下了惨淡而深刻的印象。

1894年年初,唐才常考入武昌两湖书院。书院当时已具备近代学堂的雏形。书院开通的政治氛围,开阔了唐才常的胸襟。这时,谭嗣同正居其父武昌巡抚署内。随着年龄的增长,童年的嬉戏,升华为思想的切磋交流。唐、谭两人"观天下之变,时文一道,将来必成废物"(第222页),"大乱将起,更从何处求功名富贵?"(第243页)旧的封建士人之路肯定走不通了。此时此地,唐才常的思想面临巨变。

1895年春,《中日马关条约》签订,举国哗然。唐才常终于在激奋中觉醒,深感再不变法,"万无复存之理"。他把大难临头的中国称为"颠冥之乡",自喻为明晓"瓜分之惨,种亡之祸"的"觉颠冥"者。这既是对世人的警醒,也是对过去的自我批判。他从此自号"泂澼子"①,以表示除旧布新、变法图强的坚强决心。

1896年春,唐才常回到家乡,坚守湖南这块维新变法的前沿阵地,"劳怨交加,千磨百折"(第159页)而不退却。他主办浏阳算学社,开近代学术风气之先;直接经手创办近代企业,为此四处奔走;担任《湘学新报》和《湘报》总撰述,编报撰文,鼓吹变法思想;开办学堂,培养变法力量;组织"南学会"、"群萌学会",试图通过这些半学术性、半政治性的团体,把新式知识分子和开明士绅的力量联合起来,"无议院之名,而有议院之实"②。

特别应该指出,这一时期,维新派左翼的另一领袖人物谭嗣同,行踪飘忽,游历京津沪宁等地,实际在湘不足一年,其主要活动是联络同志,游说上层,撰写《仁学》一书。如果说谭嗣同是维新派左翼当之无愧的理论旗手的话,那么唐才常就是变法活动的名副其实的前敌指挥。"才常横人也,志在铺其蛮力于四海,不胜则以命继之",是万难不回的实行家;"嗣同纵人也,

---

① 出自《庄子·逍遥游》,意谓水中击絮。
② 《谭嗣同全集》,三联书店1954年版,第95页。

志在超出地球,视地球如掌上,果视此躯曾虮虱千万分之一不若"①,是意气高阔的理论家。社会经济地位的悬殊,政治生涯起点的不同,个人气质的差异,决定了他们在变法斗争中各有自己驰骋的天地。

1898 年 6 月,光绪帝下定国是诏,开始"百日维新"。谭嗣同电邀唐才常进京,参与机要。唐才常离湘北上途经汉口时,风云突变。西太后囚光绪帝,杀"六君子",形势急转直下。晴天霹雳给唐才常以剧烈震动。"满朝旧党仇新党,几辈清流付浊流。""匹马短衣江海畔,自惭无策救神京。"(第263 页)他的思想酝酿着第二次转变,由温和的资产阶级改良主义转向激进的革命民主主义。这种转变体现于以下三点:第一,在路线上,唐才常曾认为"变之自上者顺而易"(第239 页),戊戌流血教训了他,这条路并非"顺而易",从而走上"变之自下逆而难"的路;第二,在手段上,他曾大力鼓吹"教育救国","地方自治救国",戊戌以后决心"铜刀辞世运,铁血洗儒巾"(第264 页);第三,最重要的是,他接近革命派,加入兴中会,与孙中山革命党人积极合作。

北上不成,唐才常折返湖南,浪迹南中国,两赴日本。一方面与康、梁保持联系,另一方面寻求新的救国之道。这时,唐才常对清廷统治的黑暗看得更加真切。"今中国弊政瘝制,弥望皆是,百孔千疮",无论士、农、工、商、官,皆"无可守之旧"(第 183 页)。在这种思想认识的基础上,他在日本横滨会见孙中山,决心与革命派合作,"树大节,倡大难,行大改革"(第 197 页),并且加入兴中会。孙中山欢迎唐才常的转变,派吴禄贞等直接参与唐的武装举事。

1899 年冬,唐才常回到上海,在公开和秘密两条战线上同时活动。在公开方面,成立"正气会","务合海内仁人志士,共讲爱国忠君之实,以济时艰"②,又邀集容闳、严复等社会名流,于张园召开国会,"保全中国自主","推广中国未来之文明进化",而其真实意图是"欲俟起事成功,即暂此会为议政之基础"(第 277 页)。在秘密方面,他派人赴鄂、湘、皖等地联络会党,打入新军,组织自立军,准备起义。1900 年秋,八国联军攻入北京,西太后挟光绪帝逃往西安。唐才常认为"此时此机,绝大题目,万不可失"(第 255

---

① 《谭嗣同全集》,中华书局 1981 年版,第 478 页。
② 《正气会会章》,见杜迈之等辑:《自立会史料集》,岳麓书社 1983 年版,第 3 页。

页），匆匆由沪赴汉，主持起义。但张之洞抢先一步，于 8 月 22 日将自立军领导人一网打尽。次日凌晨，唐才常在武昌紫阳湖畔殉难，时年 33 岁。

二、思想——不和谐的二重奏

时代的、阶级的局限，沉重的历史负担，迫使唐才常思想上始终演奏着矛盾的、不和谐的二重奏。

唐才常是由封建士人转化而成的资产阶级知识分子。四书五经奠定的传统"中学"知识结构，是他接受"西学"新鲜知识的基础。与严格训练而成的"中学"功底相比，他的西方资产阶级政治理论和近代自然科学的知识显得浅陋不堪。当时代要求他"欲以构成一种'不中不西，即中即西'之学派"①时，便不得不牵强附会，"远规孔孟改制之精心，近掇欧美百年之新政"（第 71 页），勉为其难地完成这一任务。从根本上讲，唐才常思想上不和谐的二重奏，就是源于这种"中学"与"西学"的生硬结合。

唐才常钦慕英、美等国的政治制度，反对君主独裁，但又说资产阶级民主政治的"一官一制，无不出自《周官》精意"（第 228 页）。他接受近代自然科学知识，但又说"朱子语类已有西人格致之理"（第 172 页）。他还从诸多方面论证中西政学"符契者二十"②。应该看到，唐才常这种生拉硬扯的比附的本意，是想把对传统文化的继承和对资产阶级学说的吸收简单而温和地统一起来，创立一种"不中不西"、"即中即西"的新思想来与旧的封建意识形态相对垒。但是，唐才常毕竟是封建教育的"狼奶"喂大，旧的遗传因子使他习惯地用刀枪剑戟的路数来挥舞洋枪洋炮，当然不免处处露出破绽。而且每当他感到新武器蹩手蹩脚时，便本能地从中学传统武库里，祭出"微言大义"之类的法宝，这就显得不伦不类。

唐才常坚决反对帝国主义瓜分中国的阴谋，这是他摒弃旧途，走上新路的第一推动力。他谴责列强对中国的侵略"不仁之甚"（第 131 页），但他不敢直斥其强盗本性，反而片面强调"痛自刻责"（第 156 页），"吾之所争者，

---

① 梁启超：《清代学术概论·二十九》。
② 《最古各国政学兴衰考》，见《觉颠冥斋内言》卷一。

只在智其民,强其学,富其本,不在挟忿寻仇之举也"(第49页),客观上是用"兼弱攻昧,取乱侮亡"的"理论"为帝国主义开脱罪责。他提不出反抗侵略的切实措施,幻想得到某些帝国主义的援助,甚至荒谬地主张"中日合邦"。

唐才常坚决反对黑暗的封建专制,这是他作为维新激进派而与康、梁最根本的区别所在。他猛烈抨击专制制度是"大痛",呼吁"尽变祖宗成法,与天下更始,则吾虽犯天下之大不韪,负天下恶名,粉骨齑身,所忻慕焉"(第165页),其激烈程度与谭嗣同不相上下。但是,他又口口声声"君臣之义,如何能废?"(第197页)就在"立二十世纪最文明之政治模范,以立宪自由之政治权与之人民"的资产阶级宣言书里,依然夹杂着"端在复起光绪帝"的勤王呼号①。光绪皇帝头顶上的神圣光圈迷蒙了他的眼睛,使他迟迟迈不出由改良到革命的最后一步。

唐才常政治思想的两面性,其最终的理论根基,在于他二元论哲学的一系列尖锐矛盾冲突:带唯物主义色彩的自然观与唯心主义的认识论、历史观;社会变革思想与庸俗进化论、历史循环论;近代科学与神学幽灵;等等。

唐才常吸取近代科学知识,提出"质点配成万物说","天之万物为六十四元质配成"(第66页)。他用这种学说来解释天体的形成和人体构造,肯定世界的物质本质。"人之全身,犹夫极灵之机器"②。用物理学原理来解释人体生命运动,是早期自然科学不发达的表现,在哲学上,则是机械唯物论的反映。

但是,唐才常所谓的"质点",并非完全意义上的客观物质元素,而带有神秘的精神意义的内涵。"今夫太空中而有全世界焉,惟心力之所成耳。其成者何? 电也;其电者何? 以太也"(第157页)。"物之身配于质,质之生起于点,点之微起于魂,魂乎质点之中者天,天乎质点之用者灵魂"(第66页),"司大千世界诸微点大脑气者,是为大灵魂"(第68页)。绕了一大圈,最终天——电——灵魂才是高于"质点"的宇宙本体。于是世界的本原便有了物质(质点)和精神(心力、电)的双重意义。唐才常断定心力、灵魂的独立存在和巨大威力,即使"毁地球,绝躯壳",仍有"灵魂游行于三千大千

---

① 《自立会史料集》,岳麓书社1983年版,第18页。
② 《格致浅理》,见《觉颠冥斋内言》卷四。

华严性海中"（第 180 页）。唐才常认为天——电——灵魂与人类社会相通，"吾子诚有保国种，维世界之心，而以公法治之，则电与以太知之矣，……况乃苍苍之表，隐储一由小康至大同之法界，由有争至无争之公理，以为平万国权力者根原"（第 157 页）。这么一来，冥冥太空中就不仅存在神秘的"电"、"以太"，而且还存在先验的人类社会进步的法则和公理。

这是一种粗糙的泛神论。"泛神论是神学的无神论，是神学的唯物论，是神学的否定。"但是，"泛神论必然要走到唯心论"，"唯心论也是泛神论的真理：因为上帝或本体只是理性的对象，'自我'的对象，思维实体的对象。""没有上帝，任何事物就都不能存在，就都不能被思想。这些话在唯心论的意义之下就是说：一切只是作为意识的对象而存在。"①从此意义上讲，唐才常所谓隐诸于"苍苍之表"之中的"法界"、"公理"，颇类似黑格尔的"纯粹理性"。黑格尔的"理性"其实就是上帝的别称，所以他推导出"上帝统治着世界"②的结论。与这种"理性"相仿，唐才常的人类进步的公理，存在于兼有物质和精神双重意义的太空之中，并且直接保证"保国种"，"维世界"的维新大业"不成何患"，实际上也是人类社会的主宰力量。不同的是，黑格尔从"理性"中推导出"一切现存的都是合理的"保守政治结论，而唐才常却从"公理"中看到维新必胜的光辉前景。从机械唯物论的自然观，经过泛神论，到唯心论的认识论，这就是唐才常哲学二元论的必然逻辑行程。

唐才常用唯心论来观察社会历史，顺理成章地夸大"心力"的作用而走向"英雄史观"。"吾华能以舍身爱国为心者，士大夫中且不多见，安能责之不读书不识字不濡孔教之愚民？"（第 63 页）在这方面，戊戌之后，唐才常有了一点进步，开始转向下层社会，借用会党的力量来实现奋斗目标，但在其认识深处，仍不过是"先能得若辈之心，则仓猝中或犹有为之援者"（第 244 页）的推广而已。

唐才常有朴素的社会进化思想。他认为历史在发展，"而道与时为变迁，则人之智识权力，亦随时而增长"（第 164 页）。他严厉抨击世俗之子"荣古而虐新，贵耳而贱目，尊旧而卑新"（第 104 页）。他把孔子的据乱、升平、太平"三世说"，近代西方社会发展学说中石器、铜器、铁器时代的递进，

---

① 费尔巴哈：《未来哲学原理》，三联书店 1955 年版，第 23、27、28 页。
② 黑格尔：《历史哲学》，三联书店 1956 年版，第 76 页。

以及佛学铁轮、铜轮、银轮、金轮的无常轮回,统统作为他的社会进化论的经典依据(第 164 页)。所以他在坚信"善变者有国之公理"(第 145 页)的同时,又认为"三王之道若循环,大地之运无终极"(第 173 页),否认社会的质变、飞跃,否认社会自身的矛盾是社会进步的根本原因。这与他政治上"新法之行,贵有次第,不可缓亦不可骤"(第 28 页)的改良主张恰为表里。

唐才常鼓吹自然科学知识,对宗教迷信深恶痛绝。其著作中关于物质不灭论、星云说、血液循环说等科学原理的肤浅、含糊甚至歪曲的表述,反映他唯物主义色彩的自然观确有其时代的积极意义。可是,唐才常又为神学幽灵在他的哲学殿堂里保留了庇护所。"人生以灵魂为重,躯壳为轻,躯壳虽毁,灵魂永生,故当勇猛精进,以登极乐之天堂。"①他正是在虚幻的灵魂世界里找到力量的源泉和精神的支柱:"当吾身吾种未亡之日,沥血穷途,皈心万劫以求共济也。如此则生死之界破,而利钝不足言,祸福不足计,而热血斑斓于五中矣。"(第 144 页)神学精义在这里已不是遁世的麻醉剂,而成了救亡的冲锋号。科学和神学的矛盾,在唐才常思想中以独特的方式统一起来。

唐才常思想中不和谐的二重奏,毕竟有它所表现的主题。这就是近代中国先进知识分子的爱国衷肠和历史责任感。唐才常把它们概括为"热力"。"热力"说植根于 19 世纪 90 年代中华民族亡国灭种的现实危机,具有鲜明的时代色彩,又为唐才常的自然观、历史观、伦理道德观所决定,表现出深刻的个性特点。出于唯物主义自然观,他把热力看做世界的物质动力,"夫热之为力,则何星球、何世弗之有矣"(第 141 页),日心不热就没有太阳系,地心不热就没有大自然。服务于救亡图存的政治目的,且受灵魂、心力说的制约,"热力"又是民族存亡兴衰的先决条件,"性情如是则存,不如是则亡,扩其量则文明而强,亏其实则野蛮而瘠"(第 141 页)。奇妙的热力从何而生?"如磨电机器然,不磨则不热,不热则电不生耳。"(第 143 页)如果说贫乏的科学知识使唐才常对"热力"的解释在自然领域里十分苍白无力的话,那么一旦遂入社会政治领域,他的解释就迸发出强烈的现实鼓舞力量。"会东事起,水陆诸军,溃败不可收拾,警报日夕数至,朝野上下,震悼失图,……亦稍稍生热力,萌动机矣。"(第 158 页)唐才常正是用他的"热力"说激励国人"毋自菲,毋自私,毋蔀耳目,毋争门户"(第 145 页),共赴国

---

① 《各教考原》,见《觉颠冥斋内言》卷四。

难。但是,既然热力来自心力,在他的心目中,维新救亡的最后的决定性力量便只能是精神的而非物质的,只在个人而不在人民群众,所以他总是把希望寄托在皇帝和少数志士仁人身上,即使在自立军运动中,对于会党也仅仅是利用而已。

三、近代知识分子追随时代前进的一面镜子

唐才常生活在风雷激荡的年代,勉力追随时代的步伐前进。他向往新的社会,又背着沉重的历史包袱,思想表现出强烈的、不可克服的内在矛盾。从个人角度看,这固然带有浓郁的悲剧色彩,但如果我们把它放到更为广阔的历史背景中来考察,却正是近代中国知识分子在其进步过程中的必然历程,唐才常的生平和思想,正是这样一面镜子。

第一,在近代中国,先进知识分子是社会最先觉悟的阶层,他们的思想,代表了历史发展的方向。他们用自己的血肉之躯树立起社会思潮进步的标杆。

中国最早一批资产阶级知识分子,绝大多数由封建知识分子转化而来。将个人的命运与时代发展的趋势和国家民族的前途紧密地联系起来,是实现这种转化的首要前提条件,而这正是近代中国先进知识分子的特点和优点,"大风振谷,岂有静柯？洪浪披天,必无潜鳞"(第253页),唐才常表达了先进知识分子的共同认识。唐才常生平三部曲中的两次关键转折,恰与近代中国沦为半殖民地半封建社会过程中的两次重大危机同步发生,这正是这种认识转化为实际行动的直接证明。

如果说康有为和孙中山分别代表了近代中国进步社会思潮的流变中资产阶级改良和资产阶级革命两个高峰的话,那么维新激进派谭嗣同、唐才常的位置,就在康、孙之间,而唐要更靠近孙一端。谭嗣同在反对封建专制的猛烈程度上,超出康有为一大截,但他没有来得及把这种认识转化为实际的暴烈行动。唐才常比自己的好朋友多走了一步,他领导的自立军运动的失败,使革命派更加清醒地认识到"戊戌之保皇,不能行于庚子之勤王；庚子之勤王,不能行于今后之革命"[1]。难怪有人认为,自立军运动孕育了十一

---

① 《辛亥革命前十年间时论选集》第一卷,三联书店1960年版,第681页。

年后的"武昌革命之花"①,难怪唐才常殉难三十余年后,"国民政府悯念前勋,赐金治葬,并于墓侧建立纪念堂,以垂永久"②。列宁反对在评价一位革命家时"只看到他遭到的牺牲在表面上是无益的,往往是无结果的,而不顾他的活动内容,以及他的活动同以前和以后的革命家的联系"的形而上学观点,而主张"根据一连串的革命事件来理解个别革命家活动的意义"③。因此我们有理由认为,在从改良到革命的社会思潮的流变中,唐才常用生命树立了醒目的标杆,记载了时代进步的里程。

第二,唐才常的思想历程,代表了近代中国先进知识分子追求真理的典型道路。唐才常的思想变化充满了新与旧的斗争,经历了艰难的行程。这正是近代中国先进知识分子身上时代烙印和阶级烙印的生动体现。

19世纪中叶的中国,自给自足的自然经济仍占统治地位。自明清以来出现的资本主义萌芽,尚未发展到产生大规模近代工厂的程度。资本主义列强的入侵切断了中国资本主义自身发展的缓慢进程。中国基本上以一个封建大帝国的身份被强迫卷入资本主义世界市场。中国民族资产阶级的经济基础异常薄弱,而且诞生伊始就面临着来势汹汹的外国资本主义和根深蒂固的本国封建势力的双重压迫,又不得不与它们保持千丝万缕的联系。民族资产阶级的这种素质决定了依附于它的知识分子阶层的素质。主要由封建士人转化而成的第一批资产阶级知识分子先天地带有封建烙印,又后天地从他们所依附的阶级母体中继承既革命、又妥协的两面性格。当中国民族资产阶级为了自己的生存和发展而大喊大叫的时候,他们的思想斗士手中的武器,真是品类驳杂。既有"民主立宪"、"公理公法"等舶来品,又有"素王改制"、"小康大同"等国粹。紧迫的政治危机不允许他们对复杂的思想材料进行从容的批判整理以建立起严密的思想体系,而只能是"每思一义,理奥例颐,垄涌奔腾。际笔来会,急不暇择"④。谭嗣同是如此,唐才常也是如此。中国资产阶级在思想方面的软弱比之经济方面更甚。中国第一批资产阶级知识分子的阶级素质、性格特点和知识结构,都决定了他们在追求真理的道路上始终伴随着一系列的尖锐矛盾:激进的斗争目标和被迫采

① 杨玉如:《辛亥革命先著记》,科学出版社1958年版,第9页。
② 《自立会史料集》,岳麓书社1983年版,第47页。
③ 《列宁选集》第3卷,人民出版社1995年版,第801页。
④ 《谭嗣同全集》,三联书店1954年版,第444页。

取的软弱斗争手段；对资产阶级政治学术的如饥似渴的追求和对以孔学为代表的中国传统文化的依依不舍的眷念；对国家民族光明前途的热烈向往和找不到成功之路的悲观抑郁；基于唯物主义基础的强烈现实责任感和基于唯心主义宗教超度的自我麻醉……。这一切，都在唐才常短暂的一生中得到集中体现。唐才常悲壮的失败，正是这一系列矛盾冲突的必然终结。"平民知识分子运动时期或资产阶级自由主义运动时期，……运动有一半还是贵族、上层资产阶级这些特权阶级的运动，因此，尽管个别人表现得很英勇，整个运动还是软弱无力的。"①这是唐才常的一生留给我们的深刻启示。

（原载《江汉论坛》1985 年第 10 期）

---

① 《列宁全集》第 19 卷，人民出版社 1956 年版，第 329 页。

严复与近代思想启蒙

一

一部中国近代史同时也是中华民族的思想启蒙史。在这个伟大的解放中，严复以他不朽的译作和著述确立了自己的辉煌地位，成为"在中国共产党出世以前向西方寻找真理的一派人物"①的杰出代表。

任何时代的思想启蒙，都是对于传统观念的本质批判。对于封建专制和愚昧，在严复之前并不乏贤人先哲的抨击。在铁桶一般的封建黑暗中，人们可以听到从孟、荀直到顾、黄、龚、魏的不停竭呼号。但是，那或是出于对"明主"的规劝、"昏君"的斥责，或是出于对生灵涂炭的悲悯、天下倾覆的忧虑，因此不管从言词上看多么尖锐泼辣，而骨子里终究不过是对传统思想的修补和完善而非摧毁和创新，因而不具备启蒙的意义。

进入近代，在世界资本主义冲击之下，封建的中国加速走向自己的尽头。到了严复降生的年代，新社会的曙光固然还不可见，但旧时代的丧钟已经在有见识的中国人心中隆隆地震响了。维新运动的兴起，标志着年轻的中国资产阶级第一次登上了政治斗争的舞台。维新运动是一次肤浅的政治变法，同时又是一次深刻的思想启蒙。维新派用以唤起民众的武器，从本质上讲，已经是奠基于新型的资本主义经济关系之上的资产阶级意识形态。从时间上看，维新派比龚、魏不过晚了半个世纪，但是从思想上看，却比后者前进了整整一个时代。当然这是就总体而言，具体到个人，因经历、学识所限，对"新学"的理解、掌握程度各异，其间的差别又是相当大的。康、梁等人从小受纯粹的封建教育，又不能直接阅读西人著作，更不曾到过欧、美，亲

---

① 《毛泽东选集》第四卷，人民出版社 1991 年版，第 1469 页。

身体验资本主义的文物制度,因此他们所运用的新学武器,内容支离、肤浅,且掺杂大量封建因素,牵强附会之处,时时可见。严复则不然。他幼年就学于新式学堂,成年后又留学英国,观察资本主义社会制度,研读资产阶级政治学说,造诣之深,连维新泰斗康有为,也不能不承认为"中国西学第一者"①。而且在他身后,也没有人从整体的资产阶级思想启蒙的意义上,作出比他更大的贡献。20 世纪中国政治舞台上的风云人物,如陈独秀、李大钊、胡适、鲁迅、毛泽东,很少有人否认严复对自己的深刻影响,这绝非偶然。我们可以借用严复自己的话,来评价他在近代思想启蒙中的地位和作用:"在当时而能如是,诚命世之才,宜乎其能为一学开山也。"②

一二

严复在广阔的领域里进行资产阶级思想启蒙,大致归纳,有政治观、哲学观和科学方法论三个方面。

(一)政治观

严复率先突破前人以朴素人本主义的"民主"来对抗"君主"的水平,提出"以自由为体,以民主为用"③的深刻命题。他认为民主仅是自由在政治上的一种表现,而后者才是资本主义的实质和核心。他一针见血地指出资本主义命脉之所在:"于学术则黜伪而崇真,于刑政则屈私以为公","斯二者与中国理道初无异也,顾彼行之而常道,吾行之而常病者,则自由不自由异耳。"④针对传统因袭下世人对于自由的普遍误解,严复辨正道:"中文自由,常含放诞、恣肆,无忌惮诸劣义。然此自是后起附属之诂,与初义无涉。初义但云不为外物拘牵而已,无胜义亦无劣义也。"⑤与中国传统的自由观相反,"彼西人之言曰:'惟天生民,各具赋畀,得自由者为全受。故人人各

---

① 《戊戌变法》第二册,神州国光社 1953 年版,第 525 页。
② 严复:《原富·按语》,商务印书馆 1981 年版,第 440 页。
③ 严复:《原强》。
④ 严复:《论世变之亟》。
⑤ 严复:《群己权界论·译凡例》,商务印书馆 1981 年版。

得自由，……侵入自由者，斯为逆天理，贼人道，"①"中国历古圣贤之所深畏"的自由，被西方资产阶级理直气壮地写在自己思想解放的大旗之上。

与资产阶级民主、自由观直接相关的是平等观。严复解释说："民主者，治制之极盛也。……夫民主之所以为民主者，以平等，故班丹（边沁）之言曰：'人人得一，亦不过一'。此平等之的义也。顾平等必有所以为平者，非可强而平之也。必其力平，必其智平，必其德平，使是三者平，则郅治之民主至矣。"②严复把人与人的平等关系归结为相互间权利与义务的不可分割。"义务者，与权利相对待而有之也，故民有可据之权利，而后应尽之义务生焉。无权利而责民义务者，非义务也，直奴分耳。"③因此，权利和义务一旦分离，也就没有民主和自由可言。"事关纲常名教，其言论不容自由"，④既然"君为臣纲，父为子纲，夫为妻纲"，君、父、夫仅有权力，而臣、子、妻仅有义务，那么他们之间当然就不可能存在平等关系，也没有自由可言。在这种毫无平等自由的纲常名教支撑之下的"中国之治制，运隆则为有法之君主，道丧则为专制之乱朝，故其中谈治之策，经世之文，皆当本君主之精神而观之，而后知其言之至善。脱以民主之义绳之，则大谬矣"。⑤ 由于时代和阶级局限，严复虽然未能进一步剖析资本主义民主、平等的阶级实质，但他毕竟是从资产阶级民主政治的高度，根本推翻了封建政治全部合理性的理论支柱，因而比单纯的伦理道德批判更具深刻的理论力量。

在政治学原理辨正的基础上，严复展开对现实封建政治的批判。"中国自秦以来，无所谓天下也，无所谓国也，皆家而已。一姓之兴，则亿兆为之臣妾。其兴也，此一家之兴也，其亡也，此一家之亡也。天子之一身，兼宪法、国家、王者三大物，其家亡，则一切与之俱亡，而民人特奴婢之易主者而已，乌有所谓长存者乎！柳子厚之论封建也，……亦利害于一家而已，未尝为天下计也。……王夫之为《通鉴论》也，吾之所谓然，二三策而已。……然不知异族之得为中国主者，其事即兴于名教。嗟乎！虑其患而防之，而患

① 严复：《论世变之亟》。
② 严复：《孟德斯鸠法意·按语》，商务印书馆1981年版，第168页。
③ 严复：《孟德斯鸠法意·按语》，商务印书馆1981年版，第636页。
④ 严复：《群己权界论·译凡例》。
⑤ 严复：《孟德斯鸠法意·按语》，商务印书馆1981年版，第100页。

或起于所防之外,甚者乃即出于所防之中,此专制之制所以无一可者也。"①联系国难危急的现实局势,严复尖锐指出封建纲常的防卫体系已无力阻止"异族之得为中国主者",中国封建政治到了非改弦更张不可的时候了。但是严复并没有从此走上激进的政治革命的道路。在如何使自己的政治观社会化、现实化的问题上,他恪守两条基本法则:"君权之重轻,与民智之浅深为比例。"②"社会之变象无穷,而一一基于小己之品质。"③展开来讲,即"政欲利民,必自民各能自利始。民各能自利,又必自皆得自由始。欲听其皆得自由,尤必自其各能自治始。反是且乱。……是以今日要政,统于三端:一曰鼓民力;二曰开民智;三曰新民德"④,因此民主之制应该缓行。如果脱离当时中国的现实政治,从一般意义上的人的进步与社会发展的对应关系看,严复的上述认识,并无可挑剔之处。但是,由于严复单方面强调人的进步对于社会变革的根本意义,而忽视社会变革对于人的进步的强大的推动作用,把社会进步狭隘地归结为社会"分子"个人品质的自我完善,并且这种自我完善又是脱离人的广泛的社会联系、脱离动荡的政治现实封闭地进行,这就从理论上的偏颇导向了政治上的保守。"然则及今而弃吾君臣可乎?曰是大不可。何则?其时未至,其俗未成,其民不足以自治也",⑤"为今之计,惟急从教育上着手"。这便是严复从激进的资产阶级民主政治理论中得出并终身实践的温和的现实政治主张。

严复政治观的另一超越前人之处,往往为研究者们忽视,这就是他对于政治与经济关系的认识。严复不把政治的清明看成国家繁盛的唯一原因和标志。"富强之基,本诸格致,不本格致,将无所往而不荒虚,所谓蒸砂千载,成饭无期者矣。"⑥国家要强大,民族要兴旺,必须讲求格致(自然科学),发展生产力。"大生财能事(productive power 即生产力)者,计学(经济学)最要之者,……化国之民,其所以能操天下利权,而非旦暮所可夺者,亦

① 严复:《孟德斯鸠法意·按语》,商务印书馆 1981 年版,第 88 页。
② 严复:《中俄交谊论》。
③ 严复:《群学肄言·译余赘语》,商务印书馆 1981 年版。
④ 严复:《原强》。
⑤ 严复:《辟韩》。
⑥ 严复:《救亡决论》。

在此耳，"①严复为中国引进了生产力这一近代经济科学概念，并且准确地指出它的伟力之所在，实在令人赞叹。

坚决斥责资本—帝国主义的侵略，是近代思想家们的一个共同政治观点。但是，在如何认识这种侵略的本质的时候，便见仁见智，体现出个人水平的高低。列强对华侵略固然是政治行动，但它必然有经济方面的深刻原因。严复分析道："如今日西国之患，恒坐过富，母财（资本）岁进，而业场（投资场所）不增，故其谋国者之推广业场为第一要义。德意志并力于山左，法兰西注意于南陲，而吴楚之间则为英人之禁脔，凡皆为此一事而已。此其所以为争之情，与战国诸雄与前代苦中国之戎虏大有异处。"②这虽然未对列强经济—政治侵略的非正义性和危害作更深一步的批判，但它毕竟为人们点明了科学认识资本—帝国主义实质的路径，这也是康、梁等人不能望其项背的。

（二）哲学观

严复对中国传统哲学进行了多方面的批判。他以资产阶级进化论的历史哲学对抗循环论；以近代科学自然哲学对抗封建迷信；以资产阶级功利主义人生哲学对抗封建主义的义利分裂观。

严复一生中最伟大的贡献，就是他翻译、介绍、宣扬了近代科学形态的生物进化论，并把它革命地（不同于西方社会达尔文主义者反动地）运用于社会历史领域。"宇宙有至大之公例，曰万化皆渐而无顿。"③他一方面赞同斯宾塞"以天演自然言化，著书造论，贯天地人而一理之"，另一方面又用赫胥黎的"与天争胜"论来补救斯氏"任天为治之末流"，"且于自强保种之事，反复三致意焉。"④

严复强调，人类社会是一个不断进化的自然历史过程，"运会既成，虽圣人无所为力。"⑤他斥责"天不变，地不变，道亦不变，此观化不审似是实非之言也。"⑥在《社会通诠》的译者序言里，严复系统地阐发了自己的进化论

---

① 严复：《原富·按语》，商务印书馆 1981 年版，第 96 页。
② 严复：《原富·按语》，商务印书馆 1981 年版，第 96 页。
③ 严复：《政治讲义》。
④ 严复：《天演论·自序》，商务印书馆 1981 年版。
⑤ 严复：《论世变之亟》。
⑥ 严复：《救亡决论》。

历史观；"夷考进化之阶级，莫不始于图腾，继以宗法，而成于国家。方其为图腾也，其民渔猎，至于宗法，其民耕稼，而二者之间，其相嬗而转变者以游牧。最后由宗法以进于国家，而二者之间，其相受而蜕化者以封建。方其封建，民业大抵犹耕稼也，独至国家，而后兵、农、工、商四者之民备具，而其群相生相养之事乃极盛，而大和强立，繁衍而不可以克灭。此其为序之信，若天之四时，若人身之童少壮老，期有迟速，而不可或少紊者也。"这里有两个序列：图腾→宗法→国家；渔猎→游牧、耕稼→兵农工商。前者指社会政治形态，后者指相应的产业结构形态。这种建立在对于社会发展必然趋势科学把握之上的进化论历史观，显然比康有为脱胎于"公羊三世说"的带有浓郁循环论色彩的历史哲学先进得多。

严复是社会进化论者，但他与西方社会达尔文主义唱的是对台戏。"舟车大通，种族相见，优胜劣败之公例，无所逃于天地之间"①，这与动物界没有区别。但是"人之所以为万物之灵，而世之所以有进化之实者，以能不忘前事，而自得后事之师也。不然，必至之而后知，必履之而后艰，将如环然，常循其覆辙而已，乌由进乎？"②人类进化绝非全凭自然的选择、淘汰，其根据就在于人类可以发挥历史主动精神去汲取历史的经验教训，发愤图强，而这恰恰是动物所不能做到的。千千万万的不甘沦落的中华民族的优秀子孙正是从这个意义上，始而愕然、继而欣然地接受了严复所宣传的进化论，终而奋然地走上了救国救民的艰苦征途。

承认历史的光明前途并非仅无产阶级所能。一切剥削阶级在他们处于上升阶段时，无一例外地大力宣扬这一点。而当他们的阶级政权建立的客观可能性愈渺茫时，这种对光明未来的渴望便表现得愈加强烈。严复的进化论历史观，也突出地体现在他对未来的展望和憧憬之中。"窃料黄人前途，将必不至于不幸也。即使其民今日困于旧法，拘于积习之中，卒莫由以自拔，近果之成，无可解免，而变动光明，生于忧患，行且有以大见于世史，无疑也。"③严复同他的西方前辈一样，"完全真诚地相信世界乐园。"④"吾党生于今日，所可知者，世道必进，后胜于今而已，至极盛之秋，当见何象，千世

---

① 严复：《社会通诠·按语》，商务印书馆 1981 年版，第 133 页。
② 严复：《孟德斯鸠法意·按语》，商务印书馆 1981 年版，第 108 页。
③ 严复：《社会通诠·按语》，商务印书馆 1981 年版，第 155 页。
④ 列宁：《我们究竟拒绝什么遗产》。

之后,有能言者,犹旦暮遇之也"。① 有的论者因此而批判他的"不可以名理论证也"是"不可知论"②,我以为是不公允的。严复立足于近代科学基础上,提出进化史观,这已经为世人"提供了新的东西"。至于他老老实实承认"吾党生于今日",不知道"千世之后""当见何象",未能为后人描绘出人类未来社会的具体图景,这又何错之有? 恩格斯曾经精辟地指出,对未来社会的描述越是精确,就越是陷入空想。与严复相反,康有为倒是在《大同书》里活灵活现地展示了未来世界的生动景观,但那一切,又有几许被后人承认是"可知论"者的先知先觉呢?

严复是学习近代自然科学出身的中国第一代学者。他的自然哲学奠基于进化论,闪耀着近代科学光芒。"故用天演之说,则竺乾、天方、犹太诸宗教所谓神明创造之说皆不行。"③在《天演论》中,他对原文加上《天刑》、《天难》的小标题以抨击"天道"。当然,在严复之前,传统的天道观、天命观已经屡遭诘难。墨子讲"天志",庄子讲"天道无为而自然",荀子讲"天行有常",王充讲"天地合气,万物自生",直到明清之际方以智讲"通观天地皆一物",王夫之讲"知天之理",但这些批判多限于抽象的哲理论辩,缺乏严谨的自然科学实验基础,带有天才猜测的强烈意味。正在这一点上,严复大大超过了前辈。"盖自科学日进,而变异之事一切可以前知,而谶讳、占验之学大失根据,此旧学一大革命也。"④他用近代自然科学成果来具体论证宇宙及人类社会都是物质进化的自然结果。"天者何? 自然之机,必至之势也;阅今而考古,格物而致知,必求真实而后已者。凡为此耳,夫非妖祥咎证之谓也,吾党有志图存之士,其求深识,此所谓天者。"⑤他援引哥白尼的太阳中心说和牛顿的机械运动理论,试图用力的机械运动来解释宇宙间的一切变化,"大宇之内,质力相推,非质无以见力,非力无以呈质"。更精彩的是,他把人类运动与自然界在物质的意义上直接联系起来,"且人非得自然之助,势且无以为功。何则? 人力必仰于食,是亦所谓自然之力也。""一切

---

① 严复:《天演论·按语》。
② 《论严复与严译名著》,商务印书馆1982年版,第88页。
③ 严复:《天演论·导言》。
④ 见严复评点《刘子政极谏外家封事》。
⑤ 严复:《原富·按语》,商务印书馆1981年版,第525页。

动力之原,而悉本之于日轮也。"①

严复把自然哲学与历史哲学统一起来,从自然规律中寻找社会历史发展的方向。他认为牛顿力学一出,"而后天学明人事利者也。"②他把数、名、力、质、天、地、生、心等自然科学与资产阶级社会学(群学)挂起钩来,把后者视为前者发展的极峰。"盖于名数知万物之成法,于力质得化机之殊能,尤必借天地二学,各合而观之,而后有以见物化之成迹。……欲明生生之机,则必治生学;欲知感应之妙,则必治心学。夫而后乃可以及群学也。……故学问之事,以群学为要归。唯群学明,而后知治乱盛衰之故,而能有修齐治平之功。"③把政治革新单单归结为社会学问题,这在今天看来固不足取,但在传统神学史观笼罩学坛的当时,这种朴素形态的机械唯物论毕竟较为先进,给人以耳目一新之感。

一个民族的思想启蒙,最根本、最艰巨的莫过于人生哲学的改造与更新。中国传统的儒、道融合的人生哲学经过几千年的悠悠岁月,已达到无孔不入、根深蒂固的程度。对义利关系,"君子喻于义,小人喻于利";对职业选择,"万般皆下品,唯有读书高";对个人境遇,提倡"乐天知命",为人行事,讲究"中庸","不为祸始,不为福先"。总之,"温、良、恭、俭、让"的五字诀几乎可以概括中国传统人生哲学真、善、美的全部规范与最高境界。它的消极方面,无疑是造成因循、保守、封闭、落后的重要因素。在竞争激烈的近代世界舞台上,这种人生哲学不加改造,显然严重束缚中华民族奋发自强的手脚。

传统人生哲学非功利主义特征突出,与相对淡薄的物质要求形成鲜明对照的是对于精神完美的强烈追求。"朝闻道,夕死可也。"严复则提出,人生的目标不是追求抽象的善,善与恶是以具体感受的苦乐为其标准的。"人道所为,皆背苦而趋乐,必有所乐,始名为善,彰彰明矣。"④这种资产阶级人生哲学的典型特征,就是对于物质财富和利益的赤裸裸的追求。"它把宗教虔诚、骑士热忱、小市民伤感这些情感的神圣发作,淹没在利己主义

---

① 严复:《原富·按语》,商务印书馆 1981 年版,第 298 页。
② 严复:《译天演论·自序》。
③ 严复:《原强》。
④ 严复:《天演论·按语》。

打算的冰水之中。"①严复认为自私是人的本性，但自私又必须以不损害他人为前提，"两利为利，独利必不利"，②这就要处理好利与义的关系。他驳斥陈腐的义利分裂论："大抵东西古人之说，皆以功利与道义相反，若薰莸之必不可同器。而今人则谓生学之理，舍自营无以为存。但民智既开之后，则知非明道则无以计功，非正谊则无以谋利。功利何足病，问所以致之之道何如耳，故西人谓此为开明自营。开明自营，于道义必不背也。"③这种义利结合观建立在近代经济学基础之上，超越了抽象伦理思辨。"自天演学兴，而后非谊不利非道无功之理，洞若观火。而计学（经济学）之论，为之先声焉。……庶几义利合，民乐从善，而治化之进不远欤？呜呼！此计学家最伟之功也。"④

严复认为，"农工商贾皆能开天地自然之利，自养之外，有以养人，独士枵然开口待哺"，挖苦"独我华人始翘然以知书自异"，打破了"唯有读书高"的神话。"凡学之事，不仅求知未知，求能未能已也。……其绝大妙用，在于有以练智虑而操心思"，而"中土士大夫，怙私恃气，乃转以不能不知傲人之能与知"，实为"民之蠹也"。⑤

针对保守、因循，但求中庸不思进取的传统心理，严复指出："彼《周易》否泰之数，老氏雄雌之言，固圣智之妙用微权，而非不事事听其自至之谓也，不事事而听其自至，此太甲所谓'自作孽，不可逭'者耳。天固何尝为不织者减寒，为不耕者减饥耶？"⑥时代变了，人们对于生活的态度也要改变。中华民族要在竞争中成为强者，首先要求他的成员具有争强好胜的进取精神。"盖生民之大要三，而强弱存亡莫不视此：一曰血气体力之强，二曰聪明知虑之强，三曰德行仁义之强。……未有三者备而民生不忧，亦未有三者备而国威不奋者也。"⑦相反，传统的人生哲学不改造，"民力已荼，民智已卑，民德已薄"的悲惨现实将无可挽回，而中华民族的沦亡，亦将在劫难逃。

<hr>

① 《马克思恩格斯选集》第4卷，人民出版社1995年版，第275页。
② 严复：《天演论·按语》。
③ 严复：《天演论·按语》。
④ 严复：《原富·按语》商务印书馆1981年版，第77页。
⑤ 严复：《救亡决论》。
⑥ 严复：《原强》。
⑦ 严复：《原强》。

（三）科学方法论

富强之基在于科技，科技之本在于方法。严复这方面的启蒙思想，重点有三，即经验论、归纳法和逻辑学。

几千年中华文明的演进，形成了庞大厚重的以人文文化为主体的文化结构，与此相应地形成了一整套程式化的重直觉、重内省、重先验理性的方法论体系。在这种体系的笼罩下，以实验和实用为其价值特征的近代科学方法论很难发展起来。严复指出，"中国人士，经三千年之文教，其心习之成至多，习矣而未尝一考其理之诚妄；乃今者洞牖开关，而以与群伦相见，所谓变革心习之事理纷至沓来，于是相与骇愕而以为不可思议。"①他批判陆王主观唯心主义先验论的学术路线，"质而言之，则直师心自用而已。自以为不出户可以知天下，而天下事与其所谓知者，果相合否？不迳庭否？不复问也。自以为闭门造车，出而合辙，而门外之辙，与其所造之车，果相合否？不龃龉否？又不察也。……其为祸也，始于学术，终于国家。"②此即"西语阿菩黎诃黎（apriori，先验的），凡不察事实，执因言果，先立一说，以概余论者，皆名此种。若以中学言之，则古书成训，十九皆然"。③ 与此相对，严复介绍道："然而西学格致，则其道与是适相反。一理之明，一法之令，必验之物物事事而皆然，而后定之为不易。其所验也贵多，故博大；其收效也必恒，故悠久；其宗极也，必道通为一，左右逢源，故高明。"④

根据英国哲学家培根的经验论，严复提出人的真知灼见生于一本——阅历之知，即"元知"，"吾人为学穷理，志求登峰造极，第一要知读无字之书"。⑤ 本于"元知"的"推知"只是第二位的，"勿以推知为元知，此事最关诚妄。"⑥他还进一步探讨了经验论与实验方法的联系，强调科学实验的重要意义，认为"格物穷理"的内涵不仅仅是观察、体验，还应包括实验。这就改造了抽象、模糊地接触到认识从感性向理性深化过程的客观唯心主义命题，使之具有近代朴素唯物主义反映论的色彩。

---

① 严复：《穆勒名学·按语》，商务印书馆 1981 年版，第 215 页。

② 严复：《救亡决论》。

③ 严复：《穆勒名学·按语》，商务印书馆 1981 年版，第 57 页。

④ 严复：《救亡决论》。

⑤ 严复：《西学门径功用》。

⑥ 严复：《穆勒名学·引论按》。

强调经验,反对先验,仅仅是培根归纳法的前提。"内籀者,观化察变,见其会通,立为公例者也",通过归纳,得出"通而为一"的高层次的认识,然后再"渐入外籀",进行演绎"而其理乃益密"。① 严复论证归纳与演绎的关系:"内籀云者,察其曲而知其全者也,执其微以会其通者也;外籀云者,据公理以断众事者也,设定数以逆未然者也。……二者即物穷理之最要涂术也。"②他批评中国传统学术"之所以多无补者",并非没有运用演绎法,而是演绎"其所本者,大抵心成之说",是先验的非实验归纳的产物,"此学术之所以多诬,而国计民生之所以病也。"③

由于儒、道文化的压倒影响,墨子以后的中国古典逻辑学一直处于相当贫乏的状况。因此传统学术不注重通过归纳演绎的形式逻辑方法去认识世界,而是强调直觉思维,讲究"顿悟"。针对这种传统,严复研讨了西方科学昌明的原因,提出逻辑学是"一切法之法,一切学之学,明其为体之尊,为用之广"。到了晚年,虽然"精神荼短,惮用脑力"④,他仍多次表示要将《穆勒名学》中关于归纳法的部分全部译完。

三

中国近代史上一个引人注目、令人深思的现象是,在资产阶级思想启蒙中,维新派比革命派做得更多;而在维新派中,保守的严复比激进的康、梁、谭贡献更大。用形而上学讲不通的现象,毕竟是客观的历史事实。当孙中山和康有为积极投入用不同方式变革封建专制制度的实际运动的时候,严复却反复强调首先对人民进行资产阶级的教育。从政治上看,严复要"右"得多,但是,康、孙的先后失败,又恰恰从反面证明了严复主张的根本意义。

严复是"19世纪末中国感觉敏锐的人"⑤,他从世事的风云激荡中,敏锐地觉察到中华民族深重危机的根源,不仅在于缺少近代西方的声光电化、

---

① 严复:《原富·译事例言》。
② 严复:《译天演论·自序》。
③ 严复:《穆勒名学·按语》,商务印书馆1981年版,第66页。
④ 严复:《名学浅说·译者自序》。
⑤ 鲁迅:《热风·随感录二十五》。

坚船利炮之"末"，更在于面临崩析的腐朽封建制度之"本"。要改变这一制度的前提条件，是用先进的资产阶级意识形态去唤起民族精神的觉醒。"吾民之智、德、力，经四千年之治化，虽至今日，其短日彰，不可为讳，顾使深而求之，其中富有可为强族大国之储能，虽摧斫而不可灭者。夫其众如此，其地势如此，其民材又如此，使一旦幡然，悟旧法陈义之不足殉，而知成见积习之实为吾害，尽去腐秽，惟强之求，真五洲无比国也，何贫弱奴隶之足忧哉！"①正是基于这种对民族性格客观、冷静的分析和对民族前途乐观、坚定的信心，严复满腔激情地在十分广阔的领域内，以前无古人、后少来者的气魄和水平，进行资产阶级的思想启蒙，筚路蓝缕，功不可没。

但是，诚如马克思所说：资产阶级著作家在资产阶级同封建主义进行斗争的时期提出的原则和理论无非是实际运动在理论上的表现，同时可以精确地看出，这种理论上的表现依其所处实际运动的阶段的不同而反映出空想主义的、教条主义的，学理主义的程度也往往不同。作为软弱的中国资产阶级思想家，特别是一个始终游离于本阶级实际政治变革运动之外的思想家，一个"能坐而言不能起行者"②，严复自有他不容否认的严重局限。

我们可以借用赫尔岑评论黑格尔的话来评论严复。"尽管黑格尔的天才是非常巨大而有力，可是他毕竟也是一个人；在用迂回曲折的语言发表意见的时代里，他怕把话简单明了地说出来，因为他不敢前进到自己的原理的最后结果；对于不惜一切地彻底接受全部真理，他还缺少英雄的气概。一些极其伟大的人物在从他的原理中显然会得出的结论面前裹足不前；另一些人则惊慌失措地向后倒退，不去寻求明确性，而是把自己弄模糊。黑格尔看出了有许多公认的东西需要予以摒弃，他舍不得打碎，可是另一方面，他也不能不把应该说的话说出来。黑格尔常常把原理探索出来而不敢承认原理的一切结果，他不去寻找简单明了的、自然的、当然可以得出的结论，而还要让它跟现存的事物相安无事，发展被弄得更加复杂，明确性被弄得模糊不清。"③严复在"用迂回曲折的语言发表意见的时代"，敢于大张旗鼓地宣扬与封建传统水火不容的资产阶级启蒙思想，这比黑格尔勇敢得多。但是他又同黑格尔一样，缺少"彻底接受全部真理"的"英雄气概"，而是"让它跟现

① 《社会通诠·按语》，商务印书馆1981年版，第155页。
② 王蘧常：《严几道年谱》，商务印书馆1936年版，第42页。
③ 赫尔岑：《科学中华而不实的作风》，商务印书馆1981年版，第69—70页。

存的事物相安无事",特别是到了晚年,更"惊慌失措地向后倒退"。中国资产阶级经济、政治上的软弱决定了其思想的无力。而这个阶级的思想旗手严复的个人因素,更加重了中国牌号的资产阶级启蒙思想的"空想主义、教条主义和学理主义"的浓郁色彩。

资产阶级的思想启蒙,在中国未能获得它在西方那样的辉煌胜利。因此而来的深远影响,直到今天仍然顽强地残留在社会主义现实生活之中。当中华民族庆幸自己不经资本主义的历史阶段而进入更为高级的社会主义历史时期的时候,却忽视了资产阶级的思想启蒙对于自身精神从传统社会向现代社会转变这一过程中的、很难为其他东西所替代的"思想材料"的重要作用。我们尝到了自己酿造的苦酒。中华民族在付出沉重代价,终于战胜林彪、四人帮封建法西斯专政的现实危险性之后,重温严复八十年前的话,"为思想,为言论,皆非刑章所当治之域"①,"一朝之法,因时损益,不独于天理物情未可强合,且即与道德之所去取,经典之所是非,亦不可相持而并论"②,不是还有许多值得深思的东西么?

生活之树常青,认识之果常新。经过十年浩劫和十年清算之后,对于严复的历史功绩,对于近代思想启蒙的重要意义,似乎也应该作出更为科学的评价。这并非进行资产阶级启蒙思想的消极"补课",而是为了使中华民族对自身思想历程中重要却又短暂、过去又被忽视的一段有一个清醒的认识,从而为社会主义物质文明和精神文明两个方面的伟大振兴提供更加宽厚、密实的理论根基。

(原载《福建论坛》1986 年第 2 期)

---

① 《孟德斯鸠法意·按语》。
② 《孟德斯鸠法意·按语》。

张之洞文化人格论

时代的递嬗,必然带来民族文化人格的变迁。对这种变迁,既要有群体的宏观把握,也需进行个体的微观剖析。而后者正是近年来文化史研究中稍显薄弱的环节。笔者选择张之洞(1837—1909)这样一位"过渡时代"(梁启超语)的历史人物作一番文化人格方面的探讨,企求从中得到些许生动具体的时代文化消息。

人格,是"个体内部那些决定个人对其环境独特顺应方式的身心系统的动力结构"①。文化人格,"是特定个人在特定群体或民族文化中通过社会化过程形成的独享的、相对稳定的心理特质和行为特质的动态复合结构","是个人对特定文化内化的结果"②。张之洞所处的 19 世纪中叶至 20 世纪初年,正是传统的中华文化与伴随欧风美雨袭入中国的西方文化在器物——制度——精神诸层面渐次深入、碰撞交融的历史巨变时期。新时代的文化震荡,对社会各阶层形成程度不同的心理涟漪,其中尤以士大夫阶层感受为最。张之洞则是这一阶层中尤具典型意义的人物。说他典型,根据有二。其一,他是传统文化养育的宠儿,13 岁中秀才,15 岁登解元(乡试第一名),26 岁题名探花(会试一甲第三),不愧士林翘楚,素为时人敬重;其二,他"身系朝局疆寄之重四十年",长期置身于社会政治—文化舞台的中心,并扮演重要角色。其所思所言所行,颇能代表由中古迈入近代这一"过渡时代"相当一部分士人的群体心态,因而其文化人格,便具备了活体标本的意义。

---

① G.阿尔波特:《人格:心理学的见解》。
② 欧阳仑:《中国人的性格》,陕西人民教育出版社 1998 年版,第 183 页。

一、心理素质特征：自我实现者

主体的性格、气质是其文化人格的生理——心理表征。"性格是对人格的评价，而人格是对性格的再评价。"①现代心理学的发展，为研究历史人物的文化人格提供了全新的角度与手段，海外学者已尝试"从心理学看近代中国领导人物受挫折的各种反应型态"，并将张之洞归入"理性型"②，这给我们以有益的启示。

A.H.马斯洛认为，"心理健康的人"是人的内在本性（包括理性、意志、情感）得到顺利表现的人，因而也可称为"自我实现者"③，这一类人为数极少。依据这一著名理论，张之洞正可视为19世纪中叶至20世纪初年的"自我实现者"。他的行为与马斯洛归纳的"自我实现者"的心理特征多相吻合。

首先，在理性方面：

"在政治和公共事务方面，他们作为一类人，似乎能比其他人更敏捷更正确地看出被隐藏和混淆的现实"——张之洞认清，"今日世变，岂特春秋所未有，抑秦汉以至元明所未有也。"④他进而分析世变发生的因由："欧洲各国开辟也晚，郁积勃发，斗力竞巧，各自磨砺，求免灭亡，积惧成奋，积奋成强。独我中国士夫庶民，懵然罔觉，五十年来，屡鉴不悛，守其傲惰，安其偷苟，情见势拙，而外侮亟矣。"⑤这种比较历史学的眼光，显然超拔于晚清一般士人的认识水平。

"自我实现者的行为几乎总是表现得手段与目的的界线泾渭分明。""他们较常人更有可能纯粹地欣赏'做'的本身，他们常常既能够享受'到达'的乐趣，又能够欣赏'前往'本身的愉快。"——张之洞认为，"从来举大

---

① B.R.赫根法：《现代人格心理学历史导引》，河北人民出版社1988年版，第86页。
② 姜义华等：《港台及海外学者论近代中国文化》，重庆出版社1987年版，第340页。
③ 详见A.H.马斯洛：《动机与人格》，华夏出版社1987年版，第174—211页。
④ 《劝学篇·序》。
⑤ 《劝学篇·内篇·知类第四》。

事者必须毅然担当,不计小利小害乃能成功。"①他在广东推行"洋务",为筹措资金,毅然决定开"闹姓"赌捐,此举于败坏世风,乃至累及他本人政治声誉的可能恶果,他不会不知,但为了达到目的,也在所不惜。正因为将实现既定目标的坚定性与手段的灵活性结合起来,张之洞才能够在"所办之事皆非政府意中欲办之事,所用之钱皆非本省固有之钱,所用之人皆非心悦诚服之人"的情形下,"所办各事亦颇有竟睹成功之者,真徼幸也"②。"真徼幸"是表面文章,其内心体验正是"到达的乐趣"和"前往本身的愉快"。

"自我实现者的创造力似乎与未失童贞的孩子们的天真的、普通的创造力一脉相承","在这方面或那方面显示出具有某些独到之处的创造力或独创性"——张之洞是洋务事业的殿军式人物,在理论与实践方面均有不少创造。如轻、重工业之间的资金"自相挹注"③论的提出,旨在提高士兵文化,军事素质的"学兵制"的推行,尤其是他对"中体西用"说的诠释与具体落实,都显示出"自我实现者"的特殊品质优长。

"从赞同文化和融合于文化这个单纯的意义上说,自我实现者都属于适应不良","然而他们并不真正守旧,当然更非赶时髦"。"他们这些人作为一个整体致力于在日常生活中以一种能被认可的、冷静的态度,愉快的努力从内部去改良文化,而不是从外部去反对它,与之较量"——在这一点上,张之洞更堪称"自我实现者"的典型。他于新旧、中西文化的冲突、交融中,自觉地从"内部"去改良旧文化,力图使它适应于新的时代,而不赞成"从外部去反对它"。他是现实的,"懂得对于急速变革的乐观态度是没有根据的","并且认为自己在为改良社会进行真正重要的工作"。这正是张之洞作为一个文化保守主义者的心理基础之所在。

其次,在意志方面:

"他们常常可以超然于物外,泰然自若地保持平静","较一般人拥有更多的'自由意志',更不易为他人所主宰。"张之洞坦然表白:"平生有三不争:一不与俗人争利,二不与文士争名,三不与无谓争闲气"④,"鄙人立身立朝之道,无台无阁,无湘无淮,无和无战。"他声明"权贵不足畏,权贵之党亦

---

① 《张文襄公全集》,北平文华斋1928年版,奏议七。以下简称《全集》。
② 《全集》,《抱冰堂弟子记》。
③ 《全集》,奏议三十三。
④ 《全集》,《抱冰堂弟子记》。

不足畏"。对于政敌在背后的指指戳戳,他"知则知矣,管则不管也"①。正因为具备这种心理素质,张之洞为官一生,勇于任事,敢为天下先,主张"力所能为者必应决计速行"②,终于在"荆天棘地"中开辟出洋务事业的众多实绩。

最后,在情感方面:

"他们对人类怀有一种很深的认同、同情和爱的感情。正因为如此,他们具有帮助人类的真诚愿望,就好像他们都是一个大家庭的成员"——作为一方百姓的"父母官",张之洞时时体恤民情。僚属赠白瓜三枚,之洞啖之,生发诸多感怀:"仙枣曾传海上瓜,今尝珍蔌玉无瑕。清凉已足还思雨,尚有农夫转水车。"天降大雪,也引发他对市廛民情、农事堤工的顾念:"既幸汉口粥场空,复愁南楼灯市少","偏心独忧荆襄堤,誓殚人力俟天道"③。字里行间,情意感人。

"这些人都具有显著的民主特点。他们可以也的确对于任何性格相投的人表示友好,完全无视该人的阶级背景、教育程度、政治信仰、种族或肤色"——张之洞饱读儒家经典,但与碧眼金发、鼓吹"西艺"的李提摩太等外国传教士交谊甚笃,虚心向他们学习天文地理、声光电化等近代科技知识。留欧归来的洋博士辜鸿铭,屡遭科道场中人白眼,张之洞却十分欣赏他的语言、外交才干,亲自教他读《论语》,查汉文字典。④ 张之洞思贤若渴,对于确有才干的青年,即使其政见与己不合,也多加爱护。吴禄贞留学日本,加入兴中会,又领导了自立军大通起义。张之洞并不追究,反而于吴学成归国后,委以将弁学堂总教习等重要职务。张之洞一生事业有成,与他注重以情交友、以谊待人不无关系。

综上所述,张之洞的心理素质,属于马斯洛所肯定的"自我实现者"型。这一点,对于我们准确把握张氏文化人格非常重要。

---

① 《全集》,书札一。
② 《全集》,奏议六十七。
③ 《全集》,诗集三。
④ 参见兆文钧:《辜鸿铭先生对我讲述的往事》,见全国政协文史资料编辑委员会编:《文史资料选辑》第8辑,第183页。

二、社会历史蕴涵：内圣与外王

正如"人的本性是以大写字母写在国家的本性上的"①，个体的文化人格，也是建立在群体文化人格之上，包含着丰富的社会历史意蕴。这在张之洞身上，体现为传统儒家"仁"学对其文化人格的陶冶。

张之洞具有自觉的儒家续统意识，向以"儒臣"自居，声称"弟儒家者流"②，"余当官为政，一以儒术施之"③。他不仅以儒学作为自己为人行事的圭臬，而且训戒后代也据此安身立命，并以二十字叙子孙辈行："仁厚遵家法，忠良报国恩，通经为世用，明道守儒珍。"④

"仁"，在儒学辞典中是对理想文化人格的最高概括。孔子的解释是，"夫仁者，己欲立而立人，己欲达而达人"⑤，"克己复礼为仁。"⑥显然，孔子理解的"仁"，既讲求以"忠恕"律己，又讲求将这种"忠恕"之道外推及人乃至于"天下"："恭，宽，信，敏，惠"，"能行五者于天下为仁"⑦。孔子的思路是，将外在的社会公正、历史传统，转换为内在的道德自觉精神，从整顿社会关系中最基本、最亲爱的家庭人伦入手，并以家国同构原则推而广之，最终实现个体与群体的人格完善，社会和谐。这种由血统而政统而道统的致思趋向，深刻启发了后世儒者，推衍出一整套正心诚意、修身齐家、治国平天下的理论。孔子的"仁"学，也随之深化为内在的伦理论——内圣之学与外在的政治论——外王之学二者相辅相成的完整体系。儒家"仁"学坚持以参与现实社会生活的"人世"之道来实现人格的完善，以立德、立功、立言作为人生的"三不朽"。

宋、元、明三代，儒学主流以"理学"形态行世，重心转入对人心、人性、

---

① E.卡西尔：《人论》，上海译文出版社 1985 年版，第 81 页。
② 《全集》，书札六。
③ 《全集》，古文二。
④ 许同莘：《张文襄公年谱》卷一。
⑤ 《论语·雍也》。
⑥ 《论语·颜渊》。
⑦ 《论语·阳货》。

人欲等主观世界的探究,使儒学由孔子时代的伦理—政治学演化为道德哲学,严重削弱了儒学"内圣"落实于"外王"的经世功能。明亡于清,士人于学术方面查寻祸根,自然归罪于理学的空疏玄妄。顾炎武指斥"昔之清谈谈老庄,今之清谈谈孔孟"①,便是这种历史批判的代表之论。以此为契机,清儒拨其乱而反之正,于学术上力倡"经世","仁"学的内圣与外王之两翼,至清重归于一。相随张之洞二十余年的辜鸿铭评论张氏,乃"儒臣"而非"大臣":

> 三公论道,此儒臣事也;计天下之安危,论行政之得失,此大臣事也。国无大臣则无政,国无儒臣则无教。政之有无关国家之兴亡,教之有无关人类之存灭。……文襄之效西法,非慕欧化也;文襄之图富强,志不在富强也。盖欲借富强以保中国,保中国即所以保名教。吾谓文襄为儒臣者以此。②

"儒臣"一语,正是对张之洞"内圣"与"外王"统一的文化人格的精辟概括。

在个人道德品性修养的方面,张之洞亦堪称士人楷模。他笃信"修己以安人"、"其身正,不令而行"的孔子教诲,认定"官无瑕疵,四民自然畏服,不必专心致志惟务箝民之口"③。他一生清廉,"自居外任,所到各省;从不用门丁,不收门包,不收馈赠礼物"④。辞世之时,"竟至囊橐萧然,无以为子孙后辈计",连治丧费用,也出自门人、僚属的赙襚。他明于公私之分,声言"私利不可讲,而公利却不可不讲"⑤。在湖广总督任内,亲手选派数以百计的青年学子赴籍海外,但并未让长子仁权列名其中,而是"自备资斧",送其赴外考察,"开扩胸襟,增益不能"⑥。张之洞一生政敌不少,但对其品行德性,却未见攻讦之词传世。《清史稿》载"一时称贤"⑦,是对张之洞"内圣"一面的公正评价。

综观张之洞一生,在"外王"方面确有其独到之处。他曾颇为自得地对

① 《日知录》卷七。
② 《张文襄幕府纪闻·清流党》。
③ 《全集》,公牍二十五。
④ 《全集》,《抱冰堂弟子记》。
⑤ 《张文襄幕府纪闻·公利私利》。
⑥ 《全集》,书札四。
⑦ 《清史稿》卷四三七。

僚属归纳自己的行事规则，"总之不外中庸勉强而行四字"①。张之洞可谓尽得"中庸"之精髓。他以"中庸"行政："事欲常行必先从暂行起，欲停办必先从缓办起，百事皆然，历历不爽。"②裁汰练军、勇营，不可过骤，"裁兵不裁官，裁散不裁整"③。办新教育，先从改旧书院始，"并非废罢科举，实乃将科举学堂合并为一而已。"④他以"中庸"治吏："水清者无鱼，人察者无徒"，"隋文好聪察，肘腋忘独孤，卫君辨白马，无救国为墟"。他以"中庸"谏主："高论不启蒙，强谏不悟主"，"既遇讳疾人，岂御药酒苦，强教欲觉迷，徒受按剑侮"。他甚至这样以"中庸"总结为政之道："不聪不明不能为王，不痴不聋不能为公"⑤！话说到这个份上，实在令人叹为观止。

"外王"之学，本质上是一种中国传统政治学说特有的"实用理性"。在不违背"先王之道"根本精神的前提下，如何使现实政治举措收到最佳的事功效果，是"外王"之学的终极目标。张之洞一向鄙薄那些不知时务、"不切经济"的士人为"陋儒"。

张之洞有别于一般"陋儒"的卓绝之处，正在于他主张"守道之儒"须"兼为识时之俊"⑥，并以"识时"为基准，充实、完善自己的"外王"之术。从出任晋督开始，他逐渐向洋务派转化，建设近代大机器工业以增强经济实力，购置先进武器、组建新式军队以巩固统治秩序，开办新学堂以培育社会急需人才，在自己所辖境内，以超乎同侪的政绩，取得令世人瞩目的"外王"成功。

临终之际，张之洞对诸子总结平生："学术行十之四五，治术行十之五六，心术则大中至正而已。"⑦此番话不啻他本人对于"内圣外王"人格追求的最好剖白。

---

① 《全集》，《抱冰堂弟子记》。
② 《全集》书札七。
③ 《清史稿》卷一三一。
④ 《全集》，奏议六十一。
⑤ 《全集》，诗集三。
⑥ 《全集》，奏议四十七。
⑦ 胡钧：《张文襄公年谱》卷六。

三、内在矛盾冲突:守旧与开新

张之洞追求"内圣"与"外王"相统一的主观努力毕生不懈,但在操作过程中涉及具体价值判断与抉择的诸多场合,他的文化人格又呈现出明显的内在矛盾。道德与功利,心与物,本与末,形而上与形而下,在他的心理—行为系统中,经常处于一种不相协调的两难对立状态。这恰是新旧、中西文化在他思想中激烈冲突的反映。

新旧异质文化在同一个人脑海中冲撞并深刻影响他的文化人格及现实行为,是历史大变革时期屡见不鲜的社会现象。正如 R.基辛所论:

在文化快速变迁的情境中,传统用以穿越迷津的方式可能不再适用;新的目标出现了,而通向目标的道路虽可揣测但还窒碍难行。个人可能变得有点同时受两个文化的影响,可能利用传统的价值与伦理肯定新的行为策略。不然两种生活方式可能会被隔开,让个人在其间游走。这就需要在认知上有一次复杂的重组,让个人重新构思新的世界观,构思应付世界的新策略以及新道路。①

张之洞已经认识到新旧文化、中西文化之间的巨大差异,并且有心"重组"其关系。但他的"重组",并非在贯通古今、融汇中西的基础上,实现思维方式、价值标准、行为规则的全方位的现代转换,而是撷采新材料编织旧篱笆式的弥缝补苴,因而终未找到成功的"应付世界的新策略以及新道路"。

张之洞承认,"沧海横流,外侮洊至,不讲新学则势不行"②,但他同时又强调"物曲虽博取,王制乃常宗"③。他一方面批评守旧者"不知通","因噎而食废",另一方面又批评开新者"不知本","歧多而羊亡"④。如何将中学与西学、旧学与新学的相互关系处理得恰如其分,是张之洞时时萦怀于心的

---

① 转引自高瑞泉等:《人格论》,上海文化出版社 1989 年版,第 249 页。
② 《劝学篇·内篇·守约第八》。
③ 《全集》,诗集三。
④ 《劝学篇·序》。

绝大题目。他的结论是："枢纽只在此化新旧之见"①，上升到文化纲领、文化人格上，他将这一认识表述为"旧学为体，新学为用"②。

张之洞"旧学为体，新学为用"的文化人格建构，致命的缺陷在于从逻辑上、学理上摒弃了传统的体用一致的认识论精华，而以机械的方法来处置活泼生动的文化有机体，"搭积木"式地配置中学与西学、传统文化与近代文化的相互关系，这就从根本上决定了他心理和行为的深刻的内在矛盾。

张之洞明确声明，他处理"世事"、"身心"的文化原则是双重的："中学治身心，西学应世事"③。治身心以理、德为准，应世事以势、力为准。"夫理之用谓之德，势之用谓之力。忠信、笃敬，德也，此中国之所长也；大舰、巨炮，力也，此西洋各国之所长也"，"于是踌躇满志而得一两全之法，曰：为国则舍理而言势，为人则舍势而言理"④。

"为人则舍势而言理"，即弘扬忠信笃敬的中国传统德行以正人心，亦即"内圣"的光大；"为国则舍理而言势"，即吸纳大舰巨炮等西方科技工艺以维国势，亦即"外王"的发展。依本前者，张之洞不仅身体力行忠孝节义的纲常名教，而且竭力对抗民权理论、立宪政治等西方文化精华的渗入。遵循后者，他又力辟视西艺西技为洪水猛兽的顽愚观念，大力引进大机器产业，发展交通邮电，开办近代学堂，编练新式武装。对他的前一面，西太后赞赏有加，而革命党人则视其为死敌："恨不能将其头置于胯下"⑤。对他的后一面，维新派引为同道，顽固派却痛心疾首，斥责为"徒资逆用"，"殊堪浩叹"。

要而言之，处理"世事"、"人心"的双重原则，铸就了张之洞文化性格的"两面人"形象。"两面人"在这里丝毫不意味道德评价的贬义，无论哪一面，张之洞都是严肃的、真诚的，绝无老于世故的狡诈，而完全是封建末世"公忠体国"之臣一片苦心孤诣的率真流露。对于"中学治身心"，张之洞是将其提到"圣人所以为圣人，中国所以为中国"⑥的命根所系的高度来认识；

① 《全集》，电牍四十九。
② 《劝学篇·序》。
③ 《劝学篇·外篇·会通第十三》。
④ 《张文襄幕府纪闻·权》。
⑤ 1907年《民报》特刊《天讨》。
⑥ 《劝学篇·内篇·明纲第三》。

同样,他鼓吹"西学应世事",也是迫于外患日逼,列强欺凌日甚,如抱残守缺,"顽固如故,虚骄如故,老团未出之说如故","贪昏如故,废弛如故,蒙敝如故",则"中国断不能支矣"①。左右为难之间,张之洞精心铸造出"旧学为体,新学为用"的双刃剑,一面用以对付"旧者不知通","无应敌制变之术";一面用以对付"新者不知本","有菲薄名教之心"。这在当时就受到来自两方面的尖锐批评:

> 公之初至鄂也,购机制械,提倡西艺,日不暇给,士夫之守旧者,以此病公,拟为变法之王安石。及庚子后,朝野昌言变法,异说飚起,言新者又诋公未窥西学途径。②

两面作战从来就是困难的事业,但并非绝无成功的可能。问题的关键在于,张之洞所持双刃剑的"开新"与"卫道"两锋面之间,未能形成"必要的张力",而是靠"西学中源"说的铆钉生硬地铆接在一起,是散裂的机械拼合。他为了论证"圣经之奥义,而可以通西法之要指",以期说明"开新"与"卫道"的逻辑一致性,竟然提出《中庸》讲尽物之性,是西学格致之义;《论语》讲工利其器,是取新式机器之义;《尚书》讲谋及卿士及庶人,是上下议院互相维持之义;《大学》讲生之者众,食之者寡,是西人富国策之义。③ 如此生拉硬扯,这就不惟阉割了新学,而且歪曲了旧学本身。

矛盾发展到彼此相互损害的程度,如果找不到化解的正确途径,唯一的结局便是两败俱伤。张之洞"旧学为体,新学为用"的文化人格两方面,正沦于此种困境:"体用者,即一物而言之也,有牛之体则有负重之用,有马之体则有致远之用,未闻以牛为体,以马为用者也。……故中学有中学之体用,西学有西学之体用,分之则并立,合之则两亡。议者必欲合之而以为一物,且一体而一用也,斯其文之违舛,固已名之不可言矣,焉望言之而可行乎!"④

"以牛为体,以马为用"式的扞格不通,正是张之洞文化人格内在矛盾的形象表述。把握了这一点,我们便不会对诸般伟业与逆行集于这位"激发忠爱,讲求富强,尊朝廷,卫社稷"的"文襄公"一身,感到惊异和不可

---

① 《全集》,电牍四十九。
② 张春霆:《张文襄公治鄂记》,湖北通志馆1947年版,第54页。
③ 《劝学篇·外篇·会通第十三》。
④ 严复:《与外交报主人书》。

理解。

四、时代价值评判：文化保守主义

如果以中国传统的儒家文化人格标准来衡量，张之洞可以说实现了立德（不仅口碑在民，而且有抱冰堂、风度楼①等纪念性建筑遗世）、立功（日本名臣伊藤博文称"中国办事大臣，惟张香帅一人耳"；毛泽东也说，讲到中国近代重工业的发展，"不能忘记张之洞"），立言（有《张文襄公全集》等近五百万言著述传世）的"三不朽"。但具有讽刺意味的是，在一定意义上讲，正是他苦心孤诣开创的功业，恰恰促成了他畏惧、防范、抵制的政治革命的爆发。

这种主观与客观、历史传统与现实功效的背离，其实质是文化保守主义思潮在张之洞文化人格中的个性体现。文化保守主义是世界近代化、全球一体化进程中落后民族通常选择的文化对策之一。而且，越是历史悠久、遗产丰厚的民族，这种选择的社会基础与心理准备就越是成熟与强健。因此，对张之洞文化人格的研究，就需要上升到时代价值的层次上进行评判。

如何在汹涌而起的世界资本主义近代化大潮中维系自身的生存和发展，是文化相对落后的亚、非、南美诸民族共同面临的时代课题。他们必须在自身民族文化变与不变、变什么、如何变等一系列问题上，作出生死攸关的选择。文化保守主义，便是对他们颇具理论诱惑力的可供选择的对策之一。

文化保守主义既不同于顽固抵制社会进步与文化变革的抱残守缺主义，又不同于主张快变、全变的文化激进主义。在文化变革的力度和速度方面，它主张缓变，渐变；在文化变革的内涵方面，它主张变与不变的统一，认定民族传统文化的某些层面（如器用层面及制度层面的外沿部分）是可以变、必须变的，而另一些层面（如伦常层面及制度层面的核心部分）则是不可变、不当变的；在文化变革的趋向方面，它不一般地肯定文化的世界性、人

---

① 1907 年，张之洞奉旨入京，授大学士。为纪念其在鄂政绩，湖北军界酬金于宾阳门内建抱冰堂，学界酬金于黄鹄山建风度楼。

类性,而强调文化的民族性、国度性。

就主张中华文化的器用层面及制度层面的外沿部分(如教育制度、军事制度)必须追随近代化潮流而变化的紧迫感而言,张之洞的文化人格体现出与时代发展的同步性,他主张对西方近代文化"政艺兼学"①并切实付诸实践,在当时起到开风气之先的积极作用。而就中华文化的伦理纲常层面及制度层面的核心部分(即君主专制政体)万万不可变,变之则"国将不国"的忧心忡忡而言,张之洞的文化人格又体现出时代的滞后性。尤其是当19、20世纪之交,新旧社会制度的更替已近临界点之际,他仍"知其不可而为之",力图通过变"用"不变"体"、换汤不换药的"新政"来拯救专制制度的最终败亡,在完成"公忠体国"的儒臣形象塑造的同时,也就确立了自身根本对立于社会革命的时代位置。

从根本上说,张之洞未能意识到中华文化不仅在器物,而且在制度、精神诸层面向着世界全方位开放、深层次交融对于重振其雄风的决定性意义,因而终未科学地把握文化的民族性与世界性、时代性的辩证关系。这正是张之洞及其文化保守主义留给我们的启示。

(原载《哲学研究》1993 年第 10 期)

---

① 张之洞界定"西政","西艺"如下:"学校、地理、度支、赋税、武备、律例、劝工、通商,西政也。算、绘、矿、医、声、光、化、电,西艺也"(《劝学篇·外篇·设学第三》)。

政治对手，文化同路

——曾国藩、洪秀全合论

　　曾国藩(1811—1872)、洪秀全(1814—1864)同为近代中国历史上的风云人物。他们在政治、军事方面是拼死相争的对手，但从文化史的角度看，又同为中西文化大交汇初期(19世纪50、60年代)中国知识分子的代表人物。他们的若干共同文化特征，是本文关注的重心，故有"合论"之说。

　　洪秀全是毛泽东提名的第一个"向西方寻找真理"的近代思想家。[①] 他从西方学来了基督教，并把它实用地改造成一整套服务于农民革命战争的思想和行动规范。他以一个乡村塾师的文化铺垫，以一个农民领袖的现实政治需求，将耶稣改铸成"皇上帝"，并把他安放在本由孔圣人占据的极尊地位上。但从太平天国的纲领与实际看，其经济上的平均主义、政治上的集权主义和意识形态上的道德主义又恰恰说明，"中国化耶稣"的躯壳里，却是孔圣人的幽灵不散。洪秀全苦心孤诣对基督教加以"中国化"、"世俗化"、"农民化"的结局，落实到"封建化"上。一方面接受西方文化，另一方面又阉割西方文化，这不仅是洪秀全个人及其事业的特征，而且也是近代中国屡见不鲜的文化世像。《资政新篇》倒确实是一份充满近代资本主义气息的文件。不过，它并没有与太平天国的实践挂起钩来，倒是由太平天国的死对头、洋务派的封疆大吏们不自觉地充当了其中部分内容的遗嘱执行人。

　　这就自然涉及曾国藩。曾国藩训练出来的悍勇湘军，是扑灭太平天国的主要力量。曾国藩本人反省："吾家兄弟带兵，以杀人为业，择术已不自慎。"[②]他甚至因此而得到"曾剃头"的恶谥。但这只是我们从政治、军事角度看到的曾氏形象的一半。从文化的角度看，他身上另有蕴涵深沉的意义

---

　　① 参见《论人民民主专政》，见《毛泽东选集》第四卷，人民出版社1991年版，第1469页。

　　② 《曾国藩全集》家书一，岳麓书社1985年版，第638页。

在。曾国藩并非一介武夫，而是晚清屈指可数的大理学家。驱动他从书斋走上战场的，与其说是扶清王朝统治大厦之将倾，勿宁说是挽中国传统文化狂澜于既倒。他以高于政客、官僚、军事统帅的眼光审视太平天国："举中国数千年礼义人伦诗书典则一旦扫地殆尽，此岂独我大清之变，乃开辟以来名教之奇变，我孔子孟子之所痛哭于九原，凡读书识字者又乌可袖手安坐，不思一为之所也?"①军事拼杀因此而成为文化的搏斗。这里没有丝毫的虚伪与奸诈，完全是传统文化自觉捍卫者的一片真诚。唯其如此，《讨粤匪檄》才不以一书战表而是一篇文化宣言的感召力，动员了整个传统阵营的力量，向太平天国扑将过来。曾国藩麾下那一大批儒生出身的悍将，那成千上万的"朴实山农"、"耕氓市井"为什么如此奋力作战，这才是根本的原因。

曾国藩真诚地眷念着传统文化，他不忍心这种文化遭到太平天国的亵渎，同样也不忍心这种文化蒙受西方人的凌辱。对于前者，他可以直接诉诸屠刀；对于后者，他却诉诸理性，在痛苦地承认差距之后，开创了"略仿西洋之法"的"洋务""自强"事业。而这恰恰是把《资政新篇》的一纸空言落实为中国大地上的生动现实——虽然仅仅是一个不自觉的开端。如此看来，洪秀全是识时务者，曾国藩也是识时务者。洪冲击传统却又囿于传统，曾捍卫传统却又超越传统。他们都是自觉的，但又都是不自觉的。这正生动地反映出 19 世纪 50—60 年代中西文化冲突中，头脑比较清醒的那一部分中国知识分子的矛盾心态。

一、曾国藩与洪秀全都是中国传统文化终结式的人物

千百年来，学养深厚的中国传统文化培育了一代又一代知识精英。洪秀全和曾国藩便是 19 世纪中叶一代知识精英的突出代表。分别来看，洪秀全代表了"草根"阶层，其思想集两千年农民战争、农民革命思想（等贵贱，均贫富，替天行道，"天下多男人，尽是兄弟之辈，天下多女子，尽是姊妹之群，何得存此疆彼界之私，何可起尔吞我并之念。"）和操作手法（神道设教："三八二一，禾乃玉食，人坐一土，作尔民极"，太平道、五斗米道、白莲教的

---

① 《讨粤匪檄》，见《晚清文选》，上海书店 1987 年版，第 72 页。

内部互助共济的组织形式等）之大成。尤其是《天朝田亩制度》，提出"凡天下田天下人同耕"（不分男女，16岁以上同等受田，15岁以下减半，土地质量"好丑各半"），从根本上否定地主土地所有制，构建出男耕女织、人人平均、家家饱暖的农民阶级村社"乌托邦"，将几千年来始终占据中国人口绝大多数的自耕农的社会理想和政治要求以最完美系统的方式表达出来。曾国藩代表了传统士大夫阶层，作为晚清首屈一指的理学大师，其思想更是集儒家修、齐、治、平学说之大成。儒家的经世致用之学，到他这里发挥到了极致。无论对两者思想的"现代性"作何争议，他们对中国传统文化的深刻理解和极度发挥，都是没有疑问的。从个人的学养素质方面看，曾国藩、洪秀全与历代前贤相比，并没有明显的优势，他们都不是灵性超群的天纵之才。为什么能够成为中国传统文化终结式的人物，从个人因素方面考察，是因为曾国藩、洪秀全都对中国文化的"实用理性"有着切实的感悟，并能结合时事的需求，将其贯彻到个人功业的奋斗之中；从时势因素方面考察，则是因为19世纪中叶以后，中国传统文化独立、封闭，自存、自育的客观环境已经不复存在，因此，传统文化的人格化体现的终结式人物的生态条件也随之一去不返。从这个意义上讲，曾国藩、洪秀全"空前绝后"文化地位的形成，实乃时世的因缘，个人的幸会。

二、曾国藩与洪秀全都是近代中西文化会通的前驱先路人物

无论曾国藩、洪秀全在主观方面有无自觉意识，从客观效果看，他们确实起到了为近代中西文化会通开辟通道的历史作用。

洪秀全以开放的文化襟怀和无畏的创造精神，开启了在意识形态层面吸纳西学之先河。将西方人的精神偶像上帝中国化、革命化、世俗化[1]，是他吸纳基督教思想的基本理论方向。"量宽异国皆同国，心好异人亦族人。"[2]应当强调的是，洪秀全对皇上帝形象的包装手法，是在中国传统文化

---

[1] 参见汪澍白主编：《文化冲突中的抉择》，湖南人民出版社1989年版，第72、73页。
[2] 《原道醒世训》。

的底色上，涂抹西方文化的油彩。他在驳斥有人"妄说拜上帝是从番"时说，"中国有鉴史可靠，自盘古至三代，民皆敬拜上帝。"他的《原道救世歌》开篇即引的是汉代大儒董仲舒的"道之大原出于天"，又说"五行万物天造化"，"开辟真神唯上帝"。"若人灵魂论，……皆尊皇上帝一元之气以生以出，所谓一本散为万殊，万殊总归一本"，中国传统的气论、五行论、"理一分殊"论，都是他铸造新的精神武器的思想材料。他始终不反君臣父子的传统伦理纲常，在《太平天国诏书》中提出"非礼四勿"。总的来看，太平天国"反孔"完全服从于政治发动和军事斗争的需要。前期打倒偶像，猛烈扫荡孔子的权威，后期建制，实际上对孔儒之学多有取法。对于儒家著作，"将其中一切鬼话、怪话、邪话一概删除净尽，只留真话、正话"①。尤其是对儒家的伦理纲常学说，更是全盘继承。甚至在《资政新篇》里，也有"纲常伦纪，教养大典，则宜立法以为准"的字句。所以，拜上帝教作为一种信仰体系，"既不是中国传统的，也不是基督教的，而是他们自己的。"②猛烈反孔，宣布儒家经典为"妖书"，表明对传统的批判，根本原因是基督教是一神教，不能由孔子占据类似基督的神圣的位置。出于革命斗争的理论需要，洪秀全对基督教中关于忍耐、谦卑的教义，坚决予以摒弃。"过于忍耐和谦卑，的确不适用于我们当前的时代，因为要用忍耐和谦卑的办法来处理这个万恶的时世，那是不可能的。"③1847 年，洪秀全应约赴广州与传教士罗孝全"论道"，双方即因对"上帝真道"的理解不同而不欢而散。定都天京后，洋教士们接踵而至。拜上帝教与基督教到底谁代表"真道"，更成为反复争论的问题。洪秀全吸纳了基督教的思想营养，却丝毫无意做上帝的子民，而要做天国的君王。100 多年来，没有任何基督教派愿意承认拜上帝教与自己的教统关系，正说明拜上帝教的"异端"实质和中国特色。

曾国藩对于以儒家为主流意识形态的中国传统文化，有独到而深刻的理解。其政治抱负，文学功底，军事才能，修身功夫，无一不是从中国传统文化的宝库里继承遗产并发扬光大到极致。他"以'精诚所至，金石为开'的精神对待自己所面临的一切困难和问题，用'虚无清静，无为自化'的思想

---

① 《贼情汇纂》，见《太平天国》史料丛编简辑(三)，中华书局 1962 年版，第 190 页。

② 《太平天国史译丛》第一辑，中华书局 1981 年版，第 240 页。

③ 韩山文：《洪秀全之异梦及广西起义之由来》，燕京大学影印 1854 年香港英文版，第 43 页。

看待个人权力的消长和利害得失，以'顺天从命'的思想来解释自己的一切成败祸福。"①他的治学主张"居敬而不偏于静，格物而不病于琐，力行而不迫于隘"②。"诚意，力行之事也"，"所谓诚意者，即其所知而力行之，是不欺也。知一字便行一句，此力行之事也。此二者并进，下学在此，上达亦在此。"③"他不仅在'务实'的意义上找到了汉宋学术的契合点，而且也是在'务实'的意义上实现了对汉宋学术的超越。"④他于传统的义理、考据、辞章之学以外，力挺"经济"之学。关于此四学与"孔门"的关系，曾国藩称："义理者在孔门为德行之科，今世目为宋学者也；考据者在孔门为文学之科，今世目为汉学者也；辞章者在孔门为言语之科，从古艺文及今世制艺诗赋皆是也；经济者在孔门为政事之科，前代典礼政书及今世掌故皆是也。"四学之中，义理居于"慎其所择而先其所急"的核心地位："人之才智上哲少而中下多，有生又不过数十寒暑，势不能求此四术遍观而尽取之，是以君子贵慎其所择而先其所急，择其切于吾身心不可造次离者则莫急于义理之学。"⑤总之，"义理之学最大也，义理明则躬行有要，经济有本，词章之学亦所以发挥义理者也。"⑥

曾国藩从"务实""力行"的意义层面去理解西方文化的长处："西人学求实济，无论为士为工为兵，无不入塾读书，共明其理，习见其器，躬亲其事，各致其心思巧力，递相师授，期于月异而岁不同。"⑦西人"其于军政船政，直视为身心性命之学。今中国欲仿效其意而精通其法，当此风气既开，似宜亟选聪颖子弟，携往外国肄业，实力讲求。"⑧正是从这一认识出发，曾国藩办洋务，图自强，实际上开启了近代中国在物质层面实行现代化的步伐。1861年（咸丰十一年）七月，他提出"购买外洋船炮则为今日救时之第一要务"。"购成之后，访募覃思之士，智巧之匠，始而演习，继而试造，不过一二年火炮轮船必为中外官民通行之物。"他在安庆设立内军械所，此为中国最早的

---

① 见汪澍白主编：《文化冲突中的抉择》，湖南人民出版社 1989 年版，第 101 页。
② 《曾国藩全集·文集》，中国华侨出版社 2003 年版，第 20 页。
③ 《曾国藩全书》第一卷，内蒙古大学出版社 2001 年版，第 29 页。
④ 程志华：《晚清理学狭小范域的丰富和拓展》，《哲学研究》2005 年第 8 期。
⑤ 《劝学篇示直隶士子》，见《曾国藩全集·诗文》，岳麓书社 1994 年版，第 442 页。
⑥ 《曾国藩全集·家书一》，岳麓书社 1985 年版，第 638 页。
⑦ 《曾文正公奏稿》第 30 卷，第 39 页。
⑧ 《曾文正公奏稿》第 30 卷，第 38 页。

军工厂。在"好望角以东的最大兵工厂之一"江南制造总局的开办过程中,曾国藩是实际的决策人物。他派遣容闳从美国购回首批机器,而容闳则认为,"应该把这个厂视为纪念曾国藩的一个永久性的纪念碑,追念他在中国兴建一座西洋机器厂的宏伟远见。"[①]在派遣近代中国第一批留学生的问题上,曾国藩大有促成之功。此事由容闳首倡,但苦等几年,朝廷没有答复。直到 1870 年冬天,才在曾国藩的推动下,得以批准,"着照所请"。曾国藩亲自将好消息告诉了容闳。1872 年,首批 30 名学生赴美留学,此时,曾国藩已去世一年了。容闳深情地写道:"所有伟大事业的奠基者,往往由于自然规律的不许可,不能永年,在世时不能亲眼目睹自己所致力的事业的顺利发展。但是,由个人行为和品德所产生的影响在他去世后却留存下来,并将永远存在。曾国藩在教育方面充分尽到了力量,他为中国和中国的后代子孙做了一项光荣伟大的工作。"[②]曾国藩领衔汉族封疆大吏的洋务派四大领袖人物"曾、左、李、张",确为实至名归。时至今日,史学界对洋务运动在中国现代化进程中的实际地位与作用已基本形成共识;那么,肯定曾国藩在近代中西文化会通方面的前驱先路角色地位,应当不应成为聚讼的话题。

三、曾国藩与洪秀全的文化品格都对近代中国的 思想史、文化史进程产生深刻的影响

如前所述,曾国藩、洪秀全同为中国传统文化终结式的人物,同为近代中西文化会通的前驱先路人物,因此,他们对后世都产生重大而持久的影响,便不难理解。

中国历史上,农民战争屡见不鲜,因此而改朝换代的也不乏先例。太平天国"之所以富有生气和特色,是因为它的宗教因素来自外国,是由早期的外国传教士传到中国的"。容闳指出:尽管太平天国"没有给中国带来新的政治思想,也没有新的政治理论或主义,作为一个新型政府的理论基础",但是,它的"唯一良好的后果"是:"上帝借助它作为一种动力,打破一个伟

---

① 严复:《我在美国和在中国生活的追忆》,中华书局 1991 年版,第 86 页。
② 严复:《我在美国和在中国生活的追忆》,中华书局 1991 年版,第 105 页。

大民族的死气沉沉的气氛,使他们觉醒,意识到需要一个新国家。"①正是从精神解放和思想革命的角度,近代中国孙中山、毛泽东等政治领袖人物无不从洪秀全那里受到巨大鼓舞。孙中山继承了太平天国反清革命思想,以"洪秀全第二"自居。他"平均地权"的民生主义,直接以洪秀全的"完全经济革命主义"为先导。毛泽东则将洪秀全与康有为、严复和孙中山并列,高度评价他们"代表了在中国共产党出世以前向西方寻找真理的一派人物"。②

曾国藩的历史影响问题,相对复杂一些。在背负血腥镇压太平天国的刽子手恶名百年以后,近年来,全面评价、特别是正面评价曾国藩在近代文化史上的地位,渐成学界主流。我以为这是正确的。曾国藩之所以值得肯定,既在其形而下层面的"洋务"文化行为,推进了中国现代化的进程,更在其形而上层面的文化品格,鼓舞了仁人志士改造中国的信心与斗志。梁启超说:"曾文正者,岂惟近代,盖有史以来不一二睹之大人也已;岂惟我国,抑全世界不一二睹之大人也已。"③"文正以朴拙之姿,起家寒素,饱经患难,丁人心陷溺之极运,终其生于挫折讥妒之林,惟恃一己之心力,不吐不茹,不靡不回,卒乃变举世之风气,挽一时之浩劫。彼其所言,字字皆得之阅历而切于实际,故其亲切有味,资吾侪当前之受用者,非唐宋以后儒先之言所能逮也。"④毛泽东在早年求学时的《讲堂录》里记载:"涤生日记:言士要转移世风,当重两义:曰厚曰实。厚者勿忌人;实则不说大话,不好虚名,不行架空之事,不谈过高之理。""曾文正八本:读书以训诂为本,作诗文以声调为本,养生以少恼怒为本,事亲以得欢心为本,居家以不晏起为本,立身以不妄语为本,做官以不要钱为本,行军以不扰民为本。""宋韩、范并称,清曾、左并称。然韩、左办事之人也,范、曾办事而兼传教之人也。"1917 年 8 月 23 日,毛泽东在给黎锦熙的信中品评近代人物,认为有无"本源"是评价的根本尺度,由此观之,袁世凯、孙中山、康有为均不足论。"寓意所谓本源者,倡学而已矣。惟学如基础,今人无学,故基础不厚,时惧倾圮。愚于近人,独

①　严复:《我在美国和在中国生活的追忆》,中华书局 1991 年版,第 69 页。
②　毛泽东:《论人民民主专政》,见《毛泽东选集》第四卷,人民出版社 1991 年版,第 1469 页。
③　《梁启超选集》,上海人民出版社 1984 年版,第 708 页。
④　《梁启超选集》,上海人民出版社 1984 年版,第 709 页。

服曾文正。观其收拾洪杨一役，完满无缺，使以今人易其位，其能如彼之完满乎？"①当然，其后毛泽东对曾国藩"收拾洪杨一役"的评价有所改变，但是在肯定为人处世须有"本源"的问题上，毛泽东一生求学，孜孜不倦，"办事而兼传教"的立场态度，证明他"独服曾文正"的内心认识不曾变化。与梁启超、毛泽东相比，陈寅恪的文化人特质和文化人品格，更近"纯正"。他在回顾总结近代中国文化演进的规律性经验时说："其真能于思想上自成系统，有所创获者，必须一方面吸收输入外来之学说，另一方面不忘本来民族之地位。此两种相反而适相成之态度，乃道教之真精神，新儒家之旧途径，而二千年吾民族与他民族思想接触史之所昭示者也。寅恪平生为不古不今之学，思想囿于咸丰同治之世，议论近乎湘乡南皮之间。"②深入浅出、举重若轻之间，将他对曾国藩的赞许与仰慕，平实道出，个中缘由，值得后人深思。

（原载《天津社会科学》2008 年第 5 期）

---

① 《毛泽东早期文稿》，湖南出版社 1990 年版，第 85 页。
② 《冯友兰中国哲学史下册审查报告》，见《金明馆丛稿二编》，三联书店 2001 年版，第 284—285 页。

近谋远虑谁能解,得失成败论书生

——戊戌一百一十周年祭

戊戌维新是一场知识分子运动,带有新旧时代转型之际中国知识分子的思维和行为的鲜明特色。缅怀先贤,温故知新,在其一百一十周年的祭典上,我们理当有所思考,有所收获。

一、思想启蒙与制度变革

戊戌维新是一场肤浅的制度变革,又是一次深刻的思想启蒙。思想启蒙,面向民间,自下而上,灌输鼓吹,读书人轻车熟路,加之时世运会,条件天成,自然成就伟大。制度变革,面向官府,自上而下,机枢万端,读书人或不明就里,或知其不可而为之,结果当然事与愿违,甚至全盘崩溃。

政变前一周,光绪在乾清宫召见被荐经济人才严复,问其有无"得意文章"。严复赶紧将前此(1898 年 1 月 27 日到 2 月 4 日)在《国闻报》上分九次连载、而光绪未得以见的《拟上皇帝书》整理进呈。此文过去不为人们注目。严复在文中提出"得未变法之前,陛下之所亟宜行者三",一曰联各国之欢,二曰结百姓之心,三曰破把持之局。① 相比严复甲午以后发表的《论世变之亟》、《原强》等文以及译作《天演论》的巨大理论震撼力和精神感召力,在变法已开始三个月后,他面向政治极峰人物建议的这三条,看似无懈可击,内里大而无当,实在算不上什么"得意文章"。知识分子的强项在思想启蒙,而弱项在实际的政治手法和策略选择,于此可见一斑。王蘧常评价

① 参见《严复集》第一册,中华书局 1986 年版,第 61—77 页。其中"君子之把持"与"小人之把持"的辨析,以及"其法弥敝,则其变弥不可缓,而亦其变之弥不可缓,则其欲变弥难"的推论,均言之成理,可惜都无具操作性的建策。

严复是"能坐言而不能起行者"①，实际道出了戊戌一代知识分子的通病。

戊戌维新的领袖康有为看得清楚，"布衣改制，事大骇人"。所以既要自下而上，又要自上而下，全方位动作方可奏功。

自下而上，就是在宣传民众方面动脑筋，"不如与之先王，既不惊人，自可避祸"②。他的《新学伪经考》、《孔子改制考》虽然不甚严密，粗疏武断，但是宣传效果特佳，犹如"大飓风""大地震"，轰动一时。加之西学素养精深的严复揭橥"以自由为体，以民主为用"的要旨，"笔锋常带情感"、"别有一种魔力"的梁启超挥动如椽大笔，以及汪康年等人的努力，思想启蒙大获成功。

自上而下，就是借助皇权以强力推进变法。这本是中国革新派政治家古已有之的看家本领。但是康有为犯的第一个"低级"错误是没搞清皇权的配置状况：光绪并非政治决策的最后拍板人物。③ 第二个"高级"错误是未看清慈禧的真正立场和命根所系：她不是极端愚昧的顽固派，她可以接受、容忍若干改革的举措，但是绝不允许丝毫动摇自己的根本政治利益和绝对权威地位。这两个致命的错误从一开始就决定了戊戌维新的悲剧性结局。康广仁批评其兄："伯兄规模太广，志气太锐，包揽太多，同志太孤，举行太大，当此排者、忌者、挤者、谤者盈衢塞巷，而上又无权，安能有成？"④至于变法绝望关头，孤注一掷，联络袁世凯图谋捕杀慈禧，更是无勇之谋，徒酿血腥报复，丝毫无益于大业之成功。陈夔龙论道："孝钦并无仇视新法之意，徒以利害切身，一闻警告，即刻由淀园还京。"⑤接下来的局面便是改革中绝，维新党人作鸟兽散。严复在给张元济的信中称康、梁"轻举妄动，虑事不周，上负其君，下累其友"⑥，不是对其整个运动的指责，而是对其最后

---

① 王蘧常：《严几道年谱》，商务印书馆 1936 年版，第 42 页。

② 康有为：《孔子改制考》，中华书局 1958 年版，第 267 页。

③ 关于戊戌政变发生以前的帝、后政治权力关系，茅海建分析：慈禧通过事后报告制度和事前请示制度控制光绪，但她并不能直接通过军机处想步军统领衙门下达懿旨。"光绪帝对慈禧太后负责，而整个国家机器须对光绪帝负责"（茅海建：《戊戌变法史事考》，三联书店 2005 年版，第 38 页）。

④ 转引自王也扬：《戊戌变法：近代中国唯一可能成功的改革》，《浙江社会科学》2000 年第 3 期。

⑤ 《戊戌变法》（一），神州国光社 1953 年版，第 481 页。

⑥ 《严复集》第三册，中华书局 1986 年版，第 533 页。

一搏的批评。

在国际方面，康、梁寄希望于英、日方面的帮助。在道义上，他们确实得到了支持和援助，但变法过程中的具体做法，却招致英方人士的尖锐批评。英人评论："这些维新者办事没有章法，过分急于求成，因而造成了他们的救国事业的失败。"英国公使也说："我认为中国正当的变法，已大大被康有为和他朋友们的不智行为搞坏了。"①在他们看来，康有为"是一位富于幻想而无甚魄力的人，很不适宜作一个动乱时代的领导者。"②这些意见和评论来自赞成、同情变法的国际势力方面，在相当的程度上道出了康有为等人的缺陷所在。③

70 多年前，陈恭禄的《中国近代史》就评价说："康梁诸人不知环境之阻力，偏于理想，多招忌妒，终则一无所成，其人固无经验之书生也。"④话虽尖刻，却离事实不远。

二、目标设定与谋略选择

甲午以后，全国确实出现了前所未有的有利于变法维新的大环境。正如梁启超所说："我支那四千余年之大梦之唤醒"，"甲午丧师，举国震动。年少气盛之士，疾首扼腕言'维新变法'。而疆吏若李鸿章、张之洞辈，亦稍稍和之。"⑤变法实际上已成为全社会的共识。除了极少数顽固昏聩者（如刚毅、徐桐），从最高统治核心、各级地方大员直到知识分子、下层民众，人人思变图强。例如，北京、上海强学会的列名者，角色纷陈，政治立场各异，但共同点是认同改革的必要性和紧迫性。这是变法的可贵社会基础。李鸿章当时声名狼藉，其实内心也赞同变法。变法期间，他对李提摩太说："掌

---

① 转引自胡绳：《从鸦片战争到五四运动》，人民出版社 1981 年版，第 571 页。
② 《戊戌变法》（三），神州国光社 1953 年版，第 527 页。
③ 葛兆光说："看来，对于变法中外都支持，所不同的只是，中国人讲变法，心里先有一个民族自强以与外国相颉颃的意思，而西洋人则在推行普遍主义的西洋道路，也希望中国加入全球政治与经济后在规则内游戏。"（《中国思想史》第二卷，复旦大学出版社 2000 年版，第 676 页）
④ 《中国近代史》，商务印书馆 1935 年版，第 486 页。
⑤ 《清代学术概论·二十九》。

权的大臣绝不知道西国的情形,没人肯看《泰西新史揽要》,我倒看过几次。京中大僚都称西学为鬼子学,所以人不肯研究。现在的八股考试,实在不得人才正用。从西国留学回国的学生,政府不肯优予位置,叫他各尽所长。……现在政权在守旧派中,所以稍明新学的官员,得格外小心,不敢倡言新法。即使有新主张,新政见,也做不成什么事功。"①即使在政变发生后,他依然对慈禧说:"若旧法能富强,中国之强久矣,何待今日?主张变法者即指为康党,臣无可逃,实是康党。"②形势大有利于变法是一回事,如何利用着一大好形势,切实推进改革,是另一回事。康有为、梁启超自觉担当历史重任,天心可察,但是在谋略的选择上,实在是错在了要害处。

1898年夏天,康有为在陆续进呈的《日本变政考》中对光绪帝分析,"变器"(购船置械)不是"变事","变事"(设邮局开矿务)不是"变政","变政"(改官制废科举)不是"变法"。定国宪才是"变法"。这里的逻辑辨析完全正确,但是问题的关键是从这一逻辑线条的哪一个环节入手去推动改革。当时"变器"已不是问题,"变事"也基础牢固。而"变政"则尚未启动。康有为从此入手,足见其见识与胆量。他在戊戌时代没有直接提出设议院,也没有直接提立宪法,其实是审时度势的明智之举。他将确立君主的开明专制作为改革的现实目标,也没有错。错就错在他不知道光绪的开明专制的权威性远远不足以有效地推进改革,而不开明的慈禧的专制却足以在一夜之间置改革于死地。

中国历史上几乎所有的变法,均无"好下场"。其中一个最重要的原因,是朝廷内部的权力平衡关系和利益协调关系极难允许一派力量的独大或独强。变法大臣依赖变法君主的权威强制推行的种种举措,往往随着变法君主的个人原因的变化而迅即烟消云散。在这样的历史定势下,再强悍坚韧的大臣也是极度虚弱的。与中国历史上前此发生的历次变法相比,康有为等在依赖君权上,与前辈无异,但是不同的是,其一,光绪所拥有的仅仅是君权的一小部分;其二,康、梁等人在朝廷各方势力心目中的地位、声望远远无法与王安石、张居正等重臣相比;其三,此时朝廷内部的权力平衡关系和利益协调关系更加敏感、尖锐,更加错综复杂;其四,以往变法只是"体制

---

① 转引自王树槐:《外人与戊戌变法》,上海书店出版社1998年版,第52页。
② 转引自王也扬:《戊戌变法:近代中国唯一可能成功的改革》,《浙江社会科学》2000年第3期。

内"的政策调整，而此次却是企图根本改变体制。直言之，康、梁等以较以往变法差得多的既有条件，去争取实现困难得多的目标，这其实是一个不太可能完成的任务。

面对一个如此困难的任务，康有为却过于乐观。他向光绪如此描绘美妙前景："泰西讲求三百年而治，日本施行三十年而强。吾中国国土之大，人民之众，变法三年，可以自立，此后则蒸蒸日上，富强可驾万国。以皇上之圣，图自强在一反掌间耳！"①显然把问题看得过于简单。也许有人会说，这是康有为为了打消光绪的思想顾虑而作的鼓励之言。殊不知光绪其实心里明白得很，"中国就是守旧人多，怎好？"②

康有为与诸大臣论变法，廖寿恒问"如何变法"，答曰"宜变法律，官制为先"。李鸿章不解，问"然则六部尽撤，则例尽弃乎？"答曰"弱亡中国，皆此物也，诚宜尽撤，即一时不能尽去，亦当斟酌改定，新政乃可推行"。③ 他甚至对荣禄称"杀二三品阻挠新法大臣一二人，则新法行矣"，更是有百害而无一利的昏话。诸大臣政治经验老道，明白改革个中的艰难，绝非康有为设想的那么简单。关于改革的形势、步骤和手法，其实时人多有思考。"廷臣主变法者为翁同龢、张荫桓，主守旧者为徐桐、刚毅，主变法而专师西人练兵、制械、通商、开矿者为奕䜣、李鸿藻、荣禄，余则依违二者之间"④。荣禄致信林旭，称变法改革从补偏救弊下手，不在遇事纷更。他用肯定的语气谈及"朝政日新"，"时局日新"⑤，表明并非顽愚的冬烘。

翁同龢曾建议"调和两宫"，看起来异想天开，其实并非没有文章可做。王照的看法是："所有变革之事皆太后开其端，皇上继其志，次照之主意，欲和两宫，以名誉归太后，庶消变萌。"⑥他还说："戊戌之变，外人或误会为慈禧反对变法，其实慈禧但知权利，绝无政见，纯为家务之争，故以余个人之见，若奉之以主张变法之名，使得公然出头，则皇上之志可由屈而得伸，久而顽固大臣皆无能为也。此策曾于余之第一奏折显揭之，亦屡向南海劝以此

① 《戊戌变法》（四），神州国光社1953年版，第145页。
② 光绪二十四年八月初四日《国闻报》新闻，见《严复集》第一册，第61页注解。
③ 《戊戌变法》（四），神州国光社1953年版，第140页。
④ 《戊戌变法》（一），神州国光社1953年版，第463页。
⑤ 转引自冯永亮：《荣禄与戊戌变法》，《清华大学学报》1998年第3期。
⑥ 《戊戌变法》（四），神州国光社1953年版，第331页。

旨，而南海为张荫桓所蔽，坚执扶此抑彼之策，以那拉氏为万不可造就之物。"①在对于慈禧的态度方面，康有为不理睬深悉宫廷内幕的翁同龢、王照等人的建议，实际上已将棋走进了死路。

维新派中相对温和的汪康年，也曾设计出由上至下和由下至上两套改革方案，而且很快对实行由上至下方案不抱信心，理由有三：一，国家政治错综复杂，牵一发而动全身，想快刀斩乱麻式地迅速成功，绝不可能；二，君主不会轻易放权；三，国民智识太低。② 他设想的理想路径是，普通官员和地方士绅"但就各人愿力之所及，随其事之大小难易，而合力以图之，则安知数年之后，维新之盛业，不于此基之哉！"③汪与康、梁过往甚密，这些观点肯定也与之交流过。可惜也没有被采纳。

康有为第一次被光绪帝召见，"吾知上碍于西后无如何，乃曰：'就皇上现在之权，行可变之事，虽不能尽变，而扼要以图，亦足以救中国矣。惟方今大臣，皆老耄守旧，不通外国之故，皇上欲倚以变法，犹缘木以求鱼也。'"④"扼要以图"就是换人！道理百分之百正确，但同时也明示在这一场政治博弈中，康有为已然将自己置于与强大的既有利益集团相敌对的危险境地。变法的上谕一天十几条，慈禧可以不管不问。一旦涉及人事，她立马绷紧神经。

康有为当年一心想做的事情是取得合法的地位，进入实际政治核心。他提出的设制度局、设议政处、设散卿、开懋勤殿，这种种名目，"表面上为政治咨询机构，实际上将是政治决策机构。原有的负责咨询和议政功能的军机处和总理衙门等机构，将会变成单纯的执行机构"，而这在慈禧看来，已然是政变⑤。光绪其实早就知道康有为的心思，只不过实在无力突破慈禧的最后底线。直到政变前夜，他在给杨锐的密诏中才说"将老谬昏庸之大臣尽行罢黜，而登进英勇通达之人，令其议政"，最后危急关头表态认可康有为的谋略章法，可惜已经没有任何实际意义了。

① 《戊戌变法》（四），神州国光社 1953 年版，第 359 页。
② 参见廖梅：《汪康年：从民权论到文化保守主义》，上海古籍出版社 2001 年版，第 104 页。
③ 汪康年：《论中国求富强宜筹易行之法》。
④ 《戊戌变法》（四），神州国光社 1953 年版，第 145—146 页。
⑤ 茅海建：《戊戌变法史事考》，三联书店 2005 年版，第 43 页。

康有为争取直接进入实际政治核心的变法谋略之所以无法推行,根本在于他忽略了一个基本事实,或者说误判了一个基本事实。

"慈禧并非是变法不可逾越的障碍。"①30 年的洋务运动,没有她的支持(起码是默许),绝无推行的可能。她何尝不知道富国强兵的道理,何尝不知道改革旧弊的必要!但是这一切均以不触动自己的绝对权威、不从根本上危及贵族集团既得利益为前提和先决条件。政变后,慈禧在上谕中称"业经议行及现在交议各事,如通商、惠工、重农、育才以及修武备,浚利源,实系有关国计民生者,即当切实次第举行"②,其证明是不久以后实行的废科举、制定现代法律(《刑律》、《民律》、《刑事诉讼律》、《民事诉讼律》),甚至远远超过戊戌当年的构想。荣禄在政变后所说:"乱党既已伏诛,而中国一切变法自强之事,亦当择其紧要者次第举行",也绝非空话。

长期以来,学界论及戊戌,往往将帝、后两党置于忠奸正邪的道德天平上来衡量。这种做法本身既不符合历史事实,更不利于梳理历史真相,探讨历史钥秘。帝、后两党的出现,是中国传统宗法君主专制制度孕育出的政治怪胎。"牝鸡司晨"为习惯势力所不容,因此才有"垂帘听政"的麻烦环节和低下效率。强势的"后"与弱势的"帝"相依为命,构成戊戌时期特定的政治权力架构。准确认识并合理利用这一客观存在的架构来服务于维新变法的大政伟业,本是康梁一辈难得的机遇和考验。遗憾的是他们的政治眼光和政治能力限制了他们的行为。

戊戌以后,朝廷的自上而下的"自改革"不能说完全停止,但是民间自下而上的"造反"式改革已隐然酝酿,并与朝廷"自改革"中的立宪派相互呼应。③ 立宪派的思路与维新派本质无异;"造反"派的绝然态度当然更与谭嗣同等人的死难直接相关。如此说来,戊戌的目标和手段从正反两个方面后继有人,当是历史定论。

戊戌时代的知识分子,没有能力把握处理错综复杂的政治格局下的利益关系(帝、后两党以及各自背后的列强势力的博弈;变革必然引起的社会各阶层、尤其是士大夫集团的利益损益;等等)。因此,失败的结局是注定的。但是从另一层面说,改革、变法的必要性、必然趋势,又是不可逆转的。

---

① 萧功秦:《戊戌变法的再反省》,《战略与管理》1995 年第 4 期。
② 《戊戌变法》(二),神州国光社 1953 年版,第 102 页。
③ 范文澜认为,辛亥革命是革命派和立宪派共同努力的结果。

政变后,变法主张中的许多条款陆续恢复实施,有的还超出康梁方案的范围和力度。"新政"的大规模施行,无异于表明朝廷的态度:有的事情,你做不行,而我做则可以。从这个意义上说,变法的部分目的通过曲折的方式、流血的代价,依然得到了迟到的实现。如此说来,变法又不能说完全的失败。

三、现实政治与理想关怀

在近代中国,讨论民主政治、君主立宪,很大程度上是如何处置民权、绅权、皇权之间的关系。

康有为和严复当年同样认为,民智未开,开议院的条件不具备,因而真正的民主政治当缓行。康还为此与谭嗣同发生意见分歧。[1] 变法期间,他在《答人论议院书》中说:"中国惟有以君权治天下而已。……故今日之言议院、言民权者是助守旧者以自亡其国者也。"[2]夏曾佑甚至认为中国"言兴民权"乃三百年以后的事情。[3] 麦孟华更主张当务之急是"尊君权,抑民权"[4]。

近年来的研究证实,康有为事后改撰的《戊戌奏稿》与戊戌年间奏疏原件比较,删除了称颂君权的字句,加入了制宪法、开国会、实行君主立宪的内容。而且,光绪变法期间颁布的一系列政令,均与立宪毫无关系。因此,说戊戌维新是宪政运动,有拔高之嫌。但是说它切实推进了近代民主政治的进程,则并无不当。其重要依据之一,即此一时期学会的蓬勃兴起,实为近代民主政党政治的肇端。梁启超后来回忆:"彼时同仁固不知各国有所谓政党,但知欲改良国政,不可无此种团体耳。"[5]"不可无"的理由,"欲兴民权,宜先兴绅权;欲兴绅权,宜以学会为之起点,此诚中国未常有之事,而实

---

① 参见《康南海自编年谱》(外二种),第56、57页。

② 据孔祥吉研究,此信发表于光绪二十四年五月二十八日《国闻报》。见孔文《关于康有为的一篇重要佚文》,《光明日报》1982年8月2日。

③ 参见《致汪康年书》,见《汪康年师友书札》(二),上海古籍出版社1989年版,第1369页。

④ 《论中国宜尊君权抑民权》,《时务报》光绪二十三年二月二十一日。

⑤ 《戊戌变法》(四),神州国光社1953年版,第254页。

千古不可易之理也。"①戊戌时期雨后春笋般出土的众多学会,宗旨各异,且旋生旋灭,命运短促,但是这一形式所昭示的民主政治运作模式,却被知识分子深深铭刻在心,并在随后的年代里逐渐熟练地操作起来。这是戊戌留下的珍贵遗产。正如陈旭麓所分析:"短时间里纷纷兴起的学会,则兼有学术与政治两重意义。它不但使习惯于一家一户的中国人看到了'群'的力量,而且各依其不同的具体宗旨,为广开中国的民智而介绍西方的社会科学知识和自然科学知识。'知识就是力量'。在近代中国知识几乎必然地会转化为政治力量。"②

戊戌时代,康有为等极力争取的,其实是绅权。其基本思路是通过绅权的申发,一方面启发民智,为扩张民权创造条件,另一方面制约皇权(其实他心里真实的企图是以"素王"身份操纵皇权),从而达到"布衣改制"的目的。从实际运作的情况看,如果说在中央层面,维新派的努力略有进展(谭嗣同等列名军机四卿,康有为本人可在帝王身边"行走"),那么在地方层面,湖南的激动人心政治局面的出现,无疑给了维新派以无限的鼓舞。谭嗣同断言:"苟有绅权,即不必有议院之名,而有议院之实矣",确已部分地化为湖南的现实。当然,我们须认清,其一,一般地说,绅权不能完全等同于民权;其二,特殊地说,戊戌时代康有为、谭嗣同等争取到的绅权,相对于皇权(特别是掌握在慈禧太后手中的皇权),实在是不堪一击。不管人们在确信《戊戌奏稿》的改篡之后,对于当年康有为等人政治"激进"程度如何判定和评价,维新志士推进中国社会民主政治进步的巨大历史功绩,都是毋庸置疑的。

从甲午到戊戌,国内政局激荡,变法呼声高亢。知识分子古已有之的爱国赤诚和政治热情都燃烧到沸点。值得注意的是,儒家"入世"人生哲学指导下的知识分子一向将"治国"与"平天下"一并列入自己的抱负范围。这在康有为辈身上的表现,便是在投身改革灰暗的现实政治的同时,念念不忘在心中描绘人类未来玫瑰色的理想图景。

近年来,学界关于康有为《大同书》的写作年代多有争论商榷。抛开具体的写作时间争议,可以确认的是,从 19 世纪 80 年代中期一直到 20 世纪

---

① 《戊戌变法》(二),神州国光社 1953 年版,第 553 页。
② 《近代中国社会的新陈代谢》,上海人民出版社 1992 年版,第 180 页。

初年,无论是求学、讲学期间,变法的急迫关口还是亡命海外的漂泊岁月,康有为对于超越现实政治的关于人类未来的终极关怀,始终未曾中歇。《大同书》就是这一关怀的最终思想结晶。①

康有为阐发《礼运》大同之教,是中国历史上的第一人。② 他依据今文经学推演《春秋公羊传》的"通三统"、"张三世"之说,比附"据乱世"就是西方的君主专制时代,"升平世"就是君主立宪时代,"太平世"就是民主共和时代。他认为中国当时正处在据乱世,必须经由变法维新进入升平世,即由君主专制走向君主立宪。无论从学术或政治的角度,康有为今文经学路数下的"三世说",历来不受好评。它不中不西,不今不古,或者干脆说不伦不类。但是,正是在这个主观臆造的框架下,戊戌一代风云人物既投身现实政治斗争,又向往理想关怀的全方位人格品位与力量,才有了可以统一起来的理论基础。而这正是康有为辈值得一再祭奠的理由。

知识分子是以理念世界批判现实世界的人。如同所有新兴资产阶级思想家一样,康有为真诚地相信"世界乐园"的必然到来。他渴望生产力的高度发达,"一人之用可代古昔百人之劳",预见家庭和国家的必然消亡。在康有为心目中,"天下为公"的公有原则,"尽为平等"的人权原则和"去苦同乐"的人道原则是世界乐园的三大支柱③,而他的《大同书》不过是为建构这一乐园"找到了必需的理想、艺术形式和幻想,为的是不让自己看见自己斗争的资产阶级的狭隘内容,为的是要把自己的热情保持在伟大历史悲剧的高度上。"④康有为批判现实世界扭曲了人的自然本性,"妄生分别",等级、贫富、家庭、男女、宗教、人种……,众多的差别酿成人类无穷尽的苦恼。《大同书》开篇便是"入世界观众苦",不仅有"劳者之苦"、"贱者之苦",而且有"帝王之苦"、"富人之苦"。要想从根本上解除人类之苦,就必须打破束缚人性的所有外在枷锁,去国,去种,去家,去产,以完全自主自由的个人,为社会的基本构成单位。梁启超强调:《大同书》其最要关键,在毁灭家

---

① 康有为的这一思想活动反映在他的《人类公理》、《实理公法全书》和《大同书》的写作过程中。

② 参见黄彰健:《戊戌变法与素王改制》,《谭嗣同与戊戌违维新》,岳麓书社1999年版,第678页。

③ 参见曹锡仁:《幻想与现实:中国道路》,陕西人民出版社1986年版,第30页。

④ 马克思:《路易·波拿巴政变记》。

族。有为谓佛法出家，求脱苦也，不如使其无家可出；谓私有财产为争乱之源，无家族则谁复乐有私产；若夫国家，则又随家族而消灭者也。有为悬此鹄为人类造化之极轨。"①康有为的"大同世界"，有别于莫尔的"乌托邦"和康帕内拉的"太阳城"，具有鲜明的中国特色。西方资产阶级的自由、平等、博爱精神被他铸进中华文化传统的"仁道"范型。刺激莫尔、康帕内拉创作的主要动因是圈地运动等资本主义原始积累给欧洲人民造成的巨大灾难，所以他们首先关注的是理想国内的经济平等和政治自由；而刺激康有为创作的主要动因，却是几千年来专制家族制度对中华民族的深重戕害，因此，《大同书》首先要铲除的正是盘根错节于社会肌体之中的伦常关系及其枢纽——家族及家庭，以确立"独人"的价值和尊严。"一个国家的自由愈少，公开的阶级斗争愈弱，群众的文化程度愈低，政治上的乌托邦通常也愈容易产生，而且保持的时间也愈久。"②康有为的"大同世界"当然是"乌托邦"。梁启超说康有为"出世太早"③，无非是说他的理想关怀远超出时人所能理解、接受的范围和程度。康有为自己也知道其说与现实中国的遥远距离，所以《大同书》完稿后，"秘不示人"，意思是时人读不懂，或者读懂了也接受不了，所以留待后人评判。这一举动显示了思想巨人的自知之明，可钦可叹。

晚年康有为曾心怀灵犀，手书元好问《春日半山亭游眺》云："小草不妨怀远志，芳兰谁为发幽妍。千年石壁留诗在，会有骚人一慨然。"④此时的他，已经被旋转的历史车轮抛离了时代的中心位置。甚至在有些人眼里，已成了试图"开历史倒车"的反派白鼻小丑。但是，康有为辈在戊戌时代叱咤风云的良苦用心，尤其是他于亡命天涯的困顿之际对人类远景的深刻洞察，又有几人怀有"同情的理解"？在祭奠戊戌一百一十周年之际，谁来做回应当年壮美、凄婉的改革诗篇的"骚人"呢？

（原载《天津社会科学》2009 年第 2 期）

① 梁启超：《清代学术概论·二十四》。
② 《列宁选集》第 2 卷，人民出版社 1995 年版，第 429 页。
③ 《戊戌变法》(四)，神州国光社 1953 年版，第 36 页。
④ 《康有为手书真迹》，(台北)"中央研究院"近代史所 1994 年出版。

"态度""思想"不容混淆，
"民主""科学"互为前提

——"五四"精神再反思

"五四"是现代中国巨大的精神之源。

"五四"时期,三大时代思潮——19 世纪 60 年代萌生的保守主义(以冯桂芬的"以中国之伦常名教为原本,辅以诸国富强之术"为标志),20 世纪初年萌生的自由主义(以严复的"以自由为体,以民主为用"为标志)和激进主义(从谭嗣同的"二千年之政皆秦政,二千年之学皆荀学"到孙中山的"驱除鞑虏,恢复中华,创立民国,平均地权")——相激相荡,互相砥砺,奉献出千年不遇的"百家争鸣"的精神盛宴。正如有论者所言,"五四,不仅属于激进的'新青年',也属于温和的调适派。五四的无穷魅力,恰恰在于多元,在于其复杂的内涵,正是其复杂的包容性与多元性,为 20 世纪中国思想的发展提供了各种可能的空间。""假如我们将五四诠释为某种单一的趋向和狭隘的精神,不是光大了五四的意义,反而倒是曲解了五四的胸怀和内涵之博大。"[①]

"五四"被称为"运动"久矣(如"爱国运动","新文化运动","白话文学运动","思想启蒙运动"等)。何为"运动"? 梁启超界定为:"所谓运动者,非必有意识、有计划、有组织,不能分为谁主动、谁被动。其参加运动之人员,每各不相谋,各不相知;其从事运动时所任之职役,各各不同;所采之手段亦互异。于同一运动之下,往往分无数小支派,甚且相嫉视相排击。"[②]无论我们从什么意义上来理解"五四运动",都应当从梁启超的"运动"定义里获得启发,即:五四在客观上呈现出的"运动"状貌,实际上是由许许多多勤

---

① 许纪霖:《杜亚泉与多元的五四启蒙》(代跋),见《杜亚泉文存》,上海教育出版社 2003 年版,第 497 页。

② 《梁启超史学论著四种》,岳麓书社 1985 年版,第 20 页。

于思考、勇于思考的思想者的思想劳作所共同造就的。如果仅仅依凭某一条先验划定的阵线，将某些思想者及其思想归于"运动"的动力，而将此外的思想者及其思想归于"运动"的阻力，或曰批判、打击、扫荡的对象，那么我们就很难从符合历史真实和逻辑真实的意义上理解和把握"五四"的巨大内涵和丰富价值。曾几何时，只有李大钊、陈独秀等被认可为五四的精神代表，连胡适都被有意地忽略掉。"大胆地假设，小心地求证"受到无理的批判。经过多年的思想解放，胡适在五四中的地位和价值渐被承认。现在的问题是，杜亚泉、张君劢、王国维等人，是否该永远被视为五四的对立面，长久地被钉在历史的耻辱柱上？这绝非简单的为哪个人"平反"的问题，而是关系到我们怎样承接五四遗留给我们的丰厚遗产以及承接怎样的五四遗产。① 我们过去以某一条线划分阵营，将其中一部分声音认定为代表"五四"精神，而将另一部分声音认定为"五四"精神所打击、批评的对象，从而将其摒弃于"五四"之外。而一旦改变这种思维模式，我们就会发现：所谓"五四"的缺弊在根本上不是先贤的问题，而是我们自己的问题。

一、"态度非思想，思想非态度"

王元化先生在反思"五四"的不足时提出过一个很著名的观点，即"意图伦理"之不可取。② 所谓"意图伦理"，就是当年杜亚泉批评蒋廷黻的"先定我喜欢什么，我要什么，然后想出道理来说明所以喜欢以及要的缘故"，这就是说，立场决定观点，屁股决定脑袋。

王元化的眼光确实犀利。但是这里要补充的是，"立场决定观点，屁股决定脑袋"固然在逻辑上是很顺畅，但是立场不能等同于观点，屁股不能等同于脑袋，也是人所共知的浅显道理。而在这一点上，"五四"先贤早就有

---

① 例如，关于王国维与"白话文学"运动的关系，陈鸿祥的观点值得注意：王氏的"有意"的"活文学"论与理据严密的"文学进化论"，在"无意"之间为胡适提供了"实用"的需要，做了他"有意"鼓吹的主要是在文学形式（即语言）上"革故"、倡"白话"的理论出发点。（参见陈鸿祥：《王国维与近代东西方学人》，天津古籍出版社1990年版，第390页）

② 王元化说："我认为'五四'时期所流行的四种观点是值得注意的。"其一，庸俗进化观点，其二，激进主义，其三，功利主义，其四，意图伦理。（参见王元化：《我对"五四"新文化运动的再认识》，《炎黄春秋》1998年第5期）

所辨证。此人便是杜亚泉。

"五四"的风云人物胡适说:"据我个人的观察,新思潮的根本意义只是一种新态度。这种新态度可叫做'评判的态度'……'重新估定一切价值'八个字,便是评判的态度的最好解释。"①蒋梦麟也说:"照我的意思看来,新思想是一个态度,这一个态度是向哪一进化方面走。抱这个态度的人,视吾国向来的生活是不满足的,向来的思想,是不能得知识上充分的愉快的。所以他们要时时改造思想,希望得满足的生活,充分愉快的知识活动。"②

杜亚泉不认同这一说法,作《何谓新思想》一文,声明自己的主张:"态度非思想,思想非态度。"他进一步分析道:"以向来之生活与知识为不满足,不愉快,是为一种感情,感情非思想也。因此而主张推倒旧习惯,要改造生活,要改造思想,是为一种意志,意志亦非思想也。"③"盖今日之揭橥新思想者,大率主张推倒一切旧习惯,而附之以改造思想、改造生活之门面语,其对于新思想之解答,诚不过如是也。"杜亚泉尖锐指出,"推倒一切旧习惯,此种主张,适与新思想之定义相凿枘。新思想依据于理性,而彼则依据于感性;新思想于事物或观念间,附以从前未有之关系,而彼则于事物或观念间,破其从前所有之关系。"④

对于杜亚泉的批评,蒋梦麟提出反批评,也作同题《何谓新思想》一文。杜将其在《东方杂志》发表,同时"附志"一段文字,予以评论:"以感情与意志为思想之原动力,先改变感情与意志,然后发生新思想,是将人类之理性,为情欲的奴隶。先定了我喜欢什么,我要什么,然后想出道理来说明所以喜欢及要的缘故,此是西洋现代文明之根柢,亦即西洋现代文明之病根。"⑤

就杜氏对论战对象的直接批评而论,当然也有偏颇激愤之辞,但文中对于"新思想"的要义在于其内容而不在其标号、"新思想"不可能与"旧习惯"决然两橛,特别是强调态度、感情、意志均非思想的理论分析,则无疑是经得起历史检验的论断。

---

① 《新思潮的意义》,见欧阳哲生编:《胡适文集》第2册,北京大学出版社1998年版,第552页。

② 《时事新报》1919年10月10日,见《杜亚泉文存》,上海教育出版社2003年版,第412页。

③ 《杜亚泉文存》,上海教育出版社2003年版,第409页。

④ 《杜亚泉文存》,上海教育出版社2003年版,第408—411页。

⑤ 《杜亚泉文存》,上海教育出版社2003年版,第416页。

　　"先定我喜欢什么，我要什么，然后想出道理来说明所以喜欢以及要的缘故"，确实是"五四"时期相当多数"新"派人士的致思路径。陈独秀有一段著名的话："要拥护那德先生，便不得不反对孔教、礼法、贞洁、旧伦理、旧政治。要拥护那赛先生，便不得不反对旧艺术、旧宗教。要拥护德先生，又要拥护赛先生，便不得不反对国粹和旧文学。"①这里的"不得不"，正是"新"派人士的激进心态及其做法的率真表白。1929年，胡适在批评"革命"之不可取时说道："今日所谓有主义的革命，大都是向壁虚造一些革命的对象，然后高喊打倒那个自造的革命对象；好像捉妖的道士，先造出狐狸精山魈木怪等名目，然后画符念咒用桃木宝剑去捉妖。"②其实，他本人"搴旗作健儿"的"五四"时期的"文学革命"，又何尝不是如此呢？白话文的活跃以及文言文的衰退，远非"五四"起，但是用胡适自己的话说，正是钱玄同发明的"选学妖孽"和"桐城谬种""这几句口号一时远近流传，因而它们也为文学革命找到了革命的对象。"③

　　傅斯年曾自我检讨："我们自己以为是很有新思想的人，别人也说我们有新思想。我以为惭愧得很。我们生理上、心理上，驮着二三千年的历史——为遗传性的缘故——又在'中国化'的灰色水里，浸了二十多年，现在住着的，又是神堂，天天必得和庙祝周旋揖让；所以就境界上和习惯上讲去，我们只可说是知道新思想可贵的人，并不是彻底的把新思想代替了旧思想的人。我不曾见过一个能把新思想完全代替了旧思想的人。"④"知道新思想可贵"，表明的是一种弃旧图新的"态度"；而"并不是彻底的把新思想代替了旧思想"，正说明了"新态度"不等同于"新思想"。傅斯年的"惭愧"和杜亚泉的对胡适及蒋梦麟的批评，共同证明着立场不能等同于观点，屁股不能等同于脑袋的"普世"道理。

　　谈到新脑袋，新思想，"五四"时期的"新""旧"两派其实都有所思，且都有所得。"新青年"派"重新估定一切价值"，是以西方的现代性衡估中国

　　① 《"新青年"罪案之答辩书》，《新青年》六卷一号。
　　② 《我们走那条路》，见欧阳哲生编：《胡适文集》，第5册，北京大学出版社1998年版，第361页。
　　③ 《胡适口述自传》，见欧阳哲生编：《胡适文集》，第1册，北京大学出版社1998年版，第322页。
　　④ 《中国狗和中国人》，《新青年》六卷六号，《随感录》67。

传统文化,而杜亚泉则坚持同时应对西方文化本身进行一番"价值重估"。"新青年"派一心要打倒"选学妖孽"和"桐城谬种",林纾却在介绍西方文豪的精妙华章的同时展示着中国古文的隽永风采。① 关于这一奇异的历史状貌,当年李大钊的解析是:"新旧之间,纵的距离太远,横的距离太近;时间的性质差得太多,空间的接触逼得太紧。同时同地不容并有的人物、事实、思想、议论,走来走去,竟不能不在一路来碰头,呈出两两配映、两两对立的奇观。"②而当今的研究者则指出:

> 新文化运动的一个重要时代意义,就在于其迫使所有的中国士人对中国传统(虽然当时并不用这个词)进行全面的反思。不论新派旧派,都必须面对中国在世界上日益边缘化这一不容忽视的事实。新旧两边实际上都想要找到重新回到中央或至少达到与西方平等的地位这样一条路径。这是中国最根本的问题,两派的认识其实并无大的分歧。其对中国传统的诠释虽然各异,取向也不相同,但正如傅增湘所说,不论是"改弦更张"还是"匡扶废坠",其"趋途虽殊,用心则一",都是从这个根本的考虑和最终的意图出发的。③

简言之,"态度非思想,思想非态度"的思想史意义,在于提示我们,划分"五四"时代的思想阵营时,简单地以对待传统的"态度"来画线并决定臧否的做法,应该反省。反对传统的"新思想"与维护传统的"旧思想"之间的高下优劣,其间蕴涵着丰富的辨证内容和复杂的价值基准,不可一边倒,一刀切。

二、"五四"的敌人是"成见"和"不思想"

近年来,多有人热衷于批评"五四"的"片面性"。实际上,"五四"是非

---

① 20世纪30年代,钱钟书曾对"石遗老人"陈衍谈起,自己对外国文学的兴趣是因为读了林纾译的小说。陈衍却说:"这事做颠倒了。琴南如果知道,未必高兴。你读了他的翻译,应该进而学他的古文,怎么反而向往外国了? 琴南岂不是'为渊驱鱼'么?"(钱钟书:《林纾的翻译》,商务印书馆1981年版,第47页)

② 《新的! 旧的!》,见《李大钊文集》上卷,人民出版社1984年版,第539页。

③ 罗志田:《权势转移》,湖北人民出版社1999年版,第285页。

常全面的！几乎任何一种观点，都会受到来自不同方面的质疑、驳难和吹毛求疵般的挑剔。正是在这样的舆论环境中，没有任何一种"片面"的"真理"可以独大独尊。我们以往批评所谓"五四高扬理性的旗帜，同时又有很多概念化、情绪化的非理性的成分"，其实，这些"概念化、情绪化的非理性的成分"在当时就已经受到多方面的质疑和批判。只不过我们过去往往将这些置疑和批判一概归于"五四"的对立面，于是，思想史上最辉煌的年代就留给我们这样一副滑稽的脸孔："片面"的"真理"战胜了"全面"的"谬误"。

"五四"是百家争鸣的年代，是中国千年不遇的"思想战"的黄金岁月。

杜亚泉是顽强的"思想战"斗士，但他内心并不主张"思想战"。他在《论思想战》中论及"吾国民欲发达其思想，而又避免思想战之发生，果由何道乎"时提出四条：一，宜开浚其思想；二，宜广博其思想；三，勿轻易排斥异己的思想；四，勿极端主张自己之思想。他特别指出："惜乎吾国民之稍有思想者，其度量狭隘，性情卞急，辄与上述四者相反。今者国步初更，寰海接近，旧时束缚思想之政教，既已解除，外来学说，又复标新而斗异。吾国民丁此时代，务宜力惩前弊，虚怀密虑，明辨审思，以宁静之态度，精详之考察，应付此纷纭之世变、繁赜之事理。"①有人称杜亚泉为科学家，杜答曰："非也，特科学家的介绍者耳。"②而在蔡元培眼里，"先生既以科学方法研求哲理，故周详审慎，力避偏宕，对于各种学说，往往执两端而取其中，如惟物与惟心，个人与社会，欧化与国粹，国粹中之汉学与宋学，动机论与功利论，乐天观与厌世观，种种相对的主张，无不以折中之法，兼取其长而调和之；于伦理主义取普泛的完成主义，于人生观取改善观，皆其折中的综合的哲学见解也。先生之行己与处世，亦可以此推知之。"③

对于五四时期"思想战"的骄子陈独秀、鲁迅、钱玄同、吴虞等人的偏激之说，学界多以"矫枉过正"为之辩解。这固然是"论世知人"的常规路数，但问题是，像杜亚泉上述不用"矫枉过正"之法，而秉承平实公允的自身学理之道的论说与观点，是否也应被视为思想家的确实贡献与深远启迪呢？

我们过去津津乐道的是从"思想战"中发掘"五四"的精神价值，但却总是将"参战"的两方置于有关"五四"精神的截然对立面来把握和评价。

---

① 《杜亚泉文存》，上海教育出版社 2003 年版，第 60 页。
② 蔡元培：《杜亚泉君传》，见《一溪集》，三联书店 1999 年版，第 4 页。
③ 蔡元培：《书杜亚泉先生遗事》，见《一溪集》，三联书店 1999 年版，第 7—8 页。

李大钊与胡适之间发生的"问题与主义"的争论,被认为是五四时代的"思想战"的重要一役。双方你来我往,观点尖锐对立,但是始终保持真诚的相互尊重,保持"辩友"而非"论敌"的关系。这一点从当事人留下的个人文件中可以找到充分的例证。而且,就争论的实质来看,讲"主义"的李大钊和讲"问题"的胡适,都是现状的积极改革派,双方的观点并非水火不容。此事的起源,是胡适在 1919 年 7 月 20 日的《每周评论》第 31 号发表《多研究些问题,少谈些主义》。看到此文,蓝公武、李大钊有不同观点,撰文商榷。蓝文本发表于《国民公报》,胡适认为"很有许多地方可以补正我的原作",于是略加删节后在《每周评论》第 33 号转载。李大钊的《再论问题与主义》,本是写给胡适的一封信。信中谈了对胡适的《多研究些问题,少谈些主义》的"一些感想","其中有的或可与先生的主张互相发明,有的是我们对社会的告白。""有的和先生的意见完全相同,有的稍相差异。""如有未当,请赐指教。"胡适给此信加上标题,发表于《每周评论》第 35 号。胡适认为,蓝、李两位的文章"把我的一点意思,发挥得更透彻明了,还有许多匡正的地方",同时又觉得有所误会,便再作《三论问题与主义》、《四论问题与主义》,载于《每周评论》第 36 号、37 号(其中第 37 号排版付印时警察查封了杂志,这一期的《每周评论》并未与读者见面)。蓝、李两位还没来得及回应,《每周评论》被当局查封,"问题与主义"的讨论戛然而止。关于这场讨论,陈独秀写过一篇《主义与努力》,实际上是在调和折中。他用划船来做比喻,讲主义就是把握船行的方向,解决问题的努力就是划船,二者缺一不可。"改造社会是要在实际上把他的弊病一点一滴一椿一件一层一层渐渐消灭去,不是用一个根本改造的办法能够叫他立时消灭的。"①从史实来看,当年胡、李、蓝之间其实并未发生什么"论战"。胡适日后认为"问题"与"主义"之争是"我和马克思主义者冲突的第一回合",意思很明确,他并非单单反对"马克思主义",而是与"马克思主义者"李大钊的观点相冲突。胡适认为"所有的主义和学理都该被当成参考或比较研究的资料,而不应该把它们当成宗教信条一样来奉行来顶礼膜拜。"在这一点上,信奉马克思主义的李大钊"所考虑的一些问题,根本不是我所考虑的问题:我考虑的是'主义'〔这个问题〕。他所说的是一个社会的解决必须依赖该特殊社会里的大多

---

① 陈独秀:《主义与努力》,《新青年》第 8 卷第 4 号,1920 年 12 月 1 日。

数人民所支持的群众运动。所以，他是从一个革命家，一个社会革命的信徒的立场出发的。"①

又如，"五四"时代最重要的另一"思想战"——"科学与玄学"论战。当我们在几十年后为"玄学"派的"惨败"而欢欣鼓舞的时候，其实已经距离历史的真相和思想史、文化史的评判基准相当的遥远了。当年论战告一段落时，陈独秀和胡适都曾有近似小结的文字。陈独秀认为，张君劢与丁文江的争论，好比中医与西医之争。"只可惜一班攻击张君劢、梁启超的人们，表面上好像是得了胜利，其实并未攻破敌人的大本营，不过打散了几个支队，有的还是表面上在那里开战，暗中却已投降了。"科学派"不但不曾得着胜利，而且几乎是丢盔卸甲的大败战"。陈独秀本人并非论战的直接参加者，而近似于裁判的角色，判定科学派不过是"五十步笑百步"。他的总体性裁判意见是："我们相信只有客观的物质的原因可以变动社会，可以解释历史，可以支配人生观，这便是'唯物的历史观'。我们现在要请问丁在君先生和胡适之先生：相信'唯物的历史观'为完全真理呢，还是相信唯物以外像张君劢等类人所主张的唯心观也能够超科学而存在？"②胡适回答陈独秀的意见是：唯物（经济）史观至多只能解释人生观的大部分问题，而不能解决全部的问题。对于"科学与玄学"论战本身，胡适和陈独秀一样认为，在科学不发达、不普及的中国，论战很有必要，很有意义。陈独秀认为，科学派在"科学何以能支配人生观"方面一个证据也没举出来；胡适也认为科学派的大失误是没有具体说明"科学的人生观"是什么。他并不热衷于裁判论战双方的高低胜负，而是着眼更长远的未来："我们若要希望人类的人生观逐渐做到大同小异的一致，我们应该准备替这个新人生观作长期的奋斗。"

"科学与玄学"的论战中主要的代表性观点，今天看来，均可视为各有其理的一家之言。如张君劢，虽然他对科学的理解过于偏狭，实际上将人文社会科学逐出科学的范围之外，但他对于狭义的科学与人生观之间关系的辨析，对于我们全面把握人生观所体现的人类精神生活的复杂性以及解决相关问题时所应遵循的认识规律，仍然有十分重要的启发和警醒作用。而梁启超的"人生问题，有大部分是可以——而且必须要用科学方法来解决

---

① 《胡适口述自传》第九章"五四运动"，见欧阳哲生编：《胡适文集》第一卷，北京大学出版社 1998 年版，第 361 页。

② 《科学与人生观》序，见《科学与人生观》，山东人民出版社 1997 年版，第 1、7 页。

的,却有一小部分——或者还是最重要的部分是超科学的"①,丁文江的"惟有科学方法,在自然界内小试其技,已经有伟大的成果,所以我们要求把他的势力范围,推广扩充,使他做人类宗教性的明灯:使人类不但有求真的诚心而且有求真的工具;不但有为善的意向而且有为善的技能!"②也都是言之成理的箴言。

梁启超评论"这个问题是宇宙间最大的问题,这种论战是我国未曾有过的论战。学术界中忽生此壮阔波澜,是极可庆幸的现象。两军主将都是我们耳鬓厮磨的老友,我们尤感莫大光荣"。他以半开玩笑的口吻提出论战的"战时国际公法",一是集中问题,针锋相对,剪除枝叶;二是希望措辞庄重恳挚,不可嘲笑或谩骂。梁启超为什么要提这两条,并不是因为双方激愤过头,一心要置对方于死地,而是因为"在君和君劢交谊不同寻常。他们太相熟了,脱略形迹惯了。每见面必谈,每谈必吵,每吵必极诙谐有意趣。这是我常常亲见而且极爱慕的。他们无论吵到怎么田地,再不会伤私人感情,我是敢下保证的"。梁启超担心两人嬉笑怒骂,被人误以为"游戏文章","便会把原来精神失掉大半"③。

与梁启超的诙谐幽默不同,关于"科玄论战",胡适庄重地论道:

> 我们也可以说这是"作战",因为新信仰总免不了和旧信仰冲突的事;但我们总希望作战的人都能尊重对方的人格,都能承认那些和我们信仰不同的人不一定都是笨人与坏人,都能在作战之中保持一种"容忍"(Toleration)的态度;我们总希望那些反对我们新信仰的人,也能用"容忍"的态度来对我们,用研究的态度来考察我们的信仰。我们要认清:我们真正的敌人不是对方;我们的真正敌人是"成见",是"不思想"。我们向旧思想和旧信仰作战,其实只是很诚恳地请求旧思想和旧信仰势力之下的朋友们起来向"成见"和"不思想"作战。凡是肯用思想来考察他的成见的人,都是我们的同盟!④

很显然,胡适在这里表达的,才是我们真正应当继承和发扬的"五四"精神。他对于"科学与玄学"论战的意义的理解,他对于论战参与者的尊

---

① 《科学与人生观》,山东人民出版社 1997 年版,第 139 页。
② 《科学与人生观》,山东人民出版社 1997 年版,第 205 页。
③ 《科学与人生观》,山东人民出版社 1997 年版,第 121—122 页。
④ 《科学与人生观》序,见《科学与人生观》,山东人民出版社 1997 年版,第 22—23 页。

重，无疑具有巨大的思想史、文化史的研究方法论方面的启迪。"五四"的"敌人"，"五四"精神的对立面，不是参与形形色色论战的某一派，某一说，而是"成见"和"不思想"！破除成见，必要思想；开动思想，必要独立意志和精神自由。所以，"五四"精神的要害和实质性内核是独立意志、精神自由，以及对于独立意志和精神自由的尊重、支持和爱护。没有这样的尊重、支持和爱护，也就没有"五四"！

林毓生在影响巨大的《中国意识的危机》中说道："对五四时期激进反传统主义的重要性，无论怎样强调都很难说是过分的。反对中国传统遗产的激进的五四运动，是中国近代历史的转折点。……以后数十年中，文化反传统主义的各种表现，都是以五四时期的反传统主义为出发点的。"[①]这一观点加重了人们对于所谓"五四"精神就是激烈反传统的模糊认识。五四时期，反传统的确是强大的"时代声音"，但是，与此同时，也有不少的思想者反对非理性地一味反传统。对于这样的声音，我们过去的处理办法是简单将其视为逆时代潮流而动的历史阻力，将其置于"五四"的对立面，当然也就不把他们的所思所言所行作为"五四"精神来看待了。例如对于杜亚泉，对于《学衡》派，对于张君劢，都是如此。历史事实是，"五四"思想中并立发展的趋势，包括理性主义与浪漫主义，怀疑精神与"新宗教"，个人主义与群体意识，民族主义与世界主义[②]；五四启蒙运动的意识危机，包括个体意识与民族主义，人的发现与人的分裂，个人的自由与阶级的解放。[③]汪晖还特别指认新文化运动的"态度的同一性"就在于对于中国传统文化和社会的批判和怀疑。也正是从这个道理出发，我们可以认为，"五四"精神既由新文化运动的弄潮儿体现，也由新文化运动的批评、商榷者体现。各种思想的自由争鸣、而非某一派思想的"独尊"、"独大"、"唯一正确"，才是"五四"精神光彩照人的本质所在。

回首"五四"，各种流派思想的争鸣热烈而尖锐，其间透露的各种政治力量的博弈也互不相让。但是，争论者之间的友善态度和包容胸怀，却令人感动并启人思绪。1925 年底，胡适在给陈独秀的信里写道："我们两个老朋友，政治主张上尽管不同，事业上尽管不同，所以仍不失其为老朋友者，正因

---

① 林毓生：《中国意识的危机》，贵州人民出版社 1986 年版，第 5 页。
② 张灏语，见《重访五四——论"五四"精神的两歧性》，《开放时代》1999 年 3、4 月号。
③ 汪晖语，见《中国现代历史中的"五四"启蒙运动》，《文学评论》1989 年第 3—4 期。

为你我脑子背后多少总还同有一点容忍异己的态度。……如果连这一点最低限度的相同点都扫除了,我们不但不能做朋友,简直要做仇敌了。"①我们要说,"容忍异己的态度"之所以能够维系胡、陈之间数十年的真挚的友谊,根本的原因还在于,他们都是"五四"的儿子,都是独立的"思想者"。而"五四"的敌人,正是"成见"和"不思想"!

三、"民主"与"科学"互为前提

"民主"与"科学"是"五四"的精神旗帜,早已成为人们的共识。例如陈旭麓就说:"民主和科学不仅是'五四'反传统的理论依据,而且是现代价值重建的目标,集中地体现了'五四'的时代精神。"②

但是,需要更深入思考的问题是:民主与科学,不仅仅是两个并列的主题。两者之间的内在逻辑关联,也是"五四"精神的本质内涵的重要组成部分。简言之,科学的民主观和民主的科学观的建立,是"五四"并未完成的历史任务。而将科学的民主观和民主的科学观统一起来的真正价值基准,正是"独立精神,自由思想"。

独立精神和自由思想是民主与科学的共同基石。在独立精神和自由思想的基础上,民主与科学互为前提。唯有思想文化领域内的众声喧哗、百家争鸣,才是民主与科学的孕育土壤和发育环境。民主与科学不是思想"战线"的党同伐异、你死我活,而是文化因素间的相互激励、砥砺和交融。关于这一点,长期顶着"前清遗老"恶谥的王国维,却无疑引领了最先进的时代潮流。还在《新青年》问世前十年,王国维就如此高扬学术的独立自由精神:"以官奖励学问,是剿灭学问也。""今之人士之大半,殆舍官以外无他好焉。其表面之嗜好集中于官之一途,而其里面之意义则今日道德、学问、实业等皆无价值之证据也。至道德、学问、实业等皆无价值,而惟官有价值,则国势之危险何如矣!"③梁启超称赞王国维:"先生古貌古饰,望者辄疑为竺旧自封畛;顾其头脑纯然为现代的,对于现代文化原动力之科学精神,全部

① 《胡适来往书信选》上册,中华书局 1979 年版,第 356 页。
② 《近代中国社会的新陈代谢》,上海人民出版社 1992 年版,第 391 页。
③ 见《教育小言十三则》之十,十二,《静庵文集续编》。其时在 1905 年。

默契,无所抵拒。"①诚哉斯言!

如果承认民主与科学互为前提,那么需要继续追问的是:

关于民主,是将其本身视为目的,还是手段? 曾几何时,"争取民主自由"的口号多么地鼓舞人心。殊不知,民主并非个人或群体所要争取的"目标"! 早在"五四"以前20年,严复就道出"自由为体,民主为用"的箴言。即便建立起民主制度,它依然是工具和手段:以法律的形式,在规范人们行为的同时(也可以说行动的不自由!),保护人们的思想自由和精神自由。"在真正进化的社会里,人人都应当有自由发展的机会,自然人人都应当有思想的自由。""不但每人能作充分的思想,并且要每人能将充分的思想发表出来。"②

关于科学,是将其视为包打天下的技术性工具,还是怀疑精神、批判精神?③ 科学是阻止人们自由发表意见的嘴巴的封条,还是鼓励、保护人们自由发表意见的"异端豁免书"?

"五四"时代,时人对于"民主"与"科学"的理解就有分歧。胡适以为,"那时的陈独秀对'科学'和'民主'的定义却不甚了了。"他自己的认识则是:"'民主'是一种生活方式;是一种习惯性的行为。'科学'则是一种思想和知识的法则。科学和民主两者都牵涉到一种心理状态和一种行为习惯,一种生活方式。"④

在科学的问题上讲民主,就不能执行"少数服从多数"的游戏规则,而是必须保护任何人的思考问题、探索真理、并且发出自己声音的权利。科学不相信"票决制度"的权威。而在民主的问题上讲科学,关键是全面认识其价值、意义与弊端、缺陷以及特殊情况下可能发生的危害。"民主是个好东西",但是,民主是有条件的,是需要付出代价的,特殊情况下甚至是残酷的和反动的。简言之,科学最需要的是自由而不仅仅是民主;民主最需要的是

① 《王静安先生纪念号》序,清华学校《国学论丛》一卷二号,1928年4月。

② 罗家伦:《近代西洋思想自由的进化》,《新潮》第2卷第2号。

③ 有人从单纯的技术性角度界定科学,如任鸿隽:"科学者,智识而有统系之大命。就广义言之,凡智识之别部居,以类相从,井然独绎一实物者,皆得谓之科学。自狭义言之,则智识之关于某一现象,其推理重实验,其察物有条贯,而又能分别关联抽取其大例者,谓之科学。"(任鸿隽:《说中国无科学之原因》,《科学》第1卷第1期)

④ 欧阳哲生编:《胡适文集》第一卷,北京大学出版社1998年版,第355—356页。

理性而不仅仅是科学。在这个问题上,思想解放的先驱顾准的辨析发人深思:"唯有立足于科学精神之上的民主才是一种牢靠的民主。"①"学术自由和思想自由是民主的基础,而不是依赖于民主才能存在的东西。因为,说到底,民主不过是方法,根本的前提是进步。唯有看到权威主义会扼杀进步,权威主义是和科学精神水火不相容的,民主才是必须采用的方法。……唯有科学精神才足以打破权威主义和权威主义下面的恩赐的民主。"顾准高屋建瓴地指出:"其实,所谓科学精神,不过是哲学上的多元主义的另一种说法而已。哲学上的多元主义,就是否认绝对真理的存在,否认有什么事物的第一原因和宇宙、人类的什么终极目的。"②"哲学上的多元主义,要贯彻到一切科学研究和价值判断中去。这是打破孔子的尊卑贵贱的伦常礼教的最有力的武器。"③

90 年后再回首,"五四实在是一个矛盾的时代:表面上它是一个强调科学,推崇理性的时代,而实际上它却是一个热血沸腾,情绪激荡的时代;表面上五四是以西方启蒙运动重知主义为楷模,而骨子里它却带有强烈的浪漫主义色彩。一方面五四知识分子诅咒宗教,反对偶像;另一方面,他们却极需偶像和信念来满足他们内心的饥渴;一方面,他们主张面对现实,'研究问题',同时他们又急于找到一种主义,可以给他们一个简单而'一网打尽'的答案。是在这样一个矛盾的心态之下,他们找到了'德先生'和'赛先生',而'德先生'和'赛先生'在他们的心目中已常常不自觉地变成了'德菩萨'与'赛菩萨'。"④"菩萨"是精神的偶像,正是民主与科学要铲除的东西!这样一来,民主与科学势必走向自己的反面。也正是从这个意义上,张灏才说:"我们不同意五四对于科学与民主的了解。易言之,我们肯定科学与民主这两项基本原则,但是认为科学主义与乌托邦式的民主思想需要批判。"⑤

站在今天的认识高度看待"五四"的精神成就与不足是一回事,回到

---

① 《顾准文集》,贵州人民出版社 1994 年版,第 343 页。

② 《顾准文集》,贵州人民出版社 1994 年版,第 344—345 页。

③ 《顾准文集》,贵州人民出版社 1994 年版,第 346 页。

④ 张灏:《五四运动的批判与肯定》,见《幽暗意识与民主传统》,新星出版社 2006 年版,第 183—184 页。

⑤ 张灏:《五四运动的批判与肯定》,见《幽暗意识与民主传统》,新星出版社 2006 年版,第 189 页。

"五四"的历史语境中去分析智慧、灵性和勇力都远在我辈之上的先贤当年为何要那样思想和行动，是另一回事。只有尽力把后一件事情做好，才有可能把前一件事情做得比较有根基，比较实事求是。问题不是批判"五四"的片面性。就精神世界的繁荣昌盛而论，"五四"本身没有片面性！是我们对"五四"的认识和评价有片面性！

"五四"精神的代表者问题，实际上是我们如何理解"五四"精神的内涵问题。"五四"精神不是由一个人代表，也不是由一个党派、一种思潮、一个主义代表。即便是不讲独立意志，自由思想，只讲民主与科学，真正全面体现了其内在精髓的，其实更多的是那一个时代的思想氛围和学术环境，而不是其中的哪一家一派之学说。同样的理由，无论"五四"的辉煌或不足，也都不是由哪一个人、一个党派、一种思潮、一个主义来承担。所谓真理越辩越明，其实是说参与辩论的各方都为此作出了贡献。

回到本文的主题上来。五四是思考的年代，是争鸣的年代，是中国思想史、文化史上千年一遇的激动人心的岁月。关于中华民族的前途、命运，关于中国社会的发展道路和发展方略，关于在中西古今文化大交汇、大冲突、大融合时代条件下中华民族自立于世界民族之林的战略选择和实现途径，思想界、文化界议论纷发，热烈争鸣。"五四"以后90年的历史证明，激进主义在中国取得了巨大的成功，也留下了深刻的教训。自由主义和保守主义虽然在现实的社会政治层面没有获得真正的实践的机会和成功可能，但依然在思想文化乃至意识形态领域持续地并将继续发挥不无积极意义的作用。这一切，都是五四留给我们的宝贵精神遗产。

（原载《天津社会科学》2011年第5期）

三、史义析论篇

近代中国文化保守主义述论

18世纪以后,原生型资本主义现代化的扩张,在世界各地尤其是在亚洲、非洲、拉丁美洲地区,激起了普遍热烈的文化反响。保守主义便是在这一过程中,与自由主义、激进主义相伴生的文化思潮与派别。自由主义全面肯定资本主义现代化的价值和意义,但对传统文化的变革持温和态度。激进主义彻底反传统,主张以革命方式重建全新的文化秩序。保守主义则充分褒扬民族传统文化的本质优长,有限度地接受资本主义现代化的成果,同时猛烈抨击其负面影响,主张以"返本开新"的方式,实现民族文化的现代化。

文化保守主义,以认同、回归、捍卫本民族文化传统为首要职志和根本特征。因此,越是在历史悠久、遗产丰厚的民族、国度,其表现就越强烈。中国不仅是人类四大文明古国之一,而且更是唯一的国家长久统一、文化不曾断裂且长期居于世界领先水平的声名文物之邦。所以,文化保守主义在近代中国,也就拥有世界其他地区罕见其匹的广阔的社会基础、深远的精神源泉和强大的派别势力。本文拟对近代中国文化保守主义的三大派别、四组特征及其留给我们的几点启示展开讨论,不当之处,敬祈方家指正。

一、三大派别

从时间序列及思想流变上分析,近代中国文化保守主义可划分为三大派别,即19世纪60至90年代的"体用"派;19世纪90年代至20世纪20年代的"国粹"派;20年代至50、60代的"新儒家"①。三大派别之间,又有两

---

① 直至现在,"新儒家"在港、台及海外仍有活跃表现,但本文所论,止于20世纪50—60年代。

组过渡性人物。"体用"派与"国粹"派之间,有康有为、严复;"国粹"派与"新儒家"之间,有吴宓、梅光迪。

国内外论及近代中国文化保守主义的学者,多以 19 世纪末、20 世纪初为其发端期①。笔者认为,这种说法忽视了 19 世纪中叶开始,中国传统文化与西方资本主义现代化碰撞、交融半个世纪之久而在思想领域激起的巨大波澜,抹杀了早期改良主义思想家和"洋务"实行家在保守主义发生史上的真正先驱地位,因而未能科学说明文化保守主义在近代中国的逻辑与历史相统一的演化进程。

19 世纪中叶,英吉利的舰队撞开了中华帝国闭锁的国门,原生型的资本主义现代化,以野蛮的方式向中华民族显示出自己的勃勃生机。仁义礼智的干橹终究抵挡不住坚船利炮的冲击,老大帝国与列强屡战屡败的惨痛事实,逼迫士大夫们不得不思考一个他们的前辈从未遇到的问题:孔老夫子教导的"仁者无敌"、"天下归仁",怎么一下子变得不灵了呢? 文化人思考问题,很快就超越了简单地"师夷长技"的纯工艺水平,而深入到对东西方文化进行全面比较并进而采取理智对策的层次。这一工作,至迟从 19 世纪60 年代的冯桂芬等人那里,便已开始。

冯桂芬抛弃了妄自尊大的"面子",坦率承认中国"人无弃才不如人,地无遗利不如人,君民不隔不如人,名实必符不如人",进而提出"以中国之伦常名教为原本,辅以诸国富强之术"②。这寥寥数语,不仅规划出其后三四十年洋务运动的纲领,而且定下了以后一个多世纪中国文化保守主义的基调。

20 世纪 70 年代的王韬、马建忠、薛福成,沿着冯桂芬的思路继续推进,一方面鼓吹发展工艺科技,振兴商务外贸,建立新式学堂,甚至仿效实行西方议院制度;另一方面又坚持"器则取诸西国,道则备自当躬"③,"取西人

---

① 如傅乐诗"把 19 世纪 90 年代当为中国现代思想危机的起点",亦即文化保守主义的起点(参见《近代中国思想人物论——保守主义》,台湾时报出版公司 1980 年版,第 41 页)。欧阳哲生则提出"以康有为为首的今文经学派和以章太炎、刘师培为代表的国粹派是这一文化流派的先驱"(《中国近代文化流派之比较》,《中州学刊》1991 年第 6 期)。

② 冯桂芬:《校邠庐抗议·采西学议》,见《晚清文选》,上海书店 1987 年版,第 105 页。

③ 王韬:《杞忧生易言跋》,见《弢园文录外编》卷十一,长洲王氏上海 1897 年重排本,第321 页。

气数之学,以卫吾尧、舜、禹、汤、文、武、周公之道"①。他们超出冯桂芬之处,在于圆熟地运用了中国传统学术范畴体系中的道、器,本、末,形而上、形而下等概念,来阐明中西文化的优劣、主从关系,具有更加鲜明的理论色彩。应该说,中国的文化保守主义,此时已成亟待出世的成熟胚胎。

冯、王、马、薛等人的主张,被洋务派巨擘曾国藩、左宗棠、李鸿章、张之洞等人有保留、打折扣地付诸实施。洋务运动的实施,既是对中国牌号文化保守主义进行全面"胎检",同时又是对其作强刺激的"催生"。而"中学为体,西学为用"说,则是洋务运动的理论纲领,也是中国文化保守主义的出生证。20 世纪 90 年代的郑观应、沈寿康、孙家鼐等人,多次论及"中体西用"、"中本西末"的思想。② 1898 年,张之洞撰成有名的《劝学篇》,称"新旧兼学,四书五经、中国史事、政书、地图为旧学;西政、西艺、西史为新学。旧学为体,新学为用。"该书凭借皇权颁行全国,"中体西用"之说,遂成时代流行语,"而举国以为至言"③。张之洞也由此成为大名鼎鼎的"体用"派的代表人物。

作为一个明确的命题,"中体西用"确实是在 20 世纪 90 年代才出现。但其思想因子,如上所述,已有三四十年流绪。张之洞"相信他是在已有四十年之久的体用架构中来从事改革的。也就是说,他相信改革并不会使社会与政治的运作因而不复表现近代儒家正统的文化与宗教规范"④。从理论与实践两方面看,张之洞代表的"体用"派无疑具有文化保守主义的典型特征:在文化变革的力度、速度方面,它主张缓变、渐变;在文化变革的内涵方面,它主张变与不变的统一,认为传统文化的器用层面及制度层面的外沿部分是应当变的,而伦常层面及制度层面的核心部分则是不可变的;在文化变革的趋向方面,它不一般地肯定文化的世界性、人类性,而强调文化的民族性、国度性。据此,笔者认为,"体用"派,正是中国文化保守主义的前驱。

从"体用"派到"国粹"派,有两个重要的过渡性人物。

---

① 薛福成:《筹洋刍议·变法》,见《薛福成选集》,上海人民出版社 1987 年版,第 556 页。

② 参见郑观应:《盛世危言》;沈寿康:《匡时策》;孙家鼐:《遵议开办京师大学堂折》。

③ 梁启超:《清代学术概论·二十九》,见《梁启超史学论著四种》,岳麓书社 1985 年版,第 93 页。

④ 《近代中国思想人物论——保守主义》,台湾时报出版公司 1980 年版,第 43 页。

　　一个是康有为。康有为是维新派的领袖。维新派与洋务派在思想方面本来就存在着既相通、又相逆的复杂联系。维新派学习西方科技,振兴中国工商等主张与洋务派几十年间"求强"、"求富"的不懈努力,宗旨并无扞格。因此,维新派在相当程度上将洋务派引为同道。1895 年 5 月,康有为亲赴江宁,游说张之洞"共开强学,窃图同心"。会晤暴露出双方"变法"理论的严重分歧:张之洞站在古文经学立场,再三劝说康有为放弃依据今文经学的"孔子改制"说,但康却坚持己见,告以"孔子改制,大道也,岂为一两江总督供养易之哉?"①但是这一分歧又恰恰显示出张、康两人的文化变革观共同联系于中华传统文化的核心部分——孔儒之学,只不过一本之于古文经学,一本之于今文经学罢了。戊戌以后,康有为迅速沦为保皇派。从其文化观深处查寻病灶,虽然他少有直接张扬"中体西用"的言论,但显然也是变用不变体式保守主义的实际信奉者。维新派已作鸟兽散,康有为却继续留在历史舞台上,与章太炎等人共同扮演着十分活跃的角色。尽管章、康之间关于革命、保皇的论战尖锐激烈,势不两立,但双方的致思路径却大体一致,"他们开始探寻变的可能的历史基础,其采取的方式永远解消了一个整合的儒家世界观的可能性"②,而这正是"国粹"派兴起的思想背景。

　　另一个是严复。如果说康有为是由赞同"中体西用"而转向"国粹"立场,那么严复则是由反对"中体西用"而走向"国粹"派。严复所受教育,大不同于张之洞、康有为。他幼年就学于新式学堂,成年后又留学欧洲,体察资本主义社会,研习资产阶级政治学说。因而对于"中体西用"之说一向不感兴趣,而且针锋相对地提出"以自由为体,以民主为用"③。1902 年,严复在《与〈外交报〉主人书》中,对"中体西用"说作出深刻批评:"体用者,即一物而言之也,有牛之体则有负重之用,有马之体则有致远之用,未闻以牛为体,以马为用者也。……故中学有中学之体用,西学有西学之体用,分之则并立,合之则两亡。"④从学理上分析,严复的批评应该说是准确有力的。但是,从批评的立足点上看,严复是从中学之体、用俱不可废的意义上来反对

---

　　① 康有为:《康南海自编年谱》,见中国史学会主编:《中国近代史资料丛刊·戊戌变法》(四),上海人民出版社 1957 年版,第 135 页。
　　② 《近代中国思想人物论——保守主义》,台湾时报出版公司 1980 年版,第 112 页。
　　③ 《原强》,见《严复集》第 1 册,中华书局 1986 年版,第 11 页。
　　④ 《严复集》第 3 册,中华书局 1986 年版,第 558 页。

"体用"派的。这以后的严复,已不再是笔力雄健的资产阶级启蒙大师,而成为"国粹"的忠诚卫士:"鄙人行年将近古稀,窃尝究观哲理,以为耐久无弊,尚是孔子之书。四书、五经,固是最富矿藏,惟须改用新式武器,发挥淘炼而已。"①严复晚年的行止,人格化地展示出文化保守主义从"体用"派到"国粹"派的扬弃、转换关系。

19 世纪 90 年代到 20 世纪 20 年代的"国粹"派,以章太炎、刘师培等人为代表。

章太炎生逢中西文化大碰撞的风云际会,本人又在古今中西诸学的大海中畅游搏击。他以一个哲人的眼光观照中西文化的相互关系,提出自己独到的见解。章太炎明确地不赞成"中体西用"说,认为"彼或未能深抉中西学之藩,其所言适足从世人非驴非马之观,而毫无足以餍两方之意"。②他凭借自己宽厚的学术根基,踌躇满志地从事弘扬"国粹"的浩大工程:"上天以国粹付余。自炳麟之初生,迄于今兹,三十有六,凤鸟不至,河不出图,惟余亦不任宅其位……国故民纪,绝于余手,是则余之罪也。"③章太炎高扬"国粹"的大旗,正是针对"近来有一种欧化主义的人,总说中国人比西洋人所差甚远,所以自暴自弃,说中国必定灭亡,黄种必定剿灭"④。因此,他决心"用国粹激动种姓,增进爱国的热肠"。在章太炎看来,"国粹"并非中华传统文化的全部,而只是其中的精华部分,那些忠君死节之类的糟粕,是不在"国粹"之列的。同时,他又指出,"国粹"与西方新文化并非水火不容,"真新学者,未有不能与国学相挈者也"⑤。"国粹"派的另一健将刘师培,政治上朝秦暮楚,但其维护"国粹"的文化保守主义立场,却一以贯之。1904 年,他与邓实、黄节组织"国学保存会",后又创办《国粹学报》,鼓吹"学亡则亡国,国亡则亡族"。刘师培、章太炎都曾侧身革命党行列,但一背叛,一退出。他们都对彻底反传统的"五四"新文化运动持坚决反对态度。"国粹派学者与诗人象征了保守思想与新文化运动的对峙,因为国粹派为

---

① 《严复集》第 3 册,中华书局 1986 年版,第 668 页。
② 章太炎:《国学讲习会序》,《民报》第 7 号。
③ 汤志钧编:《章太炎年谱长编》上册,中华书局 1979 年版,第 188 页。
④ 章太炎:《东京留学生欢迎会演说辞》,见《章太炎政论选集》,中华书局 1977 年版,第 272 页。
⑤ 《国学讲习会序》,《民报》第 7 号。

激进的文化革命的需求提供了一个非传统的、但却保守的出路。国粹派并不打算从事广泛的教育与社会改革，来融合文化与政治，而他们的解决之道是承认文化与政治的分裂是个必定面临的最后局面。"①

"国粹"派中人，尤其是章太炎，堪称学贯中西的大师。但他的学问之淹博，文辞之典奥，又在相当程度上严重局限了其思想影响的广度。顾颉刚曾说："翻读之下，颇惊骇刘申叔、章太炎诸先生的博治；但是，他们的专门色彩太浓重了，有许多地方是看不懂的。"②加之章、刘性格怪僻，夙怨宿敌既多且深，因而"国粹"派势力，未能充分扩展。尽管如此，它在近代中国文化保守主义的演进中承上启下的地位与作用，是不容轻视的。

从"国粹"派到"新儒家"，也有一过渡性文化群体，这就是吴宓、梅光迪为代表的《学衡》派。

1921年，吴宓从哈佛大学研究院毕业。梅光迪邀其回南京，共办《学衡》杂志，并称"兄素能为理想与道德，作勇敢之牺牲，此其时矣"③。吴宓对当时国内的新文化运动的偏激，颇为不满，有心与之唱唱对台戏，"吾所欲审究者，新文化运动所主张之道理是否正确，所输入之材料是否精美"④。基于此立场，《学衡》杂志以"论究学术，阐求真理，昌明国粹，融化新知"为办刊宗旨，这后两句话，更被醒目地印在刊物的封面上。《学衡》杂志团结了一大批学界名流，如柳诒徵、汤用彤、王国维、陈寅恪、蒙文通、刘盼遂、刘永济等，一时颇具声色。对于中国文化的前途，吴宓说："今欲造成中国之新文化，自当兼取中西文明之精华而熔铸之贯通之。吾国古今学术道德文艺典章，皆当研究之保存之昌明之，发挥而光大之。而西洋古今之学术德教文艺典章，亦当研究之吸取之译述之，了解而受用之。"⑤《学衡》派讨论文化问题，重于学理，既少直接议论社会弊端，也不热心于当时十分热闹的种种思想文化论争。从文化保守主义的流绪线索看，《学衡》派在强调传统精华不可摒弃这一点上，与"国粹"派基本一致，但不同的是，他们在文化哲学方面，更多地吸纳了西方营养，具体地说，是推崇美国白璧德等的新人文主

① 《近代中国思想人物论——保守主义》，台湾时报出版公司1980年版，第51页。
② 顾颉刚：《一个中国历史学家的自传》。
③ 《吴宓与陈寅恪》，清华大学出版社1992年版，第24页。
④ 《学衡》第4期。
⑤ 《学衡》第4期。

义。吴宓自白:"世之毁誉宓者,恒指宓为儒教孔子之徒,以维护中国的旧礼教为职志,不知宓所资感发和奋斗之力量,实来自西方。……宓持此所得区区以归,故更能了解中国文化之优点与孔子之崇高中正。"①从更深刻的文化哲学的层次上,剖析中学,吸纳西学,相互比照,开出新知,是近代中国文化保守主义日见成熟的学术表征。正是从这一意义上,笔者认为,虽然《学衡》派的出现在时间上与"新儒家"的起始几乎同步,但着眼于思维演进的逻辑关系,它仍然应该被视为联接"国粹"派与"新儒家"的桥梁。这一论断的另一个事实方面的依据是,尽管《学衡》派的大多数成员与"新儒家"无涉,但吴宓、梅光迪二人,却被不少论者划归"新儒家"的阵营。

从学理之精深、阵容之强大、影响之久远诸方面看,"新儒家"不愧为近代中国文化保守主义的最后大本营。

新儒家脱胎于"五四"前后鼓荡于思想学术界的东方文化思潮,杜亚泉、梁启超等可视为其先路前驱。第一次世界大战暴露了资本主义文明的种种弊端,空前的物质灾难和精神失落,诱发了世界范围的文化大反省。在西方,生命哲学、新托马斯主义、胡塞尔现象学等,应运而生。在中国,则引发了东方文化思想的勃兴。曾经是西方文明热情鼓吹者的梁启超,此时不再指斥"孔学之不适于新世界者多矣",而是来了个一百八十度大转弯:"中国固有基础,亦最合世界之新潮。"②这种"东方文化优于西方文化"的观点,在20世纪20—30年代的几场文化论争中,风头甚健。梁启超的弟子张君劢,便是在科学与玄学的论战中,脱颖而出,成为新儒家的一员干将的。梁漱溟则以一部《东西文化及其哲学》,奠定了自己"东方文化派在哲学领域里的突出代表"③的地位。20—40年代,列阵于新儒家营盘的,还有熊十力、冯友兰、马一浮、林宰平、贺麟等人。④ 值得提出的是,1941年,贺麟发表于《思想与时代》创刊号上的一篇论文《儒家思想的新开展》,比诸大哲的洋洋巨著,更简明扼要地凸显了新儒家的全部理论的重心:"以儒家思想或民

---

① 吴宓:《空轩诗话·二十四》,转引自《学人》第4辑,江苏文艺出版社1993年版,第124页。

② 梁启超:《在中国公学之演说》,见《梁启超选集》,上海人民出版社1984年版,第740页。

③ 袁伟时:《中国现代哲学史稿》上卷,中山大学出版社1987年版,第681页。

④ 关于这些人物的生平、思想,学术界研究成果累累,笔者曾撰有《现代新儒家早期代表论略》(《天津社会科学》1990年第5期)一文,此不赘述。

族精神为主体去儒化或华化西洋文化"，"假如儒家思想没有新的前途，新的开展，则中华民族以及民族文化也就不会有新的前途，新的开展"。

新中国成立后，新儒家活动的中心转移至港、台地区。这期间最具历史意义的事件，是 1958 年张君劢、唐君毅、牟宗三、徐复观联名发表的《为中国文化敬告世界人士宣言——我们对中国学术研究及中国文化与世界文化前途之共同认识》（以下简称《宣言》）。《宣言》呼吁"研究中国学术文化者，须肯定承认中国文化之活的生命之存在"，指出"只有从中国之思想或哲学下手，才能照明中国文化历史中之精神生命"，强调"心性之学，正为中国学术思想之核心"，"此心此性，乃天心天理乃我们德性的生生之原"。《宣言》提出："中国文化依其本身之要求，应当伸展出之文化理想，是要使中国人不仅由其心性之学，以自觉其自我之为一'道德实践的主体'，同时要求在政治上，能自觉为一'政治的主体'，在自然界、知识界成为'认识的主体'及'实用技术的活动之主体'。这亦就是说中国需要真正的民主建国，亦需要科学及实用技术，中国文化中须接受西方或世界之文化。"另一方面，《宣言》又认为，西方文化也应向中国文化学习"当下即是"之精神和"一切放下"之襟抱、圆而神的智慧、温润而恻怛或悲悯之情、如何使文化悠久的智慧及天下一家之情怀，"以完成其自身精神思想之升进者"。

至此，我们可以从思想本身的逻辑关系上，对"体用"派到"国粹"派再到新儒家的推进线索作如下小结：

"体用"派有感于中国传统物质文化确实落后于西方，冲破重重阻力，引进"奇技淫巧"，从实质上启动了中国文化由传统向现代转型的第一步。但是，对于中国传统精神文化的核心伦理纲常，他们却本能捍卫："圣人所以为圣人，中国所以为中国，实在于此。"①用区分物质文化和精神文化的办法，来解决中国文化面对资本主义现代化的冲击时如何自变、自存的难题，是"体用"派的创造。这一办法，从此成为中国文化保守主义的看家法宝。

"国粹"派摒弃了貌似公允而实质上破绽明显的体用模式。他们从具象上升到抽象，不是直接、浅陋地以伦理纲常作为"中国所以为中国"的文化依据，而是从一般文化的或种族的特性的视角，来肯定中国固有之"国粹"，并对之进行深入的研究，因而比"体用"派显现出更为专精的学术品格

---

① 张之洞：《劝学篇·明纲》，见《张文襄公全集》，卷二〇二，北京文华斋 1928 年版。

和更加厚重的理论分量。

新儒家则比"国粹"派又推进了一步。他们从抽象回到具象,不是泛泛地褒扬一般意义上的"国粹",而是具体凸显孔儒之学尤其是宋明理学的文化核心地位。当"国粹"派力图从中华民族的历史特性中、从包括儒学在内的各家各派思想遗产中寻求中国文化的生命基因时,新儒家却以更高的文化哲学的眼光,单从儒家思想中发掘出中国文化所独具的超越时空界限的普遍价值。近代中国的文化保守主义,至此才臻于精致与完善。这一点,还可以从新儒家的自觉意识中,得到印证。无论张之洞还是章太炎,都不曾以"文化保守主义者"自居,他们甚至根本不知道这一概念。新儒家则不同。唐君毅说:"此保守之根源,乃在人之当下,对于生命所依所根之过去、历史,及本原所在,有一强度兼深度之自觉。"①牟宗三也说:"若无刚健之生命、通透之智慧、深远之义理,是不足语于保守的。真正的保守,就是切实而落于实践的创新,这两者是不对立的。"②在新儒家看来,保守就是"返本",返回从宋明理学直抵孔孟的"心性"、"内圣"之本,畅通民族文化生命之源,由此始可言消化西学,重振"外王",这便是"开新"。返本与开新、内圣与外王的统一,这就是中国式文化保守主义的特殊形式与内涵。新儒家做到了这一点,因此它也就成为近代中国文化保守主义的终极形态。

二、四组特征

文化保守主义是伴随着资本主义现代化的全球扩张而发生于世界各国、各民族的普遍现象。但是,由于各国、各民族自身历史文化背景的差异,以及资本主义现代化介入的不同条件、方式、后果,文化保守主义又呈现出异彩纷呈的格局,而并非一幅面孔。就近代中国而论,文化保守主义有如下四组特征。

---

① 唐君毅:《说小华民族之花果飘零》,见《唐君毅全集》第7卷,(台湾)学生书局1990年版。

② 牟宗三:《现时中国之宗教趋势》,转引自《当代新儒家》,三联书店1989年版,第200页。

(一)民族立场与忧患意识

一般说来,文化保守主义是民族主义的伴生物。而近代中国文化保守主义的一大特点,就在于它恰恰是民族政治危机和文化危机的直接产物。19 世纪中叶以后的一百多年间,中华民族及其文化经历了生死存亡的剧烈煎熬。资本主义现代化在告诉中国人民学会享受科学技术带来的福利和呼吸民主政治的自由空气之前,已经先让他们饱尝了挨打、割地、赔款的屈辱和亡国灭种的恐惧。在这种条件下,民族立场和忧患意识,便成为中国文化保守主义首先具备的天然品格。

张之洞曾不无惋惜地评论道:"西国强盛开通,适当我圣祖高宗之朝",假若"其时朝廷恢豁大度,不欺远人,远识雄略,不囿迁论","儆我中国之泄沓,戢我中国之盈侈,则庶政百能,未必不驾而上之"①。他穷其毕生精力,"激发忠爱,讲求富强",正是为了中华民族在与列强的竞争中,"驾而上之"。我们可以批评他对行将就木的专制王朝仍抱"公忠体国"之心的顽愚,却无法否认他吁盼国富民强的一腔赤诚。

"国粹"派降生的时代,民国建立,但国势依旧衰微,列强在华势力有增无减。民族主义情绪,正是鼓舞"国粹"派的首要精神支柱。章太炎一再申言"用国粹激动种姓,增进爱国的热肠",又说,民族主义像是田里的庄稼,而历史上的人物事迹、典章制度、风俗习惯之类,则是灌溉庄稼的水。一般说来,文化保守主义的学术表现,往往与民族风俗、语言的研究密切相关。在这方面,"国粹"派贡献尤大。章太炎认为,"若夫民族之分,舍语言则无以自见。"②因此,他坚决反对用"万国新语"取代汉语的主张,在详尽考察汉语的发生发展史后,判定其为独具优长的、成熟的语言系统,同时也指出其需要改进的方面,并且具体提出书写由繁化简,推行注音符号等改革举措。

新儒家勃兴的年代,中华民族面临的主要外患,不是西方的欧美,而是东方的日本。一向被中国视为学生的日本,竟然打上门来横行霸道,无疑大大刺伤了新儒家的民族文化自尊。抗战时期,他们在生活困窘、资料匮乏的西南一隅奋力笔耕,为弘扬民族精神,重振民族雄风而竭尽心智。冯友兰还

---

① 张之洞:《劝学篇·益智》,见《张文襄公全集》,卷二○三。
② 章太炎:《规新世纪》,《民报》第 24 号。

意味深长地取《周易》"贞下起元"之意,将自己的著作称为"贞元之际所著书","以志艰危,且鸣盛世"。比冯友兰晚一辈的牟宗三,在新形势下依然强调民族文化的本位主义立场。他坦率表白:"本位主义有什么不好? 每一个民族事实上都是本位主义,英国人以英国为本位,美国人以美国为本位,何以独不许我们中国人以中国为本位呢? 若是这叫本位主义,又怎么能反对呢。"①

近代中国文化保守主义者共同的民族立场,与他们的忧患意识密不可分。或者说,他们的民族情感,正是通过浓烈的忧患意识宣泄出来。

"体用"派最担心的,是在"岂特春秋所未有,抑秦汉至元明所未有也"的"今日世变"之下,如何保中国、保儒教、保华种的问题。张之洞的主张是"保种必先保教,保教必先保国"②。将社会政治内容置于比文化内容更紧迫的地位,显示出保守主义初始阶段的特征。到了"国粹"派,忧患的重心明显倾向文化一端。章太炎很少言及"保国"之类的话题,这与他政治上激进民主主义的态度是一致的。他所忧所患,在于"欧学东渐,济济多士,悉舍国故而新是一趋"的"一时风尚",会断绝中华文化继往开来的前程。他所怀抱的"国故民纪,绝于余手,是则余之罪也"的沉重的使命感,正是文化保守主义发展到成熟、典型阶段的心理表征。到了新儒家,忧患意识一方面融进了他们对战乱时局的焦灼不安;另一方面,则更加专精地瞩目于儒学于现代化世界浪潮中的前途与命运。如果说在熊十力、冯友兰一代,这种忧患尚潜在他们奋力笔耕的心智劳作之中,那么到了牟宗三、唐君毅一代,这种忧患已急切悲怆地诉诸言表。他们在"四顾苍茫,一无凭借的心境情调之下",忍看儒学精粹"花果飘零",不得不向"中国与世界人士研究中国学术文化者"发出"恳求"承认中国文化、首先是儒家文化的"活的生命之存在",以"同情"与"敬意",与他们一道来从事复兴儒学、进而振兴中华的伟业。

(二)人文精神与反科学主义

从"体用"派直到新儒家,有一条贯彻始终的致思路线:将中国传统文化的优长,归结为精神的、内向的、伦理的,而将西方现代文化的优长,归结

---

① 牟宗三:《从儒家的当前使命说中国文化的现代意义》,见《当代新儒家》,三联书店1989年版,第178页。

② 张之洞:《劝学篇·同心》,见《张文襄公全集》,卷二〇二。

为物质的、外向的、科学的。换言之，他们一般都以人文主义与科学主义来界定中西文化的本质区别。而他们对于民族传统文化的认同、回归与捍卫，便自然而然地以对人文精神的高扬与对科学主义的反动二者合一的姿态表现出来。

唐君毅曾十分精辟地总结道：源远流长的儒家人文精神，是"指对于人性、人伦、人道、人格、人之文化及其历史之存在与价值，愿意全副加以肯定尊重，不有意加以忽略，更决不加以抹杀曲解，以免人同于人以外、人以下之自然物等的思想"①。这种精神，确系一百多年来，中国文化保守主义所着力阐扬的核心内容。"体用"派在承认"外国技术之精为中国所未逮"②的同时，对中国文化"明道垂法，以君兼师"，"崇尚儒术，以教为政"的传统，赞不绝口，称之为"古今之常经，中西之通义"③。到"国粹"派，历史的进步令他们摒弃了"君臣之义"之类的糟粕，但对于中国文化的人文优长，仍视作当然根据。章太炎前期崇佛，认为"佛教最为平等"，晚年去佛归儒，"所问佛法，尚不足转移人心，其任谁属？仆以孔子之书，照如日月"④，"只有爱亲敬长"，"才知孝悌为仁之本，此语也，有明理学中之一线光明"⑤。新儒家健将张君劢，又运用对比手法，将中国文化的人文特性，阐发得淋漓尽致：论治学目的，中国在修身养性，西方在求真理；论学术对象，中国为人生、人伦，西方为宇宙、自然界；论治学方法，中国为内省、读书、体验，西方为观察、实验、统计；论治学与处世之道，中国合二为一，西方一分为二。⑥ 用《易传》所言，"观乎天文，以察时变"，此系西方文化所长，而"观乎人文，以化成天下"，则系中国文化所长。为什么中国文化会形成如此鲜明的人文特色？张君劢以后的新儒家，又进行了更深入的探讨。唐君毅从人类早期的原始心态方面寻求根源。他将人类对自然的态度区分为三种：一是利用厚生的态度，二是欣赏、审美的态度，三是表示惊奇并探寻其奥秘的态度。与上古时代的西方人相比，中华先民"对物只偏在利用厚生的态度与审美的艺术

① 唐君毅：《人文精神之重建》，见《唐君毅全集》第5卷，（台湾）学生书局1990年版。
② 《曾文正公奏稿》卷三十。
③ 张之洞：《劝学篇·同心》。
④ 章太炎：《与孙思昉论学书》，《制言》第46期。
⑤ 章太炎：《国学之统宗》，《制言》第54期。
⑥ 参见张君劢：《东西学术之异同》。

态度。中国古人主要依此二态度,成就其文物之发明与礼乐生活"①。唐君毅指出,虽然中国文化的人文精神源远流长,但真正自觉阐发其意义与价值的,只是孔儒之学。"孔子一生之使命,不外要重建中国传统之人文中心的文化。"②孔子以后,宋明儒学将人文精神进一步推衍到"立人极"的哲理层次,沟通天人,将人生、人心中一切污秽扫除干净,开辟出一条"由人文世界,以通超人文世界之天心天理"③的文化坦途。正如傅乐诗所论,虽然新儒家为他们信仰之皈依的人文主义精神赋予社会意义所作的努力,其成果并不显著,但他们"证成这个人文主义的形上学意涵——换言之,证成道德行动有其本体论意义——所作的努力",却获得了巨大成功。④

近代科学技术的诞生及其产业化,是原生形态资本主义现代化的原动力。而近代科技之所以发端于欧洲,显然又与西方文化从古希腊时代即形成的求真、求智的思维路径直接相关。从这一层意义上讲,近代中国文化保守主义以中国文化的人文主义与西方文化的科学主义相对称,是有其充分史实依据的。

文化保守主义不同于顽固守旧势力的一个重要区别是,他们从来就不反对、相反极力主张引进西方科技,来弥补中国文化的缺陷。他们所反对的,是科学至上、科学万能的科学主义,而非科学本身。

无论从理论或者实践方面考察,"体用"派都不愧为将现代科技引入中国的先驱。洋务运动几十年的坎坷历程,留给人们种种教训,但毕竟为现代科技在中国文化的世袭领域中,打出了一小块地盘。毛泽东希望人们在论及近代中国的重工业发展史时,"不要忘记了张之洞",便是对他们历史功绩的充分肯定。

近代中国的思想史进程令人眼花缭乱。"体用"派给"奇技淫巧""正名"的工作完成未几,新儒家们又不得不从另一端来还科学技术的本来地位。20世纪初年,特别是新文化运动对德、赛两先生的热情礼赞,促成了科学主义在中国的流行。激烈的"西化"论者认为,科学不仅提供给人类关于

---

① 唐君毅:《中国人文精神之发展》,《唐君毅全集》第6卷,(台湾)学生书局1990年版。
② 唐君毅:《中国人文精神之发展》,《唐君毅全集》第6卷,(台湾)学生书局1990年版。
③ 唐君毅:《中国人文精神之发展》,《唐君毅全集》第6卷,(台湾)学生书局1990年版。
④ 参见傅乐诗:《现代中国保守主义的文化与政治》,见《近代中国思想人物论——保守主义》,台湾时报出版公司1980年版,第63页。

自然界的真知,而且还可以指示人生价值与社会前途。这种倾向,立即成为文化保守主义的抨击目标。正当此时发生的科学与玄学之争,为他们的反科学主义提供了绝好的讲台。梁启超指出,第一次世界大战以后的欧洲人失去了安身立命的所在,"最大的原因,就是过于相信'科学万能'①。现代化以精良的科技装备了欧洲人,同时也剥夺了他们的道德观念,其结果是他们几乎成功地毁灭了自己。张君劢则认为,世界分为两个真实的领域,一是自然,二是人事。科学讲究理性分析,确实可以提供自然知识的钥匙,但却无力解决人事领域的问题,因为后者需要的是同情、理解与直觉体悟。梁漱溟也指出,比自然真实更高层的道德真实,唯有精神心灵的直觉才能证得。对科学主义的绝对化、片面性,几乎新儒家的所有成员都有所批评。众说侧重点各有不同,但基本宗旨却完全一致:近代科学所代表的实证的、分析的思维模式固然可以有效地帮助人们去把握外在世界的种种奥秘,却无法引导人们去体会内在世界的精神要义。他们坚信,惟有直觉体认的方式,才能实现这一目的。而这一条,正是中国文化——儒家文化所高扬的人文主义的根本价值所在。

(三)道德本体与宗教情怀

近代中国文化保守主义最引以为自豪的,是中国文化无与伦比的道德学说体系与道德实践体系。道德不灭,则中国不灭,是他们一以贯之的坚强信念。如果说有什么发展的话,那就是"体用"派、"国粹"派多从事实上列举中国道德垂训效能的现实社会功用,而新儒家则日益深入地完成了道德本体化的学理论证。

道德,是调节人与人、人与社会之间关系的行为规范的总和。在中国传统文化中,道德的基本形态是由儒家创立、并为全民族共同遵守的伦常名教体系。从冯桂芬开始,"以中国之伦常名教为原本",便是"体用"派坚守的最后阵地。张之洞承认,西方人固然也有君臣、父子、夫妇之伦,"礼意未尝尽废",但无论如何,比不上中国道德"因情制礼,品节详明",达到了"人伦之至"的水平。② 章太炎认为,统一的、完善的道德观念,是"国粹"的核心

---

① 梁启超:《欧游心影录》,见《饮冰室合集·专集》之二十三,第10页。
② 参见张之洞:《劝学篇·明纲》。

部分,"道德衰亡,诚亡国灭种之根极"①。他指出,中国古已有之的"天下兴亡,匹夫有责"一语,"其所重者,乃在保持道德,而非政治经济云云"②。中年以后的章太炎投身"排满"革命,更倡言"无道德者不能革命",申扬"知耻"、"重厚"、"耿介"等"革命之道德"的现实意义。辛亥以后,章太炎"渐入颓唐",在道德问题上,也全然回归儒家"良知良能"、"爱亲敬长"的轨道,"中国本因旧之国,非新辟之国,其良法美俗,应保存者,则存留之,不能事事更张也"③。

与"体用"派、"国粹"派相比,新儒家的道德本体思想,明显有所拓进。具体的、带有浓厚封建特点的道德条例受到批判,但本体论意义上的中国文化的道德价值,却得到空前褒扬。钱穆将中华民族描述成一个在历史中背负着普遍道德价值的民族,这个民族能够使这些价值日新月异地落实成为完美的历史形式,并获得生生不已的活力。梁漱溟指出,中国社会并非基于霸道和利己,而是基于伦理和克己。西方人的自私经常是被外力(如神意、武力、法律,等等)所抑制,而中国人的人生则受内力(道德义务、礼义和习俗等)所支配。因此,所有的西方式政治—社会模式都不适于中国。现代新儒家普遍认为,"只有道德才足以作为神圣与现世的鸿沟之桥梁,而且,正如一般对道德所抱的期望,也希望以它来填平政治与文化之间的离陷。新儒家把本体论给道德化了。"④牟宗三于此有深刻阐发。他批评康德既肯定自由意志为道德的形上基础,又肯定上帝的存在,是自相矛盾的。因为宇宙间不可能同时存在两个绝对而无限的实体。牟宗三认为,儒家的本心、仁体、性体学说比康德之论更高明圆满。本心、仁体、性体虽仅彰显于人类,但其本身又不为人类所限;虽仅彰显于道德之极成,但又不限于道德,而必然涉及宇宙万物而为其体。换言之,中国文化特有的"本心仁政之明觉活动",不仅具有道德实践的意义,而且是宇宙之第一原理,是存在之源。⑤ 至此,中国文化保守主义的道德本体论,划上了精致的句号。

---

① 《章太炎政论选集》,中华书局1977年版,第272页。

② 章太炎:《革命之道德》,《民报》第8号。

③ 章太炎:《王文成公书后序》,《制言》第36期。

④ 《近代中国思想人物论——保守主义》,台湾时报出版公司1980年版,第64页。

⑤ 牟宗三:《智的直觉如何可能?》,见《道德理想主义的重建》,中国广播电视出版社1992年版。

近代中国文化保守主义不仅将道德本体化，而且将道德上升到人类"终极关怀"的层面，其有关言行，更表现出泯真俗、合天人的宗教情怀。

在中国历史上，儒学长期以来以非宗教的形态担负着宗教的某些功能，如树立信仰目标、约束道德行为等。进入近代，随着社会与文化危机的同步加深，文化保守主义者们越来越认识到有必要从功能方面将儒学建构为一个比较完全意义上的宗教思想系统，以加强儒学乃至整个文化传统在欧风美雨侵蚀之下日见衰弱的民族凝聚力与道德感召力，为国人提供一坚强的精神支柱。张之洞直言不讳称儒学为"圣教"，认为保国家，保华种，保圣教，"三事一贯而已矣"①。章太炎也主张"用宗教发起信心，增进国民的道德"，其宗教观具有十分明显的理性色彩与实用倾向。他认定，人们崇拜释迦，就是因为他有益生民，"沐浴膏泽，解脱尘劳"，因而这种崇拜只是"尊其为师，非尊其为鬼神"，正如读书人之于孔子、匠人之于鲁班一样。他早年提倡佛教，正是以之作为团结民众，重振国势的重要手段："若没有宗教，这道德必不得增进，生存竞争，专为一己，就要团结起来，譬如一碗的干秒子，怎能团得成面?"②晚年的章太炎由佛返儒，批评佛教"其语殊简"，"未足应机"③，相比之下，孔儒之教却身兼"谷麦"与"药石"的双重功效："孔子之道，所以与佛法不尽同者，正以其出世则能正趣真如，而入世又能经纬人事，是所谓事理无碍者也"④，因此，唯有实行儒教，"人类庶其有救"⑤。这种论调，已经与新儒家以儒学为宗教去拯救人类的观点，十分接近了。

与"国粹"派相比，新儒家的宗教情怀，包摄着更广泛的人类化意蕴。正如杜维明所指出"当新儒家思想者寻求宗教的意义时，他们强调的是那种超越了时间与地点的社会政治背景而且存在于任何时代的人类需求"⑥，而能够满足这一要求的宗教，不是基督教、伊斯兰教，而只能是中国的儒教。牟宗三说："宗教可自两方面看；一曰事，二曰理。自事方面看，儒教不是普通所谓宗教，因它不具备普通宗教的仪式"，"但自理方面看，它有高度的宗

---

① 张之洞：《劝学篇·同心》。

② 《章太炎政论选集》，中华书局 1977 年版，第 276 页。

③ 章太炎：《与吴承仕书》，见《章炳麟论学集》，北京师范大学出版社 1982 年版，第 373—374 页。

④ 《答车铭深书》，《制言》第 18 期。

⑤ 《答欧阳竟无书》，《制言》第 9 期。

⑥ 《近代中国思想人物论——保守主义》，台湾时报出版公司 1980 年版，第 73 页。

教性,而且是极圆成的宗教精神。它是全部以道德意识道德实践贯注于其中的宗教意识宗教精神,因为它的重点是落在如何实现天道上。"①简言之,儒学宗教性的开展,就是天道落实于生命的方向之中。

近代中国文化保守主义将道德与宗教相涵相摄的倾向,至 20 世纪 50 年代的新儒家,达到了浑然而一的圆熟境界。《为中国文化敬告世界人士宣言》专辟一节,铺陈"中国文化中之伦理道德与宗教精神",指出那种"以为中国文化中莫有宗教性的超越感情,中国之伦理道德思想,都是一些外表的行为规范的条文,缺乏内心之精神生活上的根据"的看法,是"犯了莫大的错误"。《宣言》郑重申明:"中国民族之宗教性的超越感情,及宗教精神,因与其所重之伦理道德,同来源于一本之文化,而与其伦理道德之精神,遂合一而不可分。"这"一本之文化",实质是天人同体,天人合德,这正是儒家高度宗教性的关键处。把握了这一条,现代化过程中日益严重的科学与人文的对立、物质与精神的对立、技术与道德的对立,一句话,天与人的对立,就可以找到解决问题的根本途径。

(四)变易意向与中庸准则

文化保守主义之"保守",本义在不浪漫,不激进,但同时也绝不墨守成规。用牟宗三的话讲,"真正的保守,就是切实而落于实践的创新。"②这里的"切实而落于实践"云云,其实质正是变易意向与中庸准则的统一。

"体用"派惊叹中华民族面临"数千年未有之变局",他们敏锐地察觉到"今日世变"特定的历史意义,绝非中国以往的动乱可比。列强环瞵,西学东渐,中华文化必须因时而变,因事而变。变"用"而不变"体",就是他们认定的最"切实"可行的对策。

"国粹"派诸大师,对传统文化本身也需要变革,从来不抱异议。章太炎的变易观在他译述的《斯宾塞尔文集》的最后,有一段颇为生动的展示。章太炎设计了"守旧党"与"变法者"的如下对话:"守旧党"攻击"变法者":"不顾众论,不顺人情";"变法者"针锋相对地还击:"变法之人,必遭仇怨,若因此退缩,则非但法不可变,即我心亦不可变,有是理乎?""国粹"派的变

---

① 《文化危机与展望——台港学者论中国文化》,中国青年出版社 1989 年版,第 221 页。

② 牟宗三:《现时中国之宗教趋势》。

易意向,突出表现在他们以开放的襟怀,吸纳西方文化的精华,而不是将"国粹"视为完全封闭的系统。章太炎说:"真新学者,未有不能与国学相契者也。"①他本人的著作,便是这种"相契"的极好标本。② 他针对传统汉语系统"反切"注音法的不足提出一套汉字注音符号,"纽文为三十六,韵文为二十二",也明显借鉴了西方拼音文字的优长。

文化保守主义发展到新儒家一代,其变易意识终于形成以"返本"为根据,以"开新"为目的的完整理论。就坚持儒学"内圣"的一面而言,他们是保守派;但就发展儒学的"外王"一面而言,他们力主吸收西方文化的科学技术与民主政治以推行"新外王",又是切实的改革派。他们主张由道德主体转出知性主体与政治主体,由人伦道德的主观意志开出科学民主的客观架构,较之"体用"派的"以中国之伦常名教为原本,辅以诸国富强之术",前进不可以道里计。但是,万变不离其宗,"唐君毅的'仁教'与'科学',牟宗三的'观解理性'与'道德理性'等的种种说法,实仍隐含着张之洞'中学为体,西学为用'的主张,只是新儒家说的较复杂难辨而已"。③

在文化的变易中,如何把握合适的"度"? 在这个至关重要的问题上,保守主义恪守儒家提出的"中庸"准则。

中华典籍中最早讲变易的,是《周易》。东汉大儒郑玄将《周易》的题旨概括为三:"《易》一名而含三义,易简,一也;变易,二也;不易,三也。"《易传·系辞》于此三义,均有解说:"易简而天下之理得矣";"《易》之为书也不可远……不可为典要,唯变所适";"动静有常"。文化保守主义可以说尽得此三义之精髓。从"中体西用"到"返本开新",均将复杂的中西、古今文化关系归结得易简之极。而在"唯变所适"与"动静有常"的有机结合方面,它又以儒家"中庸"之论为圭臬,以此与自由主义、激进主义相抗拮,同时又与顽固守旧派划清了界限。

孔子视"中庸"为美德之极:"中庸之为德也,其至矣乎!"④汉儒发展了

---

① 章太炎:《国学讲习会序》,《民报》第 7 号。
② 在章太炎的著作里,从古代苏格拉底、柏拉图、亚里士多德,到近代康德、费希特、黑格尔、叔本华、尼采、培根、休谟、巴克莱、莱布尼茨、穆勒、达尔文、斯宾诺沙等人的思想影响,时时可见。
③ 韦政通:《现代儒学的挫折与复兴》,见《当代新儒家》,三联书店 1989 年版,第 132 页。
④ 《论语·雍也》。

"中庸"之说,不仅以之作为伦理道德的最高境界,而且作为日常行为的基准。《礼记》释"庸"为"用",因此,中庸就是用中:为人处世,讲求不偏不倚、无过无不及的"中和"之道。为人处事乃人生之常务,所以郑玄又说:"庸,常也,用中为常道也。"这"常道",与《周易》的"不易"之义,正相吻合。"不易之常道",便是中庸之道。一百多年来,文化保守主义几经换代,但遵循"中庸"这一"不易"之"常道",却一脉相承。张之洞针对旧者"不知通","因噎而废食",新者"不知本","歧多而羊亡"的两种偏向,提出"枢纽只在此化新旧之见"①的调和主张。张君劢有感于东方道德主义与西方理智主义各自的偏颇,认为"东方所谓道德,应置于西方理智光镜下而检验之。西方所谓理智,应浴于东方道德甘露之中而和润之。然则合东西之长,熔于一炉,乃今后新文化必由之途辙"。②

最能代表文化保守主义"中庸"之规的,是梁漱溟的《东西文化及其哲学》。梁氏认为,各民族在精神生活、社会生活和物质生活三方面不同的价值取向和发达程度,形成各具特色的"生活的样法"。他认为,西方文化、印度文化与中国文化,是人类生活样法的三种典型:

西方文化是以意欲向前要求为其根本精神的;

印度文化是以意欲向后要求为其根本精神的;

中国文化是以意欲自为调和持中为其根本精神的。

梁漱溟指出,三种"样法"中,唯有调和持中的中国文化,才是解决当前人类文化主题——用直觉研究人与人关系的必然路径,"简而言之,世界未来的文化就是中国文化的复兴"。他从中国文化的形上学特征方面来展开自己的论述:"中国这一套东西,大约都具于周易。"诠释《周易》的各家说法有许多不同,但"无论如何不同,却像有一个为大家公认的中心意思,就是'调和'。""其大意以为宇宙间实没有那绝对的、单一的、极端的、一偏的、不调和的事物。""孔子这派的人生哲学完全是从这种形而上学产生出来的。孔子的话没有一句不是说这个的。"梁漱溟的结论是:不仅中国人应当坚持自己的生活样法,而且只要西方人一旦认识到"孔子是全力照注在人类情态方面的","就不怕他不走孔子的路!"③

---

① 《张文襄公全集·电牍四十九》。

② 张君劢:《张东荪思想与社会序》,《东方杂志》第40卷第17号。

③ 梁漱溟:《东西文化及其哲学》,见《梁漱溟全集》第1卷,山东人民出版社1989年版。

总而言之，变易意向与中庸准则的统一，使近代中国文化保守主义在传统与现代之间、在变与不变之间，保持着一种"必要的张力"。不管人们对它的具体文化主张如何评判，但都不得不承认，这"张力"本身激活了文化保守主义的生命能量，而它的全部理论价值，都不过是这种"张力"的释放而已。

三、余 论

文化保守主义在中国一百多年的生长，给我们留下了如此丰厚的遗产。剖析这份遗产，从中汲取有益于今天仍在进行的中国现代化运动的启示，无疑是一项饶有兴味的工作。

第一，文化保守主义对现代化过程的本质分析，富有相当的认识价值。

从欧洲开始的现代化进程，是人类迄今为止最大规模的全球性社会进步运动。认清这一运动的本质，是几百年来思想家们孜孜以求的目标。思维运作的具体环境，严重制约着人们的认识成果。在富有"求真"、"求智"传统的欧洲，科学是了解世界的基本途径，技术是改变世界的重要工具的观念根深蒂固。因此，发轫于欧洲的原生型现代化，是以科技为主导的。在这种历史—现实的背景下，西方思想家对现代化本质的理解，往往侧重于有关人与自然关系（科学技术）方面的革新，而疏于有关人与人关系（心性伦理）方面的进化。作为这种偏颇认识的现实报应，便是欧美地区科技突飞猛进的同时，社会又为之付出了昂贵的代价：物欲横流，道德沦丧，以至酿成全球性的战争悲剧。近代中国文化保守主义，则在承认科技进步是现代化基本内容的前提下，着重强调现代化本质的另一面：心性人伦绝非科技进步的牺牲品，它也应该在现代化进程中不断发展、完善，并以自己的功用来促进科技进步和社会的和谐。换言之，科学技术和心性人伦的共同进化，才是人类社会现代化进程的全部本质。张君劢发问："没有心的作用——即思想的合理性，科学能否发展？"他认为，只有承认心的作用，我们才能找到"指示中国现代化途径的路标"①。因此他提出："现代化的程序应从内在的思想

---

① 张君劢：《中国现代化与儒家思想的复兴》，见《当代新儒家》，三联书店1989年版，第138页。

着手,而不是从外在开始。"如果说张氏的观点尚有矫枉过正之嫌的话,那么章太炎的"俱分进化"论,则更显识见的深刻。章太炎认为,人类的科学知识、智能,是随着历史的发展而进化的,而人的物质生活、道德观念,则是苦乐善恶双方同时并进。"进化之所以为进化者,非由一方直进,而必由双方并进。专举一方,唯言智识进化可尔,若以道德言,则善亦进化,恶亦进化;若以生计言,则乐亦进化,苦亦进化。双方进化,如影之随形。"①在章太炎看来,现代化所要解决的核心问题之一,便是如何在科技智能进化的同时,促成人伦道德向善而非恶的方向进化。强调现代化的心性人伦层面的意义,到 20 世纪 50—60 年代的新儒家那里,更成为首要命题。唐君毅在胪陈科学对于中国求生存、善器用、增理智、贯主客、去偏执、化猜疑等多种价值之后,提出:"我们之主张发展中国之科学,便完全是从中国文化中之仁教自身上立根。"②总之,用心性人伦的完善,去救助西方现代化进程中发生的片面追求科技进步而带来的种种弊端,是文化保守主义的一个基本观点。它从一个重要方面,唤起人们对于现代化本质的全面理解与思考,具有一定的认识价值。

第二,文化保守主义对现代化过程的传统基础的强调,具有一定的理论意义。

西方原生形态的现代化与东方次生形态的现代化,有一个很重要的区别,即前者是"自我本土发展或内发性的(indigenous)现代化",而后者是"外力促逼而生或外发性的(exogenous)现代化"③。内发性的现代化,是社会自我更新的产物,与传统的联系十分紧密,那么,外发性的现代化,是否就必须与传统完全决裂,才能得以实现呢? 文化保守主义明确给予否定的答复。

文化保守主义认为,对传统的认同与回归,是现代化运作所不可须臾离开的历史基础。完全抛弃了传统的现代化,只能是水中捞月,沙上建塔。文化保守主义对于历史传统,一向持理性主义的分析态度。尽管这些分析的

---

① 章太炎:《俱分进化论》,《民报》第 7 号。
② 唐君毅:《中国人文精神之发展》,见《唐君毅全集》第 6 卷,(台湾)学生书局 1990 年版。
③ 金耀基:《现代化与中国现代历史》,见罗荣渠等编:《中国现代化历程的探索》,北京大学出版社 1992 年版,第 3—4 页。

深刻、准确常常因为受到情感因素的冲击而打折扣,但起码在两点上是站得住脚的:一,历史传统本身是一个客观存在,绝不会因为现代化的兴起而失去自己的价值和意义。"事实上,儒家与现代化并不冲突,儒家亦不只是消极地去'适应'、'凑合'现代化,它更要在此中积极地尽它的责任。"①二,历史传统绝非一成不变,随着现代化的演进,它的某些成分将被摒弃,某些成分将被保留,某些成分将被改造而大放光彩。如果说在"体用"派、"国粹"派那里,对传统的分析还执着于区分"体"与"用"、"粹"与"非粹"而略显生涩的话,那么到了新儒家以关注未来的宏阔气度将对人类社会普遍性,终极性问题的关切与对传统的爬梳熔为一体之时,这种分析便具有了圆熟的永久形上意义。

文化保守主义对传统的认同与褒扬,是建立在深入研究的基础之上的。单就对传统文化的学术性研究而论,文化保守主义阵营中,一大批近代中国"超一流"学者所作的工作,无论数量或质量,都堪称厥功甚伟。他们以功底扎实的学术研究成果所表达的现代化离不开传统依托的观点,事实上已经成为人们的共识。学者费孝通说:"文化的改革并不能一切从头做起,也不能空地上造好新型式,然后搬进来应用,文化改革是推陈出新。新的得在旧的上边改出来。"②政治家毛泽东说:"中国现时的新文化也是从古代的旧文化发展而来的,因此,我们必须尊重自己的历史,决不能割断历史。"③我们当然不能说费孝通、毛泽东与文化保守主义有什么直接联系,但他们对传统与现代化关系的看法,与文化保守主义存在着相通的成分,却是不争的事实。这恰恰从一个侧面证实了文化保守主义传统观的理论意义。

第三,文化保守主义的根本理论缺陷,在于它对现代化所需要的社会系统的"整体创造性转换"认识不足。

现代化既体现在科技方面,又体现在人伦方面;既不能完全抛弃传统,又必须改造传统;这些至关重要的问题,文化保守主义都注意到了,并且作出有力的论证。但是,从"体用"派直到新儒家都始终没有意识到,科技与

---

① 牟宗三:《从儒家的当前使命说中国文化的现代意义》,见《当代新儒家》,三联书店1989年版,第156页。

② 费孝通:《乡土重建》,上海观察社1948年版。

③ 毛泽东:《新民主主义论》,见《毛泽东选集》第二卷,人民出版社1991年版,第708页。

人伦的共同进化,现代与传统的相容相摄,都只能是在全社会系统的整体创造性转换中,才得以实现。这种创造性转换,是在全新的时空条件下,自然与社会、个体与群体、工艺与道德相互关系的革命性重组。参与重组的方方面面,都必须从内容到形式来一个质的飞跃。这就意味着传统的因素尽管仍顽强作用于现代化的社会,但它已不再是原本意义、原本形态上的传统了。质言之,文化保守主义津津乐道的仁义礼智、内圣外王,尽管其某些合理成分在现代化社会中仍有其存在的积极价值,但从根本上讲,它们已不再是古代历史条件下的仁义礼智、内圣外王了。因此,新儒家所标榜的公式"儒家精神+民主+科学",虽然从内容的全面上看,似乎无可挑剔,但从实践意义上检验,却毫无可操作性。

当然,文化保守主义也讲对传统的改造,但这种改造与我们所说的"创造性转换"有本质区别。文化保守主义的改造,是在肯定传统具有超时空条件制约的、绝对的生命活力的前提下,对之作出修补和重新诠释。它完全不变更文化传统的固有符号系统和层次结构,充其量只是在外表涂上一层时髦的油彩。所以,尽管文化保守主义真诚地期待着传统与现代化的契合,但他们终于一代又一代地陷入失望之中。

（原载《近代史研究》1996 年第 5 期）

文化保守主义的历史必然性平议

16 世纪以后,源于西欧、南欧及北欧的资本主义现代化的发展与扩张,在世界各地激起了普遍的、激烈的文化反响。保守主义便是在这一过程中,与自由主义、激进主义相伴生的文化思潮和文化派别。不仅在亚洲、非洲、拉丁美洲的广大地区,而且在中欧、东欧的一些国家,如德国、俄国,文化保守主义都有普遍的、顽强的表现。与资本主义的全球化相对应,文化保守主义的萌生和成长,也是一种全球性的、普遍的文化现象。如何从历史必然性的角度认识这一文化现象,是本节讨论的主题。

一、原生内发性现代化国家、民族文化的对外扩张机制
是文化保守主义必然产生的主动刺激因素

世界各国、各民族走上现代化道路的时代、方式、进程各不相同,但从发生形态上大致可归纳为两类,即"自我本土发展或内发性的现代化"(如英国、法国和某种意义上的美国)和"外力促逼而生或外发性的现代化"(如德国、日本、俄国、印度、中国)。① 文化保守主义是不相统属的两大文化系统发生冲突和交融时才会出现的文化现象。在这种冲突和交融的过程里,内发性现代化国家、民族的文化系统处在主动的方面,而外发性国家、民族的文化系统处在被动的方面。这里的所谓"主动",主要是说内发性现代化国家、民族文化具有天然的对外扩张机制,而这一机制的形成,既源于资本主义相对于前资本主义的经济、政治优势,也源于先进国家、民族的自我利益

---

① 参见金耀基:《现代化与中国现代历史》,见罗荣渠等编:《中国现代化历程的探索》,北京大学出版社 1992 年版,第 3—4 页。

保护意识以及相对于后进国家、民族的种族优越意识。

不可否认,16世纪兴起于欧洲的资本主义生产方式,的确具有以往任何社会的任何生产方式所不可比拟的强大生命力。以此为依托,资本主义社会与前资本主义社会发生联系和对抗时,前者通常拥有绝对的优势。与此相联系,资本主义的先进国家、民族自然而然会产生出并非盲目的"人类教官"、"世界警察"的优越意识。他们自认为自己有资格也有义务"教育"资本主义的后进国家、民族。"虽然这样的训育过程,最主要的还只是发生在经济层面,但它却更是另一股更大企图心的表现,亦即它想将形成西方社会的若干基本概念与观念,一股脑儿全盘转移到其他社会,'这样一来,西方也就征服了世界。'"①

在资本主义对外扩张的初始阶段,伴随商业资本主义进行的文化输出往往采取直接的、简单的方式。资本主义原始积累的基本方式之一海外殖民本身,即文化扩张的野蛮形式。16世纪初年以后,西班牙、法国、荷兰、英国人先后成为北美的殖民霸主。这些来自欧洲的白人以居高临下的姿态看待土著印第安人,通常用以描述印第安人及其文化的词汇是"野蛮"、"原始"、"邪异"、"迷信"、"愚昧"。1776年美国建国以后,也把"文明开化"作为解决"印第安人问题"的基本方向,而其实质内容,即对印第安人在物质上完成剥夺和在文化上实现征服。同样的野蛮和血腥也发生在非洲。殖民者不仅"把死亡和大炮带进我那蓝色的村落","把我的刚果河流域变成了阳光惨淡的坟场",而且"还把祖先和神灵的神圣的宗教剧,变为醉生梦死的资产者的星期日逍遥"。② 基督教士企图从根本上改变年轻一代非洲人的民族观念和民族意识。法属殖民地小学课本的第一句赫然写着"我们的祖先,高卢人"的字样。③ 在亚洲1684年,葡萄牙总督法令规定教区牧师和学校教师用葡萄牙语讲道、教学,"以便随着时间的流逝,使葡萄牙语排除当地母语成为大家共同的语言。"1835年,英属殖民地印度的公共教育委员会主席麦考莱公开宣布,"我们必须努力去造就一个阶级","这个阶级的

---

① [英]汤林森著,冯建三译:《文化帝国主义》,上海人民出版社1999年版,第292页。

② 塞内加尔诗人桑戈尔的诗句,转引自李保平:《非洲传统文化与现代化》,北京大学出版社1997年版,第181页。

③ 参见[美]斯塔夫里亚诺斯著,迟越等译:《全球分裂》,下册,商务印书馆1993年版,第510页。

人，在血缘和肤色上是印度人，但在情趣、观点、品行和才智上则是英国人。①

随着经济上的商业资本主义发展到工业资本主义和垄断资本主义，政治上的殖民主义也"进化"到新殖民主义。在这种背景下，内发性现代化国家、民族的对外文化扩张也演变为更加"高级"的形式。说它高级，是指殖民主义时代赤裸裸的文化侵略和文化灭绝政策不再被采用，代之而出的是潜移默化式的、更加无孔不入和更加强大的文化输出。"以消费主义为特征的，借助于高技术手段进行大批量生产的文化工业的，尤其通过大众媒介广为传播的西方文化，其实是意识形态控制的新形式。"②高科技产品和技术在全球范围内的迅速普及、推广，是资本主义文化的物质载体，而蓬勃发展的跨国公司，从一定意义上讲，正可视为财大气粗、身强力壮的文化"掮客"。③可口可乐、麦当劳、迪斯尼卡通的风行全球，向人们证实了，"科技与资本主义企业（经济帝国主义）的出口，同时也是西方的发展观、西方的社会想象表意能力之出口。"④问题的严重性在于，当人们在轻松愉快中享用现代文明的物质成果的同时，在他的意识或潜意识中，已经不同程度地认同了一种全新的价值观念甚至生活方式。唐老鸭的卡通故事，会让人觉得西方资本主义的种种社会关系"自然而正常"，而可口可乐更"不是简单的事"，"在它背后顶着整个的上层建筑，充满各色的期望与行为模式，随之而来的是现状与未来的社会观，以及对于过去的诠释"。⑤

更为严重的是，20世纪中叶以后，世界范围内文化霸权主义⑥乃至信息霸权主义的出现，更使内发性现代化资本主义国家、民族的文化扩张具有了

① 参见［美］斯塔夫里亚诺斯著，迟越等译：《全球分裂》，上册，商务印书馆1993年版，第244页。

② ［英］汤林森著，冯建三译：《文化帝国主义》，上海人民出版社1999年版，第4页。

③ 可参比照的是，西方学者在评价英国人在印度的活动时说，他们"是西方文化向东方扩展的整个进程的代理人，是多少还算忠实的掮客，是多少有所成效的经纪人。"（［澳］巴沙姆主编，闵光沛等译：《印度文化史》，商务印书馆1997年版，第533页）

④ ［英］汤林森著，冯建三译：《文化帝国主义》，上海人民出版社1999年版，第306页。

⑤ ［英］汤林森著，冯建三译：《文化帝国主义》，上海人民出版社1999年版，第81、86页。

⑥ "文化霸权"是安东尼奥·葛兰西的理论创造，它意味着"在某个单一群体影响下形成了一种为当代民众广为接受的主宰性世界观"（［美］丹尼尔·贝尔著，赵一凡等译：《资本主义文化矛盾》，三联书店1989年版，第33页）。

前所未有的"霸气"。西方的研究者自己承认："国际间大众传播的流向是不平衡的,而美国是主要的源头。""今天存在一种打上了'美国制造'字样的世界文化。"①《纽约时报》的政治分析家戴维·桑格写道："大半个世纪以来,美国一直试图根据自己的形象来设计世界,这个努力的主要场所是联合国。在这里,美国和它的盟国一起串通活动,达成有关人权、核试验、环境等方面的协定,并坚持使这些协定反映出美国自己的价值。"而今,美国政府正逐渐摒弃通过联合国的传统方法,转而利用新成立的世界贸易组织来实现"输出美国的价值观念"。② 与此同时,第三世界的政府则已一致认为,"一个新的国际信息秩序"是"一个新的国际经济秩序"的前提。至于联合国教科文组织,则打算不再限于泛泛谈论"言论自由"和"信息自由",而要从"进入并参与通讯联系"和"平衡的信息流向"的角度来讨论如何解决各国的"信息主权"问题。③

二、次生外发性现代化国家、民族文化的传承机制是文化保守主义必然产生的被动反应因素

世界上任何事物都是矛盾双方共同作用的产物。文化保守主义的出现,也是如此。仅有外来文化系统一方的作用,而本土文化系统没有作出相应的反应,文化保守主义也就无由产生。问题恰恰在于,面对原生内发性现代化国家、民族文化的强劲对外扩张,次生外发性现代化国家民族的文化系统必然作出保护自身、调适变化、求得发展的回应。在这方面,文化系统的天然传承机制发挥了决定性的作用。

文化系统的传承机制,可表现为社会无意识的传统文化承袭和社会有意识的传统文化维系两个层面。

社会无意识的传统文化承袭,根据在于文化传统本身特有的"克里斯

---

① [美]斯塔夫里亚诺斯著,迟越等译:《全球分裂》下册,商务印书馆1993年版,第516页。

② [美]诺姆·乔姆斯基撰,易铭译:《美国的自由价值观》,《天涯》1999年第5期。

③ 参见[美]斯塔夫里亚诺斯著,迟越等译:《全球分裂》下册,商务印书馆1993年版,第516—517页。

玛"（Charisma）特质。Charisma 源于《新约·哥林多后书》，原指蒙受神恩而被赋予的天赋。马克斯·韦伯扩大了 Charisma 的含义，既用它来指领袖人物的非凡特质，也用它来指与日常事物相对立的、被认为是超自然的神圣特质（如皇家血统、贵族世系）。爱德华·希尔斯进一步引申了 Charisma 的含义，认为不仅超凡的权威及其血统能够产生神圣的感召力，而且社会通常的行为模式、制度、象征符号、思想观念，同样具有令人敬畏、使人依从的 Charisma 特质。次生外发性现代化国家、民族，一般都有久远的历史和丰厚的文化积淀。在与原生内发性现代化国家、民族发生接触之前，他们各自独立地经历过漫长的发展历程，并且形成了自成规模、有效运作的器物、制度、行为、观念系统。不管与资本主义形态的文化相比，这些器物、制度、行为、观念系统有哪些"落后"、"不合理"之处，他们在一代又一代本民族大众的生活中，确已树立起毋庸置疑的权威。而且，在没有遇到毁灭性外力干扰或更加强有力的新权威慑服的情况下，这种固有的权威将保持历史的惯性，一代复一代地沿袭下去。从这一意义上讲，文化传统是一种"语境"，是一种存在，是一种生生不息的社会遗传基因的复制和再生，也就是希尔斯所谓的"文化范型综合体"。它天然地具有顽强的持久性，比所有人为设计的事物要坚韧得多。单独地看某一民族的物质、精神的生产和生活方式的独特个性，综合地看世界各民族生活样式的多样性，都是这种"文化范型综合体"普遍意义和普遍作用的证明。

论及社会有意识的传统文化维系，我们便不得不特别强调知识分子这一特殊社会阶层的特殊作用。在任何一个民族里，知识分子都是传统文化的自觉的创造者、解释者、传播者和发展者，这是因为，只有"在传统的知识传播者、接受者和发展者那里，一种传统才可能被理解得最为准确"[1]。正因为如此，从一般意义上讲，知识分子普遍倾向于传统文化、或者说文化传统的维系；而从特殊的意义上讲，次生外发性现代化国家、民族的知识分子普遍倾向于文化保守主义的立场，就是完全符合这一社会阶层自身特点的规律性现象。

"就历史的发展而言，自由主义者与激进者向来就是国际主义分子"[2]，

---

① ［美］爱德华·希尔斯著，傅铿、吕乐译：《论传统》，上海人民出版社1991年版，第354页。

② ［英］汤林森著，冯建三译：《文化帝国主义》，上海人民出版社1999年版，第132页。

而保守主义者向来就是民族主义或国家主义分子。在次生外发性现代化国家、民族的知识分子群体中,持文化保守主义立场的,较之持自由主义或激进主义立场的,无论就其阵容的强弱或文化素养的高下来讲,都占有明显的优势。这样的社会集团,正是社会有意识的传统文化维系的基本力量。一个明显的基本事实是,全球范围内,所有现代化"后进"国家、民族的文化保守主义思潮或运动,"无一例外,它们都是由知识分子指导和推动的。这些知识分子所对抗的是外国(或者一个以上的外国)的主宰性文化影响力,以及外国在政治、经济、军事上的优越性。"①

无论社会无意识的传统文化承袭,还是社会有意识的传统文化维系,都是巨大的历史力量的体现。而它们两者的有机结合,就使得次生外发性现代化国家、民族文化在遭遇原生内发性现代化国家、民族文化的对外扩张时,必然表现出强烈的排斥、抵御效应。这正从矛盾的另一面,促成了文化保守主义的生长和发育。

三、文化保守主义历史必然性的题中应有之义即历史合理性

黑格尔有一句名言:"哲学的任务在于理解存在的东西,因为存在的东西就是理性。"②这句话通常被简约化为"凡是现实的都是合理的,凡是合理的都是现实的"。黑格尔在这里深刻揭示了历史必然性与历史合理性之间的内在联系。既然文化保守主义是世界范围内诸多现代化"后进"国家、民族面对现代化"先进"国家、民族的文化扩张而必然产生的、共同的、带有普遍规律性的文化反应,那么,我们显然有必要探究清楚,文化保守主义的历史必然性的题中应有之义即历史合理性,究竟包含哪些内容。

首先,其历史合理性体现在对于现代化思潮中"科学至上"、"理性至上"主义的反拨。

从一定意义上讲,现代化运动的历史就是科学和理性凯歌行进的历史。

---

① [美]艾恺:《世界范围内的反现代化思潮》,贵州人民出版社 1991 年版,第 27 页。

② [德]黑格尔:《法哲学原理》序,见《西方哲学原著选读》下卷,商务印书馆 1982 年版,第 442 页。

17 世纪牛顿经典力学体系的建立和 18 世纪欧洲启蒙运动的完成,标志着人类科学时代和理性时代的到来。18 世纪中叶、19 世纪 70 年代、20 世纪初三次科学技术革命的相继发生,使人类工具理性高扬到了极致。正是借助于工具理性的物化形式的强大威力,原生内发性现代化国家、民族的文化扩张,才得以跨越高山大洋的阻隔,几乎遍及全球的每一个角落。但是,运用工具理性来解决人类面临的所有问题的美妙企图却始终无法实现。一个巨大的悖论横亘在人类面前:"当人类生活与社会的各个分离部分日益理性化后,整体似乎日益地非理性化。"尤其是两次世界大战留给人类的沉重思索:战争的现代化分明是理性——科学、技术、民族国家——的集中表现,但是同样分明的是它极有可能导致最不理性化的后果——人类的彻底毁灭。针对这一悖论,法兰克福学派的理论家指出,现代性的核心问题不止是资本主义体系的不公不义,不止是社会偏差的多种外显形式,也不止是占有式个人主义的意识形态。问题的关键在于所有的现代社会,都根据一个特定而狭隘的理性观(也就是韦伯所说的"工具理性")在运作,这样的理性观盘踞了社会主要社会机构的核心:"经济体"、以官僚组织进行社会控制、科学与科技","它们才是现代性的种种不自由的根源。"①丹尼尔·贝尔则认为,"现代主义的真正问题是信仰问题。"②而正是在这方面,文化保守主义对现代化运动"科学至上"、"理性至上"主义的反拨,积极意义不可否认。

现实生活中的事实证明,"生活的目的并不是能由理性来建构、应用理性手段来实现的。""人们所预期的理性共识(rational consensus),并没有在人们所想望的那种广泛范围内产生。"③"对于生活世界所引以为重心的社会的、存在的意义等重大问题,工具理性却无力解答。"④作为对启蒙运动以降理性主义高扬的反动,19 世纪普鲁士浪漫主义思想家致力于对人类心灵深处非理性力量的揭示,充分肯定人的主观情感和幻想的重要性,反对工业社会所引起的人的精神的机械化。19 世纪中叶的俄国斯拉夫主义者批评

① [英]汤林森著,冯建三译:《文化帝国主义》,上海人民出版社 1999 年版,第 273—274 页。

② [美]丹尼尔·贝尔著,赵一凡等译:《资本主义文化矛盾》,三联书店 1989 年版,第 15 页。

③ [美]爱德华·希尔斯著,傅铿、吕乐译:《论传统》,上海人民出版社 1991 年版,第 388 页,第 434 页。

④ [英]汤林森著,冯建三译:《文化帝国主义》,上海人民出版社 1999 年版,第 314 页。

工具理性:"这个纯粹的,赤裸裸的理性以其自为基础,在其本身之上或之外它什么都不认同。"其根本弊病在于"外在理性胜过内在精神理解。"①20世纪初叶发生于中国的"科学与人生观"的论战中,张君劢批评"二三十年来,吾国学界之中心思想,则曰科学万能"。但是实际上科学绝非万能,起码它就不能解决人生观方面的问题。其原因有五:第一,科学为客观的,人生观为主观的;第二,科学为论理的方法所支配,而人生观则起于直觉;第三,科学可以以分析方法下手,而人生观则为综合的;第四,科学为因果律所支配,而人生观则为自由意志的;第五,科学起于对象之相同现象,而人生观起于人格之单一性。所以,"科学无论如何发达,而人生观问题之解决,绝非科学所能为力,惟赖诸人类之自身而已。"②尽管在当时的论战中,张君劢及其支持者明显处于下风,但是他们所持主张的合理内核,却是毋庸置疑的。"物和心的问题,好些人自以为要解决他,始终没有解决的。"③不仅是70年前中国的事实,而且也是今天世界的事实。

其次,其历史合理性体现在对于现代化进程中物质进化与精神退化二律背反的检讨。

从人类发展的根本前途来看,现代化应该是物质与精神两方面共同进化,才是理想目标。但是,全球几百年现代化的进程所展示的图景,尤其是原生内发性现代化国家、民族文化扩张带来的世界性影响,却一再表现出强烈的物进化与精神退化的二律背反。分析这种现象的产生原因和后果,试图提出解决的方案,是文化保守主义着力的又一理论重心。

艾恺认为,"在一定程度上说,功利主义是启蒙思潮能以建立的唯一道德系统。"而功利主义普遍扩张的必然后果,只能是将个人"非个人化"(de-personalized),实际上"把人变成了物"。④丹尼尔·贝尔指出,对于资本主义文化的发展而言,"从一开始,禁欲苦行和贪婪攫取这一对冲动力就被锁合在一起。""这两种原始冲动的交织混合形成了现代理性观念。"⑤如果说

---

① [美]艾恺:《世界范围内的反现代化思潮》,贵州人民出版社1991年版,第58页。
② 张君劢:《人生观》,《清华周刊》272期。
③ 张君劢等:《科学与人生观》,山东人民出版社1997年版,第164页。
④ [美]艾恺:《世界范围内的反现代化思潮》,贵州人民出版社1991年版,第9、10页。
⑤ [美]丹尼尔·贝尔著,赵一凡等译:《资本主义文化矛盾》,三联书店1989年版,第29页。

艰苦奋斗是物质财富的源泉,那么永不满足的欲望却恰恰易于导致精神的贫乏,甚至诱发罪恶。资本主义从胚胎里带来畸形文化基因从根本上决定了它无力解决现代化进程中的物质进化与精神提升双重的任务。针对资本主义的这一要害所在,各国的文化保守主义者纷纷提出自己的解决思路的方案。印度的泰戈尔把物质发达的西方文明比作一把锋利的剃刀,"你要用它最好小心些,千万别只教物质文明给吸收了去,而完全忘记了精神文明。一句话,我要说的是:用剃刀,不要为剃刀所用。"①他强调,"新的精神与道德力量必须不断发展以便人们吸收其科学的成果;俾控制他们的新武器与机械,而不叫那些主宰、奴役并摧毁他们。"②中江兆民分析日本吸收欧美现代文化的后果,一方面是人们生活水平的迅速提高,另一方面却是物欲的膨胀与习俗的败坏。武士"好像放射出去的箭一样,急速地趋向骄奢淫逸,大大地造成和煽起了城市的荒淫和糜烂的风气",官僚、资本家、富商一直到中产阶级以下的人们,"也都相继沉沦,以为这是自己的阔气。"③与泰戈尔和中江兆民相比,中国章太炎的《俱分进化论》更显理论的透彻与犀利。章太炎认为,立足于现代科学和理性观念的进化论,有明显的片面性。人们切不可盲目迷信进化,把进化作一种绝对的信仰。他指出,第一,进化终极未必能达于"尽美醇善之区"。第二,之所以如此,是由于进化"非由一方直进,而必由双方并进"。以道德而言,"善亦进化,恶亦进化";以生计而言,"乐亦进化,苦亦进化"。第三,而且,随着经济、文化的发展和智识、科技水平的提高,善恶、苦乐亦将不断同步增长。④ 章太炎又把"今人以为神圣不可干者"的公理、进化、惟物、自然视为"四惑论"。"公理"当然比理学家倡言的"天理"进步,但是如果公理"持理至极,必将尊奖强权。"进化本是客观事实,但是一旦极端发展成为进化主义乃至进化教,便容易被"主持强权者"作为奴役与愚弄群众的工具。惟物之说,有其依据,"人之借资于外物者,诚不可乏",但如单纯凭借物质文明求得幸福,甚至执鞭为隶于物,以斯求福,其猥贱又甚于向之为隶者矣。""自然"之理,无非是物的自性以及由其自性而发生的作用,自然规则并不一定能够给人类带来幸福。至于以

---

① 见《朝日新闻》1916 年 9 月 2 日。
② ［印度］泰戈尔:《在中国的谈话》。
③ ［日本］中江兆民:《一年有半》,第 3 章。
④ 参见章太炎:《俱分进化论》,《民报》第 7 号,1906 年 9 月 5 日。

"违背自然规则"来抨击异己,则更为荒谬。① 在章太炎看来,现代化所要解决的核心问题之一,就是如何在科技智能进化的同时,促成人伦道德向善而非恶的方向进化。文化保守主义认为,西方资本主义物质文明的成就及其基本原理固然不可否认,但是人类的真正幸福,还有赖于更全面的社会进步、尤其是精神文明的发展来实现。

值得注意的是,文化保守主义的思想家一般都把原生内发性现代化国家、民族的文化归为"物质文明"一类,而将次生外发性现代化国家、民族自身的文化归为"精神文明"一类。他们一般都承认前者在提高人类的物质生活水准方面有其明显优势,但同时也强调后者在提升人们的道德、精神水平方面并不逊于前者,相反还有自己的优势所在。出身于加尔各答律师家庭、接受西方教育的印度哲学家辨喜(SwamiVivekanda)在纽约告诉美国人:"当东方要学造机器,他应坐在西方的膝旁向西方学习;而西方要学习关于精神、神秘、灵魂、宇宙的奥秘和意义,他应坐在东方的膝旁向东方学习。"② 这样的观点甚至得到来自欧美地区思想家的认同。法国小说家罗曼·罗兰支持泰戈尔的主张,"只有精神性东方之文化的重振才能解救过度理性并明显自毁中的西方"③。正与此同时,梁启超、张君劢等人游历欧洲,第一次世界大战的血腥污秽和战后的衰败凋零改变了他们以往对西方文明的美好印象。十余年前游历北美资本主义"新大陆"时的乐观、忻慕之情再也无由生发,代之而出的,正是科学绝非万能、公道自在人心的无限感慨。比照西方资本主义文明的巨大灾难,梁启超反观中国传统文化注重心性伦理的种种优长,得出结论:"中国固有之基础,亦最合世界之新潮。"他坚信,跟着孔、老、墨"三位大圣"的"理想与实用一致"之路向前走,"不知有多少境界可以辟得出来哩!"④其后,张君劢又进一步论道:"东方所谓道德,应置之于西方理智光镜下而检验之。西方所谓理智,应浴之于东方道德甘露之中而和润之。然则合东西之长,熔于一炉,乃今后新文化必由之涂辙,而此新文化之哲学原理,当不外吾所谓德智主义,或曰德性的理智主义。"⑤不可否

---

① 参见章太炎:《章太炎全集》四,上海人民出版社 1985 年版,第 444—449 页。
② [美]艾恺:《世界范围内的反现代化思潮》,贵州人民出版社 1991 年版,第 93 页。
③ [美]艾恺:《世界范围内的反现代化思潮》,贵州人民出版社 1991 年版,第 114 页。
④ 梁启超:《欧游心影录》,《饮冰室合集》,中华书局版,第 7 册,专集二十三,
⑤ 张君劢:《张东荪〈思想与社会〉序》,《东方杂志》,40 卷 17 号,30—31 页。

认，这些观点当然有其片面、偏颇之弊，但它们的理论检讨，对于人类克服现代化进程中物质进化与精神退化的二律悖反，无疑具有积极的认识意义。

再次，其历史合理性体现在对于"现代化"离不开"传统"基础这一基本原理的强调。

从一般意义上讲，现代化是对传统的扬弃和超越。理性化"本身就否定了任何传统的行动范型的价值"①。从特殊意义上讲，原生内发性现代化是社会自我更新的产物，与传统的联系相对紧密，那么，次生外发性现代化是否必须与传统完全决裂，才能得以实现呢？尤其是当原生内发性现代化国家、民族的文化扩张在实际上严重威胁到次生外发性现代化国家、民族文化传统的生存权利的时候，现代化和传统的关系问题，就成了摆在文化保守主义思想家面前的一道严峻试题。

文化保守主义认为，对传统的认同与回归，是现代化运动不可或缺的历史基础。对任何一个国家、民族来说，完全抛弃了传统的现代化只能是水中捞月，沙上建塔。当然，由于通常处在弱者地位，受原生内发性现代化先进国家、民族的"欺负"，文化保守主义的思想家们往往怀抱的强烈民族情感在相当程度上会导致他们对于历史传统的"偏爱"，并因此而影响其理论的公允、平和，但是，起码在两点上，他们的观点是站得住脚的：其一，历史传统本身是一个客观存在，绝不会因为现代化的兴起而完全失去自己的价值和意义。只有传统才是社会创造和再创造的文化密码，"一个社会是一个有数不胜数的行为、观点和思想组成的自我复制过程。……复制的机制赋予社会以持续性；这一持续性是社会之所以被定义为社会的条件。"②因此，保护本身的文化传统不使之中绝，不仅是应该的，而且是必需的。这一观点的有力反证，是印度作为东方唯一彻底殖民化的、拥有悠久历史的文明古国和大国，在近代的悲剧性命运。正如马克思所论："印度失掉了他的旧世界而没有获得一个新世界，这就使它的居民现在遭受的灾难具有了一种特殊的悲惨色彩，并且使不列颠统治下的印度斯坦同自己的全部古代传统，同自己

---

① [美]爱德华·希尔斯著，傅铿、吕乐译：《论传统》，上海人民出版社1991年版，第386页。

② [美]爱德华·希尔斯著，傅铿、吕乐译：《论传统》，上海人民出版社1991年版，第225页。

的全部历史,断绝了联系。"①其二,历史传统并非一成不变,随着现代化的演进,它的某些成分将被摒弃,某些成分将被保留,某些成分将被改造而大放异彩。"传统是不可或缺的,同时它们也很少是完美的。传统的存在本身就决定了人们要改变它们。"②19 世纪中叶,在中国和日本几乎同时出现"和魂洋才"、"中体西用"的纲领性变革理论,20 世纪后半期,印度学者提出了"如果我们聪明的吸收现代科学与民主,同时保留吾人灵魂、生活、文学、宗教与哲学中的印度性,印度将再次为世界上的晨星"③,都是企图在有限程度和范围内依托传统、改造传统以适应现代化潮流的典型例证。20 世纪中叶,中国的"新儒家"又进一步提出以"返本"——即坚持儒学"内圣"心性伦理之学为根据,以"开新"——即吸收西方科学技术和民主政治为目的的完整理论。非洲的思想家则提出,不同文化的融合"可以构成一种进步","每个种族应该以它自己的方式进行融合。每个人应该植根于他所属的种族、大陆和民族的价值之中,这才能使自己存在,然后再向别的大陆、种族和民族开放,以便发展和繁荣。"④不管我们今天对以上理论的种种缺弊作何分析,它们着力肯定的现代化离不开传统基础这一基本观点的合理性,都是不可否认的。

最后,其历史合理性还体现在对于全球共同的现代化进程中保持各民族文化的独特性、多样性的学理辨析。

无论东欧、亚洲或非洲,文化保守主义的思想家们一致强调,在现代化的世界进程中,保持各民族文化的特殊性、多样性是完全合理和必要的。在次生外发性现代化的国家、民族内,关于"国民性"的研究吸引了一代又一代的思想精英,德国的赫尔德认为,国籍是人类种属最自然的划分形式。地理、气候等自然方面的原因是不同种族分化的根本依据,其后,他们各自建立起独特的语言、文学、习俗,并进而形成独特的"民族魂"。俄国的科门也柯夫等人认为,俄罗斯文化的基本原则与法国等"西方世界"的文化原则

---

① 马克思:《给"纽约每日论坛报"的电讯》,1863 年 6 月 25 日。

② [美]爱德华·希尔斯著,傅铿、吕乐译:《论传统》,上海人民出版社 1991 年版,第285 页。

③ [美]艾恺:《世界范围内的反现代化思潮》,第 116 页。

④ [塞内加尔]桑戈尔:《黑人传统精神之争》,转引自《西亚非洲》1980 年第 2 期,第 78页。

"完全相左"。① 中国的梁启超、严复以及林语堂、鲁迅，都给予本国的国民性以格外的关注。20 世纪 30 年代，法属塞内加尔的桑戈尔联合塞泽尔和达玛斯，共同发起以"黑人特性"为口号的运动，旨在唤醒黑人民族，复兴黑人文化。桑戈尔对"黑人特性"下的定义为："它代表一种与白人文明不同，但却与之平等的黑人文明的概念。"②他认为，黑人特性是黑人世界文化的总和，是智慧与灵魂、精神与物质的结合，它是一种辩证法，也是一种意志，一种体验上述价值的方式。他呼吁提高黑人尊严，确立黑人文化个性的价值，弘扬博大深邃的非洲文明。③

为了论证本民族文化的独特价值，保守主义的思想家们通常都积极致力于民族文化遗产的搜集、整理和研究，并且取得了辉煌的成就。例如 18 世纪末的德国古典主义、浪漫主义学者，19 世纪中叶的俄国斯拉夫主义者，20 世纪中国的"国粹派"、"新儒家"。无论就用力之勤、成功之伟而论，他们的工作都堪称一流甚至超一流水平。文化保守主义之所以拥有广泛的社会影响和尊崇的学术地位，与这方面的因素也直接相关。

四、承认文化保守主义的历史必然性，并不意味着对其理论体系的全面肯定

如上分析说明，作为对于现代化世界进程的回应之一，文化保守主义确有它的历史必然性和合理性。但是，我们同时也要强调，承认这种历史必然性和合理性，并不意味着对其理论体系的全面肯定。

从政治趋向方面看，文化保守主义通常与民族主义、种族主义、国家主义保持着相当密切的联系。胡适曾分析道，日本民族"处心积虑要保存自己的民族遗产"，"人为地采用好战的现代化的强硬外壳来保护大量中世纪传统文化，在这其中不少东西具有原始性，孕育着火山爆发的深重危险。"日本学者也反省，明治时期提倡"和魂洋才"，而拒绝西方的精神特质，结果

① ［美］艾恺：《世界范围内的反现代化思潮》，贵州人民出版社 1991 年版，第 22、57 页。
② ［南非］范伦斯伯格著，秦晓鹰、殷罡译：《非洲当代领袖》，重庆出版社 1985 年版，第 279 页。
③ 参见李保平：《非洲传统文化与现代化》，北京大学出版社 1997 年版，第 182 页。

给国家带来了 1945 年的灾难。① 非洲学者更坦言,"我们对欧洲价值的不信任迅即变为鄙夷,直率地说,变为种族主义。……既出自法西斯的影响又出自对法西斯的逆反,我们像希特勒和殖民主义者一样讲话,我们鼓吹血统的优越。"正因为如此,有研究者把"黑人特性"的哲学称为"反种族主义的种族主义"。② 当今世界不少地区活跃的"泛××运动"的背后,更是不乏文化保守主义的绰绰身影。因此,无论是考虑理论建构或实际操作,还是顾及现实灾难或潜在危险,这种趋向都是应该警惕、批判和摒弃的。

从感情趋向方面看,文化保守主义并非一味守旧、复古,而是包含了进步、改革的要求,但是,从根本上讲,"统摄其心魄的是美好的过去"③。在这种心态下,它很难充分认识现代化所必需的社会系统的"整体创造性转换"的决定意义。这种创造性转换,是在全新的时空条件下,自然与社会、个体与群体、法制与伦理、工艺与道德相互关系的革命性重组。参与重组的各方面因素,都必须从内容到形式来一个质的飞跃。这就意味着民族的文化传统尽管必然要作用于现代化的社会,但是它们已经不再是原本意义、原本形态上的传统了。因此,中国"新儒家"标榜的"儒家精神+民主+科学"和印度学者鼓吹的"现代科学、民主+印度灵魂",虽然从内容的全面上看似乎无可挑剔,但是从实践的意义上检验,却缺乏基本的可操作性。

从思维方式方面看,文化保守主义一般采取机械的两分法来处理"体"与"用"、精神与物质、法制与道德、个体与群体、感性与理智、分析与综合甚至农业与工业、乡村与城市等关系。"圣雄"甘地和"中国的最后一个儒者"梁漱溟都认为,农村、农民是传统文化道德优越性仅有的宝库,只有在乡村才能找到自己的民族精神。日本的桥孝三郎、权藤成卿都相信,乡村社区是亚洲文明的基础,而西方社会与历史的实质则为城市构成。文化保守主义一般并不完全排斥现代化的成果,尤其是物质、技术层面的成果。但是他们在同意吸纳这些成果进入本民族文化系统的时候,又总是有意贬低其地位、作用和意义,把它们归为隶属于永久不变的本民族精神之"体"统辖之下的"用"。他们通常将东方精神文明和西方物质文明置于完全对立的地位,并

---

① 参见罗荣渠:《现代化新论续篇》,北京大学出版社 1997 年版,第 74 页。
② 李保平:《非洲传统文化与现代化》,北京大学出版社 1997 年版,第 184—185 页。
③ [美]爱德华·希尔斯著,傅铿、吕乐译:《论传统》,上海人民出版社 1991 年版,第 280 页。

在两者之间划出一条非此即彼、非高即低、非褒即贬的截然的界限，这样绝对化的思维定势显然不符合事物的本来关系，也无法完成上面所论及的现代化所需要的社会系统的整体创造性转换的思想和文化工程。

（原载《天津社会科学》2001 年第 6 期）

20 世纪中国文化保守主义论

在 20 世纪中国思想文化的演进历程中,保守主义占有特殊的地位和意义。这是因为,在中国这样历史悠久、传统绵长、遗产丰厚的国度,文化保守主义自有它深远的思想源泉、广博的民众根基和显著的社会效应。遗憾的是,长期以来,这一切未能得到学界足够的重视。本文拟就 20 世纪中国文化保守主义的生存背景、演进过程、形态特征、理论价值诸问题发表一孔之见,敬祈方家指正。

一、背景论:旧时代的承续与新世纪的创发

关于中国文化保守主义的起源,研究者多以 19 世纪末、20 世纪初为其发端期。[①] 笔者以为,这种说法忽视了 19 世纪中叶开始,中国传统文化与西方资本主义文化碰撞、交融半个世纪之久而在思想领域激起的巨大波澜,抹杀了早期改良主义思想家和"洋务"实行家在文化保守主义发生史上的先驱地位。事实上,19 世纪 60 年代冯桂芬的"以中国之伦常名教为原本,辅以诸国富强之术",已经定下文化保守主义的基调,而 90 年代张之洞的"洋务"实绩及其对"中学为体,西学为用"这一"时代流行语"的发挥,更是中国牌号文化保守主义理论与实践的一次努力结合。从这个意义上讲,20 世纪的中国文化保守主义,源有所自,流有所变,既是旧时代的承续,更是新世纪的创制。

就旧时代的承续而论,20 世纪的文化保守主义在民族立场与忧患意

---

① 如傅乐诗,见《近代中国思想人物论》,台湾时报出版公司 1980 年版,第 41 页;又如欧阳哲生,见《中国近代文化流派之比较》,《中州学刊》1991 年第 6 期。

识、人文精神与反科学主义、道德本体与宗教情怀、变易意向与中庸准则等基本特征方面①，与 19 世纪文化保守主义一脉相承，并无根本改变。但是，就新世纪的创发而论，20 世纪文化保守主义又因了 100 年间世界形势的大发展、中国境况的大改变，而发生意义深远的新变化。因此，讨论 20 世纪中国文化保守主义问题，首先须对其社会的、政治的背景，作出分析探讨。

一般地说，文化保守主义是不相统属的异质文化系统发生冲突和交融时才会发生的文化现象。特殊地说，中国文化保守主义是中国传统文化面对西方资本主义现代化浪潮的冲击所作出的回应。② 西方资本主义现代化全球推进的新态势、新格局，以及中国发生的与之相应的新变化，是决定 20世纪中国文化保守主义新进展、新形态的基础和背景。

西方资本主义全球扩张的初始阶段，伴随商业资本主义进行的文化输出往往采取直接的、简单的方式。资本原始积累的基本方式之一——海外殖民，即文化扩张的野蛮形式。进入 20 世纪，随着经济上的商业资本主义发展到工业资本主义和垄断资本主义，政治上的殖民主义也"进化"到新殖民主义。以往赤裸裸的文化征服和文化灭绝政策不再被采用，代之以潜移默化式的、更加无孔不入和更加强大的文化输出，"以消费主义为特征的，借助于高技术手段进行的大批量生产的文化工业的，尤其是通过大众媒介广为传播的西方文化，其实是意识形态控制的新形式。"③在全球范围内迅速推广的西方高科技产品和技术，是资本主义文化的物质载体。强大的跨国公司，从一定意义上看，正是财大气粗、身强力壮的文化"掮客"。通用汽车、可口可乐的风行全球，证实了"科技与资本主义企业（经济帝国主义）的出口，同时也是西方的发展观、西方的社会想象表意能力之出口"。④ "由商业利润主导的文化交流背后隐藏了新的权力形式和新的社会整合形态，在后现代的话语中意味着社会的终结、社会意识的蒸发、社会意义的缺失，乃至放弃价值的理性基础直至民族国家概念的淡化和消失。"⑤尤为引人注目的是，20 世纪中叶以后，世界范围内的文化霸权主义乃至信息霸权主义的

---

① 参见拙文：《近代中国文化保守主义述论》，《近代史研究》1996 年第 5 期。
② 参见拙文：《文化保守主义的历史必然性平议》，《天津社会科学》2001 年第 6 期。
③ ［英］汤林森：《文化帝国主义》，上海人民出版社 1999 年版，第 4 页。
④ ［英］汤林森：《文化帝国主义》，上海人民出版社 1999 年版，第 306 页。
⑤ ［法］马特拉：《世界传播与文化霸权》，中央编译出版社 2001 年版，第 5 页，第 7 页。

出现,更使资本主义的文化扩张具有了空前的"霸气"。西方学者承认,"国际间大众传播的流向是不平衡的,而美国是主要的源头。""今天存在一种打上了'美国制造'字样的世界文化。"①在这种情形下,第三世界提出,"一个新的国际信息秩序"是"一个新的国际经济秩序"的前提。而联合国教科文组织也积极筹划从"平衡信息流向"的角度来讨论如何解决各国的"信息主权"问题。这一行动表明,人们已经意识到:"国际化的超级主体(传播强国的跨国媒体集团)在强制性传播过程中掀起的一场市场全球化运动,从而力图主宰民族的、地方的和群体的文化。面对这种现实,不仅需要返回文化的主体性,也需要强调文化的主体间性。"②

以上是 20 世纪世界资本主义文化扩张的基本态势。具体到与之相关联的 20 世纪中国社会的历史进程,作为文化保守主义的背景,我们看到的是分期明显的三个阶段:

1901 年,屈辱的《辛丑条约》揭开了 20 世纪中国历史苦涩的开篇。资本主义对中国的扩张,至此取得了完全压倒强势的控摄地位。文化保守主义的外部刺激因素空前强化。第一次世界大战在向人们展示现代科技的巨大威力的同时,也提示人们:科技无力解决现代化的所有问题。社会公正、道德完善不能寄希望于工具理性。在这方面,中国传统的儒家价值理性,表现出它强劲的生命力量。基于这一认识,"东方文化派"、"新儒家"相继崛起。在接二连三的各种思想论战中,文化保守主义发出了自己响亮的声音。在整个 20 世纪上半叶,冯桂芬、张之洞的观点主张,依然拥有广阔的社会基础,"有一个巨大的知识背景和一个广博的知识谱系"③。陈寅恪自谓"思想囿于咸丰同治之世,议论近乎湘乡南皮之间"④,意义不在个人思想立场的检讨,而是文化精英普遍心态的表白。

1949 年,中华人民共和国成立。就其民族独立的政治体现而言,它与文化保守主义的民族本位立场完全一致。但就其文化路向而论,激进主义引领了革命胜利,革命胜利更加鼓舞和强化了激进主义,在此情形下,保守

---

① [美]斯塔夫里亚诺斯:《全球分裂》下册,商务印书馆 1993 年版,第 516 页。
② [法]马特拉:《世界传播与文化霸权》,中央编译出版社 2001 年版,第 8 页。
③ 陈晓明:《反激进与当代知识分子的历史境遇》,见李世涛编:《知识分子立场——激进与保守之间的动荡》,时代文艺出版社 2000 年版,第 315 页。
④ 陈寅恪:《金明馆丛稿二编》,三联书店 2001 年版,第 285 页。

主义在大陆地区基本失去发展条件,此前在思想文化领域颇具影响的现代新儒家一脉,只能在港台及海外寻得继续生存、发展的逼仄空间。作为一种学派,新儒家在港台地区的存在及其学术进展,为"五四"以降中国思想文化的整体性演进保存了一支意义重大的支脉并有积极推进,其历史意义和学术价值,不应抹杀。

1978年以后,随着对外开放格局的形成并不可逆转,国人逐渐认清了重新认识外部世界、重新认识中外古今文化关系的紧迫意义。"工业东亚"的奇迹,亚洲"四小龙"的腾飞,给我们提供了一组科学分析传统文化、儒家遗产的现代意义的绝好标本。与此同时,前文所述的世界范围内的"文化霸权主义"、"信息霸权主义"也不以人们意志为转移地、日益明显地介入现实中国社会。政治上的开放带来了思想、文化反思与交流的清新之风。对"五四"以来激进主义、保守主义、自由主义三大文化路向之间相互关系的检讨,成为颇为热闹的"显学"。港台"新儒家"的学术成就、海外学人"文化中国"的主张,在大陆渐为人知,且有了同道与知音。进入20世纪90年代,"新保守主义"应运而生。不少学人用"全社会性的""新保守主义精神""悄然形成","中国思想界初步形成了一套广有市场的保守主义话语系统"、"一种心照不宣的情绪","某种四面呼应、八方笼罩的文化氛围","文化领域在山呼海啸之后,保守主义终于迎来了它的温馨岁月"①等等词句来描绘这一意义重大的文化征象。应当说,这种征象绝非改革开放政治时局的简单的对应文化反映,而是20世纪中国一以贯之的文化保守主义在新形势下的"复兴"。

二、过程论与特征论:一贯的湍流与层叠的峰峦

就社会思想的过程而论,20世纪中国文化保守主义,有如思想河床里不绝如缕的一贯湍流。

20世纪初,典型的文化保守主义代表是章太炎、邓实、黄节、刘师培等

①　见李世涛编:《知识分子立场——激进与保守之间的动荡》,时代文艺出版社2000年版,第289、428、507页。

"国粹派"。"国粹派"锋芒所向,是"近来有一种欧化主义的人,总说中国人比西洋人所差甚远,所以自暴自弃,说中国必定灭亡,黄种必定剿灭。"①其目的是"用国粹激动种姓,增进爱国的热肠。""国粹派"突显旧学(即中国传统文化)的精粹意义,但其讲法却一点也不"旧"。当时就有人评价:"太炎以新理言旧学,精矣。"这里的所谓"新理",主要是指现代西方学说中的社会学、进化论。"国粹派"运用这些"新理"批判传统,同时更加执著地肯定传统。他们在"古学复兴"的旗帜下,推进中西文化会通,推进传统学术向现代学术的转换。②

1915 年问世的《青年杂志》(次年改名《新青年》)标志着新文化运动的兴起。与这一运动所持激进主义态度相对立的,是站在文化保守主义立场的杜亚泉、章士钊、陈嘉异、梁启超、梁漱溟等"东方文化派"。关于中外文化关系,杜亚泉提出只有"采世界文明之所同,而去其一二端之所独,复以吾国性之所独,融合乎世界之所同"③,方能使中华民族在竞争中自立于世界民族之林。关于古今文化关系,章士钊强调其变革只能是一种"新旧杂糅"的渐进过程。"新者早无形孕育于旧者之中,而绝非无因突出于旧者之外。"传统文化"有宜于古时者,有宜于今时者,吾人固不可以其曾宜于古时,因执成见,亦断其宜于今时;亦不可以其不宜于今时,遂并其所含宜于古、今时之通性而亦抛之。"④

新文化运动如火如荼之时,第一次世界大战惨烈收场。资本主义世界的空前灾祸激发了中国文化保守主义的势头。不少曾经积极鼓吹向西方学习的人士,思想发生了明显转向。严复"亲见脂那七年之民国,与欧罗巴四年亘古未有之血战,觉彼族三百年之进化,只做到'利己杀人,寡廉鲜耻'八个字。回观孔孟之道,正量同天地,泽被寰区。此不独吾言为然,即泰西有思想人亦觉其为如此矣。"⑤1918 年底至 1920 年春,梁启超携张君劢等游历欧洲。战争的血腥污秽和战后的衰败凋零改变了梁启超对西方文明的美好

---

① 《章太炎政论选集》,中华书局 1977 年版,第 272 页。
② 参见郑师渠:《晚清国粹派文化思想研究》,北京师范大学出版社 1997 年版,第 68 页,第 131—137 页。
③ 《现代文明之弱点》,见《杜亚泉文存》,上海教育出版社 2003 年版,第 275 页。
④ 《新时代之青年》,《东方杂志》第 19 卷第 11 号,1919 年 11 月。
⑤ 《与熊纯如书》,见《严复集》,中华书局 1986 年版,第三册,第 692 页。

印象。18 年前亲见的美洲资本主义"新大陆"似成"明日黄花"。比照西方文明的灾难，反观中国文化注重心性伦理的种种优长，梁启超再也不说"孔学之不适于新世界者多矣"，而是坚信跟着孔、老、墨"三位大圣"向前走，"不知有多少境界可以辟得出来哩！"①

与东方文化派一样，对激进的新文化运动持反对态度的，还有《学衡》派。《学衡》杂志创刊于 1922 年 1 月。主事者吴宓等人"所欲审究者，新文化运动所主张之道理是否正确，所输入之材料是否精美"。② 宗旨显然是与新文化运动相抗衡。《学衡》创刊号卷首的插图并列孔子与苏格拉底像，其意义如吴宓所论："今欲造成中国之新文明，自当兼取中西文明之精华而熔铸之贯通之。吾国古今学术道德文艺典章，皆当研究之保存之昌明之，发挥而光大之。而西洋古今之学术德教文艺典章，亦当研究之吸取之译述之，了解而受用之。"③《学衡》杂志集合了柳诒徵、汤用彤、王国维、陈寅恪、蒙文通、刘盼遂、刘永济等一批学界名流。这些人并不热衷于当时颇显热闹的种种思想文化论争，不少人还与胡适等"五四"风云人物保持着良好的私谊，但其思想倾向，无疑如陈寅恪所言，还是当年张之洞的"中体西用"一路，只不过旗号变作了"论究学术，阐求真理，昌明国粹，融化新知"。鲁迅当年曾经尖锐批评《学衡》诸公"于旧学并无门径，并主张也还不配"，"于新文化无伤，于国粹也差得远"④，显然不能说是公允的评判。

从学理和学脉的意义上讲，"东方文化派"和《学衡》派，正是现代新儒家的前驱先路。梁启超的弟子张君劢，是新儒家的一员健将。《学衡》派的骨干吴宓、梅光迪也被不少论者划归新儒家的阵营。当然，与"东方文化派"和《学衡》派相比，新儒家无疑拥有更精致的学理建构和更系统的文化保守主义理论自觉。20 世纪 20 至 40 年代，列阵于新儒家营盘的，主要有梁漱溟、熊十力、冯友兰、马一浮、贺麟等人。诸位大师中，贺麟的影响相对要小一点。但是他于 1941 年发表的《儒家思想的新开展》一文，却比诸公的宏篇巨制更简明地揭示出新儒家文化保守主义的终极价值和生命机枢。他说："儒家思想，就其为中国过去的传统思想而言，乃是自尧舜禹汤文武

---

① 梁启超：《欧游心影录》，见《饮冰室合集》专集之二十三，中华书局影印版，第 36 页。
② 《论新文化运动》，《学衡》第 4 期。
③ 《论新文化运动》，《学衡》第 4 期。
④ 《估〈学衡〉》，见《鲁迅全集》第一卷，人民文学出版社 1957 年版，第 449—450 页。

周公孔子以来最古最旧的思想;就其在现代及今后的新发展而言,就其在变迁中、发展中、改造中以适应新的精神需要与文化环境的有机体而言,也可以说是最新的新思想。在儒家思想的新开展里,我们可以得到现代与古代的交融,最新与最旧的统一。"他指出:"西洋文化的输入,给了儒家思想一个考验,一个生死存亡的大考验、大关头。假如儒家思想能够把握、吸收、融会、转化西洋文化,以充实自身、发展自身,儒家思想则生存、复活而有新的发展。如不能经过此考验,度过此关头,它就会消亡、沉沦而永不能翻身。"①

在理论体系上不属于新儒家,但是思想倾向方面有明显文化保守主义特征的,还有 30 年代的一批文化人。他们中的王新命、何炳松、黄文山、陶希圣、萨孟武等十位教授于 1935 年 1 月发表《中国本位的文化建设宣言》,对于"在文化的领域中,我们看不见现在的中国了"表示忧心忡忡,进而提出"中国本位的文化建设"的思想命题,针对当时颇具声势的"西化"论调,强调"不守旧,不盲从,根据中国本位,采取批评态度,应用科学方法来检讨过去,把握现在",创造中国文化光明的未来。《宣言》在相当程度上呼应了国民党当局推行的"新生活运动",加之本身确实触及到切关社会发展宏旨的文化路向问题,所以发表后引起较为热烈的社会反响。②

20 世纪上半叶,在持续不断的思想文化论争中,中国政治变革以雷霆万钧之力向前推进。以"五四"作为自己思想源泉的中国共产党人领导中国人民用革命手段取得了 1949 年的胜利。新中国的建立,是革命的胜利,是激进主义的胜利。此后,代表以往文化保守主义最高水平的现代新儒家,在大陆地区基本失去了生存条件,而只能在海外谋取发展。1958 年年初,牟宗三、徐复观、张君劢、唐君毅四人联名在香港发表《为中国文化敬告世界人士书》,这篇四万字的长文实际上是 50、60 年代活跃于港台地区的文化保守主义者的理论宣言。这一时期,钱穆、唐君毅等创办香港新亚书院,徐复观主办《民主评论》杂志,牟宗三在台湾师范学院、东海大学等校开办人文讲座,在文化保守主义的旗帜之下,致力于他们自称的"儒学第三期"的发展,在充分开掘儒学传统的现代价值(即"返本开新")、尤其是在吸纳西

① 《文化与人生》,商务印书馆 1988 年版,第 4、6 页。
② 参见胡逢祥:《社会变革与文化传统》,上海人民出版社 2000 年版,第 155—156 页。

方康德、黑格尔哲学以阐发儒家心性哲学方面做了积极的工作。虽然他们在学术界的实际影响并非自己所期望的那么大，但是毕竟接续了100年来文化保守主义的湍流，使之不至湮灭。

20世纪80年代以后，中国改革开放洪波涌起。政治民主、学术自由的风气渐开。反思一百年来、乃至整个近代以来中国社会变迁的成败得失，成为思想解放运动在文化领域的重要表征。重新评价"五四"以来思想文化领域内保守主义、激进主义和自由主义三大系统的关系，一时形成学术"热点"。出于对长期占据强势地位的激进主义的反思，文化保守主义重新获得肯定和赞许。传统文化的研究形成热潮。重振"国学"的口号因为出自著名学者李泽厚等人之口而意义显著，影响深刻。正如有研究者所论："作为一代思想大家，李泽厚转向国学，不仅表明国学及其传统价值在80年代的现代性思考中占据重要位置，而且具有文化示范的意义。李泽厚本身的价值取向如何无关紧要，他那启示录式的姿态指认了一个知识谱系的存在，为当时的青年学子提供了回归传统本位的一个方向，为后来（90年代）重建学术规范埋下了伏笔。"①李泽厚针对牟宗三提出、杜维明鼓吹的"儒学三期说"的表层两大偏误（以心性——道德理论来概括儒学、抹杀荀学及汉代儒学）和深层两大理论困难（"内圣开外王"、"超越而内在"），提出自己的"儒学四期说"，以回应现代化带来的"个人主义"、"后现代主义"的挑战。② 作为李泽厚"转向"的背景之一，揭橥"文化中国"旗帜的杜维明等海外学人，与大陆学界交往频繁，并建立起良好的学术交流关系，这一情势也在客观上助长了文化保守主义的发育。

就理论形态的特征演化而论，20世纪中国文化保守主义有如理论山脉中迭次推耸的三层峰峦。

20世纪50年代以前，中国现实的主要课题是解决资本列强侵略围逼中的民族独立问题。服务于这一时代主题，文化保守主义以民族主义高扬为自己理论形态的主色调。也正是在这一层意义上，20世纪文化保守主义与20世纪的先驱们持有完全一致的思想立场，张之洞所谓保国、保教、保种

---

① 陈晓明语，见李世涛主编：《知识分子立场——激进与保守之间的动荡》，时代文艺出版社2000年版，第313页。

② 参见李泽厚：《己卯五说》，中国电影出版社1999年版，第2—4、14—15页。

"三事一贯而已矣"①的认识逻辑,依然支配着人们的思维。世势衰微的民国之初,章太炎致力于"用国粹激动种姓,增进爱国的热肠"。抗日战争时期,困顿于西南的马一浮在复性书院开讲日,对诸生所讲,便是如何于国家危难之际,处变知常、穷理尽性的道理。冯友兰则取《周易》"贞下起元"之意,将自己的著作称为"贞元之际所著书","以志艰危,且鸣盛世",都是将自己文化保守主义的学术追求直接服务于救亡图存、民族独立的时代目标。

20 世纪 50—70 年代,总的来看,文化保守主义处于低潮,但是,意识形态色彩的异常鲜明,为其在整个 20 世纪思想史上涂上了自己的印记。牟宗三等人不能接受马克思主义指导下的中国共产党人在大陆的胜利,自称"八年前中国遭此空前的大变局,迫使我们流亡海外,在四顾苍茫,一无凭借的心境情调之下,抚今追昔"②,"他们是在一种失去故国家园的'天涯流落儿'的特殊心态下为中国文化和儒家精神的延续而艰苦奋斗的"。③ 就此而论,港台新儒家们"流离海隅"的政治遭际大大限制了他们的客观立场、冷静心态和全面眼光,但同时也大大刺激了他们于"花果飘零"中坚守事业的韧性和创造激情。

20 世纪 80 年代以后,中国大陆形成开放格局,与港台、海外的政治、经济、文化交流全面展开。中国传统文化与西方现代文化的碰撞与交融在更大规模、更深层次上进行。文化保守主义迎来了自己新的生机与活力,影响大为扩张。其重要体现就是持有这种思想主张的大陆、港台以及外籍华人学者相互之间形成了呼应之势;而且,他们的胸襟比其前辈要开阔得多,思想更具开放性和灵活性,不像其前辈那样受强烈的政治情绪纠结所左右,看问题也相对地客观和理智得多了。④ 与以往不同的是,超越民族主义和意识形态的理性建构成为这一阶段文化保守主义的新特征。刘再复说,他曾想写三篇文章来概述中国时代变迁的主要内涵,第一篇是"从意识形态的时代到数字的时代",第二篇是"从反帝救亡的时代到民族自我调整时代",第三篇是"从史诗时代到散文时代"。⑤ 刘再复和李泽厚 80 年代同在学界

① 《劝学篇·内篇·同心第一》。
② 《为中国文化敬告世界人士宣言》,见《当代新儒家》,三联书店 1989 年版,第 2 页。
③ 方克立:《现代新儒学与中国现代化》,天津人民出版社 1997 年版,第 116 页。
④ 参见方克立:《现代新儒学与中国现代化》,天津人民出版社 1997 年版,第 60 页。
⑤ 李泽厚:《世纪新梦》,安徽文艺出版社 1998 年版,第 526 页。

拥有极大影响。他们 90 年代以后思想发生重大转折，成为新文化保守主义的代表人物。刘的上述说法，正可视为新文化保守主义表白自己有别于 30—40 年代新儒家和 50 年代以后港台新儒家的基本特征的宣言。李泽厚所谓的"儒门淡泊，已近百年，贞下起元，愿为好望。"①语句表面上似乎与冯友兰当年的说法完全一致，但言说者内心关注、焦灼的意义重心却明显有别：冯友兰在民族、国家命运，而李泽厚在社会文化走向。

三、性质论之一：传统的固守与变革的探索

关于文化保守主义"保守"之对象，余英时认为是"值得保守的现状"。因为 20 世纪的中国没有"值得保守的现状"，所以他说中国没有真正的保守主义者，只有要求不同程度变革的人而已，要求变革较少的人往往就变成了保守主义者。② 姜义华不同意余的说法，认为按照保守主义的经典意义（英国的柏克、塞西尔）来衡量，"保守主义显然并非不要变，或是要求变革较少，而只是要求使变革范围于特定的价值取向之内，范围于尊重传统、尊重权威、民族主义等范围之内。"这样看来，"保守主义者在近代以来的中国恐怕不是太少，而是太多，保守主义势力不是太弱，而是太强。"③余姜之争曾引起学术界广泛的注目。今天看来，依据洋人的某一定义来匡范中国的现实，无论如何总有削足适履之嫌。中国的文化保守主义产生于、适应于、服务于中国的现实。如此说来，20 世纪中国的文化保守主义，其"质"既有固守传统的一面，又有探索变革的一面；其"量"既不"太多"，也不"太少"，正好为社会所容纳和认可。

文化保守主义，又作文化守成主义，其本义在不浪漫、不激进，但同时也绝不墨受成规。"保守主义的原则是务实的原则，它来自历史传统与现实，只有这两者才能确定什么行得通，什么行不通。"④文化保守主义者是要固

---

① 李泽厚：《己卯五说》，中国电影出版社 1999 年版，第 31 页。
② 参见《中国近代思想史上的激进与保守》，见李世涛主编：《知识分子立场——激进与保守之间的动荡》，时代文艺出版社 2000 年版，第 10 页。
③ 《理性缺位的启蒙》，上海三联书店 2000 年版，第 99 页。
④ 刘军宁：《保守主义》，中国社会科学出版社 1998 年版，第 197 页。

守传统,但是他们理解的传统,本身就是变革中的事物。这一点,正是保守主义与守旧主义的根本区别所在。守旧主义者尊重传统,是因为传统就是传统;保守主义者尊重传统,是因为传统是因现实而变化的传统。当现实与传统发生冲突时,保守主义者总是审慎地改进传统,从而使现实成为有传统可依靠的现实。另一方面,保守主义也不同于进步主义。进步主义把现在看作是未来的起点,而保守主义则把现在看作是过去的最新进展。① 基于此等立场,章太炎等"国粹派"并不将"国粹"视为完全封闭的系统,而是认为"真新学者,未有不能与国学相契者也"。② 文化保守主义发展到新儒家一代,固守传统与探索变革二者的统一,表现得更为成熟。"返本开新"的思想路线,便是明证。牟宗三说:"真正的保守,就是切实而落于实践的创新。"③到了 20 世纪 80—90 年代,文化保守主义者在坚守传统中改造传统、在发展传统中维护传统的自觉性更趋向理性化和科学化。在杜维明看来,"西化知识分子对儒家传统进行的学术文化的批判,其结果对孔孟之道的精义不无厘清的积极作用。相反地,企图利用先圣先贤以维护既得利益的军阀政客,不仅没有达到推行孔教的目标,反而把儒家的象征符号污染了。"④也正是基于与杜维明同样的思考,李泽厚致力于使儒学"提供另一种参考系统,为创造一个温暖的后现代文明作出新的'内圣外王之道'的贡献",使儒学"在崭新的解释中获得再一次雄伟的生存力量和世界性的普泛意义"。⑤ 他主张对传统实行"转换性创造",即:"以宣传现代观念为张本,以建立未来的人性为鹄的,通过教育,来逐渐既保存又转换传统的情理深层。"⑥李泽厚进一步解释"转换性创造"与"创造性转换"的本质区别:后者"重点在于把今日的中国创造性地'转化'到西方既定的形式、模态、规范标准中去",前者则是通过"逐步改良的方式,使中国成为现代化的发达国家,

---

① 参见刘军宁:《保守主义》,中国社会科学出版社 1998 年版,第 199 页。

② 《国学讲习会序》,《民报》第 7 号。

③ 牟宗三:《现实中国之宗教趋势》,见《生命的学问》,(台北)三民书局 1970 年版,第 110 页。

④ 杜维明:《儒学第三期发展的前景问题》,台湾联经出版事业公司 1989 年版,第 278 页。

⑤ 李泽厚:《世纪新梦》,安徽文艺出版社 1998 年版,第 127 页。

⑥ 李泽厚:《世纪新梦》,安徽文艺出版社 1998 年版,第 123 页。

但不必全同于西方的形式、模态、规范，其中也包括法制体系。"①正是考虑到文化保守主义固守传统与探索变革相统一的本质特征，所以才有研究者将其视为"五四"新文化运动的组成部分，②而且这一观点得到了文化保守主义者自己的呼应。例如杜维明，就"把自己看做一个五四精神的继承者"。③

四、价值论：历史的精神遗产与未来的思想资源

20世纪的文化保守主义者，多是对传统文化有精深研究的大家。从章太炎、刘师培、熊十力、冯友兰一直到牟宗三、唐君毅、李泽厚、成中英、杜维明，他们在学术史上的声名，足以证明这一点。应当说，在清理和阐扬中华民族珍贵的历史精神遗产方面，激进主义和自由主义的思想家、学问家们一般均难以望其项背。尤其难能可贵的是，这些人具有一个共同的特点，就是学通中西，自觉运用人类文明的新成果、新方法、新思路，来整理、研究、开掘中华传统文化博大精深的道德价值和伦理精义，并取得卓越的成绩。简言之，他们都从继承历史的精神遗产与开辟未来的思想资源相结合的意义上，作出了独特的学术贡献。大致说来，这些贡献主要体现在如下方面。

（一）古今中外文化关系的学理探讨

在古今文化关系方面，文化保守主义强调文化的延续性和传统的生命力，认为第一，文化本身不可割裂。"在思想和文化的范围内，现代不可与古代脱节。任何一个现代的新思想，如果与过去的文化完全没关系，便有如无源之水、无本之木，绝不能源远流长、根深蒂固。文化或历史虽然不免外族的入侵和内部的分崩瓦解，但也总必有或应有其连续性。"④第二，传统具有永恒的生命。无论何时，传统都是生生不息的。"所谓传统，是在不断地形成中进行"，"新事物因加入到传统中而得发挥其功效，传统因吸收新事

---

① 李泽厚：《世纪新梦》，安徽文艺出版社1998年版，第517页。
② 参见方克立：《现代新儒学与中国现代化》，天津人民出版社1997年版，第94页。
③ 杜维明：《新加坡的挑战：新儒家伦理与企业精神》，三联书店1989年版，第11页。
④ 贺麟：《文化与人生》，商务印书馆1996年版，第4页。

物而得维持其生存。""我们所说的传统,是在现代化中的传统。现代化与传统,应当是彼此互相定位的关系,而不是互相抗拒的关系。"①不争的事实是,"传统还活着,还活在尚未完全进入现代化的中国亿万老百姓的心里。"②因此,文化保守主义强调"从变革过程所必须的历史连续性上,从现代化的积极的中介和杠杆功能上,重新肯定传统价值系统、意识形态和权威形态的意义和积极作用,并在这一基础上渐进地推进中国的现代化"。③

在中西文化关系方面,文化保守主义一方面肯定民族文化的本位性、独特性、多元性;另一方面肯定民族文化之间的可交融性。就前者而论,熊十力称"今日文化上最大问题,即在中西之辨"。④ 徐复观说:"在文化的共性上,我们应该承认有一个世界文化;在文化的个性上,我们应该承认各民族国家各有其民族国家的文化。并且各民族国家所反映出的文化底个性是不断地向世界文化底共性而上升。"⑤李泽厚提倡多元化的民族精神文明:"文化发展既有世界性的普遍共同趋向和法则,同时又有其多元化的不同形态和方式。不同的民族、国家、社会、地域、传统,便可以产生各种重大的不同。"⑥余英时认为,"整体地看,中国的价值系统是禁得起现代以至'现代以后'的挑战而不致失去它所存在依据的。这不仅中国文化为然,今天的西方文化、希伯来文化、日本文化、印度文化等都经历了程度不同的现代变迁而依然保持着它们文化价值的中心系统。"就后者而论,文化保守主义者本身即是融通中西文化的身体力行者。"国粹派"声明:"国粹也者,助欧化而愈彰,非敌欧化以自防。"⑦现代新儒家中,张君劢以柏格森生命哲学为重新审查民族遗产的新路;冯友兰以新实在论观照朱熹;贺麟将陆王心学与新黑格尔主义相融合;唐君毅引黑格尔的精神思辨模式分析儒家的价值取向;

---

① 徐复观:《中国人文精神之阐扬》,中国广播电视出版社 1996 年版,第 16—17、47—48 页。

② 李泽厚:《己卯五说》,中国电影出版社 1999 年版,第 19 页。

③ 萧功秦语,见李世涛主编:《知识分子立场——激进与保守之间的动荡》,时代文艺出版社 2000 年版,第 410 页。

④ 熊十力:《十力语要》卷三。

⑤ 徐复观:《中国人文精神之阐扬》,中国广播电视出版社 1996 年版,第 26 页。

⑥ 李泽厚:《世纪新梦》,安徽文艺出版社 1998 年版,第 467 页。

⑦ 《论国粹无阻于欧化》,《国粹学报》第 1 年第 7 期。

牟宗三则是攀援着康德哲学的脚手架，"上进到东方智慧的殿堂。"①20世纪90年代以后的杜维明、李泽厚等人更是主张，"儒家可以同犹太教、基督教、伊斯兰教，同佛教、马克思主义、佛洛伊德和后佛洛伊德心理学家们进行对话，并从中获益。"②"要在今天承续发展儒学传统，至少需要从马克思主义、自由主义和存在主义以及后现代这些方面吸收营养和资源，理解而同化之。"③

（二）对中国传统文化——尤其是儒家文化——的深入研究

在这方面，文化保守主义的工作重心一是肯定与阐发中国传统文化（主要是儒家文化）与时俱进、万古常新的品质；二是开掘儒家学说人文主义的现代意义。

关于前者，从儒家文化的精神立论，张君劢认为儒学本身有兼采众长的精神，因而有"永久存在的性质"。"惟有从吾国儒家'道并行而不相悖，万物并育而不相害'之精神，可以集合众家之说，而汇为一大洪流。"④更广义地讲，"中国文化本就具有一种开放融摄的精神，而能随时应变，日新又新。"⑤"儒家思想的真正常数，只在内在仁心与生生天道的体证。只有这一层是形上的真理，历万古而常新。"⑥总之，"儒学是讲究变化、发展的，而且它是尽可能吸收、接受外来的东西，最后消化外来的东西，这才是儒学的最大特点之一。"⑦从儒学的内涵立论，梁漱溟指出，"孔子的学说不是一种思想，而是一种生活。"李泽厚沿此思路进一步申发：所谓"儒学"，不仅是一种思想流派。一种学术体系，而且是融化在中华民族的行为、生活、思想、感情中的某种定势、模式，或称"文化心理结构"。"发掘、认识这种经千年积淀的深层文化心理，将其明确化、意识化，并提升到理论高度以重释资源、弥补欠缺"，正是中国现代化"转化性创造"的基础。⑧

① 黄克剑：《百年新儒林》，中国青年出版社2000年版，第225页。
② 杜维明：《儒家传统的现代转化》，中国广播电视出版社1992年版，第301页。
③ 李泽厚：《己卯五说》，中国电影出版社1999年版，第19页。
④ 《中西印哲学文集》，第576页。
⑤ 蔡仁厚：《新儒家的精神方向》，见《当代新儒家》，三联书店1989年版，第236页。
⑥ 刘述先：《儒家思想与现代化》，中国广播电视出版社1992年版，第209页。
⑦ 李泽厚：《世纪新梦》，安徽文艺出版社1998年版，第139页。
⑧ 参见李泽厚：《己卯五说》，中国电影出版社1999年版，第19页。

关于后者,文化保守主义特别突显了儒学人文主义不同于西方人文主义的特长所在。杜维明论道:儒学"代表的是一种涵盖性很强的人文主义。这种人文主义,和西方那种反自然、反神学的人文主义有很大的不同,它提倡天人合一、万物一体"。① 余英时批评在萨特的人文主义中,"人的尊严"只剩下一个空洞的选择自由;海德格尔虽然极力将人提高到"存有"——其实即上帝——的一边,最后还是落下尘埃,人的尊严依然无所保证。而在中国,"人的尊严的观念从孔子以来便巩固地成立了,两千年来不但很稳定,而且遍及社会各阶层。"②刘述先强调:中国的人文主义"不必像西方基督教超人文的精神,必须要在另一个世界才能找到生命的意义。在另一方面也不必像西方现代的寡头人文主义那样,硬要把自己和社会人群、宇宙天道整个切开,变成一个孤零零的个体,既没有生前也没有死后的安慰"。③

(三)对西方现代化过程中负面现象及其原因的分析批判

在这方面,文化保守主义的"论旨并不是要指出西方现代一无是处,必须无条件回复到古老的东方的传统才行"。问题是,"我们走入'现代以后'的阶段,现代西方的流弊已经显露无遗,许多问题已经暴露出来,迫使我们去寻求一些答案。而在这样的追寻之中,我们却又发现,古老的东方传统并不是一无是处,也不是完全僵固死去的化石,它提供出一些可能性,如果我们能够成功地把它们编织进现代的生活之中,我们就可以不断向前开创,找到一些新的出路。"④具体地说,文化保守主义的贡献如下。

其一,正确理解"进步"、"发展"的含义及其价值。现代化无疑是人类有史以来前所未有的大发展、大进步。但是,今天人们发现,"科技、经济的无条件的发展并不能增进生活的素质,给予人生以快乐或意义。"⑤发展和进步其实是一柄双刃剑。"科学工业技术的发展诚然是人类了不起的成就,但在同时它也是一项巨大的破坏性的力量",特别是对于资源、生态以及人类的道德、伦理、价值观念。文化保守主义提请人们注意:"进步观念

① 杜维明:《儒家传统的现代转化》,中国广播电视出版社 1992 年版,第 53 页。
② 余英时:《内在超越之路》,中国广播电视出版社 1992 年版,第 20—21 页。
③ 刘述先:《儒家思想与现代化》,中国广播电视出版社 1992 年版,第 202 页。
④ 刘述先:《儒家思想与现代化》,中国广播电视出版社 1992 年版,第 166 页。
⑤ 刘述先:《儒家思想与现代化》,中国广播电视出版社 1992 年版,第 187—188 页。

的滥用而反引起许多混乱；这种混乱，必然地会给社会生活以不良的影响。"①因此，人们应当避免滥用"进步"观念，特别是对于宗教、道德、艺术。总之，"对价值层次的事物而滥用进步的观念，结果常常是取消了某些事物所含的价值，乃至把人生完全降低到仅属于经验地、存在的层次。"西方社会已经出现的问题，在很大程度上，就是陷入这种认识误区的恶果。

其二，反对"科学万能"，正确把握"工具理性"与"价值理性"的关系。工业革命带动的现代化运动，是自然科学和工具理性的凯歌行进。在这一背景下，"以动力横决天下，已变成世界上广泛接受的基本价值。"②发生于20世纪20年代的"科学与人生观"论战中，张君劢所竭力论证的人生观问题的真解决，"决非科学所能为力，惟赖诸人类自身而已"，无非是为价值理性在工具理性的一统天下中争一个平等的地位。几十年过去了，徐复观继续着当年张君劢的工作。他分析道："科学世界常常要在价值世界中去追溯其源泉，并反转过来成为满足价值世界的一种手段。""现代世界文化的危机，人类的危机，是因为一往向外的追求，得到了知识，得到了自然，得到了权，却失掉了自己，失掉了自己的性，即所谓'人失其性'的结果。"针对于此，"中国文化是一种以仁为中心的'复性'的文化。提撕中国文化的真精神，是一种'复性''归仁'的运动。这不仅是中国文化自己的再生，也是中国人在苦难的世界中对于整个人类文化反省所作的贡献。"③

其三，破除个体与群体的对立，建立和谐的人际关系和社会秩序。韦伯认为，清教伦理是现代化运动的思想动力。清教伦理所凸显的个人主义促成了一种体系，"这种体系强调自我利益、抗衡关系、竞争性、适者生存、放任主义、市场结构、科学与技术以及社会职能的专业化。"④在这个体系中，西方社会"所培养的是一些能力极强充满了竞争精神但求自利的个人。然徒法不足以自行，过分轻视人治和品德的观念，当然免不了会产生好多流弊"⑤。例如绝对的利己主义、冷漠的人际关系、权利意识高扬而责任意识淡薄，等等。要而言之，"欧洲文化的难题，是在个体与全体的冲突上面。

---

① 徐复观：《中国人文精神之阐扬》，中国广播电视出版社 1996 年版，第 31 页。
② 杜维明：《儒家传统的现代转化》，中国广播电视出版社 1992 年版，第 389 页。
③ 徐复观：《中国人文精神之阐扬》，中国广播电视出版社 1996 年版，第 162—163 页。
④ 杜维明：《儒家传统的现代转化》，中国广播电视出版社 1992 年版，第 373 页。
⑤ 刘述先：《儒家思想与现代化》，中国广播电视出版社 1992 年版，第 165 页。

而儒家在这一点上,却提供了一条可走之路。"儒家伦理强调的责任感、社会团结、社会和谐、重视个人的自我修养和自我约束,恰好可以救正西方社会的如上病症。"它倡导的不是个人主义,而是我们对一个更大的实体的承诺,这个实体可以是我们的家庭、我们的公司、我们的集体或者我们的国家。"①

五、性质论之二:意识形态与社会心理

文化保守主义所要表达的是一套完整的价值系统。作为价值系统,它既可以是某种特定的意识形态,又可以是一般的社会心理。从历史发生学的角度看,在西方,保守主义直到 19 世纪才正式成为一种意识形态。而在此前,"保守"作为以谨慎态度对待任何变革的心理倾向、气质、行为模式和生活方式,在民间已经有长久的存在。② 之所以如此,是因为"天然的守旧思想是人们心灵的一种倾向"。③ 对一般民众而言,在承认经验、传统和权威的前提下试图谨慎地改善现状,总比断然打破全部既有的坛坛罐罐容易接受。尤其是在历史悠久、文明遗产丰厚的中国,文化保守主义作为一种社会心理,拥有异常广阔雄厚的民众基础,拥有鲜明的"公众性",就是非常容易理解的必然。

另一方面,作为意识形态的文化保守主义,因为其承载的社会集团(或共同体)利益要求、政治统治合法性证明和社会导向功能,所以具有更鲜明的"非公众性",而这一点,恰与作为社会心理的文化保守主义相左。值得研究的是,20 世纪中国文化保守主义,在大多数情况下(指在大多数代表人物的自觉意识中和大多数影响范围内),总是呈现出上述两类性质相混合的状况。也就是说,文化保守主义的诸多论述,既是在申明特别的政治意志和文化主张,又是在梳理、表达和提升一般的社会心理。

区分文化保守主义的这两重性质,意义在于提请研究者注意,第一,作为意识形态的文化保守主义确实与现实政治关系密切,如唐君毅、牟宗三、

---

① 杜维明:《儒家传统的现代转化》,中国广播电视出版社 1992 年版,第 374 页。
② 刘军宁:《保守主义》,中国社会科学出版社 1998 年版,第 19 页。
③ 休·塞西尔:《保守主义》,商务印书馆 1986 年版,第 3 页。

徐复观等人敌视马克思主义,自觉将其学说与台湾当局倡导的"中华文化复兴运动"相配合。对此,我们不应该也没必要刻意回避,"怕人家认为我们的意识形态味道太浓,尽量减少政治色彩。"①特别要指出的是,20世纪100年间,中国社会集团(或共同体)的分合聚裂令人眼花缭乱,政治统治屡经更迭,不同社会导向之间的分歧和同路并存。这些因素的综合,更要求我们在分析意识形态层面上的保守主义时,尤其应当谨慎小心。正如有研究者所论,保守主义除了现代新儒家之外,还包括孔教派、国粹派以至国民党戴季陶、陈立夫的哲学。② 显然,对于这些同属保守主义的不同派别在意识形态意义上的区别,是要严格分清的。第二,对于作为意识形态的文化保守主义,其学理的科学意义应当得到尊重。③ 即便是对于"要改良不要革命"一类的主张,也不宜过于纠缠其是否全盘否定了中国人民几十年的革命成果,而应该在分析这一观点是否有助于人们科学地认识历史规律、切实推进现实社会的进步方面多作研究。第三,"从现实性来说,作为一种意识形态的保守主义必须同某种行动建制相结合,才能显现出具体的内容和主张。"④就此而论,无论是建立"新权威主义"的政治架构,还是在某地设立"儒教实验区",在目前情况下,都无现实可能。第四,因为文化保守主义兼有意识形态和社会心理两重性质,我们不可不分具体分析对象和时空条件,将所有文化保守主义的言论、主张,一律置于意识形态的层面加以评判。第五,从20世纪100年的实际历史表现看,作为社会心理的保守主义的意义、作用和影响,远远大于作为意识形态的保守主义。在中国,作为社会心理的保守主义,拥有比激进主义和自由主义远为宽厚的民众基础和顽强的传统力量。我们应当承认文化保守主义对民众思想实际影响的历史必然性和合理性,同时又要引导人们真正以健康、科学、乐观的心态,尊重历史,善待当下,创造未来。

在结束本文之前,笔者要特别声明的是,本人并非文化保守主义者。以

---

① 方克立:《现代新儒学与中国现代化》,天津人民出版社1997年版,第8、201页。

② 方克立:《现代新儒学与中国现代化》,天津人民出版社1997年版,第24页。

③ 阿尔都塞和卢卡奇将意识形态与科学完全对立起来,而马克思则改造了特拉西的思想,在历史唯物主义理论构架中肯定了意识形态的科学地位。(参见杨生平:《关于意识形态概念的理解问题》,《哲学研究》1997年第9期)

④ 王思睿语,见李世涛主编:《知识分子立场——激进与保守之间的动荡》,时代文艺出版社2000年版,第412页。

上从学理方面对文化保守主义所作的积极评价,也不意味着对其理论体系的全面肯定。实际上,文化保守主义由于自身理论趋向而存在的缺弊,也对 20 世纪的中国历史产生了消极的影响。这突出表现为两点:其一,后顾性的文化价值取向。文化保守主义也讲创新,但其创新的根据在于常识、经验和传统。这种理论趋向在"新儒家"那里有一个极为简明的表述——"返本开新"。"返本"是"开新"的绝对前提和唯一根基。这种后顾性的文化价值取向必然严重限制文化保守主义的眼界和视角,无法以真正健康的心态,迎接新的知识经济时代、民主法制社会的到来,"不可能使儒家的文化理想与时代的发展之间建立一种真正良性的互动关系"①。其二,泛道德主义的价值取向。保守主义最引以为自豪的,是中国文化无与伦比的道德学说体系和道德实践体系。"中体西用"派和"国粹"派强调道德垂训的现实社会功用,而新儒家则最终完成了道德本体化的论证。作为学理的探讨,将道德本体化当然不是什么"错误"。但是,一旦问题进入现实的社会生活,道德本体化极易产生的消极后果是泛道德主义价值取向的偏颇。在要求人的个性和创造精神全面发展的时代,在要求社会经济、政治、文化全面发展的今天,仍然将人的一切活动的价值取向伦理化,其误导作用是必须警惕和防止的。

文化保守主义对于中国传统文化的研究,已然取得重要的成就。儒学的"内圣外王"之学,也确实有它的精彩之处。但是,这一套理论能否以及如何在现代化过程中发挥作用,文化保守主义者寄希望于对它的新"解释"。刘述先说,"这里就需要眼光,需要手段,一定要通过善巧的解释,把握到传统的真精髓。"②李泽厚则"但愿"儒学"在崭新的解释中获得再一次雄伟的生存力量和世界性的普泛意义"③。"内圣外王"作为儒学的架构体系,当然有一个"解释"的问题。这种解释,对于研究过往的文化遗产,是无可厚非的。但是,希望通过"善巧"的、"崭新"的"解释"来赋予"内圣外王"以中国甚至世界现代化的指针的意义,则未免过于一厢情愿。无论文化保守主义者的愿望多么强烈,这都是一场无法实现的"世纪新梦"。

(原载《河北学刊》2005 年第 3 期)

---

① 方克立:《现代新儒家与中国现代化》,天津人民出版社 1997 年版,第 243 页。
② 刘述先:《儒家思想与现代化》,中国广播电视出版社 1992 年版,第 176 页。
③ 李泽厚:《世纪新梦》,安徽文艺出版社 1998 年版,第 127 页。

近代中国文化民族主义与
文化保守主义关系之探讨

　　在中国近代思想史研究领域,文化民族主义与文化保守主义存在着畛域不清的问题。例如,现代新儒家的若干代表人物,便往往被简单界定为文化民族主义者,而义和团的极端排外行为,又被某些研究者认定为文化保守主义的表现。厘清文化民族主义与文化保守主义的定义及相互关系,是本文的主题。

　　在进入正题之前,有必要对民族与民族主义、民族主义与文化民族主义之关系略作梳理。

　　民族何以产生? 何时产生? 马克思恩格斯认为,民族和国家从部落发展而来。[①] 黑格尔则说:"只有形成了国家的民族才具有更高的品格。民族不是为了产生国家而存在的,民族是由国家创造的。"[②]与此不同,列宁却认为,"民族是社会发展的资产阶级时代的必然产物和必然形式。"[③]具体到中国的情形,我们看到,"中华民族"的概念虽然迟至 20 世纪初才由梁启超提出,但是作为统一国家框架下的民族实体,从秦、汉以降直到晚清的"中华民族",却有着 2000 多年的历史。如果不拘泥于政治大一统的绝对尺度,那么春秋战国甚至夏、商、周时代便已有了华夏族的实际存在。

　　"以注重族别之分和族类自我体认为旨趣的民族观念,并非只是到近代才出现。"[④]就此而论,"非我族类,其心必异"其实就是春秋时期华夏族的文化民族意识的清晰表达。孔子"微管仲,吾被发左衽矣"[⑤]的感慨,也是

---

① 参见《马克思恩格斯选集》第 4 卷,人民出版社 1995 年版,第 381 页。

② 转引自王缉思:《民族与民族主义》,《欧洲》1995 年第 5 期。

③ 《列宁选集》第 2 卷,人民出版社 1995 年版,第 600 页。

④ 冯天瑜:《中国近世民族主义的历史渊源》,《湖北大学学报》1994 年第 4 期。

⑤ 《论语·宪问》。

这种意识的流露。章太炎因此认为,"民族主义,自大古原人之世,其根性固已潜在,远至今日,乃始发达,此生民之良知本能也。"①孙中山也说:"盖民族主义,实吾先民所遗留,初无待于外烁者也。"②

这里应当讨论的问题的是民族观念、民族意识与民族主义的关系。近代西方学者一般认为,民族主义是资本主义时代独立的民族国家产生以后才出现的社会思潮。那么,古代中国是不是一个"独立"的"民族国家"?(这一问题的另一种发问方式是:近代中国是不是一个"非独立"的"非民族国家"?)如果是,那么中国的民族主义就不应该从近代讲起。如果不是,那么古代中国是什么"国家"? 按照马克思恩格斯的民族理论,古代中国是民族国家。而按照列宁的民族理论,近代中国才有可能谈及民族国家问题。汉代、唐代有没有与外国、异族、异族文化打交道的问题? 佛教的传入,是不是这种性质的问题? 当时的中国人,有没有民族意识、民族精神? 费孝通的认识:"中华民族作为一个自觉的民族实体,是近百年来中国和西方列强的对抗中出现的,但作为一个自在的民族实体则是几千年的历史过程所形成的。"③是否自觉的民族实体才有民族主义,而自在的民族实体则没有民族主义? 吕思勉说:"中国自宋以后,受异族的压迫渐次深了,所以民族主义,亦渐次勃兴。"④笔者认为,不管怎么说,古代中国就有民族观念、民族意识应该是没有疑问的。张灏将其称为"传统的族群中心意识",他的解释是,近现代以前住在中国本土的大多数汉人,长久以来都有一种同文同种的意识与感觉,他们有共同的自我称谓、共同的文字、共同的风俗道德、共同的仪节和共同的历史记忆。⑤ 可以认定,民族意识(或曰族群意识)就是民族主义的内在根据。西方学者伯林认为,人类社会的民族意识由来已久,但民族主义则是近代独有的现象,"民族主义是一种被燃烧起来的民族意识",是"把民族意识与感情上升到有意识的学说并被许多社会观察家认定是一种

---

① 章太炎:《驳康有为论革命书》,见《章太炎政论选集》上册,中华书局 1977 年版,第 194 页。

② 《孙中山全集》第 7 卷,中华书局 1985 年版,第 60 页。

③ 费孝通等:《中华民族多元一体格局》,中央民族学院出版社 1989 年版,第 1 页。

④ 转引自李世涛主编:《知识分子立场——民族主义与转型期中国的命运》,时代文艺出版社 2000 年版,第 222 页。葛兆光也认为中国在宋代已形成了民族国家,详见《重建"中国"的历史论述》,《二十一世纪》2005 年 8 月号。

⑤ 参见张灏:《幽暗意识与民主传统》,新星出版社 2006 年版,第 169 页。

力量和工具",它是一种危险的意识形态。① 如果我们不拘泥于西方学者的民族主义定义,那么,称中国古已有之的民族(族群)观念、民族(族群)意识为民族主义思想,也是可以成立的。对此问题,学者多有论列。冯天瑜曾专论"中国近世民族主义的历史渊源",认为传统的"华夷之辨"民族观是近代民族主义的主要思想来源。② 张灏更为精确地指出,中国"现代民族主义是由传统的族群中心意识垫底与转化而产生"③。正因为如此,前引章、孙之论才被我们接受,郑大华才会认为,中国近代的民族主义既是传统的民族主义思想在近代的转型,也是西方近代民族主义思想在中国的引进,"二者兼而有之"。④

关于民族主义与文化民族主义的关系,实质是对作为认识对象的民族主义的结构剖析。民族主义可依时代而有传统民族主义、近代民族主义之分,依认知本位而有大民族主义、小民族主义之分,也可依其涉及的社会生活的领域,而有政治民族主义、经济民族主义、文化民族主义之分。以上各种分法均有立论的依据,不妨并存,由研究者按需选择。

下面进入正题,讨论文化民族主义与文化保守主义的关系。

简单地说,文化民族主义与文化保守主义既有关联,更有区别。

先说关联:

文化民族主义是文化保守主义的基本立场、感情基础和理论的出发点。就此而论,文化民族主义与文化保守主义不是对立的关系,而是有着密切的关联。

文化民族主义可以涵盖文化保守主义,但不等同于文化保守主义。文化民族主义是一个十分宽泛的概念。健康的、不健康的,广博的、狭隘的,理性的、非理性的,都包含在其中。⑤ 中国有杨光先、徐桐式的文化民族主义

---

① 转引自林同奇:《"民族"、"民族国家"、"民族主义"的双重含义》,《二十一世纪》2006年4月号。

② 参见冯天瑜:《中国近世民族主义的历史渊源》,《湖北大学学报》1994年第4期。

③ 张灏:《幽暗意识与民主传统》,新星出版社2006年版,第169页。

④ 《中国近代民族主义的来源、演变及其他》,《史学月刊》2006年第6期。

⑤ 史华慈因此有"良性的文化民族主义"-benignculturalnationalism-之说,转引自林同奇:《"民族"、"民族国家"、"民族主义"的双重含义》,《二十一世纪》2006年4月号。耿云志先生也提出"理性的民族主义"的问题,详见《中国近代思想史上的民族主义》,《史学月刊》2006年第6期。

者,有张之洞、辜鸿铭式的文化民族主义者,甚至还有胡适式的文化民族主义者①。相比之下,文化保守主义则是相对精确的一个概念,这个概念可以容纳张之洞、辜鸿铭,却不能容纳杨光先、徐桐,也不能容纳胡适。所以我们说文化保守主义者属于广义的文化民族主义者,但是,广义的文化民族主义者不都是文化保守主义者。

从理论发生的历史与逻辑相一致的顺序分析,文化民族主义在前(民族意识中国古已有之),而文化保守主义在后(近代以后才出现)。后者是在前者经验的基础上,理性思考的结晶。即从思考中西文化关系问题,引出古今文化关系问题,并将二者纳入统一的系统之中。

再说区别:

文化民族主义可以体现为民众情绪、思想观念、理论学说、价值体系、社会运动,而文化保守主义一般只会以社会心理、思想观念、理论学说、价值体系的形式出现。

从概念确立的思维坐标分析,文化民族主义只考虑了一维:即如何认识并处理中国文化与外来文化(西方文化)的关系;而文化保守主义则考虑了两维:既要认识并处理中国文化与外来文化(西方文化)的关系,又要认识并处理古代文化与当今文化的关系。现代新儒家的代表人物、典型的文化保守主义者冯友兰强调:讨论中西文化关系,关键在"别共殊"。他认为,文化的"共相"与文化的时代类型相贯通,而文化的"殊相"则与文化的民族特性相联属。因此,比较中西文化,既要看"殊相",更要看"共相"——"西洋文化之所以是优越底,并不因为它是西洋的,而是因为它是近代或现代的。我们近百年来之所以到处吃亏,并不是因为我们的文化是中国底,而是因为我们的文化是中古底。"②这一段话对我们理解文化民族主义与文化保守主义的区别,有重要的标识意义——文化民族主义强调文化的"殊相",而文化保守主义则既重"殊相",也重"共相"。

文化民族主义有健全、不健全,理性、非理性之分,而文化保守主义则没有这样的区分。

---

① 胡适的传统考据功夫十分了得,而且"一到国外便当仁不让,摇身一变成为中国文化的捍卫者"(阮炜:《政治民族主义与文化民族主义》,见李世涛主编:《知识分子立场——民族主义与转型期中国的命运》,时代文艺出版社 2000 年版,第 118 页)。

② 冯友兰:《三松堂全集》第四卷,河南人民出版社 1986 年版,第 225 页。

　　文化民族主义一旦与政治运动结合，相对于民族国家而言，既可能是积极的、强劲的凝聚力，也可能是消极的、猛烈的分裂力。而文化保守主义则很难与政治运动结合，一般或停留在社会心理层面，或上升到意识形态、思想学说的层面。

　　文化民族主义典型的表现是激情与冲动，既可以引发积极的爱国主义，鼓舞人民以激烈的方式争取民族的独立、解放，也可以引发消极的盲目排外主义乃至反动的民族沙文主义、法西斯主义、种族优越论等极端的理论指向。而文化保守主义典型的表现是分析与论理，一般会引向温和的、渐进的改革路径。文化保守主义是理性的文化民族主义的经典形式和重要体现。

　　文化民族主义在发动公众，一致对"外"的社会行动方面有天然的优势，而文化保守主义在争取公众的理解，竭诚守"内"的心理修养方面有天然的依据。从这个意义上讲，文化保守主义较之文化民族主义具有更丰厚的学理内涵和文化意蕴。

　　在近代中国，文化民族主义往往与文化种族主义划不清界限（如梁启超所谓的大、小民族主义的理论模式下，立足于汉民族立场的反满的文化民族主义，其实就是文化种族主义）。而文化保守主义一般不会在"保守"对象上发生民族文化或种族文化的混淆。文化民族主义往往与文化种族主义划不清界限，是因为中国的民族意识古已有之，而中国古代的民族问题非常复杂，其间既有自身内部的矛盾（如汉族与周边少数民族之间的利益冲突），也有与外国异族的矛盾（如汉、唐、宋、元、明、清各代中央朝廷对外关系所涉及的内容）。更令人头疼的是，以上所谓的"内""外"之别，有时很难讲清。例如岳飞抗金，是民族主义壮举还是种族主义的自卫？

　　胡适说，"民族主义有三个方面：最浅的是排外；其次是拥护本国固有的文化；最高又最艰难的是努力建设一个民族的国家。"[①]文化保守主义则没有如此的层次之分。

　　"激烈反传统主义是以政治上的民族主义与一种本应健康发展却未能健康发展的文化民族主义之间的不平衡为基本内涵的。"[②]所以人们往往能

---

　　① 转引自李世涛主编：《知识分子立场——民族主义与转型期中国的命运》，时代文艺出版社 2000 年版，第 225 页。
　　② 阮炜：《政治民族主义与文化民族主义》，见李世涛主编：《知识分子立场——民族主义与转型期中国的命运》，时代文艺出版社 2000 年版，第 116 页。

看到矛盾的现象:激进的民族主义者或者是偏颇的"全盘西化"者,或者是僵化的文化本位论者。与这种矛盾现象相对,文化保守主义则试图在两者之间把握一个合适的"度"。

资本主义的现代化,含有价值的普世化趋势。我们不能说文化民族主义一概反对现代化,但是可以断言它反对价值的普世化。非理性的文化民族主义可能表现为简单的"反"现代化,如杨光先、徐桐,如义和团的盲目排外,但是理性的文化民族主义如文化保守主义其实是在思考如何"应对"现代化,因而表现出明显的"现代性"。例如有的学者就认为:"新儒家作为文化民族主义的象征,其现代性深藏在具体的学理和研究方法之中。"①

在近代中国,"保种"(民族主义)"保国"(政治民族主义)"保教"(文化民族主义)之间的关系,始终困扰国人。张之洞说:"吾闻欲救今日之世变者,其说有三:一曰保国家,一曰保圣教,一曰保华种。夫三事一贯而已矣。"三者之间的关系,"保种必先保教,保教必先保国。"②"保国",即在资本主义现代化的世界格局下,维护中国现代主权民族国家的政治地位;"保教",即在西方基督教文化的强势扩张局面下,维护中国文化传统的命脉延续;"保种",即在前二者的基础之上,维护中华民族在现代化的激烈竞争中"自立于世界民族之林"。"保教"的文化民族主义强调反抗的一面(如以儒家"内圣"之学反抗功利主义、工具理性),"保国"的政治民族主义强调建设的一面(如牟宗三所论之民主、科学的"新外王")。两者之间的差异体现了国家建设中民族性与现代性两种取向之间的内在紧张。③ 而作为理性的文化民族主义的文化保守主义则正是试图消解这一紧张。"对现代性的批评和反思是中国现代性思想最为重要的特征之一。"④对现代性的批评和反思,正是文化保守主义所关心的问题,而绝不是一般意义上的文化民族主义所关心的问题。

文化民族主义,就是坚持历史形成的传统民族文化价值不容否定、不应忽视、不可取代的社会心理和理论主张。文化保守主义,就是坚持传统文化

---

① 李喜所:《关于民族主义现代性的宏观思考》,《史学月刊》2006 年第 6 期。
② 《劝学篇·同心》。
③ 陶东风:《社会转型与当代知识分子》,上海三联书店 1999 年版,第 26—36 页。
④ 李世涛主编:《知识分子立场——自由主义之争与中国思想界的分化》,时代文艺出版社 2000 年版,第 116 页。

变与不变相统一、民族文化的个性与时代文化的共性相统一、文化的返本与开新相统一的社会心理和理论主张。

　　归根结底，文化民族主义以维持现代化的民族文化基础为根本旨归，而文化保守主义则是以实现民族文化的现代化为根本旨归。

（原载《新视野》2007 年第 4 期）

近代中国自由主义：不结果实的精神之花

　　与激进主义、保守主义并为近代中国三大思潮的自由主义，给后人留下了珍贵的理论遗产和思想教训。回顾这一未结果实的精神之花的生命历程，并探讨其中的原因，是本文的任务。①

一、变异的思想种籽

　　同样是思想引领社会运动，在西方是社会运动孕育思想，思想反哺社会；而中国则是社会运动寻找思想，思想干预社会。孕育，则生命机理自然流畅；寻找，则带有强烈的功用方面的考虑，无须顾及理论的圆熟与平允。从这个意义上讲，自由主义的思想种籽落入中国大地之初，其品质和基因就与原产地的正宗祖先不相一致。所谓"橘逾淮而为枳"，外在条件固然重要，但内在的生理基因，更是问题的关键。

　　19 世纪 90 年代，康有为选择了政制改革，作为国家、民族现代化的突破口。与此同时，严复却从更为根本的思想启蒙的层面上，开始了中国自由主义的思想探索之路。严复这样做的基本思路是："及今而图自强，非标本并治焉，固不可也。不为其标，则无以救目前之溃败；不为其本，则虽治其标，而不久亦将自废。标者何？ 收大权、练军实，如俄国所为是已。至于其本，则亦于民智、民力、民德三者加之意而已。果使民智日开，民力日奋，民德日和，则上虽不治其标，而标将自立。"②严复从"治本"着眼，提出"今日要政，统于三端：一曰鼓民力；二曰开民智；三曰新民德"③。而此三端，又可

---

　　① 在时间段限上，本文以 20 世纪 40 年代末为下限。
　　② 《严复集》第一册，中华书局 1986 年版，第 14 页。
　　③ 《严复集》第一册，中华书局 1986 年版，第 27 页。

进一步归结为实现真正的个体自由："富强者，不外利民之政也，而必自民之能自利始；能自利自能自由始；能自由自能自治始；能自治者，必其能恕、能用絜矩之道者也。"①

在同时代知识分子中，严复被尊为"中国西学第一者"②。唯有他，慧眼独具，提出"以自由为体，以民主为用"③的深刻命题。在他看来，近代西方文化之命脉，正在"于学术则黜伪而崇真，于刑政则屈私以为公"，"斯二者与中国理道初无异也。顾彼行之而常通，吾行之而常病者，则自由不自由异耳"④。

针对传统因袭之下，国人对于"自由"的一贯误解与偏见，严复辨正道："中文自由，常含放诞，恣肆，无忌惮诸劣义。然此自是后起附属之诂，与初义无涉。初义但云不为外物拘牵而已，无胜义亦无劣义也。"⑤"夫自由一言，真中国历古圣贤之所深畏，而从未尝立以为教者也。彼西人之言曰：唯天生民，各具赋畀，得自由者乃为全受。""自由"是近代西方价值观念系统的核心，"中国理道与西法自由最相似者，曰恕，曰絜矩。然谓之相似则可，谓之真同则大不可也。何则？中国恕与絜矩，专以待人及物而言。而西人自由，则于及物之中，而实寓所以存我者也。自由既异，于是群异丛然以生。"⑥

严复为自由正名，为自由鼓吹，标志着中国自由主义的呱呱坠地。戊戌时期，当康有为们为政治体制的改革奔走呼号之时，严复却端坐书斋之中，翻译《天演论》，连续发表《论世变之亟》、《原强》、《辟韩》、《救亡决论》等著名论文，奠定了中国自由主义思想的若干理论基点，如认识论上的实证主义、伦理论上的个体主义、历史观上的进化论、经济思想上的放任主义⑦，等等。关于严复对西方自由主义的解释，有人认为他"误读"了穆勒。⑧ 其实，以严复的西学造诣，他绝不至于"误读"谁的思想。他"做"《天演论》（鲁迅

① 《严复集》第一册，中华书局 1986 年版，第 14 页。
② 康有为语，见国史学会编：《戊戌变法》第 2 册，神州国光社 1953 年版，第 525 页。
③ 《严复集》第一册，中华书局 1986 年版，第 11 页。
④ 《严复集》第一册，中华书局 1986 年版，第 2 页。
⑤ 《群己权界论·译凡例》，见《严复集》第一册，中华书局 1986 年版，第 132 页。
⑥ 《论世变之亟》，见《严复集》第一册，中华书局 1986 年版，第 3 页。
⑦ 参见胡伟希等：《十字街头与塔》，上海人民出版社 1991 年版，第 23—32 页。
⑧ 20 世纪 40 年代，贺麟认为严复的译文对"富强之术"的关怀超过了对"提倡放任、容忍、自由、平等的民主思想"的关切。（参见《当代中国哲学》，南京胜利出版社 1945 年版，第 21 页）此后，关于严复"误读"穆勒的说法，几近学界公认。

语），其实是综合赫胥黎和斯宾塞的思想因子，"于自强保种之事，反复三致意焉"①。同样的道理，他对穆勒思想的阐释，也是服从于中国现实社会政治生活的理论需求，所谓"身贵自由，国贵自主"②。更何况穆勒的思想中，本来就含有如下内容：个人与群体是高度一致的，甚或在极端的情况下个人权利要暂时让位于国群的利益。③ 严复形诸笔墨的自由主义观，不仅依据他内心对于西方思想源头的理解和把握，更要考虑到受众的心理反应。"他既要关切他的工作是否是为中国图谋的'对症之药'，还要考虑是否会'过触时讳'。"④其良苦用心，青史可鉴。⑤

与严复的思路一致，但情绪更热烈的梁启超，"誓起民权移旧俗，更研哲理牖新知"⑥，也是将"自由"一说引入中国的功臣。他在《新民说》中，赞美璀璨的"自由之花"，庄严的"自由之神"，揭示"自由者，天下之公理，人生之要具，无往而不适用者也。""不自由，毋宁死，斯语也，实十八九两世纪中欧美诸国民所以立国之本原也。"他将自由划分为政治、宗教、民族、生计四个方面的内容，其间明显糅合了西方几百年间自由主义思想的主要精华，而不是专述某人某派的思想。⑦ 与严复"于自强保种之事，反复三致意焉"的思路基本一致，梁启超引入"自由"观念，根本目的是要解决近代中国在列

---

① 严复：《译〈天演论〉自序》。

② 《原强修订稿》，见《严复集》第一册，中华书局 1986 年版，第 17 页。

③ 参见王艳勤博士学位论文《近代中国自由主义人权思想谱系研究》（未刊稿），第 102 页。

④ 章清：《"国家"与"个人"之间》，《史林》2007 年第 3 期。萨伊德指出，称某文为某文的误读，或把这种误读看成一种通常的理解性错误，无异于"无视历史和具体事件发生的环境"（转引自许纪霖编：《二十世纪中国思想史论》上卷，东方出版中心 2000 年版，第 238 页）。

⑤ 可与严复的以上考虑相印证的是，20 世纪 30 年代发生于自由主义知识分子中的"民主与独裁"的论战中，张佛泉就认为，穆勒的自由论"一方面是个人主义的，一方面是功利主义的"。他明确反对社会对于个人自由和个性发展的绝对不干预，认为，"这种自由概念，在今日的中国是不该存在的。中国人素来不很晓得什么是社会干涉。所以有人说中国人是世上最自由的也同时是最不自由的。我觉得目前在道德哲学上最要紧的一件事，便是要使我们把个人与社会打通，而不是更籍荒诞的理论加深已存在多年的个人与社会间的鸿沟。"（《国闻周报》第 12 卷第 3 号，1935 年 1 月 15 日）

⑥ 梁启超：《自励》，《饮冰室文集》之八十七。

⑦ 正如有研究者所指出：梁启超"不仅将欧洲大陆理性主义的自由主义同英国经验主义的自由主义硬扯在一起，而且一度更醉心与大陆理性主义的自由主义"（胡伟希等：《十字街头与塔》，上海人民出版社 1991 年版，第 141 页）。

强环视的国家环境下如何维护实现民族独立和国家主权的问题。这就从思想的动机方面埋下了混淆自由主义与民族主义的根苗。在梁启超看来，"民族主义不仅可以与自由主义并行不悖，甚至还反过来，自由主义只是达到或完成民族主义的一种手段。"①

"五四"新文化运动，是中国思想史、文化史上继春秋战国之后，两千年一遇的"百家争鸣"的活跃时期。秩序的失范、信仰的失落、权力的失控，为形形色色的观念、思潮、派别、党团如雨后春笋般的冒尖、生长，提供了千载难逢的好机遇。与保守主义抬头、激进主义崛起的同时，自由主义也进入了自己的"黄金时期"。胡适是这一时期自由主义的典型代表人物。

胡适早年留学美国康奈尔大学，其时他的思想十分接近于严复的"新民"、"治本"说。他在给国内友人的一封信中曾表白："适近来别无奢望，但求归国后能以一张苦口，一支秃笔，从事于社会教育，以为百年树人之计，如是而已。……明知树人乃最迂远之图，然近来洞见国事与天下事均非捷径所能为功。七年之病，当求三年之艾，倘以三年之艾为迂远而不为，则终亦必亡而已矣。"②

回国之初，胡适仍然决心"二十年不谈政治"，但国内思想界空前的活跃状况，特别是保守主义、激进主义咄咄逼人的势头，严重冲击着胡适内心的自由主义理想，他终于改变初衷，"于是发愤想谈政治"③，成为"五四"时代最为活跃的政论家之一。也正是在一系列的论战争鸣中，胡适将自由主义的现代化主张阐发得淋漓尽致。在胡适看来，"'五四'运动的意义是思想解放，思想解放使得个人解放，个人解放产生的哲学是所谓的个人主义的政治哲学。"④他在著名的《易卜生主义》一文中说："社会最大的罪恶莫过于摧折个人的个性，不使他自由发展。""社会国家没有自由独立的人格，如同酒里少了酒曲，面包里少了酵母，人身上少了脑筋，那种社会国家决没有改良进步的希望。"对于如何发展个人的个性，胡适提出两个条件："第一，须使个人有自由意志，第二，须使个人担干系，负责任。"⑤具体到负什么责

---

① 胡伟希等：《十字街头与塔》，上海人民出版社 1991 年版，第 142 页。
② 《胡适留学日记》，台北 1959 年版，第 832—833 页。
③ 胡适：《我的歧路》，《努力》周报第 7 期，1922 年 6 月 18 日。
④ 《个人自由与社会进步》，《独立评论》第 150 号，1935 年 5 月 12 日。
⑤ 《易卜生主义》，见《胡适文存》第一集卷四，上海书店 1989 年版，第 35 页。

任,胡适强调"小我"不仅要对自己负责,更要对"大我"负责。"我这个现在的'小我',对于那永远不朽的'大我'的无穷过去,须负重大的责任;对于那永远不朽的'大我'的无穷未来,也须负重大的责任。"①至于如何改造社会,如何对"大我"的未来负责,胡适反对高谈任何"主义","我们真正的敌人是贫穷、是疾病、是愚昧、是贪污、是扰乱。这五大恶魔是我们革命的真正对象,而他们都不是用暴力的革命所能打倒的。"②胡适是杜威的忠实信徒。他的"小我"对"大我"负责论,他对解决具体社会问题的高度重视,正是杜威"实验主义"牌号自由主义的中国版。

胡适的自由主义思想,远谈不上多么"纯正"。他一方面钟情于资本主义的民主政治,同时又对苏俄的社会主义运动表示极大的兴趣。"十九世纪以来,个人主义的趋势的流弊渐渐暴白于世了,资本主义之下的苦痛也渐渐明瞭了。远识的人知道自由竞争的经济制度下,不能达到真正'自由、平等、博爱'的目的。……这个社会主义的大运动现在还正在进行的时期。但他的成绩已很可观了。"③胡适主张"新自由主义"或"自由的社会主义",以与古典的自由放任的自由主义相区别。他甚至发问:"为什么(中国共产党)一定要把自由主义硬送给资本主义?"④

中国自由主义的源头在西欧。西方自由主义是资本主义经济运动与政治革命的理论结晶,尽管其间也有不同派别的差异和论争,但其自身的思路缜密,体系完备,则是没有疑问的。在中国,少数受过良好西方教育的知识分子接受自由主义的理论动因,在于援引、介绍其思想学说,以之作为引导中国摆脱殖民地危险、走上现代民族国家之路的航标。近代西方自由主义几百年的思想史行程,在中国仅仅几十年、十几年甚至几年间便已完成。急迫的现实功利目的,使得中国自由主义知识分子在理论重心的选择上,更乐于接受 19 世纪以后流行于西方的功利主义及修正主义的自由主义理论,注重个人与国家利益的相关性,而不太重视、或者说不太赞同 17、18 世纪古典自由主义所强调的个体至上原则,并且同时又或多或少地对与中国现实社会问题发生密切关系的民族主义、社会主义等思潮发生兴趣。因此,中国自

---

① 《胡适文存》第一集卷四,上海书店 1989 年版,第 118 页。
② 《我们走那一条路》,《新月》2 卷 10 号,1929 年 12 月 10 日。
③ 《胡适文存》第三集卷一,上海书店 1989 年版,第 16—18 页。
④ 《胡适文存》第三集卷一,上海书店 1989 年版,第 86 页。

由主义知识分子的思想体系远不如他们的西方先辈那么"纯正",显得比较驳杂。这里并不存在什么认识深度、理论素养、学术体系的问题。无论严复、梁启超还是胡适,他们关心的自由主义理论,都不存在与某一位西方先哲、某一派西方学说是否丝丝入扣、合若符节的问题,他们更关心的不是关于"自由"及其"主义"的思想如何保持"纯正"的理论血脉,而是这一思想在多大程度上,在什么范围内、通过怎样的方式作用于近代中国的社会现实、政治现实和人生现实。[①] 从这一历史事实出发,斤斤计较于中国自由主义与西方自由主义在学理方面的精微差异和派别归属,实在只具有经院哲学的意义。

二、贫瘠的社会土壤

西方自由主义的社会基础是生机勃勃的、与社会生产方式血肉一体的强大的中产阶级,而中国自由主义的基础仅仅是数量极少的、与社会生产方式基本隔离的精英知识分子。这些人一般拥有良好的西方现代教育背景,留学欧美,但与本国的社会经济运动格格不入。西方自由主义的文化背景是由古希腊文明延续而来的民主传统、竞争观念和个体价值原则,而中国自由主义所要改变的则是两千年大一统君主专制制度和宗法伦理系统所养成的民众的帝王情结、从众意识和家族本位观念。

在欧洲,自由主义是中产阶级向封建贵族、王室及基督教神权争取政治、经济和思想权利的历史运动的自然产物。"它并不要求一个纯粹的理性设计的整体重建,而是在解决现实问题的过程中一步步达到它所确立的原则的。"[②]从古典自由主义到新自由主义,从英国以经验论为哲学基础的自由主义,到法、德以理性主义为特征的自由主义,从消极的自由主义到积极的自由主义,思想的演进是中产阶级的理论探索层层推进的结晶。无论

---

① 林毓生就说:"西方个人自由观念导出个人价值在伦理上的基设,而'五四'时代,个人自由的观念却是随着反抗中国传统社会与文化对个人的压抑而增强的。"(《中国传统的创造性转化》,三联书店 1988 年版,第 163 页)

② 张传文:《古典自由主义的精髓及在近代中国的衰微》,《国际政治研究》2001 年第 2 期。

是萌芽破土,还是大树参天,它的生命的根系都扎入现实生活的肥沃土壤,与生机勃勃的中产阶级经济实力的壮大和政治要求的拓展休戚相关。这就从根本上决定了自由主义在欧洲的牢固根基和旺盛活力。

与此相较,近代中国自由主义的思想种籽所植根的土壤,近乎一片荒漠。20世纪初年直到中期,资本主义的发展在中国举步维艰。与帝国主义势力相勾结的官僚资本相对于民间资本,占有压倒性的优势。这就极大地限制了中产阶级的实力的扩张。自由主义之所以没有可以放心依靠、凭借的物质供给和精神供给之源,这是最根本的缘由。

欧洲自由主义之所以有活力,是因为它与中产阶级的思想成熟过程同步展开,与社会面临的现实问题的提出及其解决息息相关。它一没有"民智"程度高下的拦路虎,二没有与"国情"吻合与否的疑问。恰恰是这两条,在中国都成了大问题。

从严复、梁启超到胡适,共同的理念是中国民智未开,所以民主、自由之制度的推行,不可"躐等"。严复的"开民智",梁启超的"新民说",道理都不错,但是对于中国的现实来说,不仅是远水不解近渴,而且更有替专制主义张目之嫌疑。胡适说:"我国情去共和资格远甚远甚,百人中不可得一人识书字,千人中不可得一人可与道常识,百万人中不必得一人可与言外情,达治理。众愚如此,吾诚不知与谁言共和也。"①在他看来,"没有通向政治体面和政治效率的捷径。"没有必要的前提条件,无论是帝制还是共和都不能拯救中国。"我们的工作就是提供这些必要的前提条件——去'创造新的原因'"。"适以为今日造因之道,首在树人;树人之道,端赖教育。故适近来别无奢望,但求归国后能以一张苦口,一支秃笔,从事于社会教育,以为百年树人之计,如是而已。"②与"民智未开"的判断相联系,自由主义者都是精英政治的绝对信奉者。最典型的是丁文江的以下言论:"只要有少数里面的少数,优秀里面的优秀,不肯束手待毙,天下事不怕没有办法的……最可怕的是有知识有道德的人不肯向政治上去努力!"③立足于这一认识,自由主义者"向政治上去努力"的优先目标是建立所谓"好人政府"。历史也确实给了他们一个"机会"。1922年5月14日,蔡元培、王宠惠、罗文干、

---

① 《胡适留学日记》,台北1959年版,第493页。

② 《胡适留学日记》,台北1959年版,第821、832页。

③ 丁文江:《少数人的责任》,《努力周报》67号,1923年8月。

汤尔和、陶行知、丁文江、胡适等在《努力周报》上发表《我们的政治主张》的宣言，要求建立一个"宪政的"、"公开的"、"有计划的"、"充分容纳个人的自由"的"好政府"。9月，王宠惠、罗文干、汤尔和被任命为政府内阁成员，王还出任总理，于是被时人称为"好人内阁"。但"好人"无"好运"，不到三个月，"好人内阁"便垮了台。下台后的汤尔和告诉胡适："我劝你不要谈政治了罢。从前我读了你们的时评，也未尝不觉得有点道理；及至我到了政府里面去看看，原来全不是那么一回事！你们说的话，几乎没有一句搔着痒处的。你们说的是一个世界，我们走的又另是一个世界。所以我劝你还是不谈政治了罢。"①既然自由主义者只看重自己"少数人的责任"，而这所谓的"责任"又与实际政治牛头不对马嘴，那么社会大众对他们的努力不感兴趣，"好人"的上台和下台都闹不出什么大的动静，也就是顺理成章的事了。

论及与"国情"的关系，由于三纲五常传统伦理纲常的巨大统摄作用，个人价值在中国文化系统中的地位一直难以得到基本的认定。从这个意义上讲，消极的自由主义在中国几乎很难找到合适的契入点。严复在著名的《论世变之亟》中说，因为中西对"自由"的理解根本不同，于是带来一系列观念方面的差异，"自由既异，于是群异丛然以生"，如中国重三纲，西人明平等；中国亲亲，西人尚贤；中国尊主，西人隆民；中国多忌讳，西人众讥评；中国重节流，西人重开源；中国追淳朴，西人求欢娱；中国美谦屈，西人务发舒；中国尚节文，西人乐简易；中国夸多识，西人尊新知；中国委天数，西人恃人力；中国以孝治天下，西人以公治天下；中国贵一道而同风，西人喜党居而州处；等等。② 个人自由的观念及其行为，在 20 世纪的中国，简直有如洪水猛兽。正如鲁迅所说："个人一语，入中国未三四年，号称识时之士，多引以为大垢，苟被其谥，与民贼同。意者未遑深知明察，而迷误为害人利己之义也欤？夷考其实，至不然也。"③更应强调的是，近代中国的自由主义思想家在做"深知明察"的工作、鼓吹个人价值的时候，刚刚把个人价值从家族、宗

---

① 《胡适文存》二集卷三，上海书店 1989 年版。
② 参见《严复集》第一册，中华书局 1986 年版，第 3 页。
③ 《文化偏至论》，见《鲁迅全集》第一卷，人民文学出版社 1957 年版，第 185 页。其后，1928 年，蒋介石说，中国的自由主义太多，导致列强的入侵。1943 年，毛泽东号召"反对自由主义"。虽然具体的语境须具体分析，但对"自由"及其"主义"的基本否定立场则是没有疑义的。

法价值的附庸地位中解放出来,立即便把它编排进国家、民族价值的意义系统之中。个人自由不言自明、天然合理、不容亵渎侵犯的古典自由主义精神,依旧没有得到真正的尊重和高扬。至于积极的自由主义,它探讨国家的最大值及其限度,走的是工具理性的路子。而在西方,"自由主义主要并不承当工具理性的功能,故当其被运用于中国的社会改造实践时,同样也不能很好地解决救亡与救贫这类问题。"①于是,"自由主义在组织理论方面的天然缺陷在近代中国特定的时代要求面前暴露无遗,根本无法像它在自由主义母国一样发挥巨大的力量。……自由主义在组织人们方面的缺陷非常明显,它本质上应被视为追求幸福而非强国的道路,强国只是追求幸福的副产品。"②近代中国的自由主义者一般都认为,自由主义在中国的最大效用是纠正家族、宗法社会下个性被泯灭的可悲现实,从振奋人心入手,进而振兴中国。在这里,个人的幸福是附属于国家民族的利益之内的次要价值。这就与自由主义、哪怕是积极自由主义的本来宗旨发生目标的偏移和内涵的转换。换言之,无论消极的自由主义或者积极的自由主义,在近代中国都注定会陷入不同形式的文不对题的尴尬境地。"这种现实困境的产生,与其说由于他们错误地选择了自由主义,不如说在于他们错误选择了实现自由主义的时机。而更正确地说,是中国近代的客观情势根本没有为他们提供自由主义可以付诸实现的机会。"③

三、不宜的政治气候

20世纪上半叶的中国,民族矛盾、阶级矛盾错综复杂,尖锐剧烈,现代民族国家的建立之路艰难而曲折。温和的、渐进的社会变革方式没有力量推动历史的车轮向前滚动。激进主义生逢其时,疾风暴雨的政治斗争、你死

---

① 胡伟希:《理性与乌托邦》,见许纪霖编:《二十世纪中国思想史论》下卷,东方出版中心2000年版,第22页。

② 张传文:《古典自由主义的精髓及在近代中国的衰微》,《国际政治研究》2001年第2期。

③ 胡伟希:《理性与乌托邦》,见许纪霖编:《二十世纪中国思想史论》下卷,东方出版中心2000年版,第25页。

我活的军事对垒、唇枪舌剑的文化交锋是社会运动的基本方式和主流形态。在这样的气候下,温文尔雅、理性至上、讲究按部就班、循序渐进的自由主义,自然得不到现实的青睐,只能落得个孤芳自赏的下场,甚至比这更糟。

"五四"期间,新文化运动狂飙突进。在活泼的舆论环境下,"百家争鸣"的文化氛围中,自由主义得到短暂的"自由"抒发的宽松条件。但是,1927 年国民党专制政权的确立,意味着自由主义"黄金岁月"的终结。

20 世纪 30 年代至 40 年代中期,抗日战争爆发,举全国之力抵御外辱是绝大政治主题。"我是不信狄克推多制的"①的胡适,也暂时放弃了自由主义思想斗士的身份,受命出任国民政府驻美大使。这一时段自由主义低落的原因很简单:"中国人进入了这个痛苦的战争、政治萎缩、内战与社会革命交织在一起的时代,胡适所持有的那种认为改变历史进程的最终力量是理性和理性的人的宁静信念,也存在不下去了。"②

20 世纪 40 年代后半期,国共两党进入政治、军事的全面决战阶段。一方负隅顽抗,一方志在必得。近代以来的激进主义潮流演至顶峰。自由主义者却误以为自己一展身手的时机来临。民盟等自由主义政党"误读"了美国的用心,勉力鼓吹"第三条道路",精神亢奋。胡适更是异想天开,给毛泽东写信,希望"中共领袖诸公""痛下决心,放弃武力,准备为中国建立一个不靠武装的第二大党。……万不可以小不忍而自致毁灭。"③精明睿智如胡适者,竟然提出如此不着边际的"建议",只能表明自由主义者对于近代中国的政治气候的规律和趋势,缺乏起码的认识水平和感知能力。从这一点上看,徐志摩当年的诗:"我不知道风是在哪一个方向吹。——我是在梦中,在梦的悲哀里心碎!"④正是自由主义政治盲点和思想短路的绝妙写照。

在 20 世纪上半叶的中国呼唤自由主义,讨论国家与个人的关系,最关键的言说对象是清政权、北洋政权及国民党政权。君主专制主义的清政权

① 《胡适文存》三集卷一,上海书店 1989 年版。
② [美]格里德:《胡适与中国的文艺复兴》,江苏人民出版社 1989 年版,第 305 页。
③ 重庆《大公报》1945 年 9 月 2 日。
④ 《猛虎集》1927 年。其序言称"它的歌里有它独自知道的别一个世界的愉快,也有它独自知道的悲哀与伤痛的鲜明"。这方面的一个有趣的例证是,胡适不满当局将"一切反对三民主义的人"视同"反革命",提出尖锐的批评意见。国民政府却认为胡适的意见是因为他本人对"当今社会本质"完全无知。(参见[美]格里德:《胡适与中国的文艺复兴》,江苏人民出版社 1989 年版,第 253 页)

和军阀当道的北洋政权就不用说了。按照孙中山"军政""训政""宪政"路子走下来的国民党政权，始终把自由主义和共产主义作为自己最大的思想敌人。用蒋介石的话来表述，即："五四以后，个人本位的自由主义与阶级斗争的共产主义二种思想，突然输入于我学术界之中，流行全国"，"这真是文化侵略最大的危机，和民族精神最大的隐患"。"这样抄袭附会而成的学说和政论，不仅不切于中国的国计民生，违反了中国固有的文化精神，而且根本上忘记了他是一个中国人，失去了要为中国而学亦要为中国而用的立场。"①对此，信奉共产主义的中国共产党人坚决地以群众运动、武装斗争的方式努力证明自己信仰的科学价值和现实功用，而信奉自由主义的胡适等人却以"忠诚的反对者"的身份，继续他们对国民党政权的希望。直到这个政权在灭亡的前夕，悍然宣布取缔"民盟"，用最不讲道理的方式终止了善良的自由主义者们那可怜的一丝幻想之时，他们才从理想主义的迷梦中清醒过来。

胡适的朋友、"新月"派的核心人物罗隆基很早就认识到政治制度之于自由主义的意义，"今日中国的政治，只有问制度不问人的一条路。制度上了轨道，谁来，我们都拥护。没有适合时代的制度，谁来，我们总是反对。"②这话没有错。但是，根本的现实问题由谁来改变制度、用什么方式改变制度。对此，梁实秋表示："我们现在的要求是：容忍！我们要思想自由，我们要法律给我们以自由的保障。我们并没有什么主义要传授给民众，也没有什么计划要打破现状，只是见着问题就要思索，思索就要用自己的脑子，思索出一点道理就要说出来，写出来。"③

在具体问题的分析方面，在宏观制度的设计方面，自由主义者的智慧并非没有发挥的空间。

例如，在经济问题上，自由主义者们几乎一致地继承了严复反对国家对私人经济活动进行干预、发展现代产业、保护自由贸易的主张。在20世纪30年代中国现代化取得一定程度进展的基础上，40年代中期自由主义知识分子为主组成的各民主党派纷纷提出自己的经济纲领。这些纲领大同小异，均包括如下内容：（一）工业发展的双轨制，即一方面在动力、交通、金融

---

① 蒋介石：《中国之命运》，正中书局1944年增订版，第71、73页。
② 《我们要什么样的制度》，《新月》2卷12号。
③ 《论思想统一》，《新月》2卷3号。

等行业中实行计划的国营经济,一方面采取切实措施,鼓励、保护、支持发展私人企业,保障其经营自由。(二)在农村中实行和平的土地改革,扫除发展资本主义的障碍。(三)实行社会福利政策,改善劳资关系,促进劳资合作①。

又如,在教育问题上,严复"鼓民力、开民智、新民德"的认识被自由主义知识分子发扬光大,推衍成"教育救国"的思潮与实际行动。在他们中间,产生了一批著名的现代教育家。蔡元培出任中华民国第一任教育总长,从根本上改革了传统"忠君"、"尊孔"的教育宗旨,废除经学课程。他接掌北京大学,大刀阔斧地厉行改革,"循思想自由原则,取兼容并包主义",不拘一格广延人才,不仅培育了北京大学一代科学学风,而且对全国教育产生巨大的积极影响。陶行知认定"平民教育是改造社会环境的一个最重要的方法",主张"生活即教育","社会即学校",为此鞠躬尽瘁,死而后已。晏阳初从 20 世纪 20 年代到 40 年代,先后在湘、鲁、浙、冀、川等地开展平民教育,其目标是:"一,养成有知识、有生产力、有公共心整个人;二,养成社会健全的分子,发展社会的副业;三,养成建设国家的国民,增高国际的地位。"②

更重要的是在政治制度的设计方面。如果说 20 世纪 20 年代胡适等人的"好政府"的构想实在是过于空虚、肤浅,那么 1945 年民盟临时全国大会通过的《政治报告》,主张"把中国造成一个十足道地自由独立的民主国家",则完全是标准的现代模式:议会制,责任内阁,司法独立,军队国家化,普及教育,保障人权,男女平等,如果从一般的政治学原理上分析,架构规整,无懈可击。

遗憾的是,由于近代中国的自由主义没有强大的中产阶级作为物质实力的后盾,且有意无意地与实际的民众运动疏远、隔膜,又没有基本的法制保障,他们的以上思想劳作成果,并没有结束胡适所谓贫穷、疾病、愚昧、贪污、扰乱这"五鬼闹中华"的糟糕局面,甚至无法替自己谋得一个立足存身的基本环境,终于只是不结果实的精神之花,"零落成泥碾作尘,只有香如故"③。

---

① 参见胡伟希等:《十字街头与塔》,上海人民出版社 1991 年版,第 318 页。
② 《教育杂志》第 19 卷第 6 号。
③ 陆游:《卜算子·咏梅》。

无论自由主义者的感受如何，赞同与否，激进主义无疑引领了近代中国历史演进的方向和速率。疾风暴雨的社会运动给他们以惊恐和不安，但知识分子古已有之、近代以来愈益强化的忧国忧民意识又决定了他们不甘心与激荡的时局完全隔离。对于"十字街头"的嘈杂喧闹甚至血雨腥风，他们既兴奋其内容的"进步"，又反感其形式的"无序"；既有感性的参与冲动，更有理性的犹豫彷徨。于是，他们在"十字街头"筑起可以俯瞰世事的心灵之"塔"。这在胡适，表现为"心灵的惶惑"，正如研究者的客观评述："它在暴力的时代主张丢弃暴力，在欺诈的时代执着于对善良意志的信仰，在一个混乱的世界只固执地赞颂着理性高于一切"①；而在周作人，则表现为当事人坦承而又文雅的主观自白："我的卜居不得不在十字街头的塔里了"。"别人离了象牙的塔走往十字街头，我却在十字街头造起塔来住，未免似乎取巧罢？我本不是任何艺术家，没有象牙或牛角的塔，自然是站在十字街头的了，然而又有点怕累，怕挤，于是只好住在临街的塔里，这是自然不过的事。……总之只有预备跟着街头的群众去瞎撞胡混，不想依着自己的意见说一两句话的人，才真是没有他的塔。所以我这塔也不只是我一个人有，不过这个名称是由我替他取的罢了。"②

从"能坐言而不能起行者"③严复开始，无论是"观念的自由主义者"（如胡适）还是"行动的自由主义者"（如罗隆基）④，都始终身处精神的象牙塔中，对自己"思想贵族"的身份从未表示过反省、质疑和批判。他们真诚地信奉"自由、平等、博爱"的价值观念和政治理想，向往体现这一价值观念和政治理想的新社会的到来。但是，"他们的政治行动计划是至亲好友傍晚在家中聚会时进行的——而不是在会议厅和群众大会中热烈讨论中进行的"⑤。我们可以借用法国历史学家托克维尔的自白来描述他们的心态："在思想上我倾向民主制度，但由于本能，我却是一个贵族——这就是说，

---

① ［美］格里德：《胡适与中国的文艺复兴》，江苏人民出版社1989年版，第262页。
② 周作人：《雨天的书·十字街头的塔》，岳麓书社1987年版，第65页。
③ 王蘧常：《严几道年谱》，商务印书馆1936版，第42页。
④ 许纪霖：《社会民主主义的历史遗产——现代中国自由主义的回顾》，《开放时代》1998年第4期。
⑤ 弗思：《丁文江：科学与中国新文化》，湖南科学技术出版社1987年版，第142页。

我蔑视和惧怕群众。自由、法制、尊重权利，对这些我极端热爱——但我并不热爱民主。……我无比崇尚的是自由，这便是真相。"①

近代中国流行的三大思潮中，激进主义以其昂扬的气势、痛快彻底的解决问题方式以及英雄主义的精神感召力量，比较容易赢得苦难民众的认可。保守主义则因为迎合了一般社会大众既想改变现状，又害怕打破坛坛罐罐的普遍心理，从而在历史遗产格外丰厚的中国拥有宽广的社会基础。唯独自由主义，先天不足，后天失调，既缺乏历史文化的接受温床，又生不逢时，加之自由主义知识分子一贯的精英做派和鄙视民众的贵族心理，与几万万中国民众的"悲惨经验之间几乎存在着无限的差距"②，自然与大众相疏远、隔膜，他们的主张无法得到历史的青睐和社会的采纳，也就是再合逻辑不过的事情了。"胡适的价值标准和思想抱负表明，他对于他的人民的'社会愿望'或他们生活的'实际条件'几乎完全没有什么真正的认识。"③美国学者对胡适的这一总括性评判，同样适用于近代中国所有的自由主义思想家。

（本文删节版原载《光明日报》2008 年 1 月 13 日）

---

① ［法］托克维尔：《旧制度与大革命》，商务印书馆 1992 年版，"序言"第 4 页。
② ［美］格里德：《胡适与中国的文艺复兴》，江苏人民出版社 1989 年版，第 361 页。
③ ［美］格里德：《胡适与中国的文艺复兴》，江苏人民出版社 1989 年版，第 363 页。

四、史著评论篇

仁山智水时时新

——评 60 年间问世的五部文化史著作

20 世纪中国史学的一个根本性变化,是最终完成从古代学术向近代学术的转型。用梁启超的话讲,就是由"知有朝廷、个人、陈迹、事实",进而"知有国家、群体、今务、理想",由"能铺叙,能因袭",进而"能别裁,能创作"。笔者以为,这种变化的显著标志之一,就是文化史研究的兴起和发展。从 1914 年上海科学书局出版林传甲著《中国文化史》以后,以"文化史"命名的宏观视野的研究著作,频频问世。20—30 年代,柳诒徵、陈登原的同名作《中国文化史》接连刊行,标志着此类研究已取得相当成绩。50—70 年代,由于意识形态方面的原因,文化史研究陷入沉寂。进入 80 年代,思想解放,学术繁荣,"文化热"一时遍及神州,文化史研究际会风云,生机蓬勃。其间当然也有不少急切草率之作,但从总体上看,文化史研究毕竟依凭前贤铺垫的基础,吸纳新的时代营养,在深度和广度两方面都大有推进。

本文以发展的、比较的眼光,对 60 年间先后问世的五部较有影响、各有特点的文化史著作作一综合评论,企望能对这一领域研究的继续深入,提供微薄助益。这五部著作是:

柳诒徵著《中国文化史》(1925 年文稿在《学衡》杂志上连载,1932 年南京钟山书局正式印行);

陈登原著《中国文化史》(撰于 1933 年,1935 年世界书局印行);

钱穆著《中国文化史导论》(撰于 1941 年,1948 年刊行,1993 年台湾商务印书馆出版修订本);

阴法鲁、许树安主编《中国古代文化史》三卷(1989 年至 1991 年北京大学出版社出版);

冯天瑜、何晓明、周积明著《中华文化史》(1990 年上海人民出版社出版)。

一

近代中国史学史上,柳诒徵是不可忽视的人物。解放前,学界曾有"南柳北陈(陈垣、陈寅恪)"之说,可见其地位之重。他于 20 世纪 20—30 年代推出《中国文化史》,胡适称之为"中国文化史的开山之作"①,并非过誉。

柳诒徵自白著《中国文化史》的目的,"以求人类演进之通则,一以明吾民独造之真迹"。具体地讲,"中国文化为何? 中国文化何在? 中国文化异于印、欧者何在? 此学者所首应致疑者也。吾书即为答此疑问而作。"如何把握文化史与一般通史的区别,柳氏的作法是"于帝王朝代,国家战伐,多从删略,惟就民族全体之精神所表现者,广搜而列举之"。柳氏没有直接对文化、文化史等概念作意义的界定,但他自觉抓住"民族全体之精神所表现者"作为全书的中心,从而使该著突出了"文化"的品格,与以往人们多见的通史,划明了界线。

依本中华民族"全体之精神所表现",柳氏划分中国文化的演进大势为三阶段:上世——上古至两汉,"为吾国民族本其创造之力,由部落而建国家,构成独立之文化之时期";中世——东汉至明季,"为印度文化输入吾国,与吾国固有文化由抵牾而融合之时期";近世——明季至今日,"为中印两种文化均已就衰,而远西之学术、思想、宗教、政法以次输入,相激相荡而卒相合之时期。"②这里值得注意的是第二、三段之界限,柳氏定在明季,而非新旧王朝的交接处;而且,第三段的开篇从"元明时海上之交通"讲起。他申明其中的理由:中国近世文化与上世、中世的区别在于,第一,此时东方文化无特殊进步,而西方文化则已别开一新局面;第二,此前中国文化常屹立于诸国之上,而此后中国文化则以对等之交际,立于世界各国之列;由于以上两条,又导出第三,"大陆之历史"一变而为"海洋之历史"。"三者之间,以海洋之交通为最大之关键"(第 647 页)。这一划分,在结构上打破了一般通史惯常的王朝阵系,体现了作者独到的文化史眼光。

---

① 胡适:《书籍评论》,《清华学报》第 8 卷第 2 期,1933 年。
② 柳诒徵:《中国文化史》,中国大百科全书出版杜 1988 年版,绪论。下引仅注页码。

作者关于"民族全体之精神"的把握,不仅表现在全书的结构上,而且于篇章之中处处可见。例如:中国文化"富于弹性",有盛衰,无中绝(第1页);由于地广人多,"内部之文化实分无限之阶级",所以无论何时何代,都"不能以一语概括其时全国文化之程度"(第21页);"中国"之义要在教化文明,"非方位、界域、种族所得限"(第33页);中华民族自古以来"以中道诏人御物","尚中之德"(第33、34页);吾国国民性"与西人之崇尚自由发展者正相反对"(第116页);周王室"务以文化戢天下人之野心,其旨深矣"(第120页);吾国先哲立国要义,虽未有民主立宪之制度,而实有民治之精神"(第203页)。这些分析要言不繁,紧扣全书主旨,体现了文化史的特色。

一部有分量的学术著作,重在作者的独断之论。独断之论并非"绝对真理",但它却是学术发展的必要阶梯。在这一方面,柳氏嘉惠后学,奉献良多。一般论述,多证文明起源于河川之地,柳氏则谓"吾国文明,实先发生于山岳"(第8页)。阴阳五行历来被注家讲得神神怪怪,柳氏则说明其"切于人用",五行之得当与否,视一国之人之貌、言、视、听、思、心以为进退"(第86页)。关于殷屡次迁都,前人有避水患之说,柳氏则以为"实含游牧行国之性质"(第90页)。关于周之政教的影响力,柳氏认为不可夸张,"周天子不过一模范之侯封,不足为四海共主也"(第180页)。儒学何以繁盛,历来解说纷纭,柳氏提出"洙、泗间读音之正"是其一大优势(第222页)。老子的籍贯,因为《史记》有言,世之论者均以为楚人。柳氏则指出其"生于陈而仕于周,并非楚人"(第225页)。孔子"述而不作"几成公认,柳氏认为实际上《易》和《春秋》都是"述而兼作"(第236页)。关于对列子、庄子的评价,柳氏批评"不知其道者"误认其学为社会学术进步的阻力,而不知人人皆消极于世俗之荣辱得失,必积极于精神追求,则人类之进步,何可限量?"(第285页)近代以来,特别是"五四"以后,王充的《轮衡》颇得褒扬,柳氏偏贬其"仅足以供游谈之助"(第327页)。魏晋尚清谈,柳氏进一步辨析,分其为简扩与博辩两路(第377页)。明代行八股取士,向遭诟病,认为使天下读书人腐心于无用之空文。柳氏指证"当时事实,并不如是",明代"实从古以来惟一重用学校人才之时代"(第627页)。对明清之际顾、黄、王诸人,以往多注重其思想议论,且以为就学术论,不如乾、嘉诸子,柳氏不以为然,认为"清初诸儒之所诣,远非乾、嘉间人所可及。"(第715页)新

315

知卓见的提出，往往与学术批评直接关联。对前贤，柳氏指出戴震对宋儒的批评是未尝亲证"所造之境，惟就文字训诂测之耳"（第 514 页）。又以为王夫之对拓跋弘力行汉化的指斥不足为训（第 418 页）。对同时代学人，他批评章太炎误解《论语》、《戴记》，断章取义，贻误后人（第 240 页）。又指出夏曾佑将汉代与西北诸族的关系紧张"专归咎于汉人之失策"，是"仅知其远因，而不见近因也"（第 360 页）。这些批评是否成立当然还可以讨论，但这种坦荡磊落的学风则无疑是应该继承和发扬的。

如果说以上随文而现的片玉散珠还不足以代表柳著的价值的话，那么对于中国文化史上若干核心问题系统而专精的论述，则充分体现出作者的功力。"宋儒之学"一章，首述宋人治经的派别（复古、疑古、独见、精博），又列出学脉流变的表格，极化繁为简之功，收提纲挈领之效。其次分析儒学勃兴于宋的原因，一则思以道义矫社会之堕落；二则鉴于训诂词章不足以淑人群；三则承韩、李之学，因文而见道；四则书籍流通，利于学术广被；五则沟通佛、老，以治儒书，遂成一代之学术。柳氏特别点醒，宋儒摒弃两汉以降学人释文学、考制度，背离儒宗的路数，直承文、周、孔、孟，"从身上做工夫，实证出一种道理"，明体达用，其实是最大的"实学"，不该以"虚妄"贬之。最后总结宋儒之学"可以表示文化之进步"的四点贡献：其一，修养之法毕备；其二，教育复兴；其三，哲学大昌；其四，学术讲求本末之一贯。全章层层推进，条分缕析，辟旧立新，一气呵成。

在文献资料的运用方面，柳著以旁征博引为鲜明特色。粗略估算，引文篇幅几占全书之半。不少章节，从形式上看绝似资料长编。最极端的例子是论清末新政，竟成篇引述《光绪政要》上万字。可能在柳诒徵看来，无证不信是治史之首要准则，这样著述天经地义，并无不当。但对于今天的阅读者来讲，这样的文本显然略嫌沉闷艰涩；而对于今天的著作者来讲，这样的写法就更不可仿效了。

60 年后评述柳著，从观点到资料，当然不乏可批评之处。就观点论，例如柳氏分析两汉以后中国文化何以中衰，印度文化何故东来的原因，将"坏于盗贼无赖也"（第 345 页）列为首条，便大有疑问。就资料论，柳著旁征博引之功已如前述，但也有个别引述明显失误，如谈及近代通讯时，录《清稗类钞》所载乾隆之时江慎修以竹筒贮声，可传千里之内云云，便属典型的千虑一失之类。

二

就整体的学术地位及影响而论,陈登原或逊于柳诒徵。但若比较两人的同题著作《中国文化史》,陈著成就并不在柳著之下,在体系的完整及论述的精当方面,还要胜出一筹。有论者评价陈著未能超出柳著之右,①大约是因为通常的作传者对传主的偏爱所致。

陈登原著《中国文化史》,理论方面的追求是十分明显的。作者在全书之首设《卷首·叙意》篇,论述中国文化史的意义、资料,治中国文化史的态度,以及何为治中国文化史。虽然我们今天从文化史理论本身建构的意义上检讨陈氏的成绩,评价不可过高,其论述的主要部分与一般传统的史学理论并无根本区别(例如对文献资料的处理要求),没能在本体论的层次上,对有别于政治史、经济史、思想史的文化史这一史学分支有哪些自己特殊形式和内容的理论,提出较为系统的看法。但是,应当肯定的是,陈氏为后人贡献了若干颇有价值的思想资料。他从中国语言文字入手,剖析"文"、"化",认为"所谓文化,乃系创造而变通,变通而进步,彰明昭著之美迹焉"。进而提出"由此以徵文化发生之景相,则更有三迹可寻":其一,文化的创造取决于环境;其二,文化发生于困难之际;其三,文化随环境而创,随困难而变,所以不断进步。②

关于治文化史所需的态度,陈氏强调三点:第一,"因果的见解",即注重把握文化史发展的内在规律;第二,"进步的见解",即肯定进化史观的科学意义,打破"古胜于昔,昔胜于今"的故训;第三,"影响的见解",即判明制约文化发展的因素是多元的,而且诸因素间相互作用的方式往往是曲折而复杂的(见上册。第25页至第33页)。显而易见,这些认识在方法论方面的积极意义,对于当今的文化史研究,还有相当的启发作用。

陈氏将中国文化史划分为五段,即:上古——自有史至秦初;中古——自秦初至五季;近古——自宋初至明季;近代——自明季至清季;近世——

① 参见孙永如:《柳诒徵评传》,百花洲文艺出版社1993年版,第108页。
② 参见《中国文化史》,世界书局1935年版,上册,第9页。下引仅注页码。

自清季以至于今。但在全书分卷时，前三段各为一卷，而将近代与近世合为一卷。他认为，上古是文化的一切草创期，秦顺应、利用时势，统一中国，"固非秦之君臣能突然骤然创立新局面也"（上册，第200页）。中古文化在立封建、营民生等方面与上古不可截然划断，但也有自己的特征，即文化所被地区的扩大，以及新宗教加入、新学术产生。相比中古，近古文化的特征是国力之衰盛杂沓而至；南北方的开发并行；儒、释、道思潮混合为一；科学新兴；实业发达，进入近世（包括上述近代与近世两段，中国文化的特征是民族萎靡；国疆大而危；民族能力未能发扬；在世界格局中，中国之落伍，"昭然若揭，无可掩讳"（下册，第191页）。

在章、节的设置和命名上，陈著颇有特点。如设"发明与承受"一章，述"纸的发明"与"佛教之初来华"，构思精巧，且"文化味"十足。又如述南朝繁华之象一章，以"南方新霁"题名，文采斐然。再如"宁静与挣扎"一章，论述北宋文化，"宁静者，盖由臣子地位低落而来，武人低头而来，印刷昌明而来，国家文治而来；挣扎者，则由民族地位低落而来，武力不振而来，平民地位低落而来。……由宁静而孕育者，则道学及书院是已，由挣扎而表现者，则荆公变法是已。"（下册，第39页）史实的铺陈、逻辑的整合与精致的表述浑然一体，使人不禁为之抚掌击节。

在具体问题的分析上，陈著多有推陈出新之笔。汉武帝"独尊儒术"，学界多无异议。陈氏不停留于此，指出："然儒生所言，儒生未必能行。故在上者，虽云设博士弟子，实未尝尊显其人。武帝时所用者，极少儒生。……然则儒者为帝皇所用，而不为帝皇所信，明矣。"他还强调，对儒者用而不信是帝王一贯的做法。"此固后世亦然，然武帝非能例外也。所谓斤斤自诩之儒生，特随利用者之牵引，而勉自抬头耳。"（上册，第245页）不仅揭示了帝王尊儒的本心，而且活画出儒生一流的可怜与尴尬。唐代文坛，大家辈出。对一些历来几有定评的人物，陈氏不袭旧说，另具只眼，将他们放到特定的时代背景下，论世而知人。他认为唐天宝以前，为"小康"之世，"小康时期之文人，非以供御，即空发哀怨"，因而其作品"感慨未深，气局未大"，"歌诗以发其心声者，不过耳耳"。有此大观，再看具体作品，"故王勃《滕王阁赋》，实类齐、梁小儿之语"，"刘知几其著《史通》，亦复骈四俪六"（上册，第410页），实非大器之作。只是到了天宝以后"离乱之时"，杜甫等人才是"音哀而旨正词宏"。可资对比的是，柳诒徵的《中国文化史》，于巨星辉耀的唐代文坛,在引述一段《新唐书·文艺传》后,仅用两句话便轻轻带过。而陈氏则于此处颇费笔墨。布局各异,轻重有别。文化史写法之妙。由是可见一斑。

此外,对中国文化史上的一些"关节点",陈氏也有精当论述。关于妇女社会地位的降落,他认为是"近古文化史中之阴霾"。宋之时,"妇人之节,非所忌也"。以后则每况愈下。而且,"家族之单位愈大,则妇女愈受委屈也。"(下册,第 16 页)。关于少数民族掌握中央政权对文化发展的影响,陈氏的看法较为平实。对元蒙政权,他评价"其行政制令,大略如孩提之戏"(下册,第 124 页),但同时又指出,"然元人文物自有其不朽者,在海运是已"(下册,第 126 页)。"元固无繁荣北华之意,然北华则以元而富丽奂皇耳。"(下册,第 130 页)书院是中国特有的文化机构。陈氏以为,创于唐代的书院之制,实为科考樊笼里的中国士子"留一线之生机"(上册,第 400 页)。但是,宋代书院"与道学一齐发达,无非僧侣习静之所"(下册,第 42 页),助长了空虚无用的学风(注意:此点又与柳诒徵看法不同)。元明以降,情形更为不堪,无论东林、非东林,也无论程朱陆王,治学之方"终苦空寂","此所以书院不产人才"。最后到清代,书院成"强弩之末,无以系于学问事功之大也"(下册,第 160 页)。

综合观之,相较于柳著《中国文化史》,陈著无论是文本形式还是思维路数,都更具备现代学术的品格。具体观点的异同固属见仁见智,但有了这一条,便体现出它对于柳著的发展,也就决定了它在中国文化研究史上的地位。

三

钱穆是国学大师级的人物,在经、史、子学诸领域内著述宏富。就史学而论,正如有研究者所言:"文化史是钱穆历史研究的归宿。"[1]钱氏认为,文化史的范围要比政治、社会、经济、学术、人物、地理诸史为大。文化是历史的整体,应该在历史的整体中去寻求历史的发展过程,这才是文化的真正意

---

[1]　郭齐勇、汪学群:《钱穆评传》,百花洲文艺出版社 1995 年版,第 171 页。

义。据此，他的《中国文化史导论》就具有了特别的学术价值。

与柳、陈所著相比，钱著的规模要小得多，而且题名为"导论"。但这不意味着后者的分量就逊于前者。学术价值并不讲究"块头"，这是其一；更何况钱氏有言："此书当与《国史大纲》合读，庶易获得著者写作之大意所在"①，这是其二。笔者以为，正因为一般文化史实的内容已载于 50 万言的《国史大纲》，所以再读 15 万言的《导论》，更易于把握作者意蕴之精髓。

将中国文化的发展放到与西方文化相比较的坐标系中加以评说，是钱著不同于柳、陈所著的鲜明优势。在宏观总体特征方面，钱穆认为，"民族"与"国家"都只为文化而存在，希腊是有民族而不成国家，罗马是有国家而不成民族，只有中国的"民族融和"与"国家凝成"之大工程先秦时即已完成，而且完全调和一致（第 23 页）。他还指出，在观念上，西方人常以义务与权利相对立，中国人则以义务与自由相融合，亦即性命合一，天人合一（第 19 页）。在社会构成上，西方民族界线清晰，而中国则强调部族联系（第 44 页）。在制度上，西方偏重于经济性的个人主义，而中国则偏重于文化性的大群主义（第 162 页）。在文化进向上，西方是"由精华集聚的一小中心点慢慢向外散放"，而中国则是"由大处着墨，先摆布了一大局面，再逐步融凝固结，向内里充实"（第 177 页）。在文学上，西方以戏曲、小说为大宗，"站在人生前面"，而中国则以诗歌、散文做中心，"站在人生后面"（第 182 页）。在神学上，西方的上帝是逻辑的，而中国的上帝则是情感的，接近于经验的（第 217 页）。如此等等。此外，在具体史实的评述方面，钱穆也注意运用中西比较的方法。分析汉代的衰亡，他与大致同时的罗马覆灭相比较，指出：前者是"转化"，后者是"变异"。从文化上看，罗马衰亡"如一个泉源干涸了，而另外发现了一个新泉源"；而由汉入魏晋，则如大河中途汇纳一小支流，虽有波澜漩涡，"对其本身大流并无改损"（第 132 页）。话语不多，但生动准确地点明了文化事变的本质，确是大家手笔。

钱穆分中国文化的演进为四个阶段。第一，先秦。中国人把人生大群的共同理想和信念确定下来，可谓宗教与哲学时期。第二，汉、唐。政治、社会的规模制度规划出一个大体的轮廓，可谓政治与经济时期。第三，宋、元、明、清。人生的共通境界既已安定，开始个性的自由伸展，可谓文学与艺术

---

① 《中国文化史导论》，商务印书馆 1994 年版，修订版序。下引仅注页码。

时期。第四,当前,注重物质环境的尽量改善与利用,可谓科学与工业时期(第229页)。在文化史分期问题上,前述柳诒徵的三分法着眼于中国文化与外来文化的关系,陈登原的五分法注重新文化事象的意义,而钱穆的四分法则更凸显文化运动重心的转移。见仁见智,固然各有其理,但笔者以为,三种说法中以钱说似乎更切近中国文化的脉理,也更具有形而上的理论意蕴。

学术界有人将钱穆归入"现代新儒家"行列,也有人不赞成此说。但无论如何,钱穆对儒家学说在中国文化发展中的核心地位的认定及褒扬,是确实无疑的。这正是《导论》的一条主线。对孔子提倡孝道,看重家族观念,近人多持批评态度。钱穆却认为,家族观念并不是把中国人的心胸狭窄了、闭塞了,而是将其开放了、宽大了(第51页)。他评价儒家强调的礼,是政治化了宗教,伦理化了政治,艺术化或文学化了伦理,人生化了艺术或文学(第74页)。精致表述内里蕴含的赞赏之意,十分明显。钱穆称孔学是"平民学术之开始"(第76页),称儒家是"平民主义与文化主义的新宗教"(第129页)。说它"新",是因为宗教信仰"上帝"与"神",而儒家信仰"自心";宗教寄希望于"来世"与"天国",而儒家寄希望于"现世"(第139页)。他评价宋代"新儒家"的功绩是恢复平民精神,"重新掌握到人生大道的领导权"(第181页)。由于对儒学的偏重,钱穆对同居"显学"地位的墨家大加挞伐,如"过分注重人生实用",忽略审美观念(第79页),"以一面违反了人类内心的自然情感,另一面又要落入了宗教的旧陷阱"(第83页),理论疏阔,"把捉不到人心"(第84页),等等。这些评价显然过于偏激和苛刻了。

对于中国文化史上的许多具体问题,钱穆都有自己独到的见解。他不赞成泛泛地说"中国文化发生在黄河流域",而是特指黄河支流的两岸和支流与黄河相交的"那一个角里",才是中国文化的摇篮(第2页)。比照柳诒徵说中国文化"先发生于山岳",人们大概更容易体会什么是"专家之学"了。钱穆分析春秋时期的霸业,其实是"诸夏侯国间的一种新团结"(第33页);点明道家思想盛行处"都可与印度发生交通关系"(第142页);指出"纯从文化史的立场来看",魏晋南北朝"并没有中衰",有的方面甚至超过西汉(第148页);还说唐代的禅宗是中国史上的一段"宗教革命"与"文艺复兴"(第167页)。这些观点不尽"稳妥",但活泼的探索精神已足以嘉惠学坛。

当然,大师的大作也不是无懈可击。钱穆断言只有配合新科学新工业的"大型农国"才能领导"当前之世界和平"(第 5 页),不唯概念含混,结论也不足信。又认为三百年来中国人不能好好接纳西方文化而加以消化的原因,是他们的处境与"其内心情绪之激扰与不安定"(第 209 页),如此结论,也给人隔靴搔痒的感觉。

四

文化史著作的具体写法不拘一格,千姿百态,但大致不外两类:一是纵写横分,即按时间顺序结构全书,在每一段落内再横向展开;二是横分纵写,即按问题的分类结构全书,在每一问题内再依时而述。上述柳、陈、钱著均属纵写横分,而阴法鲁、许树安主编的《中国古代文化史》则属横分纵写。这是该著的特点之一。特点之二,柳、陈、钱著均成于一人之手,而该著则出于众人之笔,参与其事的专家学者三十余人。众手合著,有利之处是集思广益,发挥各人所长;不利之处是在写法上不易统一,而且各部分的水准参差也难以避免。《中国古代文化史》在这利弊两方面都有显现。

在叙述范围上,本书定位于精神文化,"即社会意识形态以及与之相适应的典章制度、政治和社会组织、风俗习惯、学术思想、宗教信仰、文学艺术等"①。作为高等学校教材,它注意到避免与通史、哲学史、文学史内容的重复,并因此省略了有关内容。例如对一些著名思想家及其流派,或者语焉不详,或者干脆不提。著者的这种安排当然有其道理,但是对于并非大学生的一般读者来讲,似乎多少有些不满足的感觉。

吸收前人研究成果,追踪最新学术动态,是该书全体作者共同努力的方向。这一点,全书丰富的资料注释是充分证明。在此基础上,各位作者又奉献出自己的研究心得,不少章节实际上就是一篇高水平的学术论文。例如"汉字的起源和演变"一章,提出汉字起源问题实质上是要回答:一,汉字怎样从最原始文字逐步发展成为能够完整记录汉语的文字体系;二,这一体系

---

① 《中国古代文化史》,前言。第一卷,北京大学出版社 1989 年版。第二卷、第三卷,北京大学出版社 1991 年版。下引仅注页码。

的形成过程始于何时,终于何时。作者一方面以实事求是的态度指出,由于资料的不充分,确切答复目前还难以实现;另一方面又根据现有材料,作出有理有据的"初步推测"(第一卷,第124页)。这种平实科学态度与积极探索精神的结合,对疗治学术界当下流行的浮躁学风,无疑是一剂良药。又如"中国古代的髹漆工艺成就"一章,在漆器发展的分期、各代漆器制作的特征、特别是明清漆器工艺的评议等问题上,考订详实,论述精当,是典型的专家之作。再如"中国古代的书法艺术"一章,分论书法艺术活动的客体(文房四宝)和主体(书家的学识、气质和功力)两方,剖析书法的辩证法与艺术美(线条美、造型美、心灵美),介绍书家垂范久远的典型,归纳中国书法艺术的三种典型风格:以晋为代表的平和含蓄,以唐为代表的刚劲雄强和以宋为代表的自由豪放。王羲之、颜真卿和苏轼分别是三种风格的开创奠基者(第二卷。第325页)。钩玄提要,脉络清晰。此外,如度量衡、音乐、绘画、建筑、选举与科举各章,也都是条分缕析,各成规模的门类专史。全书不乏新颖之见,如肯定匈奴等少数民族的"局部统一之功"(第一卷,第29页);指出"用固定音高的黄钟律管作长度基准"是伟大的发明,与现代采用光波波长作长度基准的理论惊人相似(第三卷,第70页);以及对上巳节等节日所作的文化内涵分析(第三卷,第525页),等等。

论及本著的不足,一是章节的设置,不尽合理。如"神道观念和主要宗教"、"民间神鬼信仰"、"禁忌习俗"三章,内容多有重叠。"灵魂崇拜与祖先崇拜"(第三卷,第433页)与"鬼魂崇拜与冥世崇拜"(第三卷,第468页)分立两个子目,显属安排失当。二是部分章节的内容过于细琐,如介绍纸卷、卷轴形制(第一卷,第204页),周代车辆部件(第一卷,第340页)等段落。特别是比照全书对学术、思想等方面内容的省略化处理,就更有轻重失衡之嫌。三是个别论断简单、草率。如说知名科学家做官,"唯中国所独有"(第三卷,第241页);说老子不仅反对举贤才,"而且反对整个人类的文明进步,鼓吹越是愚昧越好"(第三卷,第320页)。这样的失误本该是不难避免的。

五

冯天瑜、何晓明、周积明合著的《中华文化史》,是新中国成立以后问世

的第一部中型文化通史。关于文化史的研究对象、研究任务,亦即本书论述的范围及重心,作者在《导论》中作了如下界定:

> 文化史把人类文化的发生发展作为一个总体对象加以研究,从而与作为社会知识系统某一分支发展史的学科如哲学史相区别;文化史研究尤其注意人类创造文化时主体意识的演变,从而与研究客观社会形态的经济史、社会史相区别;文化史不仅要研究文化的"外化过程",即创造物化产品,改造外部世界的历史,而且要研究文化的"内化过程",即人自身在以上实践中不断改造自身的历史,同时还要研究"外化"与"内化"过程如何相互渗透,彼此推引,共同促进文化的进步;文化史研究格外留意于主体色彩鲜明的领域,如人的认知系统、语言文字系统、宗教伦理系统、习俗生活方式系统,同时,对那些主体性较隐蔽的科技器物系统、社会制度系统,也着力剖视潜伏其间的主体因素的创造作用。①

这一认识是否科学、精确还可以讨论,但它在总体思路的清晰及论述的深入方面推进了前人的工作则是无疑的。

《中华文化史》在文化史理论建构方面的一个重要贡献,是提出了"文化生态"学说。反映在全书总体结构上,便是用上编30万字(占全书三分之一)的篇幅来论述"中华文化生态",并以之作为下编"中华文化历程"的理论基础和逻辑起点。作者认为,文化是人类理性的创造,与人类主观精神的能动作用密切相关,但文化的民族特征和时代特征终究不是人的主观精神的随意作品,而只能是各民族在不断适应和改造所处的自然—社会环境的过程中逐渐形成和发展起来。因此,文化史研究必须从剖析孕育、滋养文化的自然—社会条件入手,探明作为文化产生基础的社会经济形态及其赖以发生发展的自然前提,以及在这种社会经济形态地基上建造的社会组织结构。这些便是文化生态考察的内容。

作者将文化生态具体化为自然环境、社会经济环境和社会制度环境三个层次,进而概括出中华文化生态在这三个层次上的个性特点:

其一,区别于开放性的海洋环境的半封闭的大陆—海岸型地理环境;

其二,区别于工商业经济的家庭手工业与小农业相结合的自然经济,并

———————————

① 《中华文化史》,上海人民出版社1990年版,第9—11页。下引仅注页码。

辅之以周边的游牧经济;

其三,区别于古代希腊、罗马城邦共和制、元首共和制、军事独裁制,中世纪欧洲和日本领主封建制以及印度种姓制的家国同构的宗法—专制社会(第 18 页)。

为了论证这些特征,作者批评了地理环境决定论的失误,分析了中华农耕文明与游牧文明的互补融和关系和前资本主义生产方式的各主要形态,指出中华农业文明的若干特点(务实,循环与变异,中庸之道,重农,集权与民本,安土乐天,等等),归纳出宗法—专制社会结构下的伦理—政治型文化范式。凡此种种,多为前人所未发,而又颇能启发来者。

下编"中华文化历程",起自"人猿相揖别",断于 1949 年中华人民共和国成立,以 60 万言,述百余万年历史,规模宏大而又不显空泛,叙述谨严而又不失生动。作者把握不同历史阶段中国文化的特点,并凸显于各章的标题,如"上古:中华文化的多元发生";"殷商西周:从神本到人本";"隋唐:隆盛时代";"明:沉暮与开新";"清:烂熟与式微";"近代:蜕变与新生",等等。再加上各章开篇简洁明快的导语,读者可以很快进入特定的历史氛围,去领略中国文化各个时期的纷呈异采。

在具体历史文化问题的分析与评价方面,《中华文化史》也有新的见解。殷人嗜酒,为史家共识。作者则进一步指出,嗜酒风习与殷人笃信人神交通密切相关。"头脑清醒时,人神交通很难取得出神入化的满意效果,而酒正好可以帮助人们在醉眼蒙眬、神情恍惚之际,置身于与神共处的美妙氛围。"(第 326 页)对董仲舒的思想,以往论者或批评它的神学目的论,或强调它对专制大一统的理论意义,而作者却独从文化史的省视角度,肯定董仲舒"自觉地用儒家精神改造阴阳五行学说,建构起天人一统的宇宙论系统图式,创造性地完成了自战国末年以来,随着人们认识世界、改造世界能力的大提高而产生的对于宇宙、社会、人生作出统一的规律性解释的精神追求。""是思维学术发展的必然结果,是文化进步的阶梯。"(第 448 页)对明代社会,以往研究多注意它君主专制主义极度强化的一面,而作者则特别瞩目于其中后期僵滞文化格局发生的重大松动,例如"越礼逾制的社会风尚","悖离礼教的社会观念"以及"主体意识的觉醒",称为"别开生面的新鲜文化潮流涌动于传统文化结构之中"(第 771 页)。对于 19 世纪中叶兴起的"洋务运动",作者摆脱了简单判别其政治性质的研究定式,而从文化方面检讨,得出其"种豆得瓜"的结论(第 970 页)。凡此种种,不仅给读者以鲜活的阅读感受,而且为他们辟出开阔的思维空间。

对于一部 90 余万言的著作,种种疏漏、错误,在所难免。其中最重要的缺憾,一是作者对于中国文化史的分期,没有提出明确的、符合文化史自身规律特征的、独到的见解。因此,下编在展示中华文化历程时,依然袭用了一般通史按朝代划分段落的模式,这是显然不能令人满意的;二是全书相较于精英文化、雅文化,对民间文化、俗文化的论述,无论篇幅分量还是认识的深入程度,都显得太单薄、浮泛。笔者是该书作者之一,深知敝帚自珍的心理势必妨碍审视自身的缺点,还望读者诸君坦诚相待,不吝赐教。

六

依笔者的孤陋寡闻之见,以上五部文化史著作,大致可以视作 60 年来中国文化史研究的代表性作品。在评述它们的成绩和缺失之后,笔者最后还想就文化史研究的有关问题,谈两点感想。

(一)关于文化史研究的理论问题

几乎所有的文化史研究者,都十分重视理论建构问题。这一点,在以上五部著作中,可以看得很清楚。但是,无须讳言,直到目前,这个问题的基本解决——不是圆满解决——还有待继续努力。文化史理论体系的建构,必须奠基于对"文化史"这一概念的理解,而对"文化史"的理解,又与对"文化"的理解密切相关。而"文化"恐怕是 20 世纪大众话语中最为众说纷纭的概念。目前的大多数文化史研究者(包括本文所评著作的作者)都将自己的"文化"观念定位于精神(或曰观念)的层面,有的论者还进一步明确提出"文化史"就是"民族精神史"。这种理解看起来内涵很清晰,但是一进入操作过程,一到论述具体的历史问题之时,这种清晰的界限却总是被提出者自己给打破了。到目前为止,还没有哪一部标明"文化史"的著作能够径直改名为精神史、观念史或者"民族精神史"、"民族观念史"而被认为是名副其实的。不少研究者总是在"与之相适应"、"与之相关联"等名目之下,将显然不属于精神、观念范畴的诸如社会制度、工艺器物、起居方式等内容纳入叙述的范围。这里的问题不是把不该放的东西放进了篮子,而是篮子本身名不正,名不正则言不顺。笔者以为,问题的关键是,如果企图仅仅在研究对象范围的划分上,将文化史与政治史、经济史、思想史、哲学史直至科学史、工艺史等清晰地区分开来,不仅意义不大,而且根本就做不到。几十年来文化史研究的实践已经证明了这一点。依笔者浅见,"文化史"更根本的意义恐怕还在于"以文化的眼光来看待历史"。在世界范围内,从18世纪伏尔泰以来;在中国范围内,从20世纪初以来,文化史研究的兴起,都不是在历史的传统园地里又新圈出来一块"势力范围",也不是在什么生荒之处突然发现了一块"飞地"。正如有论者所指出:"实际上,文化史并不是一个范围或内容的问题,而是一个方法问题。"①笔者则认为,比具体方法更重要的是研究者的"文化的眼光"。至于什么是"文化的眼光",这就要回到一般所谓"大文化"观念上去。"大文化"观念认为"文化"就是"人化",就是人使自己不断地在更高的水平上区别于动物、区别于自然的全部努力的价值和意义之所在。笔者以为,站在这样的观察点上,观照人类历史,得到的景象,就是"文化史"。过去许多文化史研究者不是不承认"大文化",而是在承认它以后,紧接着就把自己的视野缩到"小文化"(通常说的精神文化,或者观念文化)的域面,其实是大可不必的作茧自缚。

如果这一认识可以成立,那么,文化史的理论建构大致应当包括以下内容:人使自己区别于动物,区别于自然界的客观与主观因素是怎样产生的;这些因素发生过怎样的变化;人是怎样利用和发展这些不断变化的因素的;综合地看,人类的"人化"进程可以划分为几个阶段,划分的基本依据是什么,有什么共同规律;分别地看,各民族(也可是其他不同的群体)的"人化"进程可以划分为几个阶段,划分的依据是什么,有什么特殊规律;等等。实际上,过去几十年间,研究者已经作了不少工作,而他们取得的成果(例如本文所提到的)都可以在上面列举的条目中确定自己的位置。现在的问题是,要超越过去比较狭隘的作法,从资料、对象、方法、视角、目标的综合上,考虑"文化史"的定位,并在此基础上,建构符合文化史规律,有利于文化史研究发展的理论体系。当然,将这一问题展开叙述,是另外一篇文章的任务了。

---

① 刘伟:《当代西方史学转向文化史的最新趋势》,《史学理论研究》1992年第1期。

(二)关于文化史著作的编撰问题

不管对文化史的理解有何分歧,文化史著作以其高度的综合性、思辨性区别于其他史学著作这一重要特点,逐渐为人所公认。换言之,综合性和思辨性,是衡量文化史著作成功与否的基本标尺。这就带来一条悖论:综合性要求广博,思辨性则要求专精。综合性要求集思广益,思辨性则青睐专家之学。个人之作,成一家之言易,而顾及全面难;众人合撰,取各家之长易,而贯穿主脉难。本文所评诸种著作的长短得失,多少证明了这一点。悖论已然存在,现在的问题是怎么办。笔者以为,在写作方式上,集众人之力与尽独家之功,两者不可偏废,不过应各有所求:多人合作,不可仅图"争时间,抢速度",以"人海战术"取胜。不仅要追求一般意义上的各方专家组合,而且更要讲究"道不同不相为谋"。而一人独撰,则更应以"板凳要坐十年冷"的精神,"别裁伪体亲风雅,转益多师是汝师"①,增进学养,厚积薄发,庶几能有所成。总之,克服浮躁之性,除却功利之心,文化史研究必将在已有的基础上,不断推出新成果,发展新局面,达到新境界。笔者对此持充分乐观的态度。

(原载《史学月刊》1998 年第 5 期)

---

① 杜甫:《戏为六绝句》。

体验中的理解，建构中的
解释，批判中的反思

——评近年来关于知识分子研究的几本史著

在所有的社会阶层中，知识分子是最注重研究自身的特殊群体。在 20
世纪末的中国，尤其如此。这一方面是因为，经过 20 年的社会变革和思想
解放，长期束缚中国知识分子头脑的种种清规戒律在相当程度上已经破解，
"自卑"和"自傲"两种极端化的情绪在相当程度上已经消除，知识分子有可
能在较为宽松的环境里、以较为平和的心态来看待自己；另一方面则是因
为，千年之交的中国社会有太多的问题需要解答，对于解答这些问题负有不
可推卸责任的知识分子阶层，也迫切需要进一步反省自身，明确自己的角色
和职能、权利和义务，以期在新的时代条件下，体现"社会良心"（余英时
语），展示"人间情怀"（陈平原语），真正成为"有能力向公众以及为公众来
代表、具现、表明讯息、观点、态度、哲学或意见的个人"（萨伊德语）。

于是我们看到，在 20 世纪的最后几年间，出现了一批以中国知识分子
为研究对象的著作。它们中影响较大的有：阎步克著《士大夫政治演生史
稿》（北京大学出版社 1996 年版），陈明著《儒学的历史文化功能——士族：
特殊形态的知识分子研究》（学林出版社 1997 年版），刘修明著《儒生与国
运》（浙江人民出版社 1997 年版），杨念群著《儒学地域化的近代形态——
三大知识群体互动的比较研究》（三联书店 1997 年版），赵园著《明清之际
士大夫研究》（北京大学出版社 1999 年版），左东岭著《王学与中晚明士人
心态》（人民文学出版社 2000 年版）等。①

本文以上述文本作为基本分析对象，对近年来的中国知识分子问题研
究作一番综合评述的尝试。勉为其难，谬误必多，还望方家不吝指教。

---

① 为免注释烦琐，本文引上述著作，仅随文标注页码。

一、体验中的理解

注意并利用研究主体与客体在血脉、情感上的亲密关联，是近年知识分子问题研究的一大特点：所谓"惺惺惜惺惺"，既是一种研究类型（研究什么）；更是一种研究方式（怎样研究）；既是一种客观存在（古今知识分子之间知识构成、心理特征、思维方式等方面天然存在的承继关系），更是一种主动选择（不满足于一般历史学、社会学层面上的意义诠释，而是勉力追求进入先辈生存的文化氛围和精神家园）。

国破家亡之际，是人的情感波涛汹涌的高潮期。"非我族类，其心必异"带来的文化毁损危机，尤其是文化人的心灵巨创。赵园十分敏锐地从"明清之际"切入，先是凭借直觉（"被明清之际的时代氛围与那一时期士大夫的精神气质吸引"），而后是十分自觉地追求以"体验"支持"直觉"，并为"论说"勾画方向、确定态度，进而将自己"与研究对象的联系个人化且内在化了"（第 549 页）。

赵园从钱谦益、王夫之、吴伟业、陈维崧等人的经验反省中并非偶然的"思路相遇"里，"体验"到了弥漫于明末的时代氛围——"戾气"：士人的相争相激、政治暴虐之下由坚韧进而自虐、自戕的病态激情；并由此而知晓明清之际士人的精神为何受到伤害——"处'酷'固屈不得不然，但将处酷的经验普遍化（也即合理化），不可避免地会导致道德主义；更大的危险，还在于模糊了'仁'、'暴'之辨，使'酷虐'这一种政治文化内化，造成对士人精神品质的损伤。"（第 14 页）

体验之下，理解便水到渠成：明代士人的性格，为什么可以用一个"苛"字来概括——"这本是一个苛刻的时代，人主用重典，士人为苛论，儒者苛于责己，清议苛于论人。虽有'名士风流'点缀其间，有文人以至狂徒似的通脱、放荡不羁，不过'似'魏晋而已，细细看去，总能由士人的夸张姿态，看出压抑下的紧张，生存的缺少余裕，进而感到戾气的弥漫，政治文化以至整个社会生活的畸与病。'苛'，即常为人从道德意义上肯定的不觉其为'病'的病。"（第 19 页）

作为士人的群体性格，"苛"，既是对人，更是对己。既在明亡前，更在明亡后。明亡以后,士人的对己之苛,便集中于生死的抉择。这当然是一种更严峻的精神考验。在这里,赵园继续自己"体验"式的探寻。"置诸上文所述情境、语境中,才便于解释明亡之际士的自杀性'赴义',知不可为的惨烈激情,遗民的'祈死'——明亡以后仍不能止的生殉与死殉。(第31页)正因为设身处地,赵园才有可能认识到,全祖望以为"可不必然"的,明人或之以为"不可不然"。也正因为设身处地,赵园才有了如下对于明代士人——其实远不止于明代士人——的独到理解:

> 在我看来,有明二百余年间及明亡之际的死,固可看做道德实践、士人的自我完成,亦不妨视为激情发抒,一种表达方式。尤其明亡之际。明亡是对士的摧抑,同时又是解放。举义与死,是士展示其意志的方式,表达激情的方式,证明其意志其力量的方式。(第34页)

在此环节上,赵园投入相当的笔墨,述及明亡之际士人关于"死的"意境的营造(第349页),从中体会到"遗民对于死的一份郑重,他们以葬事为寄托、务期意义深远的良苦用心",(第353页)体会到明末士人在葬制上的种种创造甚至闹剧式表演,系在"死"的题目上求所以不死,其重"死"亦所以重"生"(第354页),"即令在选择了'墓舍'(也即'死'之象征)之后,也仍不能压制人生创造的热情!"(第345页)这当然不仅是明末士人、而且也不仅是中国古代士人的特殊品性的生动显现——20世纪末陆幼青《死亡日记》中将亡者与妻子一道为自己选择墓地的相关章节,不恰好是赵园结论的当代呼应么!

更深刻的明士对己之"苛",是"生难死易"说之下的严厉道德拷问。"更微妙也更为明人所热衷于辨析的,是'不即死';士论之苛也在这种题目上发挥到了极致。"在这里,赵园依然不以后来的"评判"者自居,而是从屈大钧、金廷韶、高宇泰、彭士望等人的自省自责自耻中,体验生者为其生存必要性(抚遗孤、存遗文、存国史、以致图恢复、待后王)取证的艰难。也正是从这种艰难的体验中,才有了如下的理解:"只有置此情境中,才更有可能解释那大量的'可不死而死'——像是与生命有仇;也才便于解释期他人死的正当,助他人死之被视为义举";才更能解释明亡之际"忠义之盛"的原因;也才更能感知明遗民生存的特殊艰难性。(第40页)

忠于朱明且明亡而不即死者,是为"遗民"。赵园认为,遗民"不但是一种政治态度,而且是价值立场、生活方式、情感状态、甚至是时空知觉,是其人参与设置的一整套的涉及各个方面的关系形式：与故国、与新朝、与官府，以至与城市，等等"。遗民是一种生活方式，又是语义系统——一系列精心制作的符号、语汇、表意方式。（第289页）遗民不止是一种身份，而且是一种状态、心态。（第375页）在这里，"从体验中理解"的研究范式表现得尤其精彩。赵园注意到了瞿式耜家书中的"时间焦虑"：明亡仅两年，家乡民众就已经感觉"太平"，"米价甚贱，人民反相安，只未知三百年受太祖高皇帝之隆恩，何以甘心剃发？难道人心尽死"？"在其时的'与义'者，最令人心惊的，或者就是这种'平安'的消息吧。"（第374页）时间不仅会泯灭民众的"反抗意识"，甚至会不以"遗民"意志为转移地销蚀他们自身存在的心理根基——这才是最无奈的伤心处。就此而论，赵园指出："遗民为时间所剥蚀，或许是其作为现象的最悲怆的一面。"（第373页）

幸运的是，遗民自身对于"遗民"是一种时间现象的残酷事实不仅正视了，而且接受了。这"表明了他们的成熟性，他们对'意义'边界的感知，他们对自己处在历史的特定时刻、历史过程中特定位置的意识——清醒的反思正赖此时空感觉而进行"。（第377页）于是，读者和作者一道由"体验"而"理解"而"感悟"——"遗民"对自身"大限"的认识，说明遗民精神世界所遵从的王朝法则、种族法则，终究敌不过现实世界所遵从的历史法则。无论是在如何不情愿的心境下接受这一法则，毕竟是"遗民"——直至古代知识分子群体的大解放、大幸运。也正是因为如此，我们才有理由和赵园一道，批评钱穆当年"可悲而可畏"之说的胶柱鼓瑟和似是而非。

从特殊到一般，赵园知识分子研究的旨意从明清之际升华："我们总在对遗民现象的追究中，遭遇更大的主题，'士'的以至'人'的主题。遗民以其'特殊'，将'普遍'演示了。"（第395页）具体地说，"正是大量的明遗民传状使人看到，'隐逸传统'不但提供了士在仕之外的另一种选择，而且积累了有关的理解、诠释，以至相应的叙事模式。……毋宁说'遗'是士的存在方式，是士之为士的一种证明。桃花源中人赖有偶然的际遇，'逸'、'遗'则出诸选择，唯士才能有的选择。'选择'是士的特殊自由，也即其特殊困境，致以致其痛苦之源。在这种意义上可以认为，'遗民'以特殊情境，将士的角色内容呈示了。甚至可以说，遗民未必是特殊的士，士倒通常是某种意义、某种程度上的遗民。"（第265页）这是因为，在士的历史上，隐遗的传统大大扩展了士的生存空间，从而也使得士与当道的关系、士在王朝政治格局中的角色地位复杂化了。直言之，"隐遗"之"士"恰恰更有利于将某种语义强化——不止强化其政治含义，而且借诸"易代"，以强化的方式表达对于士之为士的理解，对于士的独立性、士的选择自由的理解。（第262页）赵园"明清之际"知识分子研究的成果意义，至此上升到了中国古代士人的整体层面。

左东岭既以王阳明的学说与"士人心态"的关系为剖析对象，其研究路数自然与赵园的"体验—理解"模式有相近之处，只不过没有后者那么自觉，也没有后者那么圆熟罢了。他自揭主旨：揭示阳明心学乃是为了解决明代士人的生存困境，方提出了其致良知的哲学主张，它由内在超越的个体自适与万物一体的社会关怀两方面的内涵构成，目的是要解决自我生命的安顿与挽救时代的危机。然而在实际的历史运行中，它却伴随着环境的挤压而逐渐向着个体自适倾斜，从而变成了一种士人自我解脱的学说。显然，要完成这一任务，少不了对其时的"士风"作出宏观扫描。左东岭看出士人泛滥的物欲通过非正常化、非合法化方式实现的恶性后果——士风疲软、因循平庸、毫无主见乃至"不可收拾"（第322—328页）。这当然是平实的结论，但是和赵园的"戾气"说相比，后者的生动、传神（这恰是"体验"的成果）显然更令人称道。

不过，左东岭的"体验—理解"也有较为精彩的段落，例如他对王阳明"龙场悟道"的心理变迁的把握。理清阳明前期思想与其龙场悟道的关系，先须解决阳明前期思想有无统绪、有何统绪的问题。为此，又须同时弄清阳明当时人格心态的特征（第164页）。于是，左东岭力图"体验"前期阳明的心路历程：11岁时的"登第恐未为第一等事，或读书学圣贤耳"；18岁时对"圣人必可学而至"的"深契之"，以及短暂学道之后"此簸弄精神，非道也"的反省；32岁时的"我才不救时，匡扶志空大。置我有无间，缓急非所赖"。在紧接下来论及龙场悟道的意义时，左东岭强调：它改变了阳明的心态，即从"悲愤凄凉转向从容自得"（第175页），阳明的学术和生活于是有了全新的意义："环境并未有变，而是心境有了改变，依然是贬谪生活，依然是远山僻水，依然是遥远天涯，但由于视富贵如尘沙，等浮名于飞絮，故而便觉得山泉可喜、天涯可乐了。"（第179页）体验之功，存乎一心。这里的"可喜"、"可乐"云云，从一种特殊的意义上印证了当年庄子对惠子的一段著名辩难："惠子曰：'子非鱼，安知鱼之乐？'庄子曰：'子非我，安知我不知鱼之乐？'"①

---

① 《庄子·秋水》。

二、建构中的解释

力求在一种独特、精致的理论建构中提出假设，表达观点，完成叙述，是近年知识分子问题研究的另一大特点。在这方面，陈明和杨念群的主观意图极为明显，其取得的成绩和暴露的缺失几乎同样鲜明。

陈明将解释儒学的精神及其历史文化功能作为自己的目标。为此，他构建了如下一个庞大的理论框架：

三代社会的社会组织系统与国家组织系统是一种二元合一的结构。植根于这种系统结构的儒学精神在于以自然形成的文化秩序规范一切，将政治运作及其过程置于文化价值理想的指导之下。但是，周秦之后，中国历史发生重大转折，确立了以王权为轴心的国家组织系统与以宗法血缘为轴心的社会组织系统二元对立的基本结构。与三代相比，社会结构发生了质的变化，但是儒学却秉承一以贯之的传统，在2000多年国家与社会分立、对抗的环境中，始终执著于王道理想与三代情结的整合，一直发挥着批判与调整的功能。

显然，这样一个理论建构需要贯穿全部中国历史、全部儒学发生发展史的事实及其分析作为基础。在来不及完成如此宏伟工程的情况下，陈明先行推出魏晋南北朝以前的一段，当然是可以理解和接受的。其具体分析如——三国两晋时期帝国组织力量相对弱小，普遍存在的世家大族成为社会整合和稳定的主要组织力量；侨姓、吴姓、郡姓和虏姓四大群体构成决定当时政局消长更迭的深层因素；这种社会自身的组织力量基本均与儒学具有内在契合——也是有相当牢固的史实基础和说服力的。问题在于，陈著涉及的这一段只是中国历史中较为特殊的分裂时期。就儒学自身的发展而论，也是一短暂过渡期。这一时期的士族所承担的儒学的历史文化功能当然有其实在的社会和政治意义；但它与宏观整体上的2000多年君主专制社会里儒生—儒学的社会功能的逻辑连贯性和本质一致性，却是需要更复杂的辨析才能说清楚的。更何况，要否定古代中国社会"家国同构"的特点，陈明的王权轴心与宗法血缘轴心"二元对立说"实在是过于单薄。而这一条如不能拿出令人信服的新论证，他苦心孤诣建立的儒生—儒学批判调整功能说,也就失去了全部根基。

杨念群的工作显然比陈明更精细、更能自圆其说。他不满足于"仅仅对以往人物的思想材料作历史的程序化处理",而追求在某种精致的理论模型中阐释近代中国历史上某些"知识类型"的内在演化形态及其与作为主体的知识分子、社会情境的互动关系。(第1页)在相当意义上,杨念群成功了:他不仅正确地指出中国知识分子所持有的传统"知识类型",如儒学的思维话语与行为方法,在面临时代挑战时并非总是以"总体论式"的方式进行自我调整(这恰恰是陈明的基本失误所在),而且还非常精确地将湖湘、岭南、江浙三大知识群体置于"儒学地域化"的理论模型之中,并特别强调"三次变革分别由三个不同区域的知识群体所发动,其资源作用的时间性只在单一区域传承的系统内才变得有意义,一旦被置于其他区域的比较网络之中,其空间的坐标特征就会凸显出来"。(第15页)杨念群的如下归纳和说明清楚地表明了自己在前人基础上的创新所在:

> 湖湘士人以经世致用和"帝王之学"话语为深层作用背景所形成的洋务引进浪潮,与物质器技层面的第一波变革交相叠合;岭南儒生以神秘主义和再造"政治神话"为手段游说皇帝变法,则与制度变革的第二波涌动轨迹颇为合辙;新文化运动与科学观念的变革作为第三波高峰,则几乎为擅长"技术传统"的江浙启蒙知识群体所垄断。这样就形成了三大地域知识群体与三大变革波峰交相呼应的格局。所以所谓"三大阶段论"的划分作为一种经典诠释框架,未尝不具备一定的合理性,只不过我们在借用时,并非是站在历史当事人递次否断的立场上来审视其启动资源,而是把它置于空间叠错的网络中来加以定位的。(第87页)

更重要的是,杨念群之所以选择湖湘、岭南、江浙三个地域知识群体作为叙述和研究对象的理由,是充分和实在的:其一,三大知识群体的高密度及其影响力、代表性;其二,三大知识群体在思维和行为模式方面的强烈地域传承连贯性。(第92页)

强化"空间"而弱化"时间"在思想史上的意义,是杨念群苦心构筑其"儒学地域化"理论模式的基本需要。但在实际上,他自己并不否认"时间"的思想史意义:"宋明儒士阶层以重建'道统'的形式完成了反叛两汉儒学回归先秦师儒形象的复杂过程,从儒学演变的历史动向观察,这不仅是一种逻辑再建的过程，而且也是儒士阶层在地域空间中重新寻求组合的过程，这就是我们所要揭示的'儒学地域化'现象。"（第59页）这就是说，"儒学地域化"本身，就是"时间"的产物。不仅如此，在杨念群概括的"儒学地域化"的完整概念表述的三要素中，除了第一条"地理分化与分布"，第二条"从组织形式上看它是一个民间化的过程"和第三条"从内容构成上看它是一个向人文话语转型的时期"，都绝对是属于"时间"范畴的。不过，笔者在这里要强调的是，对杨念群用"其资源作用的时间性只在单一区域传承的系统内才变得有意义"一句来限制"时间"的思想史意义的作法，我们除了对其服务于理论目的的机智表示理解之外，也不得不对这种作法片面追求精致的隐患保留异议。

过于追求自身理论的精致程度，"为精致而精致"，恰恰是杨念群研究的误区所在。他按照胡塞尔理论，花费极大心力论证了湖湘"心"→"势"分立主客体关系链与岭南"理"↔"心"合一主客体关系链两种思维定势的截然分野，其中不乏十分精彩的思辨逻辑体现。但是，当他经过"再抽象"、"简约化"（这同样是艰苦的思想劳作）之后，用这一模型来说明"湖湘和岭南两个地域的文化差异和冲突从某种程度上讲是受儒学地域化所制约的传统认知定势的冲突，是基于对传统儒学不同层面进行选择后所产生的冲突"（第143页）时，给人的感觉却是异常的浊重和牵强。

同样的问题也出现在他对比江浙与湖湘学人的"认知取向之别"上。他认为两者的区别不仅在是否"吻合于'心'→'理'主客体关系的联动指向问题，而且尚在于两者如何于社会情境中处理道德资源的安置问题"。（第149页）"湖湘知识群体极易把'心'→'理'认知关系通过经世致用的途径导向对政治意识形态化原则的尊崇，并使之与治学的终极精神相混淆。江浙学人则希图在，'心'→'理'认知关系中，寻求有限的'非道德化'的价值中立原则，从而对湖湘知识话语的排拒性具有调和的作用。"（第155页）从语义的清晰程度上看，这一段话确实无懈可击。但是，恰恰是严丝合缝的论断，使人生疑：生动活泼的思想史实，有可能被恰如其分地安置进如此精致的构架中去么？例如，身为"江浙学人"的鲁迅，真是"希图'心'→'理'认知关系中，寻求有限的'非道德化'的价值中立原则"吗？

过分强调自身精致理论的涵盖能力，是导致杨著的某些论断不严密的重要原因。例如，"'儒学地域化'过程的完成，也使知识分子在空间流动中定位于职业官僚阶层(立足于国家)与民间绅士阶层(立足于社会)的双重角色之中,从而缓解了先秦以来一直困扰着我们的'道统'与'治统'相分离的紧张状态"。(第85页)人们有充足的理由反问:知识分子一身而任双重角色的"定位",真是在所谓"儒学地域化"之后才实现的吗? 又如,"立人极"说是对儒学外在结构化、政治化倾向的一次反动,是人类自我意识的一次复苏"——完全正确! 但是紧接下来的——"当然,这种复苏只有被放在儒学从官方化转向地域化的过程中加以说明才有意义"(第121页),就显然无法服人:再如,"幕府学术"究竟是"专门化"(第276页)还是"修齐治平"的特别表现形式,更是大可商榷。

更明显的毛病是,为了"划清"三大知识群体之间的特征界限,就论证湖南人性格的单一性与连续性,江浙士人的文弱之风,岭南广东人性格的复合多元而非清纯单一(第167页);归纳江浙学人的"自然经验空间感",湖湘学人的"历史经验空间感",岭南学人的"个体化经验空间感"。(第303页)这些表述本身固然十分精确,但是如此简单化的断语恰恰使得对它们的反诘也十分容易。

相比之下,刘修明的工作则显现出其从容、平和的另一种理论风格。"历史和逻辑是一致的。具体、生动的历史是逻辑与哲理的形象表述。本书没有采用逻辑演绎与观念归纳的写作方式,而是用宏观概述下典型分析的方式。通过对中国封建社会不同历史阶段知识分子代表人物的典型剖析,以期求得某些规律性的认识。在典型意义上,史学和文学可以相通。哲理性的评论,也只有通过具体的人和事的评析才具有说服力。典型是发展锁链上关键性的环节,而不是无内在联系的连接。"(自序)看起来,这里没有什么"前卫"的"话语",理论"建构"的意识也远不如陈明和杨念群强烈,但这并不妨碍刘著在比较"传统"的理论框架中表达新的学术追求。

既然是"典型分析",那么选择什么样的分析"典型",就有了价值标准和主旨导向的意义。在这方面,刘修明突出杜甫而忽略李白的"有意为之",显示了他独到的眼光:在做人方面,杜甫"可以成为'腐儒',却从来不曾成为虚伪的'小人儒',始终是身体力行、表里一致的'君子儒'"。"达则兼善天下,穷却不肯独善其身。"(第366页)在作诗方面,"他的杰作,夺取了唐代诗坛的桂冠"。(第370页)杜诗的成就,在封建时代里,前代没有出现过,后代也没有超越过。(第369页)

更可贵的是，在如此"扬杜贬李"的"一家言"里，我们还读到对杜甫其人"不切实际的儒家思想"（第 364 页）、其诗"庸俗卑微的依附气味"（第 371 页）的尖锐批评，读到对杜甫内心世界根本矛盾的揭示以及从中提炼出的"儒生与国运"关系的基本表述："对国君的忠诚信仰，是封建社会知识分子思想上依附性的根本反映：现实和信仰的冲突，不能在读书人的思想上得到明确的答案，最后必然陷于思想矛盾和感情痛苦的二律背反之中。……知识分子对封建统治阶级的依附是双重性的依附：身份上的依附和思想上的依附。……一切有良心的封建知识分子忧国忧民之心及其表现，都只能在这两重依附的束缚下才能显示。这就必定造成他们的历史的、社会的和阶级的局限，也引发了不可解脱的思想矛盾和精神上的痛苦。同时，也由此产生了表现为文学形式的精神产品。"（第 364—365 页）杜甫的"典型"意义，由此而凸显出来，作者的理论意图，也在此得到了清晰的表达。

在知识分子问题研究的理论"建构"方面，阎步克的工作尤其值得称道。他的《士大夫政治演生史稿》是一个范例。该书的目的是："通过士大夫政治的衍生，揭示一种独特政治文化模式的衍生过程和结构设计。"（第 2 页）请注意这里的"揭示"——不是外在地将自己的研究对象硬"套"进入为设计、表述的"理论架构"之中，而是从研究对象自身的历史进程（"演生"）中，发现并梳理（"揭示"）出对象的基因构成及其生命规律。这是阎步克成功的根本所在。

阎步克充分注意到了中外学者对于中国古代士大夫阶层扮演学士与文吏"双重角色"这一明显特征的诸多有价值的研究成果，同时也发现，学士与文吏之间的分合在历史过程中的具体形态，却为研究者所忽视。他指出：在中华帝国创建之初的秦王朝，大异于后世士大夫的"文法吏"是政务的基本承担者。这"就是说，士大夫政治，在中华帝国的历史上绝不是自初如此。然而这种纯粹的文吏政治在中国古代社会中却难以为继。世入汉代，文吏群体就开始逐渐让位于儒生官僚——兼为学者、官僚的'士大夫'了"。他强调："对这一事实的前因后果，应该加以特别的关注。"（第 10 页）

在基本依循历史线索而作缜密剖析之后，阎步克"关注"的结论是：

> 中国古代的士大夫政治，是经由周政、秦政、汉政、新政这一系列复杂曲折的政治变迁过程之后，而演生出来的。当政治文化的发展使"礼治"把一度分立的"法治"重新纳入其统摄约束之下的时候，业已充

分分化了的政统、亲统和道统就再度一体化了。这种政治文化模式认定,每一居身上位者相对于其下属,都同时地拥有官长、兄长、师长这三重身份,都同时地具有施治、施爱、施教这三重义务。"尊尊、亲亲、贤贤"之相济相维,吏道、父道、师道之互渗互补,"君、亲、师"之三位一体关系,再一次地成为王朝赖以自我调节与整合社会基本维系,并由此而造就了一种特殊类型的专制官僚政治——士大夫政治;"君子治国"之政治理想,"士、农、工、商"之分层概念,也就一直维持到了中华帝国的末期。(第 477 页)

没有人会认为这平实的结论里没有"理论",同时也没有人会感觉到其中有人为"建构"意味的生涩和夸张。《士大夫政治演生史稿》获得"长江读书奖"评审委员会的如下评语:"作者十分尊重中国历史传统阐释的内在理路,同时在宏观架构上,借鉴了社会学理论中的某些概念作为分析的核心切入点,……已具有示范的意义。"这应该说是实至名归。

三、批判中的反思

知识分子的自我关注、自我研究具有与这个群体同样久远的历史。通过学术批判(广义上的),对古往今来的士之论士、儒之论儒、知识分子之论知识分子的学术成果进行反思(即对思想的再思想,对批判的再批判),是近年知识分子问题研究的又一大特点。

"士大夫",是中国古代众所周知的专门称呼,也是社会史、政治史和思想史研究者长期注目的对象。阎步克广泛充分吸纳了中外学者(包括吴晗、吴金成、张仲礼、何良俊、赖文逊、韦伯)有关的研究成果,并且作出了积极的推进。他指出:

第一,士大夫之二重角色特征的"特别敏感",意义在于它不仅涉及中外差异,而且涉及古今差异;

第二,西方学者一般将对士大夫角色的分析置于"社会结构与功能分化"的历史进化过程中来观察,自有其学理方面的合理性,但是,完全套用现代或西方的标准,并不能准确说明士大夫阶层的角色与功能特征;

第三,在中国,帝国政治及其官僚组织"很早就相当发达",士大夫们

"官僚"与"文人"之"二任"既"明明有别"，"但是又整合于'一身'之上"，这是一种"特别现象"；

第四，所谓"特别"，是指中国古代士大夫形态以及士大夫政治"不但不同于现代社会，也不同于西方历史上政权与教权的判然两分，或古印度的宗教代表婆罗门与政权代表刹帝利分为不同瓦尔那的情况"。士大夫的出现，"不仅仅是个行政组织发达程度的问题，它是一个更大的政治文化秩序之特质在政治角色方面的体现"；

第五，从效能评价上看，中国士大夫政治确实不符合西方学者"专门化"的理论，"但是专门化的行政并不一定就能促成一个平衡的、具有适应性的社会系统，这还取决于整个社会的政治文化传统和政治社会背景"。总之，"专门化当然不是评价政治文化模式之优劣的唯一标准，中华帝国的士大夫政治也发展出了精致微妙的运作机制，并且尽管它确实存在着缺乏专门化的问题（以及其他种种问题），但它在两千年中的长盛不衰，毕竟表现了其与中国传统社会的高度适应性"。（第6—10页）

如果说对中国古代士大夫政治的评价向来毁誉参半的话，那么对于士大夫的"清议"，却从来为研究者所津津乐道，推崇备至。赵园却从"清议"中读出了不"清"反"浊"的内涵。

赵园首先挑明，"清议"一说，强调的是言论的合道德性和言论的公正性。但是实际上，士人有关清议的评价有意无意地省略了的，正是言论背后的利益集团及其动机，以至使得"清议"像是超然于特殊利益的"纯粹"言论，清议本不"清"，"清议"之说之所以影响广泛，其实是因为"对言论效用的夸大，包含着士对自身存在的蓄意强调，是士自我价值表述的一种方式。清议的神话，本是士精心制作的作品"。（第209—215页）

赵园继续论道："使清议得以生效并具论者所乐道的强大威力的，是评价政治、政治人物的道德论传统。"但是，这种传统在实际政治运作中却往往变味，以至"清议之盛"有时竟然是"党争之烈"的美丽表达。"党争中以发露隐私为武器，'正'、'邪'所用手段正不妨其同。"（第217页）

赵园最后归纳："清议无疑是制度病的某种补救，它本身却又浸染着制度病。"尤其值得人们警惕的，是清议式的"道德法庭""极有可能成为施之于个人的暴政"。（第218页）在这里，赵园希望人们与自己一道反思"清议"的"专制品性"，以避开从来清议论者"无以逃脱"的"悖论式的情境"。

以上是总体、宏观研究方面新进展的例证。此外,具体的个案意义上的研究中,别开生面的若干成果也使人欣喜不已。

"朋党"是中国古代知识分子群体中一种十分引人注目的社会现象。以往研究一般只是停留在对其政治危害的揭露,而刘修明通过对李商隐在党争漩涡中坎坷命运的分析,推进了人们对这一问题的认识深度:朋党之争对古代知识分子精神上的伤害,是这一阶层悲剧形态的一种重要表现形式,它"证明中国封建社会的政治社会体制和人身依附关系无法隔断的内在联系,在知识分子身上打上了深深的烙印,严重扭曲了他们的本性"。(第381页)这无疑是"朋党"研究的重要深化。

因为先与令狐楚、后与王茂元的交谊,李商隐与唐代著名的牛僧儒、李德裕两"党",都发生联系。他明白党争的严酷,厌恶党争的无聊,但是他却一辈子没能挣脱党争的漩涡。刘修明指出:这是作为没有独立身份的封建社会知识分子在"特殊政治环境中必然遭受的厄运。即使他的认识是正确的,也不能避免危害;即使他的头脑是明智的,也挣脱不了党争的网罗;即使他的立场是坚定的,在实际遭遇中也不能不显示软弱和可怜。原因只有一个:人微言轻的他,没有独立的经济和政治地位;他不能不受到紊乱而严密的封建政治网罗的束缚"。(第392页)

李商隐是大诗人。他的深情委婉、朦胧含蓄的"无题"诗,尤其引起评论家们千年不休的争论。刘修明认为,对这些诗作的复杂含义不宜作出有特定所指的简单具体解说,如某诗是给某大官的笺启,某诗又是给某女子的情书。"李商隐诗的艺术境界之所以高,正在于他在一生的坎坷曲折的悲愁磨顿下,不是直吐胸臆,而是用虚幻、扑朔迷离的朦胧诗的意境,抒发他长期在党争压抑下不能直吐的胸怀。……他要表现的不是一幅时间地点清晰可考的画面,一件实指的事,一个具体的人,而是为党争的现实扭曲了的心灵活动和理想追求。"(第396页)对李商隐的"无题"诗,当然还可以有更多样化的解释,不过,刘修明的"表现党争苦闷"说,毕竟为我们理解诗人、剖析朋党,贡献了一个全新的视角。

在近几十年的思想史研究中,李贽一直是以反封建礼教斗士的面貌出现,他的学说也理所当然地被视为对阳明心学的一种反动。如果我们追溯得更早,在黄宗羲那里,就已经不把李贽算在心学一系之中了。左东岭的研究翻了这一成案。他强调,"李贽的思想人格除了变之一面外,其承之一面亦不容忽视"。（第545页）李贽人格的主导方面不是禅之出世，而是儒之入世。他"既欲求得个体的行动自由与精神解脱，又放不下对现实事务的关注之念"。（第548页）从《藏书》看，李贽"已从明代前中期士人的以社会价值为核心而转向晚明的以个体自我为核心，但这种转变又的确是心学基本精神的合乎逻辑的发展与演变"。（第562页）具体地说，李贽从"内外两忘自我适意"和"自然之诚"两方面完成了心学的"改造与超越"：结论——李贽并非阳明心学的反动，而是阳明心学的转折。

曾国藩缔造的湘军，不仅仅具有近代军事史研究的意义，已是学界的共识。在此基础上，杨念群引用韦伯的"卡里斯玛共同体"（charismatic community）理论，将对湘军的认识继续深化。他指出："曾国藩及湘军核心人物很大程度上是依靠个人感召力去构成湘军的团体凝聚力的，他们总是试图通过严格的修身程序来强化自身的'卡里斯玛'（charismatk）的魅力，故其言行往往体现出清教徒式的精英化倾向。"（第173页）"杨念群感兴趣的是，湘籍士人特别注意维护在戎马征战中树立起来的卡里斯玛人物形象。正因为如此，"湘军将领等级座次的划分，除了军功战绩之外，也包含有一种个人魅力及感召能力的估价尺度在内"。曾、胡、左尤其是曾国藩被奉为大儒圣人，绝非仅是因为其已具备了"道德偶像"或"事功霸才"的单色调形象，"而更是因为曾氏诸人尤擅于在营造道德修炼氛围的同时，于其中完成了政治权威合法化的巧妙转换。他们以自己的言行证明，通过非正途手段建构的'卡里斯玛共同体'式的组织，完全可以成为在官僚体制外凝聚权力的中介渠道"。（第174页）广泛吸取、借鉴西方学术的理论结晶来推进人文—社会科学研究已是大势所趋，不过在具体运用的成绩上有高下之分。上引之说，是较为成功的例子。

四、关于研究方法的几点建议

行文至此，篇幅必须"打住"了。但笔者还想就知识分子研究的方法论问题，再啰嗦几句。

其一，就研究主题而论，知识分子研究"知识分子"较之其他对象，最明显的特殊之处就在于研究主、客体之间的血肉关联。着眼于此，在研究路径上,文学研究出身的赵园率先从"体验"入手,其方法论意义尤其值得史学、社会学、哲学工作者深思。首届"长江读书奖"对《明清之际士大夫研究》的授奖辞称其"开启了进入中国知识人基本文化经验的新途径,是以文学方式解读历史的成功之作","研究所展示的具体历史语境中的士人心态,与优秀的史学和思想史著作遥相呼应,构成了更为丰富的学术空间",都是基本准确的评判。笔者想补正的是,就"体验—理解—阐释"的学术路数讲,史学(尤其是学术史、思想史)工作者应当积极向文学工作者学习,而不能停留于固守老套、满足于与赵园式研究"遥相呼应"的现状。

其二,就研究宗旨而论,学术研究的"过于目的化"问题值得警惕。赵园说:"所谓明清之际的'学术转型',固然因缘时会,也赖有诸种个人、偶然条件的凑泊。只是由后世过于目的化的眼光看上去,像是一批才智之士不约而同地走到了某个临界点上。"话说得很平和,但确实点出了学界的一大问题。不用说远,本文论及的几种著作中,这种"过于目的化"的弊病就较为明显。为了证明某一理论模式的成立,一味讲求精密、整齐、严丝合缝,为此不惜冒"强史就我"的风险。王夫之说:"有即事以穷理,无立理以限事。"①章学诚也说:"事有实据,而理无定形。故夫子之述六经,皆取先王典章,未尝离事而著理。"②虽说都是老话,却依然有益有效。

其三,就叙述方式而论,追求"新潮"或者恪守传统当然同样无可厚非,但是清晰、通畅、不生歧义应该是起码的共同要求。正是在这一点上,本文论及的某些著作中,有问题的段落不少。到处是"话语"、"语境",但是在许多"语境"中,"话语"的意义却远不如"文化"、"理论"、"著作"甚至"说法"之类"老"词汇更精确。这就令人不得不怀疑"语境"设立和"话语"运用的科学性和必要性。还有的段落,充满着"个性化的神秘话语向形式化的政治话语转型","个性参悟就有可能异化为一项群体运动","纯个人的思想就可获取权力的支撑而泛化于众"之类,仔细琢磨后发现,同样的意思用平实的语言叙述,其实效果更好。

(原载《史学月刊》2001 年第 6 期)

---

① 王船山:《船山遗书·续春秋左氏传博议》。
② 章学诚:《文史通义·经解中》。

改革开放以来的中国文化史研究

　　1978年年底中国共产党十一届三中全会以后,思想解放的洪波涌起。学术界冲破"两个凡是"的禁锢,对"文化大革命"实际上是"大革文化命"的荒谬与罪孽进行理论清算和历史剖析。在这样的思想背景下,文化及文化史研究勃然而兴,并在其后十余年间成为炙手可热的"显学"。进入21世纪以后,文化史研究的"热度"明显降低,但泡沫散去,潜沉的学人依旧执著。文化史研究在新的社会条件和时代需求下,继续自己的学术进程。尽管有学者批评"社会史鸡零狗碎,文化史云山雾罩",但是近30年来社会史、文化史研究有目共睹的进展确实有力地推动了中国历史学向着更加深入、广阔的领域拓进,则是没有疑问的。

　　本文拟对30年来的文化史研究概况作一勾勒与评述①。不当之处,敬祈博雅君子教正。

一

　　党的十一届三中全会以后,中国共产党痛定思痛,领导中华民族将思路与行动从虚妄的政治迷狂中扭转到与人类文明的大路向相一致的轨道上来。学者庞朴论道:"文革一结束,邓小平宣布不搞阶级斗争,把工作中心转到经济建设轨道上来,带来一个和平建设的年代。这个时代在思想文化

---

　　① 本文以中国大陆学人的研究成果为讨论范围,不涉及海外华人及港、澳、台学界的成果。另外,出于篇幅的考虑,对考古文化、民族文化的相关内容也不涉及。特别要说明的是,尽管这样限定了范围,但30年间有关成果的数量还是大得惊人。以个人之力,实在难以巨细无遗,面面俱到。因此,只能是在笔者目力所及、识力所限的前提下,勉为管中窥豹之能事。挂一漏万,尚属小疵;开罪方家,是为大憨。其间的无奈与苦衷,还望同仁海谅。

界,促使知识分子开始考虑一些问题,是不是仅仅有四个现代化就可以了?
很自然,许多人就提出了政治和思想文化的发展问题,于是保持了一种积极
的批判态度,这是 1949 年以来从来没有过的。"①学界普遍思考的问题是:
"是不是还应该有政治的现代化,或思想和文化的现代化,才能保证工业、
农业、科学、国防的现代化?"②1978—1979 年,复旦大学历史系和中国社会
科学院先后成立了中国思想文化研究室和近代文化史研究室,稍后湖北大
学历史系也成立了明清文化史研究室。这些机构虽然专职研究人员不多,
但他们的出现预示了文化史研究的生机初现。1982 年年底,中国社会科学
院近代史所、复旦大学历史系和联合国教科文组织《人类科学文化史》中国
编委会联合发起的"中国文化史研究座谈会"在上海召开。会议呼吁开展
文化史研究,以填补中国历史研究中的"巨大空白"。会议还决定创办《中
国文化》研究集刊。③ 1983 年,在长沙举行的全国历史学科规划会议上,与
会者探讨了积极推进中国文化史研究的问题,并初步决定由上海人民出版
社编辑出版"中国文化史丛书",由中华书局编辑出版"中国近代文化史丛
书"。④ 用朱维铮的话说,即"中国文化史,在度过多年的向隅生活之后,最
近又被提上了学术界的研究日程"⑤。20 世纪 80 年代中期开始,文化讲习
热在全国范围内兴起。中国传统文化的现代化问题,不仅成为史学界,而且
是整个学术理论界关心的绝大题目。北京学者发起成立了中国文化书院,
书院举办中外文化比较研究生班,招生竟达 12000 人之多。正如《文化:中
国与世界》编委会在该丛书"开卷语"中所说:"中国要走向世界,理所当然
地要使中国的文化也走向世界;中国要实现现代化。理所当然地必须实现
'中国文化的现代化'——这是八十年代每一有识之士的共同信念,这是当

---

① 王元化等:《崩离与整合——当代智者对话》,东方出版中心 1999 年版,第 200 页。
② 汤一介语,见《崩离与整合——当代智者对话》,东方出版中心 1999 年版,第 197 页。
③ 《中国文化》研究集刊由复旦大学出版社出版,1984 年至 1987 年间共出五辑,在推动
文化史研究方面功绩卓著。
④ 后来,"中国文化史丛书"出版数十种,其中不乏精彩之作,如葛兆光的《禅宗与中国
文化》(1986 年)和《道教与中国文化》(1987 年),余英时的《士与中国文化》(1987 年),张正
明的《楚文化史》(1987 年),等等。"中国近代文化史丛书"出书数量不多,但质量均属上乘。
特别是钟叔河的《走向世界——近代中国知识分子考察西方的历史》(1985 年)、章开沅的《开
拓者的足迹——张謇传稿》(1986 年),更是文化史研究的难得佳作。
⑤ 朱维铮:《中国文化史研究散论》,《复旦学报》1984 年第 4 期。

代中国伟大历史腾飞的逻辑必然。"①丛书编委会由一批思想活跃且具担当精神的青年学人组成。他们的目标是："以'文化'作为战略研究对象,力图对中国文化和世界文化的过去、现在、未来进行全面的、持久的、深入的总体性研究和系统性比较,以此为建设当代中国文化作坚实的理论准备和艰苦的实践探索。"文化史研究正是在这样一种神圣的使命感的感召之下,生机勃勃地开展起来。

1986 年 1 月,由复旦大学主办、著名历史学家周谷城为组委会主任委员的首届国际中国文化学术讨论会在上海举行。来自国内外 30 多个学术研究单位的 70 余名学者出席会议,代表着文化和文化史研究的近 20 个相关学科。会议阵容堪称"豪华",国内 20 世纪 80—90 年代最活跃的一批学人几乎尽在其中。讨论会高屋建瓴,就中国文化的特征、中国文化的结构、中国文化的阶段、中国文化中的儒学、中国文化传统的总体估价、中外文化交流以及中国文化世界化和世界文化中国化等问题展开了热烈的讨论。今天来省视当时的各方观点深刻、精当与否,当然不宜多发溢美之辞,但是从积极推进中国文化史研究的客观历史作用来说,会议功不可没。尤其是与会学者就促进中国文化史研究所提出的建议和设想(如怎样保持和推进良好的研究势头,怎样开拓文化研究的视野,怎样深观文化传统的结构,怎样寻求特异文化的历史模式,怎样发展目标相同而风格各异的学派)②,为其后相当一个时期的研究打开了明晰思路,奠定了基本格局。

文化史研究的理论探讨,一般均由"文化"的定义发端,然后推及文化史的范畴、学科范围,研究对象,方法论特点,等等。由于"文化"的内涵过于模糊,且人言言殊,自说自话的情形时有发生,因而给人的印象是,文化史难以确定边界和规范。③ 但是,从另一个角度理解,"正是含义难定、无所不包的'文化'概念,在为学者广泛接受的同时,活跃了历史思维,有力地带动了史学研究的观念变革。这一概念以及建立其上的文化史研究预示着、体现着多学科融合、交叉的必然性和必要性。因而,文化史研究事实上构成了

---

① 《文化:世界与中国》第一辑,三联书店 1987 年版。

② 详见邹振环等记录整理的《首届国际中国文化学术讨论会纪要》,见《中国传统文化的再估计》,上海人民出版社 1997 年版,第 1—22 页。

③ 参见周积明:《二十世纪的中国文化史研究》,《历史研究》1997 年第 6 期。

新时期史学变革与发展的一个生长点。"①

因为对"文化"的理解众说纷纭,学者们对于文化史的理解也是各抒己见。向仍旦强调,"文化"有广义、狭义之分,广义性的"文化",应属于社会发展史或通史的研究对象;而狭义性的"文化","即诸社会意识形态之间的关系及其各种制度的纽结点,才是文化史所要研究的对象"②。吴廷嘉、沈大德认为,"文化是指人类在改造自然、社会和自我的对象化活动中,由其个体和群体共同创造并经社会认知的行为方式、组织建构和道德规范,以及这种活动所形成的各种社会制度、观念形态、知识体系、风俗习惯、心理状态和技术、艺术成果。"他们批评人们对文化史的"误解":"往往顾名思义地以为,文化史就是研究人类文化产生发展的客观规律及其作用机制的学科。实际上,这是文化人类学的研究内容。文化人类学是文化史研究的理论构架和一般方法,它同文化史的区别,有如社会发展史同历史研究的区别。"他们提出文化史研究有三个特点:其一,研究特殊而不研究一般;其二,侧重于主体活动特点比较鲜明的领域;其三,离不开价值评判。此外,文化史研究"现实感比较强,这也是研究者千万不可忽视的一点"。③ 长期以来,见诸各种著作、论文的文化史定义不计其数。大致划分,较为普遍的当数"专史说"和"范式说"。"专史说"力图从研究对象上将其与政治史、经济史、军事史乃至思想史、哲学史等区分开来(有人将其称为"切蛋糕"式)。这一派学者中的大部分强调文化史的综合性特征,主要是从综合与分析的差别方面区分文化史与政治史、经济史、军事史乃至思想史、哲学史等学科领域的不同。"范式说"则显然源于库恩。问题是库恩所谓的范式是在科学的范围内以一种研究模式取代另一种模式,任何一种范式都有被另一种范式取代的可能性。从文化史学的发生、发展来看,它并不是作为取代其他史学研究范式的所以一种范式而出现,也不会被其他的史学范式所取代。有学者认为,"实际上,文化史并不是一个范围或内容的问题。"④也有学者提出,文化

① 江湄:《"文化热"、"文化史"与当代史学的观念变革》,《首都师范大学学报》1999 年第 5 期。
② 向仍旦:《中国古代文化史刍议》,《文史哲》1984 年第 4 期。
③ 吴廷嘉、沈大德:《文化学和文化史的研究对象及其学科特征》,《人文杂志》1987 年第 5 期。
④ 刘伟:《当代西方史学转向文化史的最新趋势》,《史学理论研究》1992 年第 1 期。

史是一种"研究策略"。"历史学家之所以采取文化史的研究策略，正是要把人类的全部历史当作文化加以整体的考察，正是这个整体性才能克服旧式叙事史的个别性和独特性，从而发现文化发展的一般原理。政治、经济、宗教、哲学、风俗习惯、伦理道德、文学艺术、学术思想都是文化的表现形式，如果把他们割裂来来分别研究，犹如将一个人肢解以后再去研究特的各种生理活动一样。"①笔者以为，"如果企图仅仅在研究对象范围的划分上将文化史与政治史、经济史、思想史、哲学史直至科学史、工艺史等清晰地区分开来，不仅意义不大，而且根本就做不到。"②直言之，"文化史"就是研究者以文化的眼光所看到的历史。至于什么是"历史的眼光"，则要回到一般所谓"大文化"观念上去。"大文化"观念认为"文化"就是"自然的人化"，它包含两层意思：其一，人类对于自然的认识、利用和改造过程；其二，人类使自己不断地在更高的水平上区别于动物，从"自然人"向"文化人"进化的过程。站在这样的观察点上，观照人类历史，得到的景象，就是"文化史"。过去许多文化史研究者不是不承认"大文化"，而是在承认它以后，紧接着就把自己的视野缩到"小文化"（通常说的精神文化，或者观念文化）的域面，其实是大可不必的作茧自缚。③ 笔者以为，所谓文化史，不是客观事实对象意义上的"文化的历史"，而是主观理解意义上的研究者"以文化的眼光所看到的历史"。在这里，"看"者的选择，无疑是最为决定性的因素。他决定了往那里看，看什么，怎样看，以及如何评价看到的内容。简言之，确定文化史研究"边界"的决定性因素，不是"研究什么"，而是"为何研究"和"如何研究"。

关于文化史研究的基本要求和着手方法，蔡尚思有很通达的看法和很有可操作性的建议。他认为文化通史应以学术思想史为中心和基础，应把文史哲三者结合起来研究，"由文入史哲以及其他"。文化通史应突出各时代的突出领域和突出问题，不在这些范围内的可从略和少说。如果觉得文化史实在太广泛、太笼统，那就首先研究和写出文学艺术史、学术思想史、科学技术史、典章制度史等部分。"要之，能合则合，合是最上；不能合则分，总以不致挂一漏万为好"。对于资料的掌握，只能做到比较全面，"要有差

① 常金仓：《穷变通久：文化史学的理论与实践》，辽宁人民出版社 1998 年版，第 39 页。
② 何晓明：《仁山智水时时新》，《史学月刊》1998 年第 5 期。
③ 参见何晓明、王艳勤：《文化史研究向何处去》，《学术月刊》2006 年第 6 期。

别的读书,不要无差别的读书;要有限的读书,不要无限的读书。"①朱维铮则强调,以整体为考察对象的中国文化史,至少有以下四点要求:一是要求我们发现各种文化形态和文化现象的规律;二是要求我们一经发现支配性的规律,就必须详密研究它在历史过程中的诸般表现以及由此产生的社会效应;三是要求我们在论证过程中,绝不能从观念到观念,使文化史变成观念形态的自我发展史;四是要求我们对于文化史的一般规律,也不能用一成不变的眼光去看待。② 蔡尚思和朱维铮都没有从"文化"概念入手去绕圈子,而是直接抓住文化史研究的特色、核心和关键,简单明了地从方法论上立住脚。高屋建瓴的气度,脚踏实地的做法,值得学人三思。

二

改革开放以来,学界关于中国文化史基本特质、基本规律的探析,主要是通过文化通史类著作及通论性文章体现出来。

1986 年,冯天瑜、周积明合著的《中国古文化的奥秘》由湖北人民出版社出版。其灵动的思路、新锐的观点以及活泼的文风深深吸引了广大读者,产生了广泛的社会影响。1990 年,上海人民出版社推出冯天瑜、何晓明、周积明合著的《中华文化史》,这是改革开放以后较早问世的文化通史类著作。它在理论上的突出贡献是从地理背景(区别于开放性海洋环境的半封闭的大陆—海岸型地理环境)、经济土壤(区别于工商业经济的家庭手工业与小农业相结合的自然经济,并辅之以周边的游牧经济)和社会结构(区别于古代希腊、罗马城邦共和制、元首共和制、军事独裁制,中世纪欧洲和日本封建领主制以及印度种性制的家国同构的宗法—专制社会)三方面剖析了中国文化生态③,并以清新流畅的笔法,勾勒了从远古到 20 世纪中叶中国文化蜿蜒多姿、历久弥新的历史进程。其不足则是未能提出与一般通史相区别的中国文化史的阶段性分期。几年后,冯天瑜在另一篇专论中作出了

---

① 蔡尚思:《关于文化史研究的几个问题》,《文史哲》1984 年第 1 期。
② 参见朱维铮:《中国文化史研究散论》,《复旦学报》1984 年第 4 期。
③ 参见冯天瑜、何晓明、周积明:《中华文化史》,上海人民出版社 1990 年版,第 18 页。

补正。他认为,中国文化的发展可分为六个阶段:第一,前文明期:智人到大禹传子;第二,文明奠基及元典创制期:夏、商、西周至春秋战国;第三,一统帝国文化探索、定格期:秦汉;第四,胡汉、中印文化融合期:魏晋南北朝至唐中叶;第五,近古文化定型期:唐中叶至清中叶;第六,中西文化交汇及现代转型期:清中叶迄今。① 关于中国文化史的分期,较有特点的还有胡凡等提出的"五期说":第一,酝酿成型期:从远古到周公制礼作乐;第二,梳理完备期:从周公制礼作乐到汉武帝"罢黜百家,独尊儒术";第三,发展高潮期:从汉武帝到南宋理学形成;第四,高度成熟的发展与裂变期:元、明到鸦片战争前;第五,冲击转型期:从鸦片战争一直到当代。②

1999 年,《中华文化通志》问世。这部 3600 万字的煌煌大著,分历代文化沿革典(李学勤主编)、地域文化典(方可主编)、民族文化典(王尧主编)、制度文化典(刘泽华主编)、教化与礼仪典(孙长江主编)、学术典(庞朴主编)、科学技术典(陈美东主编)、艺文典(刘梦溪主编)、宗教与民俗典(汤一介主编)、中外文化交流典(姜义华主编)等十典,每典十志。各典主编,皆极一时之选。200 位专家穷 8 年之功,襄此盛举。以志书的形式展示中国文化的流变,本身就是对中国传统文化精华的继承与发扬。③ 就此而论,《中华文化通志》堪称文化史研究领域形式与内容相统一的典范。

在文化通史的修撰方面,北京大学国学院组织 36 位文、史、哲、考古学科的教授,用五年时间撰写的四卷本《中华文明史》④堪称精美之作。全书将总体性和标志性结合起来,分中国文化为四期、八个阶段。第一期:先秦,含先夏和夏商周两段;第二期:秦汉魏晋南北朝,含秦汉和魏晋南北朝两段;第三期:隋唐至明中叶,含隋唐五代和宋元至明中叶两段;第四期:明中叶至辛亥革命,含明中叶至鸦片战争和鸦片战争至辛亥革命两段。⑤ 在资料的翔实精审、论断的公允平实乃至语言的锤炼、图片的选择方面,《中华文明

---

① 参见冯天瑜、杨华:《中国文化史分期刍议》,《学术月刊》1998 年第 3 期。

② 参见胡凡、马毅:《中国文化史分期问题管窥》,《学习与探索》2000 年第 3 期。

③ 史学是中国古代文化的重要门类。司马迁以后,"志"一直是中国史学著作特有的形式之一。

④ 关于文明与文化的关系,以及由此而生发出的文明史与文化史的关系,学界多有讨论辨析。因篇幅原因,本文不拟就此展开。笔者以为,《中华文明史》叙述的内容与本文所论中国文化史研究完全一致,故在此论列。

⑤ 参见《中华文明史》第一卷,北京大学出版社 2006 年版,第 15—18 页。

史》都力求完善。"本书有别于普及读物,既不是各方面文化知识的简单罗列和介绍,也不是对中华文明发展历程的一般性叙述。我们在吸取现有研究成果的基础上,力求在理论、观点、方法等方面有所突破,尤致力于多学科的综合研究,在系统论述中华文明发展历程的同时,展示各个时期文明的丰富多彩的面貌,着重阐述各个时期文明的亮点、特点及其形成的原因,并尽可能揭示文明的发展规律。"全书《后记》的以上"夫子自道",可谓"文章千古事,甘苦寸心知"。

关于中国文化基本特质的归纳提炼,是通史类中国文化史研究共同关注的问题。前述《中华文明史》的总绪论提出,"一种绵延不断的古老文明,必有其丰富而又深刻的思想内涵贯穿其中,并成为支撑其生命的坚强支柱。"它将中国文化的特质概括为阴阳观念、人文精神、崇德尚群、中和之境和整体思维。[1] 相关论著中类似各种提法很多,其中影响较大的是张岱年的观点。张岱年认为,中国文化的基本精神可以归纳为四种观念,即天人合一、以人为本、刚健自强、以和为贵。[2] 这一观点在张岱年、方克立主编的《中国文化概论》[3]中得到了更加充分的阐述。在笔者所见数十种"概论"中国文化的著作中,张、方两位主编的这一种无疑是上乘之作。它关于中国文化特点的梳理(强大的生命力和凝聚力、重实际求稳定的农业文化心态、以家族为本位的宗法集体主义文化、尊君重民相反相成的政治文化、摆脱神学独断的生活信念、重人伦轻自然的学术倾向、经学优先并笼罩一切文化领域),关于中国文化基本精神的功能的归纳(民族凝聚功能、精神激励功能、价值整合功能),都体现了高度浓缩的学术含量和高度概括的理论驾驭能力。当然,作为一部面向所有文理科大学生的教材,该书的内容过于宽泛,是其缺憾。如能考虑到课程学时及学生知识基础方面的限制,加以适当裁剪,"删繁就简三秋树,领异标新二月花",对于莘莘学子,将是莫大福音。

---

① 参见《中华文明史》第一卷,北京大学出版社 2006 年版,第 6—11 页。

② 参见张岱年:《中国文化的基本精神》,《华夏文化》1994 年第 1 期。

③ 参见张岱年、方克立主编:《中国文化概论》,北京师范大学出版社 1994 年版。该书于 2004 年又出了修订版。

三

呈现中国文化纷繁鲜活的生命样态，是改革开放以来中国文化史研究的重要成就所在。划分区域、断代或专题，是这方面研究的几种主要形式。

中国地域辽阔，各地的风俗习惯、人文传统特色鲜明。区域文化史便是针对这一历史现象而出现的专门之作。黄河、长江是孕育中华儿女的两大母亲河。从大的流域区着眼的《长江文化史》①和《黄河文化史》②是区域文化史研究中特别引人注目的成果。特别是《长江文化史》，打破了中华文明起源问题上的"一元论"。"过去说起中国历史文化，总是讲黄河流域是文明的摇篮。当时流行的看法是，中华文明的起源是一元的，其中心在黄河中下游，由之向外传播，以至各地。"李学勤分析了这种偏见产生的历史原因，他认为，现在是打破这种偏见的时候了。这是因为，考古收获已经证明：早自史前时代，长江地区已有相当高度的文化，例如河姆渡文化，其发达的程度已使许多人深感惊奇；夏商周三代的中原文化，不少因素实源于长江流域的文化；从上古到三代，南北之间的文化交往并未间断，以前人们总是过分低估古人的活动能力，以致长江流域一系列考古发现都出于人们意外；中原王朝在许多方面，其实是依赖于南方地区；南方还存在通向异国的通道。③

以政治行政单位为范围的区域文化史研究成就颇丰。这一类研究在立意方面，有两种思路：一种是依据古代某一时段的区域范围，这方面的代表作品有《齐鲁文化通史》（8 卷）。④ 另一种是以当下行政区划为依据，回溯该地区的文化发展，这方面的代表作品有《湖北文化史》。⑤ 前一种思路，要决定写到什么时候为止的问题。《齐鲁文化通史》的总序论及齐鲁文化的界定时说，作为《通史》研究对象的齐鲁文化包括（一）先齐、先鲁文化；（二）先秦齐国与鲁国文化；（三）齐鲁地域文化。立足于这一理解，该书以

---

① 参见李学勤等主编：《长江文化史》，江西教育出版社 1995 年版。
② 参见李学勤等主编：《黄河文化史》，江西教育出版社 2003 年版。
③ 参见李学勤：《长江文化史》序言。
④ 参见《齐鲁文化通史》，安作璋等主编，中华书局 2004 年版。
⑤ 参见《湖北文化史》，周积明主编，湖北教育出版社 2006 年版。

1949 年为时间的下限。这种写法将齐鲁文化与山东文化打通处理,自成一家之说。但是严格考量,似乎有将齐鲁文化本身与其影响混为一谈的嫌疑。同样的疑问还出现在其他类似的著作里。如讨论楚文化的著作,也存在将楚文化的影响视为楚文化的"流变"的问题。而后一种思路,要决定从什么时候开始写的问题。《湖北文化史》从宋代开始写起,对于此前的有关内容均作为"历史的遗产",在文学、艺术、学术、教育等各篇之首予以简略的交代。这种写法当然有其道理:"湖北"之称谓,始于宋代。但是,这样的处理方法也很容易引起专家的质疑和批评。

笔者以为,将秦统一中国以前的列国文化视为严格的自成体系的区域性对象是适宜的。在这方面,1996 年问世的《楚学文库》的处理方式值得肯定。《楚学文库》18 部,分专题成书,各论楚国的历史、楚文化的南渐与东渐、楚国的简帛文字、哲学、经济、文学、艺术、风俗、城市建筑乃至青铜技艺、纺织服饰、矿冶髤漆、货币。正如《文库》编委会在编者献辞中所说:"纷总其离合兮,斑陆离其上下","非仅一斑,而足使读者获睹楚国历史文化的全豹。"

在区域文化研究方面,20 世纪 90 年代,辽宁教育出版社出过一套"中国地域文化丛书",涉及吴越、齐鲁、荆楚、燕赵、巴蜀、三秦、三晋、黔贵、琼州、徽州、两淮、江西、中州等地域文化。从各书本身的研究、写作看,材料扎实,观点平允,均无大碍。但是从整套丛书的布局来看,吴越、齐鲁、荆楚、燕赵、巴蜀、三秦、三晋各书所论与黔贵、琼州、徽州、两淮、江西、中州等书,无论区域规模、年代先后、影响大小,均不在同一意义的层面上,因而不免给人逻辑杂乱之憾。

从"史"的角度探讨中国文化的发展,断代研究无疑是极其重要的组成部分。改革开放以来,关于中国历史上各个朝代的文化史研究成果相当丰富。2007 年,东方出版中心将其中的优秀之作汇集而成"断代文化史系列",成套推出。它们是:吕文郁著《春秋战国文化史》,熊铁基著《秦汉文化史》,万绳楠著《魏晋南北朝文化史》,孙昌武著《隋唐五代文化史》,叶坦、蒋松岩著《宋辽夏金元文化史》,商传著《明代文化史》。这些著作首次问世的时间先后不一,但此次作为丛书整体面世,给人新的感觉。美中不足的是,丛书少了一头一尾。前面缺夏商西周文化史,后面差清代文化史。期望在作者和出版社的共同努力下,这个明显的缺憾能够尽快补齐。

　　断代的文化史研究，精要在于揭示一朝一代的文化"精气神"，而不在一般罗列可归于"文化"范畴的种种诗文作品、工艺技巧。上面提到的商传著《明代文化史》，便是成功的范例。例如书中对于明初"求大"的文化定式的分析："明成祖比前人更加追求官文化的宏大，在他的心目中，大，才算是大混一之时的一统之制作。我们很容易在明初找到许多这类的例子，除去《永乐大典》之外，还有郑和的航海、北京城的修建以及那块巨大到始终未能树立起来的孝陵石碑等。"①此外，商著认为"明代既是传统文化的高峰期，同时也是传统文化注入了新内容的转变时期，是一个传统文化没落的时期，或者是一个化腐朽为新奇的时期"②，确系关于明代文化的精准的历史定位。按照揭示一朝一代的文化"精气神"这样的标准来检索 30 年来的断代文化史著作，除了被收入上述"断代文化史系列"之外，可圈可点的著述还有林剑鸣的《秦汉社会文明》（西北大学出版社 1985 年版），徐连达的《唐代文化史》（复旦大学出版社 2003 年版），姚瀛艇的《宋代文化史》（河南大学出版社 1992 年版），南炳文的《清代文化——传统的总结和中西大交流的发展》（天津古籍出版社 1991 年版），汪林茂的《晚清文化史》（人民出版社 2005 年版）。

　　史学界一般以鸦片战争作为中国近代历史的起点。就"断代"而论，鸦片战争没有"断"开清代的历史，却成为中国历史的古代与近代的转折。

　　鸦片战争以后中国文化的现代转型是文化史研究的一大重心。转型的动力、机制、趋向、前景，都是学界瞩目的热点问题。这方面较早的代表性成果有湖北大学中国思想文化史研究所主编的论文集《中国文化的现代转型》和龚书铎主编的《中国近代文化概论》。冯天瑜在《中国文化的现代转型》的序言中论道："中国从明中叶到清中叶固然出现了某些时隐时显的新文化因子，但由于整个社会尚未达到转型阶段，缺乏强劲的经济——政治动力，少数先觉者的呐喊，其规模和力度都远不足以掀起大波；社会是出现的某些'走出中世纪'的动向，也处于'百姓日用而不知'的自在状态。"这种情形一直延续到 19 世纪中叶。鸦片战后，"中华传统文化在尚未达到自我扬弃以实现时代转换的时刻，便因遭遇到外来的近代文化的撞击而进入剧烈

---

① 商传：《明代文化史》，东方出版中心 2007 年版，第 25 页。
② 商传：《明代文化史》，东方出版中心 2007 年版，第 35 页。

的转型期。"①汤一介在题为《论转型时期的中国文化发展》的长文最后总结道:(1)在文化转型期,学术文化的发展往往是多元的;(2)在文化的激进主义、自由主义、保守主义并存的情况下,不能简单地用一种价值标准来判断它们的高下,特别是不能用学术以外的标准来判断它们的高下;(3)文化转型期绝不是一个短的时期,可能需要一个相当长的时期,中国文化才可以走出转型期,形成新的文化传统。② 龚书铎主编的《中国近代文化概论》讨论了近代社会与文化的特点,将其归纳为:一,近代经济的多种成分和发展的不平衡,影响了近代文化的多样性和区域性;二,近代文化的发展变化始终同政治变革、救亡图存密切结合;三,近代文化是在西方文化和中国传统文化互相冲突及会通融合的过程中形成;四,科学与民主是近代文化的核心内容;五,近代文化既丰富多样,又肤浅粗糙,没有形成完整的体系。③

中国文化的现代转型问题上,学界研究的一个重要的成果是对西方人所提出、并为不少中国学者所认同的"冲击——反应"模式的批评与商榷。"冲击——反应"模式固然包含着某些合理成分,如充分肯定了西方近代工业文明对前资本主义的东方文明的解体和变异所发生的历史性作用,但是它也存在明显的缺陷:"它忽视中国社会和中国文化'生生不已'的内在运动,忽视中国社会和中国文化自身的变异性,以及这种变异所包藏着的奔往近代的必然趋势。正因为如此,'冲击——反应'模式把中国社会的近代化仅仅看做西方势力入侵的结果,把祖国近代新文化仅仅看做西学向东方的位移。这种偏颇之见显然不能准确、全面、深刻地把握中国社会和中国文化近代化的历史进程,因而也就难以帮助我们科学地汲取历史的教训。"④不少的研究成果注重从中国自身历史传统之中开掘文化现代化的思想资源和变革动力。这方面的代表性成果有朱维铮的《走出中世纪》和冯天瑜的《中华元典精神》。

朱维铮认为,中国走出中世纪的步伐,并不是从 1840 年的鸦片战争开始的。他说:"在充分注意时间和空间的两种相互联系的参照系的前提下,

---

① 《中国文化的现代转型》,湖北教育出版社 1996 年版,第 5 页。
② 参见《中国文化的现代转型》,湖北教育出版社 1996 年版,第 36—37 页。
③ 参见龚书铎主编:《中国近代文化概论》,中华书局 1997 年版,第 1—20 页。
④ 冯天瑜:《代序言:中国文化的近代化问题》,见《东方的黎明——中国文化走向近代的历程》,巴蜀书社 1988 年版,第 5 页。

我们便可以讨论中国由中世纪到近代的历史过渡了。这一历史的过渡，我把它叫做走出中世纪的过程。在我看来，过程的开端，至少可以上溯到16世纪晚期，即我们习惯地略称晚明的那个时代；过程的终端，则至少可以按照我们关于'半殖民地半封建社会'的定义，将下限定在中华人民共和国成立前夜，即20世纪的40年代。"①朱维铮的这一看法明显不同于学界一般从鸦片战争开始讲中国近代化问题的"主流"观点，其真理性当然可以讨论商榷。但是这一看法明显的从中国历史实际出发的坚实认识基础，则是毋庸置疑的。与朱维铮的这一思路相一致，冯天瑜着力发掘中华元典的不朽精神，特别阐扬中华元典精神在近代转换中所焕发出的强大思想力量，他坚信，"中华元典精神对于已经进行一百多年的中国近代化运动发挥过持续而有力的作用，今后在中国现代化进程中还可能一再显示其特殊的调节功能，同时又可能给世界文化的健康进展提供一种均衡系统。"②

关于文化转型问题研究的最新成果，有耿云志主编的"近代中国文化转型研究"丛书（共九卷，四川人民出版社2008年4月出版）。丛书第一卷为综论性的导论，第二、三卷探讨社会结构及物质生活与文化转型之间的关系，第四、五卷探讨外来文化的刺激与影响，第六、七卷探讨思想观念的变化，第八、九卷探讨中国近代学术体制、科学体制的建立。耿云志在丛书前言中提出，研究近代文化转型，一要比较清晰地描绘出文化转型的基本轨迹，二要揭示出转型的外在条件及其内在机制。丛书在这两方面都取得了相当的成绩，引起学界的关注。

近代文化史研究价值珍贵的另一重要成果是，1986年起，岳麓书社陆续推出由钟叔河主编的《走向世界》丛书。丛书以近代中国第一批走出国门的知识分子的亲身见闻和感受，生动而形象地描画了中西文化相互碰撞、融合过程中的种种士人心态、社会世相。钟叔河将几年间为《丛书》每一种所写的叙论收集起来，加以补充修改，编成《走向世界——近代知识分子考察西方的历史》，由中华书局作为"中华近代文化史丛书"的一种出版。该书的"代跋"题为"中国本身拥有力量"。"中国本身拥有力量"原为西方人士评价容闳时发出的感慨。钟叔河特别标举这句话，是想强调："一百四十

---

① 朱维铮：《走出中世纪》，上海人民出版社1987年版，第14页。
② 冯天瑜：《中华元典精神》，上海人民出版社1994年版，第516页。

年来先进的中国人,他们赞成开放,反对闭关,是为了赶上先进国家,使中国自立于世界。他们是真正的爱国主义者。他们主张走向世界,只是为了自己的发展而去汲取外国的长处,决不会拜倒在洋人脚下,成为洋人洋货的奴隶。"①

近代文化史研究的一个焦点问题是对五四运动及其时代精神的反思。一方面,许多学者继续阐扬"民主"与"科学"这两面思想大旗的伟大历史功绩;另一方面,也有学者提出,由王国维等人体现的独立思想和自由精神,也是五四新文化运动更内在的精神支柱。② 另外,五四时期思想解放运动中救亡与启蒙的关系,也是学界争论的热点。李泽厚提出并阐发的"救亡压倒启蒙"的观点,拥有不少的支持者,同时也受到相当猛烈的质疑和批评。③

近代文化史研究方面,1990 年吉林文史出版社推出了《中华民国文化史》。该书大致划分 37 年为三个阶段:(一)西方文化的深入传播与民国文化的发端(1912—1927 年),(二)民国文化的艰难发展(1927—1937 年),(三)抗日战争时期的文化运动和抗战以后民主文化的胜利(1937—1949 年)。作为一家之言,三段的划分自有其依据和道理。但是从读者的角度看,三阶段的名称似乎不在同一意义的层面上,略显杂乱,是为美中不足之一。美中不足之二,是各段内的章节,均按思想、宗教、文学、音乐、舞蹈、戏剧乃至体育、医疗卫生、民俗的分类一一罗列。虽然内容十分丰富,但是未能体现文化机体的血脉关联,较为遗憾。这种完全的"拼盘"式结构,提供给读者的,不是整体的、有机的文化史,充其量只是丰富知识的堆积和陈列。有学者曾批评某些文化史著作"好像一个硕大无朋的大网,虽然打捞出了所有海底之鱼,却偏偏漏掉了鱼赖以生存的水,于是鱼全变成死鱼。"④其中的道理值得深思。

以专题的形式讨论中国文化的丰厚积淀与博大气象,是文化史研究的重要领域。这方面的成果可谓繁花似锦。1987 年,上海古籍出版社出版了

---

① 钟叔河:《走向世界——近代知识分子考察西方的历史》,中华书局 1985 年版,第 498 页。

② 参见王元化:《我对"五四"新文化运动的再认识》,《炎黄春秋》1998 年第 5 期。

③ 李泽厚的观点见《启蒙救亡的双重变奏》,《走向未来》1986 年创刊号,《中国现代思想史的三次大论战》,《走向未来》1986 年第 2 期。

④ 葛兆光:《文化史:在体验与实证之间》,《读书》1993 年第 9 期。

《中国文化史三百题》,这是较早问世的中国文化史普及性读物,它分门类介绍了政治制度、经济生活、宗教礼俗、学术思想、科学技术、文教体育艺术和文化交流方面的基础知识。稍后,阴法鲁、许树安主编的《中国古代文化史》(共3册)由北京大学出版社推出。该书以专题分类的写法,侧重叙述了中国古代民族、古代人的日常生活、古代典籍和思想、古代制度、古代器物、古代礼俗、古代地理学、古代艺术和古代科学技术等方面的丰富内容。吸收前人已经成果,追踪最新学术动态是该书的特点。书中不少章节(如汉字的起源与演变、中国古代的书法艺术)实际上就是一篇高水平的学术论文。而度量衡、音乐、绘画、建筑、选举与科举各章,亦可视为条分缕析、各成规模的门类专史研究。

继20世纪80年代上海人民出版社出版"中国文化史丛书"之后,2000年以后,人民出版社推出"中国文化新论丛书",其中包括欧阳中石著《书法与中国文化》,徐城北著《京剧与中国文化》等大家之作。此外,还有《生肖与中国文化》、《龙与中国文化》、《姓名与中国文化》、《围棋与中国文化》、《梦与中国文化》、《孝与中国文化》、《礼仪与中国文化》、《禁忌与中国文化》等十数种。选题突出民族特色,叙述语言清新活泼,是一般文史爱好者、特别是青少年读者的良师益友。以《围棋与中国文化》为例。围棋是发源于中国、充满无穷奥秘和丰富文化含量的智力运动。作者何云波从物质、制度和精神三个层面发掘围棋与中国文化的关系。弈具、弈地构成了围棋的物质文化层面,"弈具既是下棋的必备工具,又成了一种工艺品,不同的人对弈具、弈地的选择,又折射出了各自的人生态度、精神追求、审美趣味;棋规棋约、竞赛体制、组织机构、对局方式,则构成了一种制度行为文化;当然,文化更多地体现于精神方面,我们对中国围棋文化的探讨,也偏重于从精神心理方面,揭示围棋与人生,与各种哲学、宗教思想,与民族心理、思维方式的关系。"[①]

20世纪90年代初,冯天瑜创制了"文化元典"概念。1995年开始,河南大学出版社陆续推出了"文化元典丛书"三批共30种。主编李振宏确定丛书的宗旨是:揭示文化元典著作的内在精神,并以主要篇幅阐述这些元典著作对中国历史、中国文化、中华民族性格的全方位历史影响,使广大读者

---

① 何云波:《围棋与中国文化》,人民出版社2001年版,第7页。

能够在一本书中了解一种元典论著的深刻内涵,并将今天的民族精神与之联系起来,知道今人精神之来源,弄清民族文化的来龙去脉,从而更深刻地认识文化元典的历史价值,寻找文化创新的契合点。丛书对《周易》、《诗经》、《周礼》、《论语》、《孟子》、《老子》、《庄子》等文化元典的解读拓展了以专题形式研究中国文化的新路径。

四

在经历了30年间起起伏伏的"冷""热"变幻之后,在非学术因素的干扰日益清净之后,中国文化史研究继续着自己的辛苦探索之路。其间尤具活力的是"社会文化史"、"民间文化史"的潜沉推进。

20世纪90年代,就有学者倡导"社会文化史"的研究。近年来,这方面的成果明显增多。这是文化史研究的新动向,或者说新趋势。《近代中国社会文化变迁录》①的出版是一个信号。刘志琴在为该书所作之序"青史有待垦天荒"中提出"世俗理性,精英文化的社会化"和"求索真相,贴近社会下层看历史",明确表达了"社会文化史"的理论趋向。这一趋向显然受到国际史学界"新文化史"潮流的影响。20世纪70—80年代以来,西方史学界出现了所谓"文化转向","新文化史"取代"社会史"引领了史学研究的方向。"新文化史"特别关注物质文化史、身体史、表象史、集体记忆史、政治文化史、语言社会史、社会行为史的研究。"新文化史打破过去那种社会、经济和文化的结构式排列,降低了社会、经济等实体性要素的地位,更加突出了文化的价值。文化观念的变化,直接影响了他们对研究对象的选择。当然,欧美新文化史的兴起有其具体背景,我们没有必要亦步亦趋。但也应看到,它对于文化理论的重视恰是文化史焕发新机的法门所在。"②同样受"新文化史"的启发,冯尔康剖析文化与社会的互动关系,提出"社会史、文化史互借资源,深化各自领域的研究及互动研究",推进关于"文化与社会"

---

① 参见刘志琴主编:《近代中国社会文化变迁录》,浙江人民出版社1998年版。
② 张昭军:《关于中国近代文化史研究对象的确定问题》,《史学史研究》2007年第3期。

的跨学科研究和整体史研究。① "社会文化史"在一定程度上受到学界的认同,有人从方法上将其概括表述为"文化现象的社会考察或探究"和"社会生活的文化提炼或抽象"。无论是"社会的文化史"还是"文化的社会史"研究取向,"都应该是全社会各阶层文化的整体性研究"。② 社会文化史的研究者自认其为"新兴学科",并且"欣喜地看到",外国同行中的"新文化史""与我们的思路相近","他们的研究路向,可以说与我们社会文化史的视角是一致的"③。

当然,"社会文化史"的提法本身是否必要,还可以讨论。1985 年,李文海在谈到中国近代文化史的研究任务时就曾说道:"一方面,它要综合和概括各种专史,从宏观方面把文化作为一个完整的体系去分析各个领域的相互结构和相互作用;另一方面,它又要在整个社会史的范围内,去着重分析近代文化怎样反映近代政治和经济,又给予了近代政治和经济以何种伟大的影响和作用。简单说来,前者是研究文化的内部关系,后者是研究文化与政治、经济的外部关系。这就是中国近代文化史这门学科研究任务。"④如此说来,文化史其实就是"社会文化史"。另外,"社会文化史"研究实际状况也受到一定程度的质疑。如有学者批评"作为社会史和文化史产儿的社会文化史受基因影响,内容大而无章,往往在现实操作性上令人不着边际。如,号称社会文化史范畴中成果最为显著的风俗史研究,实际上是中国早已有之的民俗学科发展壮大的结果,而从作为学科的社会文化史身上却受益不多。"他认为,"社会文化史"概念提出的意义在于倡导下层文化研究,因此,称为"下层社会文化史"更为合适。⑤

当"社会文化史"在议论纷纷中缓缓前行时,另一拨潜心"民间文化史"⑥研究的学人已取得了十分扎实的成果。他们从田野调查入手,掌握大量鲜活的第一手资料,在此基础上深入剖析民间文化的生命机理和生活样

---

① 参见冯尔康:《简述文化史与社会史研究的结合》,《历史教学》2001 年第 8 期。
② 黄兴涛:《文化史研究的省思》,《史学史研究》2007 年第 3 期。
③ 李长莉:《社会文化史的兴起》,《天津师范大学学报》2003 年第 4 期。
④ 李文海:《关于中国近代文化史研究对象与任务的建议》,《中州学刊》1985 年第 2 期。
⑤ 参见张昭军:《文化研究与文化史研究初探》,《宝鸡文理学院学报》2003 年第 2 期。
⑥ 见赵世瑜在《田野工作与文献工作——民间文化史研究的一点体验》(《民俗研究》1996 年第 1 期)中所做的概括。

态。如:陈春声、刘志伟对珠江三角洲区域民间信仰的研究,陈支平、郑振满对福建家族问题的研究,梁鸿生、邵鸿对赣东流坑村的研究,赵世瑜对华北农村庙会的研究,都是成功的例证。他们的体会是:"在田野调查中,可以搜集到极为丰富的民间文献","这些材料在一般的图书馆是无法获见的。更为重要的是,在调查时可以听到大量的有关族源、开村、村际关系、社区内部关系等内容的传说和故事,对这些口碑材料进行阐释,所揭示的社会文化内涵往往是文献记载所未能表达的,置身于乡村基层独特的历史文化氛围之中,踏勘史迹,采访耆老,尽量摆脱文化优越感和异文化感,努力从乡民的情感和立场出发去理解所见所闻的种种事件和现象,常常会有一种只可意会的文化体验。而这种体验又往往能带来新的学术思想的灵感。这种意境是未曾做过类似工作的人所难以理解的。"①

不管人们在"社会文化史"、"民间文化史"之类的概念理解和运用方面存在多大的分歧,有一点是可以肯定的。这就是:随着改革开放的持续进展,随着国际史学界之间交流的扩大,包括西方"新文化史"在内的国际史学思潮、流派对中国文化史研究的影响将有增无减。正如有研究者所评论的:"新文化史的'新',体现了它对传统的精英文化史的超越,也体现了它对过去那种注重伟大人物及其伟大思想的思想史的进步,从'精英'到'大众',历史学家的眼界大大地扩大并深入到了更深的层面,而得以更具体、更多元地认识人类历史的精神与文化进程。"②

30 年来的中国文化史研究已然取得了丰硕的成果。但是也有诸般的不尽如人意之处。笔者以为,最大的缺憾是,没有出现像陈登原的《中国文化史》、柳诒徵的《中国文化史》和钱穆的《中国文化史导论》那样的个性化的专家之作③。眼下常见的大兵团集体作战的写作方式、出版部门忙于抢占选题市场的急功近利,以及普遍浮躁的学人心态,共同阻碍了个性化学术精品的孕育和出生。我们期待着,执著坚韧的学人继承老一辈"板凳坐得

①　陈春声:《中国社会史研究必须重视田野调查》,《历史研究》1993 年第 2 期。
②　周兵:《新文化史与历史学的"文化转向"》,《江海学刊》2007 年第 4 期。
③　笔者并非以为陈、柳、钱著的学术水准至今未被超越,而是强调学术研究的个性化、专家化乃中国文化史向纵深推进的必由之路,希望以此来批判、抵御眼下学界愈演愈烈的"大呼隆"之风。

十年冷，文章不写一句空"的可贵精神，奉献出真正"成一家言"的文化史精品。

（原载《史学月刊》2009 年第 5 期）

后　记

　　感谢湖北大学中国思想文化史研究所的重点学科建设资金资助,感谢人民出版社的慨然学术承担,使本书有了问世的机缘。

　　本书从三十年来发表于各学术刊物的一百二十多篇论文中选编二十七篇而成。选编的原则是内容相对集中,且体现各时段的问学痕迹。学界同仁都知道,给论文集命名是很伤脑筋的事。考虑多日,从托马斯·S.库恩那里受到启发:"科学研究只有牢固地扎根于当代科学传统之中,才能打破旧传统,建立新传统。这就是为什么我要谈到一种隐含在科学研究之中的'必要的张力'。科学家为了完成自己的任务,必须要受到一系列的思想上和操作上的约束。……十分常见的是,一个成功的科学家必然同时显示维持传统和反对偶像崇拜这两方面的性格。"①史学圈内的朋友都知道,切关史学宏旨的"史"与"论"的关系问题,众说纷纭,困扰同侪久矣,到今天依然如此。浸淫史学多年,在下的体会是:无论专业方向、兴趣和职守的异同,治史者"为了完成自己的任务",都必须在"史"(材料考订、分析)与"论"(观点提炼、理论阐发)之间,保持"必要的张力"。唯其如此,文化史研究才有恒久的活力与魅力。依此感受,文集命名为《学术的张力:史与论之间的思想操练》,诸文按内容分类,归于史学理论、史事述论、史义析论、史著评论四篇之中。

　　回顾三十余年的问学经历,铭刻在心的是冯天瑜先生的导引与提携。去年是先生七十寿辰,曾作不成其为诗的"诗"两首。抄录在这里,以表示对先生的感激与祝愿:

---

　　①　托马斯·S.库恩:《必要的张力》,福建人民出版社1981年版,第224—225页。

幼承庭训叹日西,经年劬矻舞晨鸡。

乡关史乘考幽玄,海内哲辩通灵犀。

析解封建摧旧格,涵泳文化奠新基。

纯青炉火正当值,不信人生有古稀。

汉王助笔动灵机,丹青调神情自依。

唯愿学问经炼狱,不忍宦游误佳期。

痛伐恶竹辟鬼蜮,乐育新松树人梯。

秋风不藉云山远,淡然声名自高居。

纸短情长,言不尽意,是为后记。

何晓明

2013 年 1 月 18 日于湖北大学教师公寓望湖居

责任编辑:洪 琼

图书在版编目(CIP)数据

学术的张力:史与论之间的思想操练/何晓明 著.
 -北京:人民出版社,2013.8
ISBN 978 - 7 - 01 - 012292 - 2

Ⅰ.①学… Ⅱ.①何… Ⅲ.①文化史-研究-中国 Ⅳ.①K203

中国版本图书馆 CIP 数据核字(2013)第 153695 号

学术的张力

XUESHU DE ZHANGLI
——史与论之间的思想操练

何晓明 著

人民出版社 出版发行
(100706 北京市东城区隆福寺街 99 号)

北京中科印刷有限公司印刷 新华书店经销

2013 年 8 月第 1 版 2013 年 8 月北京第 1 次印刷
开本:710 毫米×1000 毫米 1/16 印张:23
字数:360 千字 印数:0,001-2,000 册·

ISBN 978 - 7 - 01 - 012292 - 2 定价:62.00 元

邮购地址 100706 北京市东城区隆福寺街 99 号
人民东方图书销售中心 电话 (010)65250042 65289539